LE CANADA

UNE HISTOIRE POPULAIRE

DON GILLMOR · PIERRE TURGEON

LE CANADA

UNE HISTOIRE POPULAIRE

DES ORIGINES À LA CONFÉDÉRATION

PRÉFACES DE MARK STAROWICZ ET DE MARIO CARDINAL

FIDES

Les Éditions Fides remercient le ministère du Patrimoine canadien du soutien
qui leur est accordé dans le cadre du Programme d'aide au développement de l'industrie
de l'édition. Les Éditions Fides remercient également le Conseil des Arts du Canada et
la Société de développement des entreprises culturelles du Québec (SODEC).

Conception graphique : Kong Njo
Infographie : M&S et Fides

Données de catalogage avant publication (Canada)

Gillmor, Don
    Le Canada : une histoire populaire

Publié aussi en anglais sous le titre : Canada : A people's history.
L'ouvrage complet comprendra 2 volumes.
Comprend des réf. bibliogr. et un index.

ISBN 2-7621-2282-1

1. Canada – Histoire.   2. Canada – Biographies.   3. Canada – Ouvrages illustrés.
I. Turgeon, Pierre, 1947-   . II. Titre.

FC164.G5414 2000   971   C00-941351-0
F1026.G5414 2000

Dépôt légal : 4ᵉ trimestre 2000
Bibliothèque nationale du Québec

Éditions Fides
165, rue Deslauriers
Saint-Laurent (Québec)
H4N 2S4

Société Radio-Canada

Directeur de la publication	Mario Cardinal
Directeur de la publication en langue anglaise (*Canada : A People's History*)	Gene Allen
Recherche iconographique	Hélène Bourgault et Ron Krant
Cartes	Stephen Dutcheshen et Paul Ryu
Producteur délégué de la série télévisée, *Le Canada : une histoire populaire*	Mark Starowicz
Réalisateur-coordonnateur de la série à la Société Radio-Canada	Hubert Gendron

Éditions Fides

Directeur général	Antoine Del Busso
Éditeur	Michel Therrien
Adjointe à l'édition	Anne-Saskia Barthe
Directeur de la production	Pascal Genêt
Infographiste	Bruno Lamoureux

Historiens-conseils

Ramsay Cook, directeur général du *Dictionnaire biographique du Canada*

Jean-Claude Robert, directeur du département d'histoire, Université du Québec à Montréal

Olive Dickason, professeur, Université d'Ottawa, auteur de *Premières Nations du Canada*

SOMMAIRE

PRÉFACE DE MARK STAROWICZ

J'aimerais d'abord remercier Dulcie Way, de Savage Cove, à Terre-Neuve, qui nous a sauvé la vie.

Le 27 juillet 1997, le tournage de la première histoire du Canada en version électronique débutait sur un bateau de location de 40 pieds, dans le détroit de Belle-Isle, au large des côtes de Terre-Neuve. Jacques Cartier et Jean Cabot avaient navigué dans ces eaux quelques siècles plus tôt. Soudainement, une violente tempête a éclaté, la nuit est tombée et le bateau s'est mis à prendre l'eau.

La mer agitée s'est engouffrée dans la chambre des machines. Elle a rapidement submergé les couchettes et rejoint la cabine de pilotage. Tandis que tous les circuits électriques tombaient en panne et que la cabine était envahie par la fumée, le capitaine a lancé un appel de détresse par radio. Nous avons ensuite été plongés dans l'obscurité. Malgré l'eau qui montait, nous sommes parvenus à atteindre le pont, où cinq membres de l'équipe du projet, qui en était à sa première séance de tournage, se tenaient, trempés jusqu'aux os, sur un bateau rempli de fumée qui dérivait sur des eaux glaciales à des milles de la terre ferme.

Sur le pont dangereusement incliné, Gene Allen appelait au secours dans la nuit. Ma fille de 13 ans, Caitlin, a enfilé un gilet de sauvetage à Louis Martin. J'étais à la proue et j'ai envoyé un S.O.S. à l'aide de la torche électrique.

Deux heures plus tard, nous avons aperçu les feux d'un navire de pêche commerciale. Nous avions été sauvés par une dame âgée de Savage Cove, qui avait capté notre appel de détresse sur sa radio marine. Elle avait déterminé notre position et s'était empressée de joindre quelqu'un par téléphone à Anchor Point, 16 km plus loin, en vain, jusqu'à ce qu'elle parvienne à réveiller le capitaine Bruce Genge, qui a aussitôt formé une équipe de secours. Tous les habitants du village de Cape Anchor nous attendaient avec des couvertures et de la nourriture.

Le lendemain, nous nous sommes tous rendus en voiture à Savage Cove pour remercier notre ange des ondes, Dulcie Way, et son époux, Llewellyn, pêcheur à la retraite. Les murs de leur bungalow étaient couverts de photographies de leurs petits-enfants. Dès qu'elle a aperçu ma fille Caitlin, Dulcie Way s'est dirigée vers elle et l'a serrée dans ses bras en s'écriant : « Ma chérie, si j'avais su que tu étais là, j'aurais moi-même été te secourir à la nage ! »

Ils nous ont servi du thé et nous ont demandé si nous étions là pour couvrir un événement important. Nous avons répondu que non, que nous faisions une série sur l'histoire du Canada.

« Eh bien, s'exclama Dulcie Way, il était temps ! »

Les trois années qui ont suivi sont parmi les plus mémorables de ma vie. Je garde le souvenir de canots de guerre, de voiles gonflées par le vent, d'aubes glaciales sur les remparts de Louisbourg, de nuits passées à lire les nombreux courriels d'historiens et de réunions houleuses avec des cadres du siège social où nous discutions de caméras et de matériel de montage.

Que puis-je ajouter alors que vous tenez ce livre d'histoire entre vos mains ?

D'abord, j'ai eu le plaisir de travailler avec les gens les plus honnêtes et les plus aimables que j'ai rencontrés dans ma vie. Cette équipe extraordinaire de journalistes francophones et anglophones a travaillé d'arrache-pied, devant composer avec des échéances impossibles. Un médecin militaire m'a même confié qu'ils étaient nombreux à présenter tous les symptômes de l'épuisement au combat. Cependant, nous étions tous unis par la conviction qu'il s'agissait là de notre plus grande réalisation, peu importe ce que nous avions accompli dans le passé.

Il faut bien admettre aussi qu'aucune série télévisée, aucun manuel, aucune bibliothèque ne pourra jamais couvrir toute l'histoire du Canada. On ne lira pas ici un ouvrage scientifique mais un récit. Lors de la grande assemblée plénière de la conférence « L'avenir de notre passé », qui s'est déroulée à Montréal en janvier 1999, un enseignant du secondaire s'est levé et a déclaré : « On a littéralement purgé l'histoire canadienne. » Il avait raison. On a débarrassé l'histoire de son contenu dramatique et on en a fait une succession d'épisodes pour cours de sciences sociales. Si vous voulez une perspective sociologique, militaire ou diplomatique de l'histoire, vous devrez chercher ailleurs. Si, par contre, vous voulez savoir ce que ressentait une petite fille de 11 ans lors de l'exode des loyalistes, une fille du roi en Nouvelle-France, un Acadien déporté ou encore un jeune soldat de 18 ans sur les plaines d'Abraham, vous tenez le bon livre. Il s'agit du récit de la vie de gens entraînés par les remous de l'histoire, qui n'avaient que bien peu de prise sur les événements.

Tous ceux qui ont participé à ce projet ont vécu des moments intenses. Pour ma part, ce sont mes enfants qui me les ont fait vivre.

Ma fille aînée, Caitlin, s'est presque noyée le premier jour de tournage. Peu après, Madeleine, la benjamine de la famille, m'a accompagné lors de plusieurs séances de tournage. À Louisbourg, elle a joué un rôle de figurante dans une scène simulant un bombardement. À un moment donné, on a fait sauter une charge d'explosifs, et j'ai vu Madeleine disparaître dans une épaisse fumée noire. Les choses se sont bien passées, car nos techniciens d'effets spéciaux sont excellents. Toutefois, dans la voiture qui nous ramenait à notre motel, à Sydney, j'ai soufflé à Madeleine : « Ne le dis pas à ta mère. » Je remercie leur mère, Anne Wright Howard, de la patience dont elle a fait preuve durant les périls en mer, les fusillades et les invasions que j'ai fait vivre à nos deux filles.

Un jour, dans 20 ans, des idéalistes de la génération de Caitlin et de Madeleine se pencheront sur cette œuvre et, tout en reconnaissant, je l'espère, la valeur de notre travail, décideront que cette série doit être refaite, compte tenu des besoins, des circonstances et de l'état des recherches historiques de l'époque. Ils engageront par la suite une lutte interminable afin de rassembler le capital, les caméramens, les historiens et les scénaristes nécessaires à la mise à jour de ce récit. Ils trouveront les successeurs de Claude Saint-Laurent et Hubert Gendron à Radio-Canada, de Gene Allen et Gordon Henderson à la CBC, de Avi Bennett chez McLelland & Stewart et de Antoine Del Busso chez Fides. Ils écriront la suite d'*Une histoire populaire*. Ce sera très bien ainsi. Il s'agit de la première version de l'histoire du Canada pour la télévision et Internet. Il ne faudrait pas que ce soit la dernière.

L'histoire doit être constamment vue sous un nouveau jour. Cependant, dans l'intérêt de nos enfants, ne laissons pas passer une autre génération. Nous avons omis de leur rapporter tellement d'événements extraordinaires. Il reste tant de chemins riches d'enseignements à emprunter. Pour ma part, je souhaite ardemment que cette série conduise à la création d'un service d'histoire permanent à Radio-Canada et à la CBC, et que la nouvelle tribune médiatique que nous avons lancée demeure un véhicule vivant de notre patrimoine.

C'est à la Société Radio-Canada et à la Canadian Broadcasting Corporation que revient le mérite de cette œuvre. Aucun autre organisme de ce pays n'aurait entrepris un projet aussi périlleux. Cependant, comme le disait Graham Spry, le père de la radiodiffusion publique canadienne, « chaque génération devra reprendre la lutte pour la radiodiffusion à l'échelle nationale ». À moins de protéger et de soutenir dès aujourd'hui cette institution extraordinaire, le Canada se sera appauvri d'ici vingt ans.

Je suis arrivé dans ce pays, à Montréal, à l'âge de huit ans. Je ne parlais ni français ni anglais. Je n'ai aucun lien avec les premiers arrivants au Canada, sauf en ce qui a trait à la recherche d'une terre d'accueil et d'un avenir meilleur pour leurs enfants. L'espoir constitue l'unique thème commun à toute l'histoire du Canada, que ce soit il y a 15 000 ans ou tout récemment. Je ne suis pas un descendant d'une fille du roi ni d'un loyaliste, et je ne suis pas d'origine amérindienne. Et pourtant, il s'agit également de mon histoire. Puisque je suis canadien, ce sont mes ancêtres. Ils sont également les ancêtres des Canadiens haïtiens, soudanais, vietnamiens et chinois qui vivent parmi nous. N'oubliez pas que les gens qui sont venus ici — qu'ils aient fui la famine, qu'ils aient souffert dans des camps de réfugiés ou dans des camps de concentration —, peu importe d'où ils viennent, leur histoire nous appartient. Leur histoire est devenue la nôtre et notre histoire, la leur. Tous nos enfants se retrouvent dans la même cour d'école.

Mes filles, quant à elles, empruntent le métro chaque jour pour rentrer de l'école. Je répète souvent à Caitlin et Madeleine les paroles de Leonard Cohen : « Observez les visages. Il y a des héros dans les autobus et des légendes dans le métro. »

Vous êtes tous des petits-enfants de l'histoire. Vous n'avez qu'à rompre poliment le silence et à poser gentiment vos questions. Vous découvrirez une source inépuisable de passions extraordinaires, d'aventures amoureuses et d'événements tragiques. Il suffit d'être à l'écoute.

PRÉFACE DE MARIO CARDINAL

Ce n'est pas un hasard si ce livre paraît à peu près au moment où commence la diffusion d'une série du même nom à la télévision de Radio-Canada. Les deux ont puisé aux mêmes sources, ont partagé les mêmes artisans, ont affronté les mêmes difficultés, mais ont aussi connu les mêmes joies devant des trouvailles inestimables dans les recoins oubliés de notre histoire. Tout comme la série télévisée, ce livre amène le lecteur à découvrir un pays nouveau où l'on raconte — à travers mille indiscrétions puisées dans autant de lettres personnelles, de journaux intimes, de comptes rendus de voyageurs — la vie des gens ordinaires qui en ont vécu les embûches, les déchirements et, surtout, les espoirs : Étienne Brûlé dont la trahison bouleversera Champlain, Nicolas Perrot qui deviendra chef honoraire de tribus amérindiennes, Marie-Claude Chamois, fille du roi malgré elle et mère de tous les Frigon d'Amérique, le récollet Gabriel Sagard qui aura mieux compris que tout autre l'âme amérindienne, Hannah Ingraham, dont la vie est indissociable de celle des loyalistes, David Thompson et ses récits qui nous racontent un saisissant Canada de l'Ouest, etc. En lisant les différents chapitres de ce livre, je me suis tout à coup souvenu, me disant qu'elle s'appliquait merveilleusement bien ici, d'une phrase d'un auteur de mon enfance qui allait à peu près comme ceci : « On a deux ou trois fois dans sa vie l'occasion d'être un héros, mais on a tous les jours l'occasion de ne pas être lâche ! » Ainsi se résumerait l'histoire des Canadiens.

Pourtant, ce livre n'est pas simplement la transposition littéraire d'un scénario de télévision. Il est bien davantage. Sous la plume de deux écrivains réputés, Pierre Turgeon et Don Gillmor, il vient compléter abondamment, en allant plus loin parfois, en explorant davantage, en s'attardant là où l'histoire est particulièrement belle, un ouvrage journalistique d'information télévisée.

Ce livre, tout comme la série télévisée, a permis de tenter une fois de plus — et nous croyons humblement que, cette fois, ça a marché ! — de travailler ensemble, anglophones et francophones, sur un des sujets les plus délicats qui soient : l'histoire canadienne. À cet égard, je veux louer la souplesse et l'ouverture d'esprit de Mark Starowicz, producteur délégué de la série télévisée, et de mon collègue de la CBC, Gene Allen, qui, en aucun moment, n'ont refusé — et les occasions furent nombreuses ! — de tout remettre en question lorsqu'il y avait désaccord entre nous. Il n'y a jamais eu de condescendance, ni d'une part ni de l'autre. Il n'y eut que respect mutuel. Chaque fois, la référence incontournable était les faits historiques tels qu'ils étaient exposés par nos conseillers historiens. Or, autour des faits, les journalistes — ils ont cette prétention — se rejoignent toujours ! Voilà pourquoi il faut remercier de façon toute particulière les historiens qui nous ont accompagnés tout au long de ce projet, notamment Jean-Claude Robert, Ramsay Cook, Jean-Paul Bernard et Olive Dickason, dont l'apport a été essentiel. Un merci tout particulier à Hubert Gendron, le réalisateur-coordonnateur à Montréal de la série télévisée en français, qui est devenu par la force des choses un familier de l'histoire de la Nouvelle-France et qui, à tout moment, a accepté de mettre ses connaissances à notre disposition. Aussi un mot, ô combien reconnaissant ! à Louis Martin qui fut, dès l'origine, un pionnier de la série télévisée et de ce livre. Il faut également souligner la disponibilité constante de l'équipe de réalisation et, surtout, des recherchistes de la série télévisée : Lynda Baril, Claude Berrardelli, Martin Bisaillon, Johanne Ménard, Mia Webster, Richard Fortin et Frédéric Vanasse, ces deux derniers acceptant, dans un contexte d'urgence, de rédiger les légendes d'une partie du chapitre 2, du chapitre 3 et du chapitre 7. Enfin, un merci tout spécial à Hélène Bourgault qui, avec Ron Krant, a travaillé très fort pour que ce livre présente les meilleures illustrations.

Ce livre est le fruit d'un travail d'équipe avec tout ce qu'il a pu comporter de réunions, discussions, conférences téléphoniques, imprévus, malentendus, réconciliations, etc. Sa réalisation mériterait de se retrouver dans l'un ou l'autre des chapitres d'une future histoire populaire du Canada si jamais, dans vingt ou cent ans, quelqu'un quelque part entreprenait de la réécrire.

LE CENTRE DU MONDE

«Au commencement était l'eau.» Ainsi commence le récit du mythe de la création chez les Yakimas, tel que le raconte le fils d'un chef, Coteeakun, au XIXe siècle. «Whee-me-me-ah, le Grand-Chef-en-Haut, vivait dans le ciel, au-dessus de l'eau, tout seul. Il décide alors de créer le monde, descend dans des endroits peu profonds et commence à vomir des coulées de boue. Ainsi il crée la terre. Nous ne savons pas cela de nous-mêmes, ce sont nos pères et nos grands-pères qui nous l'ont transmis, eux-mêmes l'ayant appris de leurs pères et de leurs grands-pères. On nous dit que le Grand-Chef-en-Haut a créé de nombreuses montagnes […] Un jour, le Grand-Chef-en-Haut renversera ces montagnes et ces rochers. Alors les esprits qui ont déjà habité les ossements enfouis ici les habiteront à nouveau. Aujourd'hui, ces esprits habitent le sommet des montagnes, ils regardent leurs enfants sur terre et ils attendent le grand changement qui viendra.»

Ce que nous connaissons aujourd'hui des hommes qui vivaient en Amérique du Nord avant l'arrivée des Européens provient de deux sources différentes : les récits oraux très élaborés des Autochtones et les découvertes fragmentaires des archéologues. Si les données factuelles constituent sur un plan scientifique les sources les plus sûres, les traditions orales sont souvent plus saisissantes. En effet, ces récits qui enseignent l'histoire séduisent souvent l'esprit par leur caractère divertissant. Ils renferment la sagesse, les rêves et les

Manellia et Adelik.
(*John Ross, Archives nationales du Canada, C-133832*)

cauchemars de tout un peuple. Vivant dans des conditions géographiques et climatiques extrêmes, les Autochtones s'allient spirituellement et physiquement à la nature. Les récits qu'ils nous livrent reflètent ces alliances et leurs inévitables trahisons.

Les mythes de la création du monde correspondent plus ou moins fidèlement aux données archéologiques que nous possédons. Les premiers Amérindiens arrivent d'Asie, probablement en empruntant le pont de terre qui traverse le détroit de Béring au cours des ères glaciaires, ou en longeant sa rive dans de petites embarcations. Appelé Béringie, le pont mesure quelque 2000 km de large. Il est submergé et refait surface plusieurs fois au cours de la préhistoire. On estime que c'est au cours de la dernière ère glaciaire, soit il y a 14 000 ans, que ce pont de terre a refait surface la dernière fois, et c'est cette même datation qui est habituellement suggérée pour la dernière migration effectuée en Amérique du Nord, la première remontant à 40 000 ans. Selon la théorie la plus largement acceptée, le premier *Homo sapiens* aurait suivi les troupeaux de bisons, d'antilopes et de mammouths qui se déplaçaient vers le sud en longeant un couloir qui n'a pas subi la glaciation. Lorsque les glaces se retirent en remontant vers le nord, elles sculptent la terre, laissant derrière elles des lacs et des moraines. De petits groupes de chasseurs suivent la route des glaces. Le peuplement de l'Amérique du Nord dessine une sorte de boucle qui se referme sur les Prairies, lieu où se sont fixés les Indiens des Plaines originaires du sud et de l'est.

Des cultures indépendantes se développent à différentes époques, modelées par leur environnement immédiat. Ainsi, sur la côte ouest, une culture se forme vers 7000 ans avant J.-C., axée sur la pêche au saumon et à la baleine. La baleine a une importance capitale pour le village. Elle fournit de la nourriture, de l'huile, des tendons et des os, tout en revêtant également une dimension spirituelle. Le pêcheur se prépare selon un rituel. Il jeûne, pratique l'abstinence sexuelle et se lave plusieurs fois par jour avec une intensité croissante, se frottant la peau jusqu'au sang à l'aide de coquillages. La pêche est un jeu de

Intérieur d'une habitation d'hiver, à Clallum, dans l'île de Vancouver. (*Paul Kane, Musée des beaux-arts du Canada, 6923*)

Ninoch-Kiaiu, chef pied-noir.
(*Kari Bodmer, Jocelyn Art Museum*)

En haut à gauche : Masques de
guérisseurs de tribus de la côte
du nord-ouest. (*Paul Kane, Stark
Museum of Art*)

séduction dans lequel la baleine choisit son pêcheur et ne se soumet qu'au soupirant qui se montre digne d'elle.

Les Nuu-chah-Nulths (Nootkas) de l'île de Vancouver récitent une prière à la baleine qui évoque à la fois une litanie chrétienne et un rituel érotique. « Que j'aie le pouvoir de faire émerger la tête de la baleine et qu'elle remonte mon canal. Qu'elle écoute mes paroles [...]. Que je rende mes compagnons pêcheurs honteux, que la baleine fasse surface à l'endroit précis où je suis sur l'eau, qu'elle veuille bien m'attendre. Que je la blesse en pagayant à sa suite. Que je fléchisse son esprit à mon avantage. Que les femelles me désirent, que les femelles baleines désirent m'épouser. Qu'elles détournent leur regard de mes compagnons. Que je sois le favori de toutes les femelles, qu'elles saisissent ma lance. Qu'elles fassent pointer mon harpon sous leur sein, que je les fasse rouler sur la mer lorsque je leur porterai le coup fatal. Moi seul elles aimeront, moi plus que tous les autres. »

Mais le pêcheur n'est pas le seul à suivre un rituel. Sa femme aussi doit se frotter la peau à vif. « Entre ses cuisses, c'est là qu'elle doit frotter, la femme du pêcheur de baleine, frotter jusqu'à se déchirer avec les ronces du mûrier sauvage. » Tout en se meurtrissant, la femme récite sa propre prière : « Que tu ne regardes pas mon mari lorsqu'il pagaiera vers toi, que tu t'arrêtes là sur l'eau lorsqu'il s'approchera de toi. » Toute la vie du village est profondément liée à la pêche à la baleine.

Les hommes pêchent la baleine grise, qui peut atteindre plus de 12 m de longueur. Tout aussi longues, les embarcations des Nuu-chah-Nulths sont des pirogues soigneusement creusées dans le tronc d'un arbre, passées au rabot puis brûlées afin d'obtenir un fini doux sur lequel on peindra à l'ocre des motifs complexes. Les pêcheurs utilisent des harpons de 3 m reliés à une corde faite d'écorce, et fixent à celle-ci de 20 à 30 peaux de phoques gonflées d'air qui empêcheront la baleine de replonger une fois harponnée, technique qu'utilisent aussi les Inuits et les Aléoutes au nord. C'est au chef qu'il revient de frapper le premier, et lorsque la pêche est bonne, on organise une fête au cours de laquelle chacun se voit attribuer une portion de viande correspondant au rang qu'il occupe dans le groupe. On honorait la baleine dans la mort, pour s'assurer que d'autres reviennent l'année suivante.

Mille ans après que la culture de la côte ouest a pris forme, une culture des plaines se crée, centrée sur un autre animal, le bison. Les Indiens des Plaines — parmi lesquels on compte entre autres les Gens-du-Sang, les Sarsis, les Pieds-Noirs et les Peigans — tirent du bison pratiquement tout ce dont ils ont besoin. On taille des vêtements avec les peaux, et on monte les tipis en étirant celles-ci sur des piquets. Avec les tendons, on confectionne la corde des arcs et, avec l'estomac du bison, on fait des tambours. Un récit de chasse pied-noir raconte que le Vieil Homme a créé les humains avec de la glaise pour ensuite leur insuffler la vie. «Ils lui demandèrent: "Qu'allons-nous manger?" Alors il dessina plusieurs formes de bison dans la glaise. Puis il souffla dessus et elles se dressèrent; et quand il leur fit des signes, elles se mirent à courir. Puis il dit aux hommes: "Voici votre nourriture." Et ils lui dirent: "Eh bien, maintenant que nous avons ces animaux, comment allons-nous les tuer?" "Je vais vous montrer", dit-il. Il les conduisit à une falaise et leur fit empiler des pierres, puis leur dit de se cacher derrière les murets: "Je conduirai les bisons dans cette direction et quand ils seront en face de vous, vous vous lèverez".»

Tout le village, y compris les femmes et quelques enfants, participe à la chasse au bison, qui est une activité délicate et dangereuse. Il s'agit en effet de faire entrer les bêtes à l'intérieur d'un corral. Les hommes conduisent les bisons qu'ils forcent, par le feu ou autrement, à suivre la route qu'ils leur tracent. Les bisons sont regroupés au sommet des collines et forcés à se précipiter du haut d'une falaise. Certains sites sont convoités par plus d'une tribu et leur fréquentation incite à contracter certaines alliances politiques. Plusieurs bandes peuvent coopérer dans une chasse donnée, ou faire leur propre chasse après avoir conclu un accord d'utilisation à temps partagé. À Head-Smashed-In, près de l'actuelle Lethbridge, en Alberta, l'activité est d'une telle intensité qu'on met sur pied une force de police indépendante chargée de faire respecter les règles instituées. Le site sera fréquenté pendant 5000 ans et des fouilles archéologiques ont permis de découvrir 30 routes différentes menant à la falaise. Puisque lors de leurs migrations, les bisons empruntent généralement les mêmes tracés d'année en année, ce sont les mêmes falaises qui servent aux rituels sanglants durant lesquels on se procure de la viande et des peaux pour

Le bison est un des rares mammifères à survivre à l'ère glaciaire. Il se nourrit des herbes de la prairie, à l'abri des montagnes Rocheuses. À une certaine époque, quelque 50 millions de bisons constituaient la ressource la plus précieuse de la population amérindienne des Plaines, qui se nourrissait de leur chair et qui utilisait leurs peaux pour confectionner des vêtements, des abris, des couvertures et des chaussures. Les os étaient transformés en outils, les cornes, la vessie et la panse étaient utilisées comme contenants, et la bouse séchée servait de combustible. *(Archives nationales du Canada, C-403)*

UNE PLANTE MÉDICINALE ◆ Jacques Cartier est un des premiers Européens à faire l'expérience du tabac, qu'il décrit ainsi : « Ils ont aussi une herbe, de laquelle ils font grand amas durant l'été pour l'hiver, et qu'ils estiment fort, et en usent seulement les hommes de la façon qui suit. Ils la font sécher au soleil, et la portent à leur cou, dans une petite peau de bête, en guise de sac, avec un cornet de pierre ou de bois. Puis, à toute heure, ils font une poudre de ladite herbe, et la mettent dans l'un des bouts dudit cornet ; puis ils mettent un charbon de feu dessus, et sucent par l'autre bout, tant qu'ils s'emplissent le corps de fumée, tellement qu'elle leur sort par la bouche et par les narines, comme par un tuyau de cheminée. Et ils disent que cela les tient sains et chaudement ; et ils ne vont jamais sans avoir lesdites choses. Nous avons expérimenté ladite fumée. Après avoir mis celle-ci dans notre bouche, il semble y avoir mis de la poudre de poivre, tant elle est chaude. » Tiré de *Les Voyages de Jacques Cartier.* (*Paul Kane, Stark Museum of Art*)

toute la saison. Dans certains sites, les ossements de bisons s'empilent sur plus de 10 m de haut.

Les Indiens des Plaines sont dispersés sur un immense territoire dont la densité de population est de moins d'une personne par 25 km². Leur monde est défini par le ciel et l'horizon lointain. Adorateurs du soleil, les Indiens des Plaines pratiquent des cérémonies rituelles qui peuvent durer plusieurs jours.

Dans le Nord, la survie est une préoccupation quotidienne, comme en témoigne un mythe inuit racontant l'histoire d'une femme qui a perdu son mari. « La femme qui vivait de charité était devenue une charge dont ils voulaient se débarrasser. Ils mirent tous ses biens dans une embarcation faite

Hurons. (*Archives nationales du Canada, C-9892*)

de peau de phoque et ils la lancèrent par-dessus bord. Elle tenta de regagner l'embarcation mais, lorsqu'elle parvint à s'y agripper, ils lui coupèrent les doigts. La femme cria qu'elle se vengerait [...]. Son pouce se changea en morse, son index en phoque et son majeur en ours blanc. Lorsque les deux premiers animaux voient un homme, ils tentent de fuir, de peur qu'on ne leur fasse subir le même sort qu'à la femme. L'ours blanc vit à la fois sur la terre et dans l'eau. Dès qu'il sent la présence d'un homme, il se venge en le tuant, croyant qu'il s'agit de l'homme qui a mutilé sa mère. »

Les Inuits se sont adaptés à un des écosystèmes les plus contrastés de la planète : une terre stérile et une mer abondante. L'environnement leur fournit tout ce dont ils ont besoin pour vivre : la neige pour construire leurs abris, la peau de caribou pour se vêtir, l'os, l'ivoire, les bois de caribou pour se faire des outils. Les Inuits de Sibérie ont été les derniers peuples aborigènes à arriver en Amérique du Nord, vers 2000 ans avant J.-C. Ils se déplacent au gré des saisons pour chasser le phoque, l'ours blanc, le morse et le béluga sur la côte, le caribou et le bœuf musqué dans la toundra. Ils constituent de petits groupes formés de quelques familles. L'été, les hommes dansent dans la nuit pâle, frappent le tambour et chantent des mélopées racontant les exploits et les triomphes de leur peuple.

Dans la mythologie huronne, une femme est enceinte de jumeaux qui se querellent dans son sein. Le premier naît par les voies naturelles, mais l'autre refuse de suivre et sort violemment du flanc de sa mère, provoquant la mort de celle-ci. On la porte en terre, et de sa tête pousse une courge, de ses seins germe du blé, de ses membres sortent des fèves. Les Hurons, qui occupent la région située entre le lac Simcoe et la baie Georgienne, sont des agriculteurs prospères. Ils arrivent au centre du Canada au cours de la période paléo-amérindienne, soit vers 9000 ans ou 8000 ans avant J.-C., à une époque où un glacier divise l'Ontario en deux et où la mer de Champlain recouvre la vallée du Saint-Laurent. Formant un petit groupe, les Hurons vivent, à l'origine, du caribou. Le réchauffement du climat provoque le recul du glacier, la forêt d'épinettes devient de type boréal, et les Hurons s'adaptent au nouvel environnement. Ils commencent à cultiver la terre vers 800 après J.-C., et la stabilité de leur société agricole contribue à l'accroissement rapide de leur population. Ils forment une confédération, la Huronie, qui regroupe quelque 30 000 personnes. Ils vivent dans des villages fortifiés et habitent des maisons longues. Ils possèdent 7000 acres en culture, contrôlent le commerce qui se fait dans la région et échangent leurs produits contre des fourrures et de la viande.

Les Hurons cultivent surtout le maïs, qui ne pousse pas à l'état sauvage (ils cultivent aussi le tabac, une culture de moindre importance à leurs yeux). À l'arrivée des Européens, il existe 150 variétés de maïs, du sud du Chili jusqu'à l'Ontario, une réussite exceptionnelle dans l'histoire de l'agriculture. Au cours des siècles, le maïs subit de nombreuses mutations grâce aux soins prodigués par les Amérindiens. Les cultures sont abondantes et omniprésentes. Le maïs possède aux yeux des Autochtones des qualités humaines : lorsque la récolte est mauvaise, ils disent que le maïs pleure.

Tout en partageant des thèmes communs, les nombreuses cosmologies autochtones diffèrent sur les détails, et certains récits rappellent la mythologie judéo-chrétienne. Les mythes de la création du monde des Micmacs, des Cris, des Iroquois et des Squamishs font penser au déluge et à l'arche de Noé. Chez les Cris, il y a aussi un créateur des hommes et des animaux qui se battent jusqu'à ce que la terre soit imprégnée de sang. Pour laver la terre, le créateur envoie une pluie qui tombe des semaines entières et qui noie tous les êtres vivants à l'exception d'une loutre, d'un castor et d'un rat musqué. Le rat musqué plonge et ramène un morceau de la vieille terre, qui donne naissance à une île où la vie peut recommencer selon des principes moraux renouvelés. Les Micmacs, quant à eux, croient que Kji-Kinap a créé le monde et qu'il a insufflé la vie à l'intérieur d'une pierre qui a la forme d'un homme ; pour les Iroquois, le créateur, Aataentsic, tombe dans un trou du ciel et se retrouve sur la carapace d'une tortue géante qui porte la terre sur son dos ; les Haïdas croient qu'un corbeau les a délivrés de la coquille d'une palourde géante. Quant aux Castors, ils croient que les humains ont rampé à l'intérieur d'un tronc creux pour rejoindre la terre ferme.

Femmes amérindiennes. (*Archives nationales du Canada,* C-99228)

Les concepts d'harmonie et de réciprocité se retrouvent au cœur de la plupart des croyances autochtones. On accorde une grande importance aux rêves et il arrive que l'on attribue une âme aux arbres et aux animaux, voire à des objets inanimés tels que les pierres. L'homme fait partie intégrante de la nature, qui forme un système où l'interdépendance l'emporte sur la hiérarchie.

Cette interdépendance fait l'objet d'un rituel chez les adolescents. En 1954, un ancien Sarsi du nom de Pat Grasshopper décrit la « quête de vision », nom que l'on donne à un rituel de passage à l'âge adulte imposé aux jeunes garçons sarsis. « Le jeune garçon part seul à la quête de son esprit gardien en espérant puiser une partie de la force de la nature et trouver l'esprit qui sera son protecteur tout au long de sa vie. Il prend des bains jusqu'à ce qu'il soit parfaitement propre, et passe de trois à cinq jours sans manger. Après son jeûne, il a une vision, un esprit lui parle et lui donne un chant et un pouvoir spécial. » Ignorer ces esprits signifierait courir à la catastrophe. Dans les périodes de crise, le jeune garçon peut être appelé à recevoir les conseils d'un guide. Tout cela fait partie d'un pacte complexe avec la nature.

Au tournant du siècle, un des chefs des Six Nations écrit : « Dans les temps anciens, la guerre et les querelles revêtaient un caractère endémique sur la terre des Mohawks [...]. Les guerriers parcouraient la campagne, massacrant et scalpant les habitants des villages dispersés à travers la forêt. » Ainsi, les hommes faits prisonniers sont torturés à mort lors d'un interminable cérémonial ; on les écorche vifs en leur arrachant des bandelettes de peau, on leur coupe les doigts, on brûle leurs organes génitaux, on les scalpe et on cautérise l'horrible blessure avec de la poix. Une étonnante compassion côtoie cette terrible cruauté. Ainsi, on donne de l'eau au prisonnier et on soigne ses

Situation des principaux peuples amérindiens vers 1500.

blessures avant que le rituel ne reprenne dans une danse macabre entre le tortionnaire et son prisonnier. Les guerriers se préparent toute leur vie à ce supplice. Chacun possède un chant mortuaire qu'il se chante à lui-même. Enfin, le prisonnier est décapité sur un échafaud, et tous ont avantage à ce qu'il ait une belle mort. On mange ensuite certaines parties de son corps, ou son corps entier, pour absorber son courage.

Dans un récit mythique qui rappelle le Christ, un sauveur du nom de Dekanahwidah apparaît pour mettre fin aux hostilités. Ce « Messager des Cieux », comme on l'appelle dans la mythologie, est envoyé par le Grand Esprit, et naît d'une mère vierge dans un village huron situé près de la baie de Quinte. Il fonde la Confédération des Cinq Nations (qui deviendront plus tard les Six Nations). Il traverse tout d'abord le lac Ontario dans un canot de pierre et se rend chez les Onondagas (près de l'actuelle Syracuse, dans l'État de New York) pour livrer son message de conciliation. Usant de diplomatie autant que de menaces, et faisant montre de ses pouvoirs surnaturels, il entreprend des négociations de paix. L'éclipse solaire que provoque Dekanahwidah convainc définitivement les Senecas de son autorité. Les Cinq Nations, qui regroupent les Mohawks, les Oneidas, les Cayugas, les Onondagas et les Senecas (la sixième nation, composée des Tuscaroras, se joindra aux précédentes au XVIIIe siècle) concluent une alliance politique qui apporte la paix chez les Iroquois. « La terre sera magnifique, déclarent-ils, la rivière n'aura plus de vagues, nous pourrons aller partout sans peur. » On plante l'Arbre de Paix, un pin blanc dont les racines atteindront les autres coins de la terre. Sous l'arbre se trouve une caverne dans laquelle sont enterrées les armes.

La véracité historique de l'existence de Dekanahwidah n'est pas claire- ment établie — il peut en effet s'agir du rêve d'un prophète, d'un homme doté d'un pouvoir divin, ou d'un mythe pur et simple. Cette histoire com- porte plusieurs versions. Cependant, la Confédération des Cinq Nations est un fait établi et sa création remonte probablement au XVe siècle. En 1654, un missionnaire jésuite, François-Joseph Le Mercier, mentionne le fait que la Confédération existe déjà depuis longtemps. Un siècle plus tard, Benjamin Franklin déclarera qu'elle « apparaît comme indissoluble ».

La tradition orale comporte aussi des contes moraux qui ont leur pendant dans la littérature occidentale. Ainsi retrouve-t-on dans un récit kwakiutl le thème de la séduction ruineuse qu'exerce le monde matériel sur les hommes. Le chef des Grands Ancêtres obtient une immense quantité de cuivre, à laquelle on donne le nom de « Chose qui rend pauvre ». Le cuivre est vendu pour le profit et nombreux sont ceux qui périssent à cause de cela. Pour éviter une hécatombe, on cache dans le sol la Chose qui rend pauvre, mais la nouvelle génération ne tarde pas à la découvrir. « Alors ils ont creusé et découvert la Chose qui rend pauvre. Une toise et demie, voilà la taille du cuivre. On l'appelle la Chose qui rend pauvre parce que les hommes se ruinent pour elle. Elle vide les demeures. Elle coûte 20 canots, elle coûte 20 esclaves et 10 bracelets de cuivre noués, elle coûte 20 couvertures cousues, et 20 couvertures de vison, et 100 planches, et 40 planches de belle largeur et 20 boîtes de baies séchées ajoutées à cela, et 20 boîtes de clou de girofle, 10 boîtes d'écorce de sapin, 40 boîtes de graisse et 100 boîtes peintes et 200 tapis, et 200 couvertures de cèdre, et 200 plats. Voilà son prix. »

La Chose qui rend pauvre sème partout la mort, la jalousie et la rivalité. Le matérialisme est la racine de tout le mal, que l'on exorcise par le rituel du potlatch, une cérémonie au cours de laquelle on s'échange des cadeaux, où l'on cède ses possessions. Cette célébration est une manière élégante d'aplanir les inégalités économiques entre les membres d'un village et de maintenir la paix entre bandes voisines. C'est également une façon d'asseoir son influence, car plus les dons sont importants, plus le donateur est puissant.

Les Européens considèrent souvent les Autochtones comme une race de primitifs qui se montrent tantôt sympathiques (par exemple quand ils leur servent de guides, leur procurent des fourrures ou leur donnent des plantes médicinales pour se soigner), tantôt barbares et athées lorsqu'ils constituent un obstacle à l'occupation du territoire. La réalité est loin d'être aussi simple. Les Amérindiens du Canada forment un réseau complexe de nations distinctes, qui regroupent 12 familles de langues différentes et un nombre considérable de dialectes. Chaque nation possède sa propre structure politique et il existe des rivalités ancestrales, ainsi qu'une grande diversité de croyances religieuses. Vers 4000 ans avant J.-C., des réseaux de troc sont déjà établis dans le Canada oriental. Le troc exige l'usage d'une langue commune qui peut être un dialecte distinct compris par les deux groupes. Il requiert aussi un protocole et des lois. Quiconque domine un territoire contrôle également les échanges qui s'y font. Tant que le troc se fait du nord vers le sud, les Hurons détiennent la suprématie. Mais les colonies européennes changent la donne au détriment des Hurons, le troc se faisant désormais suivant un axe est-ouest.

Il existe plusieurs théories séduisantes concernant l'arrivée des premiers Européens en Amérique du Nord. Les Phéniciens, les Carthaginois, ou saint

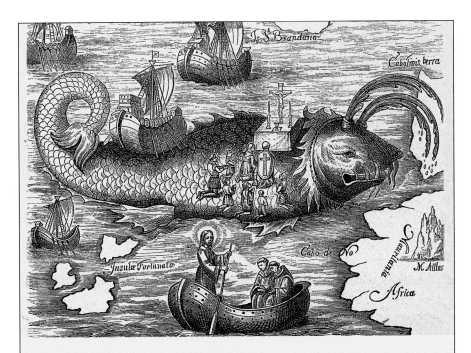

SAINT BRENDAN ◆ Moine irlandais mort vers 577 après J.-C., saint Brendan, dit le Navigateur, fit le tour de l'Irlande et de l'Écosse en bateau et, si l'on en croit une légende tenace, il aurait visité les côtes de l'Amérique du Nord.

«Ils arrivèrent en vue d'une île qui était très rocheuse et déchiquetée, couverte de scories, sans arbres ni herbage, et remplie de pièces de forge. Saint Brendan dit aux frères: "Cette île me désespère; je ne souhaite pas y accoster, ni même m'en approcher — pourtant le vent nous conduit dans sa direction, comme si c'était le but de notre course." Les frères s'écrièrent: "Seigneur, entends-nous, Ô Seigneur, Dieu de notre salut." Mais saint Brendan les calma: "Pourquoi vous alarmer? N'ayez crainte, aucun mal ne nous arrivera, car ceci est une étape nécessaire dans notre voyage."»

«Un des habitants forgerons apparut pour exécuter un travail; il était hirsute et noirci par le feu et la fumée. Lorsqu'il vit les serviteurs du Christ près de l'île, il se retira en hurlant: "Malheur! Malheur! Malheur!"»

«Soldats du Christ, soyez forts dans votre foi sincère et protégés par l'armure de l'Esprit, car nous sommes à présent aux confins de l'enfer.» Tiré de *Navigation de saint Brendan. (Illustration de Navigatio Sanctii Brendani, Mary Evans Picture Library)*

Brendan le Navigateur, moine irlandais qui serait venu au Ve ou au VIe siècle, ont été tour à tour considérés comme les premiers à avoir posé le pied en Amérique du Nord. Mais le premier contact documenté que nous connaissions est celui qui a lieu avec les Scandinaves en 1000 après J.-C. Ces derniers rencontrent les Dorsets ou les Béothuks à Terre-Neuve, et dans la mythologie scandinave il est fait mention de ce bref séjour. Les Vikings s'installent sur la côte. Ils bâtissent des huttes gazonnées et utilisent les dépôts de fer qu'ils trouvent pour réparer leurs vaisseaux. Lorsque les Autochtones apportent des fourrures pour les échanger contre des instruments de métal, les Vikings hésitent à leur fournir des armes. Les relations se dégradent. Les Scandinaves

VUE DE VENISE MONTRANT MARCO POLO S'APPRÊTANT À PARTIR EN ASIE ◆ Marco Polo quitte Venise pour l'Orient en 1275 et séjourne à la cour de Kublai Khan, petit-fils de Gengis Khan. Marco Polo établit le premier lien soutenu entre l'Europe et l'Orient et inaugure ainsi un commerce lucratif. (*Bodleian Library, Oxford*)

appellent les Autochtones des «Skraelings», nom qui vient de *skraelingjar* et signifie «de petite taille et ratatiné». Pour les Scandinaves, les Autochtones ressemblent aux trolls et leur apparaissent comme «des hommes laids et répugnants portant d'horribles cheveux sur leur crâne [...]. Ils ont de grands yeux et des joues larges.» Les échauffourées entre les deux groupes sont incessantes et les Vikings finissent par quitter les lieux.

Cinq siècles plus tard, John Cabot arrive à Terre-Neuve. Il s'ensuivra un flux ininterrompu de pêcheurs basques, espagnols, anglais et portugais, d'explorateurs français et de colons anglais.

Glooscap, un esprit micmac, a prédit l'assaut. «Il y aura des hommes blancs qui viendront prendre votre forêt. Mais je me dirige vers le nord, où je

LA PRISE DE CONSTANTINOPLE PAR LES TURCS, 1453 ◆ Tout le commerce de l'Europe avec l'Orient passe par Constantinople. Lorsque la ville tombe aux mains des musulmans, cette voie d'accès se trouve effectivement fermée. C'est à cet événement que l'on attribue le besoin de trouver une nouvelle route vers l'Orient.
(*La prise de Constantinople, de Jacopo Negretti Palma, Bridgeman Art Library, British Museum*)

vais créer un lieu pour vous où aucun Blanc ne viendra jamais. Vous ne pourrez venir en cet endroit de votre vivant. Vous parviendrez ici seulement après votre mort dans le Monde Terre. » Dans la mythologie huronne, la direction à prendre pour échapper aux Blancs est l'ouest : la direction de la mort. Des jumeaux, Bon Frère et Mauvais Frère, règnent sur le monde et lors d'une bataille épique, le Bon tue le Mauvais, qui revient dans un rêve en proférant ces mots : « Je me rends dans l'Ouest lointain. Plus tard, tous les hommes iront à l'Ouest après leur mort. » Pour les Nuu-chah-Nulths, les Blancs sont des poissons transformés en hommes qui ont la tête d'un chien-saumon.

CARTE DU NOUVEAU MONDE DÉCOUVERT PAR JOHN CABOT EN 1497 ◆ «Notre Vénitien, parti de Bristol dans son petit navire à la recherche de nouvelles îles, est revenu et dit qu'il a découvert le continent à 700 lieues de là, qui est le pays du Grand Khan et qu'il en a longé les côtes sur 300 lieues et qu'ayant accosté, il n'a vu personne ; mais il a apporté ici au roi certains pièges qui sont tendus pour prendre du gibier et une aiguille pour confectionner des filets et il a trouvé certains arbres munis d'encoches, et il en conclut qu'il y a des habitants. Étant dans le doute, il est retourné à son navire ; et il a été trois mois en voyage ; et ceci est certain.

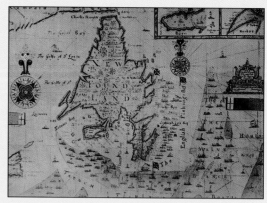

Et sur le chemin du retour, il a vu deux îles mais il n'avait pas envie d'accoster, pour ne pas perdre de temps car il était en manque de provisions. Le roi ici est très satisfait de cela ; et il [Cabot] dit que les marées sont faibles et qu'elles ne sont pas comme celles d'ici. Le roi lui a promis pour le printemps dix navires armés comme il [Cabot] le désire, et lui a donné tous les prisonniers qu'il a fait relâcher pour qu'ils puissent l'accompagner, comme il l'a demandé ; et il lui a donné de l'argent pour qu'il puisse passer du bon temps jusque-là. Et il se trouve à Bristol avec sa femme vénitienne et ses fils. Son nom est [John Cabot] et on l'appelle le Grand Amiral et on lui témoigne un immense honneur ; il va vêtu de soie, et ces Anglais courent après lui comme des fous, et en effet il peut recruter autant d'entre eux qu'il le désire, et plusieurs coquins aussi. Le découvreur de ces choses a planté dans la terre qu'il a trouvée une grande croix portant une bannière de l'Angleterre, et une de saint Marc, étant Vénitien, de sorte que notre drapeau a été hissé au loin.» 23 août 1497, Lorenzo Pasqualigo, écrivant à ses frères Alvise et Francesco à Venise. (*Bridgeman Art Library, British Museum*)

Les Squamishs, quant à eux, pensent que les Blancs sont des morts. La première fois qu'ils voient un vaisseau espagnol, un observateur squamish fait le commentaire suivant : «Les gens ne savaient pas ce que c'était. Ils croient tout d'abord que c'est une île flottante avec des branches qui poussent dessus, et des toiles d'araignée qui pendent. Comme ils s'approchent de cette chose monstrueuse, ils se rendent compte qu'il s'agit d'un gigantesque canot [...]. Puis en reposant leurs rames, ils regardent en direction du grand canot et voient un homme à bord qui marche sur le pont. Ils pensent que l'homme est un mort vivant qui marche, qu'il vient du monde des esprits et qu'il porte son cercueil sur son dos [...]. Il faut que vous compreniez que cet homme avait une longue barbe, ce qui était nouveau pour nos gens, et qu'au-dessus de cette grosse masse de barbe noire, son visage était blanc. Le seul visage pâle que les gens aient vu auparavant était celui des hommes morts.» Les Européens sont bien en vie, mais ils apportent la mort avec des maladies comme la variole, la rougeole, l'influenza, la diphtérie, le typhus et les oreillons, qui s'abattent sur les populations autochtones. Le système immunitaire des aborigènes est très vulnérable aux virus étrangers et 93 % de la population autochtone d'Amérique du Nord est décimée par ce mal venu d'ailleurs, qui s'étend lentement d'est en ouest.

D'après les documents que l'on possède, le premier Européen qui arrive après les Scandinaves est Giovanni Caboto. Ce navigateur vénitien né à Gênes reçoit

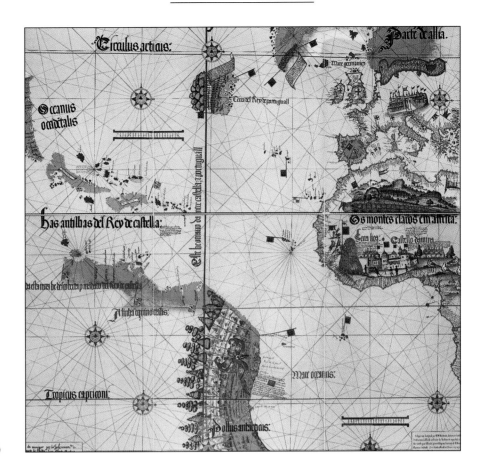

Carte du monde par Alberto Cantino, 1502. (*Library of Congress*)

l'autorisation du roi Henri VII d'Angleterre de « chercher, découvrir et trouver des îles, des pays, des régions ou des provinces de païens et d'infidèles. » Le 24 juin 1497, Giovanni Caboto, dont le nom vient tout juste d'être anglicisé en John Cabot, aborde au Labrador ou à Terre-Neuve, érige une croix ainsi que la bannière de l'Angleterre, et revendique le territoire au nom de la chrétienté et de son bailleur de fonds royal. Cabot et quelques-uns de ses hommes empruntent une piste à l'intérieur des terres, et se retrouvent dans une clairière où ils découvrent un feu de camp éteint et un petit bâton sculpté et peint. Il est plausible de penser que le site abandonné appartient aux Béothuks, une tribu énigmatique. Cabot fait provision d'eau fraîche et, pris par la nervosité, il décide de regagner son vaisseau.

Quatre ans plus tard, un diplomate italien du nom de Alberto Cantino fournit une description des Autochtones qu'il a vus à Lisbonne — probablement des Béothuks — kidnappés par un autre explorateur : « Ils ont saisi par la force une cinquantaine d'hommes et de femmes de ce pays et les ont amenés au roi », écrit-il. Cantino les décrit comme étant plus grands que la moyenne et ayant des yeux verts. « Malgré leur apparence de Sauvages, ils sont doux et ont une grande pudeur. Leurs bras, leurs jambes et leurs épaules sont d'une beauté indescriptible. Ils sont admirablement faits pour supporter le dur labeur et deviendront sans aucun doute les meilleurs esclaves jamais découverts. » Cette prédiction ne se vérifie pas : tous périrent, la majorité d'entre eux au cours de la traversée, les autres peu de temps après leur arrivée.

DESSINS DE SHAWNADITHIT ◆ «Nous sommes redevables à cette intéressante protégée [Shawnadithit] de nous avoir fourni presque tous les renseignements que nous possédons concernant sa tribu, les aborigènes de Terre-Neuve. Bien qu'elle ait passé cinq ans et plus parmi les Anglais, la deuxième fois qu'elle arriva à Saint-Jean [Terre-Neuve], elle parlait si peu l'anglais que seuls ceux qui étaient habitués à son charabia pouvaient la comprendre. Toutefois, en continuant sans relâche à l'instruire, on la vit prendre confiance et commencer à communiquer. Elle manifestait des talents extraordinaires, possédait au plus haut point le sens de la gratitude, avait une grande affection pour ses parents et amis, et paraissait des plus enjouées. Elle possédait un talent naturel pour le dessin et, comme on lui fournissait constamment du papier et des crayons de plusieurs couleurs, elle était en mesure de communiquer ce qui autrement aurait été perdu. Par ce moyen, et en s'aidant de son anglais rudimentaire et de mots béothuks, elle en apprit elle-même la signification à ceux qui étaient autour d'elle.» Tiré de *History of the Red Indians of Newfoundland* (Histoire des Peaux-Rouges de Terre-Neuve) de William E. Cormack. (*Archives nationales du Canada*, C-28544)

Les Béothuks sont parmi les premiers Autochtones que l'on exhibe en Europe. Ils personnifient l'exotisme du Nouveau Monde. Ils sont aussi parmi les premiers à être exterminés: au début du XIXᵉ siècle, il ne reste qu'une survivante, une femme du nom de Shawnadithit, dont l'histoire se confondra à celle de tout son peuple. Les Béothuks évitent le contact avec les premiers pêcheurs européens et se retirent de la côte. Si l'on découvre souvent leurs feux de camp, on a rarement l'occasion de les voir en personne: cette absence effraie et leur confère un statut quasi mythique. Au cours de leurs brefs contacts avec les Européens, les Béothuks contractent diverses maladies et ils sont chassés par les colons craintifs. Au début du XIXᵉ siècle, cette tribu qui comptait plusieurs centaines de personnes est réduite à une poignée de survivants.

En 1823, non loin de la baie des Exploits, des trappeurs anglais trouvent une femme béothuk et ses deux filles presque mortes de faim. Le mari de la femme se cache non loin de là et tente de venir à leur secours, mais la glace qui recouvre une crique cède sous ses pas et il se noie. On emmène les femmes à Saint-Jean (Terre-Neuve), où elles reçoivent de la nourriture et des vêtements, puis on les ramène à la baie des Exploits, non sans leur avoir donné des cadeaux qui sont autant d'offrandes de paix destinées à leur peuple. On espère ainsi entamer des relations plus positives entre les deux cultures. En vain. Quelques jours plus tard, la mère et une de ses filles meurent, sans doute atteintes de tuberculose. La survivante, Shawnadithit, qui a 22 ans, marche le long de la rivière des Exploits jusqu'à ce qu'elle atteigne la colonie anglaise. Elle y passera les cinq années suivantes à travailler comme bonne sous le nom de Nancy, au service d'un certain John Peyton.

DEMASDUIT (MARY MARCH) ◆ En 1819, Demasduit est capturée par John Peyton fils, qui a été payé par le gouverneur de Terre-Neuve pour ramener un Indien béothuk. Son mari est tué alors qu'il tente de la défendre. Les assassins mesurent la taille de leur victime. C'est un véritable colosse, capable de se battre contre une demi-douzaine d'hommes. Demasduit est amenée à Saint-Jean [Terre-Neuve] où elle fait preuve d'un talent étrange à mimer son entourage. On lui donne le nom de Mary March parce qu'elle fut capturée en mars. Elle apprend vite quelques mots d'anglais et dès qu'elle parvient à communiquer, elle dit à ses ravisseurs qu'elle a un bébé. La nouvelle provoque une vague de protestations parmi les citoyens qui écrivent au gouverneur Charles Hamilton pour exiger qu'elle soit rendue à son peuple et à son enfant. Hamilton a l'espoir que Mary March serve de lien entre les Béothuks et les colons blancs de Terre-Neuve, ce qui permettrait d'établir une relation diplomatique. Ce qu'ignorent Mary March et ses ravisseurs, c'est que le bébé est mort de faim deux jours après la capture.

Les citoyens de Saint-Jean proposent d'engager 30 hommes de Twillingate qui connaissent les bois et de l'escorter chez elle. «Lorsqu'ils rencontreront les Autochtones, propose le comité des citoyens dans sa pétition, les hommes rendront la femme à ses amis en guise d'offrande de paix et, comme gage de leur sincérité, ils offriront les présents qu'ils jugeront appropriés. S'ils arrivent à persuader deux ou trois de leurs chefs de les accompagner à Twillingate, ils s'en retourneront immédiatement; mais si les Indiens demandent une preuve de leur bonne foi, alors les hommes se mettront à l'abri d'une attaque et resteront quelques jours dans le pays afin de dissiper les doutes, en posant des gestes quotidiens de confiance et de gentillesse.»

Le gouverneur Hamilton acquiesce mais, au moment où une expédition est mobilisée, Mary March, atteinte de tuberculose, est mourante. Le capitaine David Buchan, qui est à la tête de l'expédition, emmène Mary March avec lui et apporte des cadeaux prouvant sa bonne volonté envers son peuple, soit 27 miroirs, 24 couteaux, 9 fils de perles, 36 pots en fer-blanc, de la vaisselle et des bouilloires, 36 poinçons. Mais Buchan n'arrive pas à retrouver la tribu. Mary March dit qu'elle souhaite seulement retrouver son enfant pour ensuite retourner à Saint-Jean. Elle ne réussit à faire ni l'un ni l'autre et meurt le 8 janvier 1820.

Buchan pense que le fait de rapporter sa dépouille sur le site où elle a été enlevée constitue un geste de bonne volonté. Il fait construire un cercueil tapissé de tissu rouge. On y place deux poupées de laine que Mary March affectionnait et l'on fixe dessus une plaque de cuivre où est gravé son nom. Soixante hommes partent à l'intérieur des terres en tirant le cercueil sur un traîneau. Ils parcourent cinq milles par jour et, après 15 jours, ils trouvent des traces de raquettes qui les conduisent à un entrepôt et à des wigwams abandonnés depuis peu. Cinq jours plus tard, ils atteignent l'emplacement où Mary March a été enlevée. Buchan érige une plate-forme sur laquelle il pose le cercueil et les cadeaux autour. Pendant deux semaines, il cherche les Béothuks, sans succès. Pourtant, les Autochtones ne sont pas loin. Ils suivent Buchan, observant son avancée. Lorsqu'ils sont certains que Buchan et son groupe sont partis, ils sortent le corps de Demasduit du cercueil et le placent dans un cimetière où se trouvent son mari et son enfant. (*Lady Henrietta Hamilton, Archives nationales du Canada, C-092599*)

JACQUES CARTIER ◆ «À propos de l'état des Sauvages, je vous dirai que ce sont des gens de belle stature, et bien faits, ils sont très blancs, mais ils sont tout nus : et s'ils étaient habillés comme les Français le sont, ils seraient aussi blancs et aussi clairs mais ils se recouvrent de peinture par crainte de la chaleur et des brûlures du soleil.

«Au lieu de vêtements, ils portent des peaux comme un manteau ; les hommes comme les femmes portent un pagne qui sert à couvrir leurs parties intimes. Ils ont des culottes courtes et des chaussures de cuir excellemment faites [...]. Ils mangent de la bonne viande, mais ils ne la salent pas, ils la sèchent, après quoi ils la grillent ; ils mangent aussi la chair du poisson. Ils n'ont pas de lieu précis d'habitation et se déplacent, là où ils croient qu'ils ont le plus de chance de trouver de la nourriture, comme des aloses, et d'autres poissons comme des saumons, des esturgeons, des mulets, des surmulets, des bars, des carpes, des anguilles, des pinperneaux et autres poissons de rivière, et des quantités de marsouins. Ils se nourrissent aussi de cerfs, de verrats sauvages, de porcs-épics, et de quantités d'autres bêtes sauvages. Et il y a autant d'oiseaux qu'ils en désirent.

«À manger leur pain, on voit qu'ils le font très bien et que c'est d'une bonne mouture ; et ils vivent très bien car ils ne se soucient de rien d'autre.» Tiré de *Les Voyages de Jacques Cartier. (Théophile Hamel, Archives nationales du Canada, C-11226)*

François Ier, 1494-1547. (*Superstock*)

William Cormack, explorateur et agriculteur alarmé par la disparition d'une culture entière, décide de fonder, le 2 octobre 1827, l'« "Institut Béothuk" dont le but est d'entrer en communication avec la civilisation des Amérindiens de Terre-Neuve et d'en faire la promotion. » Ses efforts arrivent trop tard, car Shawnadithit est un des seuls survivants béothuks avec qui il soit possible de communiquer. Lorsque Cormack entend parler d'elle, il la fait venir à son institut malgré les protestations de Peyton qui apprécie ses services de bonne d'enfants. Elle deviendra à elle seule l'« Institut Béothuk » et sera l'unique source de renseignements sur sa tribu. « Nous possédons suffisamment d'indications pour déplorer qu'un peuple aussi particulier et aussi grand disparaisse comme une ombre de la surface de la terre », écrira Cormack.

Shawnadithit a 26 ans à l'époque. Elle a un visage placide et porte des cicatrices de balles à une main, aux bras et à une jambe. Elle est déjà mourante de tuberculose et s'adresse parfois aux esprits de sa mère et de sa sœur. Cormack tente désespérément de lui apprendre suffisamment d'anglais pour qu'elle puisse raconter l'histoire de son peuple. La jeune femme qui montre un véritable talent pour le dessin laissera une série de croquis détaillés qui illustrent le sombre destin de sa tribu. Sa version des événements se trouve corroborée par les documents que l'on possède sur les contacts établis avec les Béothuks.

En 1810, le gouverneur Duckworth envoie un petit groupe commandé par le capitaine David Buchan à l'intérieur des terres pour qu'une rencontre amicale ait lieu avec les « Peaux-Rouges ». On procède à un échange d'otages, comme marque de confiance : deux des hommes de Buchan sont laissés au camp béothuk, tandis que deux Autochtones l'accompagnent. Ils sont censés revenir avec des cadeaux. Les Béothuks, craignant que Buchan ne soit parti chercher des renforts, tuent les deux otages anglais à coups de flèches. Shawnadithit, qui a neuf ans au moment de l'incident, décrit comment sa mère décapite les deux hommes.

Neuf années plus tard, le gouverneur Sir Charles Hamilton offre une récompense de 100 livres à quiconque ramènera un Amérindien à Saint-Jean. Peu de temps après, un groupe d'Anglais surprend trois Béothuks : la tante et deux oncles de Shawnadithit. Ils tuent un des hommes béothuks, et prennent les mesures du cadavre, d'une taille hors du commun. La femme, Demasduit, est faite prisonnière et appelée Mary March. Quand l'été arrive, elle est mourante et le capitaine Buchan est chargé de la ramener auprès de son peuple. Elle meurt en route et Buchan laissera son corps sur le site même où a eu lieu sa capture. Cinq ans plus tard, alors que Cormack part à la recherche des survivants, il découvre une hutte funéraire dans laquelle se trouve la dépouille de Mary March, encore vêtue de la robe de mousseline qu'elle avait reçue en cadeau.

À l'époque de la mort de sa tante, Shawnadithit estime à 31 le nombre de Béothuks qui sont encore en vie. Deux marchands anglais tuent un autre de ses oncles, et après hésitation, tirent sur sa fille. En 1823, année où Shawnadithit est conduite à la maison de Peyton, le nombre des Béothuks est

LES MICMACS ◆ Au XVIIe siècle, Henri Membertu, chef d'une petite tribu micmaque, remarque qu'après l'arrivée des Européens la population de la tribu commence à diminuer. Avant, dit-il, il y avait autant de Micmacs que j'ai de cheveux sur le crâne. Les Micmacs perdent 85 % de leur population à cause des affections qu'ils contractent au contact des Européens.

Au Nouveau Monde, la maladie tue davantage d'Autochtones que la guerre. Les conquistadors espagnols en massacrent des milliers, mais ce sont les infections apportées par les Espagnols qui vont décimer 95 % de la population indienne précolombienne. L'épidémie se déplace vers le nord et gagne les populations de la vallée du Mississippi.

Les Autochtones n'ont jamais été exposés aux microbes des Européens et n'ont donc aucune résistance immunologique ou génétique. Ainsi la variole, la rougeole, l'influenza, le typhus et la tuberculose font un nombre considérable de victimes. Cet « échange » microbien est à sens unique : les microbes du Nouveau Monde ne causent aucune perte de vie en Europe. Cela s'explique par le fait que ces maladies proviennent des animaux domestiques qui abondent en Europe mais qui sont relativement rares au Nouveau Monde. Les chiens sont communs parmi les Autochtones du Nord et, en Amérique du Sud, on utilise des lamas, mais ces animaux ne forment pas de troupeaux, comme c'est le cas pour le bétail, ce qui évite toute prolifération microbienne. C'est donc en grande partie à cause d'une guerre biologique, tantôt causée par la négligence, tantôt délibérée, que s'effectue la conquête des deux continents. (*Archives nationales du Canada, C-810*)

tombé à 13. Cormack rapporte : « Elle dit que les survivants ont emprunté une route qui fait un détour au nord, à l'ouest et au sud à partir des eaux de Badger Bay en direction du Grand Lac. Ce sont les seuls renseignements qu'elle détient sur sa tribu, et elle ne peut s'empêcher de verser des larmes lorsqu'elle nous les rapporte. »

En juin 1829, soit neuf mois après avoir déménagé à Saint-Jean où elle est devenue l'emblème vivant d'une culture disparue, Shawnadithit meurt de tuberculose. Cormack se trouve en Angleterre à l'époque et rédige une notice nécrologique, qui paraît dans le *London Times*, la décrivant comme la dernière Amérindienne de Terre-Neuve. Un homme du nom de Carson placera son crâne et son scalp dans une boîte de fer-blanc et l'expédiera au Royal College of Physicians de Londres avec la mention suivante : « Elle était grande et majestueuse, d'un caractère souple et doux, mais comme on pouvait s'y attendre, c'était une femme prudente et fière. »

Après l'expédition de Cabot, les Britanniques sont trop préoccupés par la guerre, la religion et leur politique intérieure pour songer à financer de nouvelles expéditions. L'exploration n'est pas une priorité. En 1534, Jacques Cartier, soutenu par le roi de France, lance une expédition d'envergure à destination du Nouveau Monde. Un portrait de Cartier le montre de profil, vêtu comme un noble, le nez aquilin, l'air presque renfrogné. Né à Saint-Malo, en Bretagne, Cartier s'est peut-être rendu à Terre-Neuve en tant que simple marin avant d'entreprendre ses voyages de découverte. En 1534, il reçoit du roi François Ier le mandat de partir pour le Canada dans l'espoir de trouver une route vers l'Orient, ou tout au moins de trouver de l'or (comme les Espagnols l'ont fait en Amérique latine). Cartier quitte le port de Saint-Malo le 20 avril et arrive le 10 mai à Terre-Neuve d'où il offre sa célèbre première impression du pays. « Enfin, j'estime plutôt que c'est la terre que Dieu donna à Caïn », écrit-il. En effet, il n'y a pas un seul amoncellement de terre en vue, et le paysage qui se déploie sous ses yeux est aride et inhospitalier.

Cartier rencontre des Autochtones en canot qui, par les signes qu'ils lui adressent, indiquent qu'ils veulent faire du troc. « Nous leur fîmes pareillement signe que nous ne leur voulions nul mal, et descendîmes deux hommes à terre, pour aller à eux leur porter des couteaux et autres objets de fer, et un chapeau rouge pour donner à leur chef [...]. Et ils nous donnèrent tout ce qu'ils avaient, tel qu'ils s'en retournèrent tout nus : et ils nous firent signe que le lendemain, ils reviendraient avec d'autres peaux. »

Mais Cartier n'accorde qu'un intérêt mineur au commerce. Il poursuit donc sa route vers l'ouest et explore la côte dans l'espoir de trouver un passage prometteur. Il explore ainsi le détroit de Belle-Isle mais doit renoncer à cause du brouillard qui recouvre l'île d'Anticosti. En navigant vers l'ouest, Cartier est au moins encouragé par la présence d'une terre plus fertile que celle de Terre-Neuve, et par l'abondance et l'exotisme de la nature. Ses hommes font halte à l'île des Oiseaux où ils abattent plus d'un millier de volatiles, dont plusieurs sont des grands pingouins, espèce qui sera plus tard chassée jusqu'à l'extinction. Cartier rencontre ensuite une flottille de plus de 40 canots. Ce sont des Micmacs qui s'approchent et entourent la barque des Français partis explorer la côte. « Tous arrivèrent en direction de notre barque, dansant et manifestant leur joie, nous montrant leur désir d'être amis avec nous », note Cartier. Mais leur grand nombre inquiète Cartier qui leur fait signe de s'éloigner. « En voyant que malgré les signes que nous leur faisions, ils ne nous laissaient pas le passage, nous tirâmes au-dessus de leurs têtes deux salves de notre petit canon. » Les Micmacs font marche arrière et regagnent le rivage.

« La peur, écrit l'historien français Robert Mandrou, est le sentiment qui domine dans la France du XVIe siècle. Tout effraie : les conditions matérielles, la nature précaire des vivres, la médiocrité de l'environnement, et

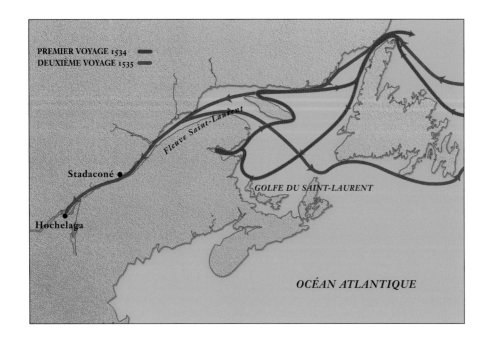

PREMIER VOYAGE 1534
DEUXIÈME VOYAGE 1535

Fleuve Saint-Laurent

Stadaconé

Hochelaga

GOLFE DU SAINT-LAURENT

OCÉAN ATLANTIQUE

Les voyages de Jacques Cartier, 1534-1535.

par-dessus tout, le climat intellectuel ambiant. » Aux préoccupations d'ordre pratique, s'ajoutent celles d'ordre surnaturel : « À la peur des loups venait s'ajouter la peur des loups-garous, ces hommes changés en loups par une puissance diabolique. » Cartier est habité par ce climat de peur et les rapports qu'il entretient avec les Autochtones s'en trouvent profondément affectés.

À la baie de Gaspé, Cartier rencontre les Iroquois du Saint-Laurent, groupe avec lequel il entretiendra la relation la plus longue, connue au Nouveau Monde, et qui s'avérera à la fois bénéfique et destructrice pour les deux parties. L'explorateur français offre des cadeaux aux Iroquois et est présenté à leur chef, Donnacona. Une alliance se forme bientôt, scellée par des danses et des célébrations.

L'atmosphère de fête dure peu longtemps. Cartier érige à Gaspé une croix de 10 m portant l'inscription suivante : « Vive le Roi de France ». Les Français s'agenouillent et prient au pied de la croix, le regard tourné vers le ciel. Cette cérémonie inquiète les Autochtones qui y voient une intention de s'emparer de leur territoire. « En regagnant nos vaisseaux, écrit Cartier, le capitaine [Donnacona] se revêtit d'une vieille peau d'ours noir, et arriva en canot avec ses trois fils et son frère, mais ils ne s'approchèrent pas comme ils l'avaient fait auparavant. Désignant la croix, il nous fit une grande harangue nous montrant ladite croix, et faisant le signe de la croix avec deux doigts ; et puis il nous montrait la terre, tout autour de nous, comme s'il eût voulu dire que toute la terre était à lui et que nous ne devions pas planter ladite croix sans sa permission. Lorsqu'il eut terminé sa harangue, nous lui montrâmes une hache, feignant de la lui donner en échange de sa peau d'ours. Il comprit et peu à peu s'approcha du bord de notre vaisseau, croyant avoir ladite hache. Et l'un de nos gens, étant dans une de nos barques, en fit entrer deux ou trois pour les emmener à bord de notre vaisseau, de quoi ils furent bien étonnés. »

Jacques Cartier remonte
le Saint-Laurent en 1535.
(*Gudin Théodore, Versailles et Trianon*)

Cartier dit à Donnacona qu'il se rend en France et qu'il en reviendra avec d'autres objets en fer à échanger. Il veut prendre avec lui deux des fils du chef, Domagaya et Taignoagny, pour montrer sa bonne foi envers les Iroquois. « Nous vêtimes ses deux fils de chemises et de rubans, et de toques rouges, et nous passâmes autour de leur cou une petite chaîne en cuivre, ce qui leur plut beaucoup. » Donnacona dit adieu à ses fils, et Cartier s'en va. Il se livre à une recherche hâtive d'un passage vers l'ouest puis retourne en France. Il y arrivera le 5 septembre avec ses deux prisonniers exotiques. Cartier n'a pas trouvé le passage vers l'Orient, pas plus qu'il n'a trouvé de l'or ; malgré cela, il demeure optimiste. L'année suivante, il repart en expédition avec trois vaisseaux au lieu de deux, et 110 hommes à bord, soit 49 de plus que lors du précédent voyage. Les fils de Donnacona qui accompagnent Cartier lui donnent des renseignements sur le fleuve Saint-Laurent, qui se présente comme une longue route intérieure que personne n'a encore explorée jusqu'au bout. Cartier se sent ragaillardi par ces descriptions qu'on lui donne et pense que le Saint-Laurent correspond au passage qu'il cherche. Mais il ne fait pas entièrement confiance aux deux hommes et explore d'abord la rive nord du golfe du Saint-Laurent afin de s'assurer qu'il n'existe pas une autre voie plus prometteuse. Il accepte enfin de suivre leurs conseils et il arrive au fleuve Saint-Laurent, qui sera sa découverte géographique la plus importante. Cartier atteint l'île d'Orléans, près de Stadaconé (site actuel de la ville de Québec), le village iroquois où Donnacona les attend. Comme le vaisseau de Cartier jette l'ancre, le chef arrive et embrasse ses fils qui lui parlent de la France. On procède ensuite à un échange rituel de cadeaux, mais la joie des retrouvailles est vite remplacée par une réserve réciproque. « Et tous s'approchèrent de nos vaisseaux, écrit Cartier, manifestant de nombreux signes de joie, à l'exception des deux hommes que nous avions emmenés avec nous, à savoir Domagaya et Taignoagny, dont l'attitude avait changé du tout au tout et qui refusèrent de

Jacques Cartier rencontre les Iroquois d'Hochelaga. « Nous marchâmes plus avant. Et à environ une demi-lieue de là, nous commençâmes à trouver les terres labourées et belles, grandes campagnes, pleines de blé de leur terre, qui est comme le mil du Brésil, aussi gros, ou plus, que des pois, dont ils vivent, comme nous faisons du froment. Et au milieu de ces campagnes est située et assise ladite ville d'Hochelaga, tout près d'une montagne qui est tout autour labourée et fort fertile, du haut de laquelle on voit fort loin. Nous nommâmes cette montagne le mont Royal. » *(Napoléon Sarony d'après Andrew Morris, Archives nationales du Canada, C-42247)*

monter à notre bord, bien qu'on les en priât à maintes reprises, ce qui fit naître nos soupçons. » On peut supposer que les deux fils se méfient des intentions véritables des Français, mais l'appât du gain atténue les soupçons de part et d'autre.

Les fils du chef ont appris le français et servent d'interprètes, mais Cartier soupçonne Taignoagny de présenter son propre point de vue, et non celui de son père, ou du moins de ne pas traduire correctement ses propos. Aux yeux de Cartier, Taignoagny semble jouer le rôle du traître qui sème le doute dans les deux camps. Taignoagny déclare que son père est fâché que les Français soient si lourdement armés, alors que les Autochtones ne le sont pas. « Le Capitaine rétorqua que malgré le chagrin que cela causait à Donnacona, il ne se départirait pas des armes, puisque, comme le savait Taignoagny, telle était la coutume en France. »

Après avoir fait la promesse d'accompagner Cartier dans sa remontée du Saint-Laurent jusqu'au village iroquois d'Hochelaga (site actuel de Montréal), Taignoagny change soudain d'avis. Il déclare que le fleuve ne vaut pas la peine qu'on en fasse l'exploration. Les Français sont alors convaincus que Taignoagny « est un homme sans valeur, qui ne songe qu'à trahir et à nuire. » Cartier réaffirme son intention de remonter le fleuve jusqu'à Hochelaga, tandis que Donnacona et ses fils se montrent de plus en plus réticents. Il est possible que Donnacona ait cherché à contrôler le troc avec les Européens et à obtenir un accord commercial qui le lie à Cartier avant que ce dernier n'entreprenne des négociations avec d'autres bandes. Il se méfie de l'intrusion de Cartier à l'intérieur des terres. Les deux fils viennent de passer un an en France et ils ont sans doute deviné les motifs impérialistes du bailleur de fonds de Cartier.

Les deux fils du chef ont vu le pouvoir qu'exerce l'Église sur les Français et ils organisent une sorte de pantomime religieuse dans le but de décourager les explorateurs. «Le lendemain, rapporte Cartier, ils emploient une ruse pour nous empêcher de nous rendre à Hochelaga. Ils habillent trois hommes en diables, en les parant de peaux de chien noires et blanches, et de cornes aussi longues que le bras, et en leur noircissant le visage comme du charbon.» Ceux-ci passent en canot devant le vaisseau, puis rejoignent la rive où Donnacona et ses hommes les saisissent et les transportent dans le bois. Taignoagny et Domagaya sortent des arbres, feignant l'étonnement. Taignoagny s'écrie: «Jésus, Jésus, Jésus!», en fixant le ciel. Domagaya se joint à lui en appelant: «Jésus, Marie, Jacques Cartier!», en tournant lui aussi son regard vers le ciel. Il s'ensuit une confrontation religieuse au cours de laquelle les fils de Donnacona déclarent que leur Dieu, Cudouagny, les a avertis qu'il y aurait assez de neige et de glace à Hochelaga pour tuer tout le monde. Cela se passe à la fin du mois de septembre et comme aucun signe hivernal ne s'est encore fait sentir, cette prédiction n'est pas prise au sérieux par les Français. Cartier rétorque que Cudouagny est un sot, et que Jésus veillera sur eux. Cudouagny aura le dernier mot, mais en attendant, il est convenu que les fils accompagneront Cartier jusqu'à Hochelaga.

En remontant le Saint-Laurent, Cartier et son équipage ressentent l'exaltation de la découverte. Ce qui s'offre à leurs yeux est bien le Nouveau Monde et les hommes voient pour la première fois des bélugas, des morses, et un nombre considérable d'espèces d'oiseaux qui leur sont inconnues. Les Autochtones qu'ils rencontrent en chemin leur font bon accueil, et les fils de Donnacona servent de médiateurs. Ils rencontrent ainsi cinq chasseurs iroquois qui, comme l'écrit Cartier «vinrent à la rencontre de nos vaisseaux sans crainte ni inquiétude, aussi à l'aise avec nous que s'ils nous avaient connus toute leur vie. Et lorsque nos barques s'échouèrent, un de ces hommes me prit dans ses bras et me porta sur la terre ferme, avec autant de facilité que si j'avais été un enfant de six ans, tant il était grand et fort.» À Hochelaga, plus de 1000 personnes les attendent. On procède à un échange rituel de cadeaux et les hôtes leur donnent de telles quantités de poisson et de nourriture qu'il «semblait pleuvoir du pain». Les hommes dansent et les femmes pleurent de joie. On transporte, enveloppé dans une grande peau de daim, le chef d'Hochelaga, Agouhanna, qui est en partie paralysé, et on le présente à Cartier. «Il nous montra ses bras et ses jambes me faisant signe d'être assez bon de les toucher, comme s'il s'attendait à être soigné et guéri par moi. Là-dessus, j'entrepris de lui frotter les bras et les jambes avec mes mains.» D'autres se présentent devant Cartier, des infirmes, des aveugles, des vieillards et des souffrants «afin que je puisse leur imposer les mains, et que l'on pense que le Christ est descendu sur terre pour les guérir.» Cartier s'adresse à l'assemblée dans un discours improvisé et commence la lecture de l'Évangile selon saint Jean «Au commencement était le Verbe et le Verbe était avec Dieu et le Verbe était Dieu.»

Lorsque Cartier quitte Hochelaga pour retourner à ses vaisseaux, le fleuve commence à geler et il est contraint de passer l'hiver en aval de

Stadaconé. Les Français construisent rapidement un fort, et font pointer leurs canons en direction du village, ce qui constitue un affront à Donnacona, et provoque une détérioration rapide des relations entre Cartier et le chef. Les habitants de Stadaconé cessent d'apporter du poisson au fort et les contacts s'espacent de plus en plus. Une épidémie met fin définitivement aux relations entre les deux hommes. En effet, au mois de décembre, 50 Autochtones trouvent la mort et Cartier interdit tout contact, craignant que ses hommes ne soient contaminés. Malgré ces précautions, les Français commencent à montrer divers symptômes de maladies, qu'ils imputent aux Autochtones, mais il se peut qu'ils aient déjà été atteints de plusieurs maladies. Les habitants de Stadaconé ont peut-être été infectés par un virus dont les Français sont porteurs, et il semble clair que les hommes de Cartier ont le scorbut. À la mi-février, moins de 10 % des 110 hommes de Cartier sont encore en bonne santé, et à la fin du mois de mars, 25 hommes sont morts et presque tous les survivants sont atteints, à l'exception de Cartier qui, fait extraordinaire, est épargné. Cartier donne à ses hommes l'ordre de prier et il fait placer une image de la Vierge Marie contre un arbre à l'extérieur du fort. Le dimanche, ceux qui peuvent encore se déplacer se fraient péniblement un chemin dans la neige et assistent à l'office qui est célébré près de l'arbre. Ils chantent les sept psaumes de David et prient la Vierge que son Fils ait pitié d'eux. Avec ses hommes affaiblis par le scorbut, Cartier redoute de plus en plus Donnacona et ses hommes, inquiet de voir les Stadaconéens passer à l'attaque s'ils apprennent à quel point les Français sont vulnérables. Étant donné que les relations sont très tendues, chaque camp ignore l'état de fragilité de l'autre. Les Français, trop faibles pour enterrer leurs morts dans le sol gelé, se contentent de les recouvrir de neige. Lorsque les Autochtones arrivent près du fort, Cartier imagine un stratagème pour leur faire croire que ses hommes et lui jouissent d'une santé vigoureuse. Le capitaine français conduit deux ou trois hommes en dehors de l'enceinte et « fait semblant de les battre, et tout en vociférant et en leur lançant des bâtons, il les reconduit à bord des vaisseaux, indiquant aux Sauvages par signes qu'il fait travailler tous ses hommes sous le pont, certains au calfatage, d'autres à cuire le pain, et à d'autres tâches encore, et qu'il ne conviendrait pas de les faire venir et de les laisser fainéanter à l'extérieur. » À bord, l'équipage malade martèle faiblement la coque à l'aide de bâtons, tentant d'imiter de leur mieux les bruits que feraient des marins en bonne santé.

Un jour, Domagaya s'approche, et Cartier voyant qu'il est bien portant lui demande ce qui l'a guéri. Domagaya répond qu'il doit sa guérison à une tisane de cèdre blanc. Dans un élan de fraternité passagère, il prépare une infusion pour les hommes de Cartier qui commencent par décliner son offre, à l'exception des plus désespérés. « Tout aussitôt qu'ils en eurent bu, ils en eurent l'avantage, qui se trouva à être un vrai et évident miracle : car de toutes maladies dont ils étaient entachés, ils retrouvèrent santé et guérison. La nouvelle se répandit très vite et les hommes se tuaient presque pour boire les premiers. Ainsi, en moins de huit jours, un arbre entier aussi grand et haut qu'aucun arbre que j'aie jamais vu fut utilisé, qui produisit des résultats tels que

ANDRÉ THEVET ◆ «Il est impossible pour tout homme vivant, écrit André Thevet, de ne jamais avoir quitté un endroit, quels que soient ses talents de rhétoricien, pour décrire des pays étrangers à moins qu'il ne souhaite mentir de façon impudente.» Thevet est lui-même considéré comme un menteur. Il n'y a aucune preuve qu'il a visité le Nouveau Monde, bien qu'il ait abondamment écrit sur le sujet. Ses entrevues avec des explorateurs et des Autochtones faits prisonniers si elles sont peu crédibles servent de trame à des récits de voyages fort impressionnants.

«Sur le pays de Canada [...] Aujourd'hui, depuis qu'un certain Jacques Cartier a découvert ce pays du Nord [...] un de mes meilleurs amis, de qui j'ai obtenu des bribes d'information, puisqu'il a exploré le pays d'une extrémité à l'autre [...] j'ai décidé d'écrire brièvement à sa place ce qui me semble digne d'être écrit. Ce qui m'a encore plus motivé à ce faire est que je n'ai vu personne traiter ce sujet, bien que le sujet à mon avis ne soit pas sans mérite.» (*Library of Congress*)

quand bien même tous les médecins de Louvain et de Montpellier eussent été présents, avec toutes les drogues d'Alexandrie, ils eurent moins accompli en une année que cet arbre en huit jours.» En dépit du geste de Domagaya, ce n'est pas aux Iroquois que l'on attribue ce remède miraculeux, mais à Dieu.

Avril venu, les vaisseaux sont libérés des glaces et Cartier décide de retourner chez lui, appréhendant que son second voyage ne se solde, comme le premier, par un échec. Mais Donnacona lui fait comprendre qu'il y a des richesses à découvrir. Cartier écrit: «Il nous assura qu'il s'était rendu au pays du Saguenay et qu'il s'y trouvait d'immenses quantités d'or, de rubis et d'autres trésors, et que les hommes y étaient aussi blancs qu'en France et qu'ils étaient vêtus de lainages.» Cartier poursuit: «Il nous dit aussi qu'il avait visité une autre région dont les habitants, ne possédant pas d'anus, ne mangeaient ni ne digéraient, se contentant d'uriner par leur pénis. Il nous dit en outre qu'il était allé dans le pays des Picquenyans et dans un autre pays encore dont les habitants n'avaient qu'une seule jambe, et il nous parla encore d'autres merveilles qui seraient trop longues à raconter.»

On ignore si Cartier croit ou non à l'existence de telles merveilles. Sa relation avec Donnacona repose sur un manque de confiance mutuel et l'histoire du peuple qui ne mange jamais est loin de le rassurer. Il reste que Donnacona est un roi et qu'il a conté une bonne histoire (Rabelais incorporera ces histoires ainsi que le personnage de Donnacona dans son ouvrage *Pantagruel*). Cartier décide de faire un autre enlèvement plus ambitieux que le précédent. «J'étais pratiquement résolu à prendre Donnacona avec moi et à l'emmener en France pour qu'il raconte au roi toutes les merveilles de ce monde qu'il avait vu dans l'Ouest.» Mais Donnacona et ses fils sont sur leurs gardes et évitent de s'approcher des vaisseaux. Ils n'ignorent pas que le départ de Cartier est imminent et ne veulent pas être bernés de nouveau. Après avoir trompeusement assuré le chef que le roi de France ne souhaite prendre aucun otage autochtone, Cartier s'empare de Donnacona et de ses fils par la force, et les emmène à bord du vaisseau où il les retient prisonniers. «La nuit venue,

VILLAGE MICMAC ◆ Jacques Cartier avait prédit que les Autochtones seraient aisément convertis au christianisme, mais ce ne fut pas le cas. «On remarque à peine un changement en eux après leur baptême», écrit le jésuite Pierre Biard, venu en Acadie en 1611 où il vit trois longues années de frustration. «La même sauvagerie et les mêmes manières, ou très peu différentes, les mêmes coutumes, cérémonies, usages, modes, et vices demeurent, du moins autant que l'on puisse l'apprendre; ils ne respectent aucune distinction de temps, jours, offices, exercices, prières, devoirs, vertus ou croyances spirituelles.»

Biard a de la difficulté à convaincre les Micmacs que le christianisme est supérieur à leurs croyances. «[Les Autochtones] sont vaniteux à l'extrême, écrit-il, ils pensent qu'ils sont meilleurs, plus vaillants et plus ingénieux que les Français; et ce qui est difficile à croire, plus riches que nous le sommes [...]. C'est l'amour d'eux-mêmes qui les aveugle, et le Mal qui les conduit ni plus ni moins que dans notre France, nous voyons ceux qui ont dévié de leur foi en se tenant pour supérieurs et en se vantant d'être meilleurs que les catholiques.»

La première grande conversion obtenue par Biard est celle de Membertu, le chef micmac qui prétend être âgé de plus de 100 ans et avoir rencontré Cartier. Baptisé Henri, du nom du défunt roi de France, Membertu est le premier Autochtone à avoir été baptisé en Nouvelle-France et, de ce fait, il sert de moyen de propagande. Le jésuite le décrit comme «le sauvage le plus grand, le plus renommé et le plus formidable qu'on ait vu de mémoire d'homme: un physique splendide [...] grave et réservé; conscient de la dignité que lui confère son rang de chef.» Henri fait son entrée dans l'église alors qu'on chante le *Te Deum* et une salve de canon l'accueille à Port-Royal.

Membertu est le grand espoir de la mission. Il reçoit quelques jours de formation religieuse, renonce à toutes ses femmes sauf une, et prend la résolution de vivre en chrétien. Mais le 16 septembre 1611, alors qu'il est sur son lit de mort, Membertu change d'avis. Après avoir confessé ses péchés, il dit qu'il veut être enterré auprès de ses ancêtres païens: le lien qui l'unit à son peuple est plus fort que la nouvelle religion. Biard est furieux et quitte la tente où repose Membertu. Deux jours plus tard, il y retourne et prétend que Membertu a fini par accepter d'avoir un enterrement catholique, bien que le chef soit trop faible pour faire le signe de croix sans aide. (*Musée des beaux-arts du Canada*) un grand nombre du peuple de Donnacona vinrent devant nos navires, huchant et hurlant toute la nuit comme des loups, criant sans cesse "Donnacona, Donnacona", voulant lui parler. » Mais Cartier retient Donnacona sous le pont. Le lendemain, Cartier dit au chef qu'une entrevue a été organisée avec le roi de France, et que Donnacona recevra des présents et retournera à son peuple 10 ou 12 mois plus tard. Du pont du vaisseau, Donnacona rapporte ces propos aux gens de son village et leur dit au revoir. Les vaisseaux français lèvent l'ancre le 6 mai.

Dix Autochtones sont à bord : Donnacona et de ses deux fils, trois hommes qui ont été fait prisonniers avec leur chef et quatre enfants qui ont été offerts à Cartier en cadeau. En France, ils seront baptisés, et selon un observateur, « instruits dans l'amour et la crainte de Dieu et de Sa sainte loi ».

Donnacona rencontre le roi François Ier et lui décrit la grande ville de Sagana, où, dit-il, vivent des hommes blancs et poussent la noix de muscade, les clous de girofle et le poivre. Un homme du nom de Lagarto qui assiste à la rencontre décrira ce discours dans une lettre qu'il adresse à Jean III, roi du Portugal. Lagarto rapporte que Donnacona est comme le diable tentant le Christ, disant « "haec omnia tibi dabo" [je te donnerai tout cela] afin de retourner dans son propre pays, et il me semble que c'est bien ce qui va se passer. Le Roi rit, déclarant que le Roi indien était un honnête homme et qu'il n'agirait pas autrement qu'il l'avait dit. »

Donnacona ne reverra jamais son pays. André Thevet, un franciscain ami de Cartier, l'a rencontré à de nombreuses reprises. Il laissera plusieurs témoignages sur les dernières années que le chef a passées en France. C'était, dit-il, « un chef au-dessus de tous les autres qui s'appelait [Donnacona], qui est mort en France à l'époque du grand roi François. Il parlait très bien notre langue, il a vécu ici quatre ou cinq ans et est mort en bon chrétien. Je l'ai vu et je l'ai questionné afin de m'assurer des singularités de son pays. Il m'a dit que ses aînés lui avaient dit que lorsqu'un homme vient sur terre, il se forme dans le ciel une nouvelle étoile qui apparaît dans le ciel et qui sert de guide à cet homme. Tandis qu'au contraire, lorsqu'un homme meurt et quitte le Canada, une étoile est perdue dans le ciel, à jamais. »

Les Britanniques traînent loin derrière dans la course aux richesses et à l'empire. Les Espagnols et les Portugais se divisent l'hémisphère au sud de la Floride, les Britanniques attendront 39 ans après Cabot pour lancer une seconde expédition, qui passera pour une excentricité dans les annales de l'exploration.

En 1536, soit deux ans après que Cartier ait remonté le Saint-Laurent, Richard Hore, un gentleman anglais, organise vers le Nouveau Monde une expédition composée de deux vaisseaux, avec à leur bord un équipage de 90 hommes et 30 gentlemen, attirés par l'exotisme de l'aventure.

La traversée est longue, elle dure plus de deux mois, et au début, l'aventure se limite à surprendre quelques Béothuks à Terre-Neuve. Les Autochtones prennent la fuite, laissant un feu de camp et de la viande d'ours sur un piquet.

Mais un épisode macabre survient après qu'un des vaisseaux n'est plus en état de naviguer et que les vivres viennent à manquer. La chasse et la pêche ne donnant que peu de résultats, l'équipage parcourt la terre inhospitalière dans l'espoir d'y trouver des racines ou des herbes. On doit à Sir William Buts, un des survivants, ce récit de voyage : «Mais la famine empirant et les herbes n'apportant que peu de soulagement à leur insatiable appétit, alors qu'ils se trouvaient dans les champs et les déserts, un homme tua son compagnon qui se penchait pour arracher une racine, et il dépeça son corps, le fit griller sur des charbons et dévora les morceaux avec avidité. La compagnie s'en trouva réduite.»

Les hommes qui se sont livrés au cannibalisme expliquent que leurs compagnons ont été tués par des Sauvages ou par des bêtes. Lorsque l'un d'eux avoue avoir fait griller la fesse d'un camarade de bord et l'avoir mangée, le capitaine implore Dieu en ces termes : «Il eût mieux valu périr dans leur corps et avoir la vie éternelle que d'avoir soulagé quelque temps leurs corps de mortels, et être condamnés à brûler éternellement dans les flammes inextinguibles de l'enfer. Ayant dit ces paroles, il exhorta les hommes au repentir et implora toute la compagnie de prier qu'il plaise à Dieu de prendre pitié de leur misérable état, et prenne pitié de lui. Et telle était la miséricorde de Dieu, que cette même nuit il arriva un vaisseau français dans le port, tout chargé de vivres, et telle était la politique des Anglais qu'ils devinrent maîtres du bateau.»

Ils pillent le vaisseau, prennent les vivres et abandonnent l'équipage français sans nourriture avant de retourner chez eux. Des mois plus tard, bravant tous les dangers, les marins français parviennent en Angleterre dans leur vaisseau qui pourrit de toutes parts. Les hommes exigent une compensation que leur accorde le roi Henri VIII, sympathique à leur cause. Les ambitions britanniques concernant le Nouveau Monde ne seront pas ravivées pendant plusieurs années.

C'est en octobre 1540 que Cartier sera mandaté pour entreprendre son troisième voyage. Il devra se rendre au «Canada et à Hochelaga et aussi loin que la terre du Saguenay», accompagné de gens de diverses habiletés et de 50 prisonniers, liés par contrat, qui assureront la main-d'œuvre. Mais le roi annule ce mandat, et c'est un protestant, Jean-François de La Roque de Roberval, qui est chargé de diriger l'expédition. Cartier l'accompagne en tant que subalterne.

Au mois de mai 1541, Cartier part pour le Canada avec cinq vaisseaux, 1500 hommes et la bénédiction toute spéciale du Vatican. Quatre ans plus tôt, le pape Paul III, dans l'encyclique *Sublimus Dei*, déclare que les Autochtones du Nouveau Monde sont des êtres humains à part entière et que par conséquent, ils peuvent être convertis au catholicisme. «À tous les Chrétiens fidèles auxquels cet écrit parviendra, la santé dans le Christ notre Seigneur et la bénédiction apostolique. L'ennemi de la race humaine a inspiré ses satellites qui, pour lui plaire, n'ont pas hésité à publier à l'étranger que les Indiens de l'Ouest et du Sud, ainsi que d'autres peuples dont nous avons une

Le Canada, d'après Jacques Cartier et ses successeurs.
(*Pierre Descaliers, Bridgeman Art Library, British Museum*)

connaissance récente, devraient être traités comme des brutes imbéciles créées pour notre service, en alléguant qu'ils sont incapables de recevoir la foi catholique. Nous, bien qu'indignes, sommes les représentants de la puissance divine et mettons toute notre force à ramener au bercail ces brebis égarées confiées à notre garde, nous estimons, cependant, que les Indiens sont de vrais hommes et qu'ils ne sont pas seulement capables de comprendre la foi chrétienne mais que, selon les renseignements qui sont à notre disposition, ils désirent infiniment la recevoir. »

La vérité diffère quelque peu. En effet, si les Autochtones manifestent effectivement quelque désir de recevoir la foi, il n'est pas certain qu'ils comprennent exactement ce qu'ils recevront.

Lorsque Cartier retourne en Amérique, aucun des Autochtones qu'il comptait ramener avec lui ne se trouve à son bord. Tous sont morts de maladie, à l'exception d'une jeune fille qu'on a laissée en France.

Alors que le vaisseau de Roberval demeure en arrière, Cartier arrive à Stadaconé et est accueilli par le nouveau roi, Agona. « Et après que ledit Agona se soit enquis auprès de moi du lieu où se trouvaient Donnacona et le reste, écrit Cartier, je lui répondis que Donnacona était mort en France, et que son corps reposait en terre, et que les autres étaient restés là-bas et qu'ils étaient devenus grands Seigneurs, qu'ils étaient mariés et qu'ils ne retourneraient pas dans leur pays. En entendant ces mots, ledit Agona ne manifesta aucun signe de colère et je pense que s'il prit si bien la chose, c'est parce qu'il demeurait seigneur et gouverneur du pays par la mort dudit Donnacona. » Il est peu probable qu'Agona croie Cartier, et l'hostilité s'installe rapidement entre les deux camps. Cartier fonde un nouveau village à l'embouchure de la rivière du Cap-Rouge, et au cours de l'hiver les Autochtones assiègent le fort,

JAMES COOK ◆ Fils d'un fermier écossais, James Cook devient l'explorateur le plus célèbre de Grande-Bretagne. Il fait deux fois le tour du monde et contribue de manière remarquable à enrichir les connaissances géographiques de l'époque. Il est aussi le premier à régler avec succès le problème du scorbut, qui tue souvent jusqu'à la moitié des membres d'équipage lors de voyages au long cours. Cook tente une expérience en donnant à ses hommes des extraits d'agrumes, de la choucroute, et autres aliments, et crée un précédent: aucun de ses hommes ne meurt du scorbut au cours de ses expéditions dans le Pacifique. Lorsqu'il visite Nootka Sound en 1778, il compte parmi ses membres d'équipage George Vancouver et William Bligh, le futur chef des mutins du *Bounty*. Dans son journal, Cook décrit les Nootkas en ces termes:

«Ils portent parfois des masques de bois sculpté, ou des visières, qu'ils appliquent sur leur visage ou sur la partie supérieure de leur tête, ou sur leur front. Certains d'entre eux ressemblent à des visages humains, avec cheveux, barbes et sourcils; d'autres ressemblent à des têtes d'oiseaux, particulièrement à des aigles [...] et beaucoup à des têtes d'animaux terrestres ou aquatiques [...] L'usage de tels masques est incertain, on ne sait pas s'ils ont recours à ces ornements extravagants de mascarade pour réaliser certaines cérémonies religieuses, pour faire diversion, ou bien si leur apparence monstrueuse a pour but d'intimider leurs ennemis lorsqu'ils vont au combat, ou encore s'ils s'en servent comme appeaux lorsqu'ils vont à la chasse.

«Les maisons sont disposées en trois rangées, et s'élèvent graduellement l'une derrière l'autre, la plus grande étant celle qui est devant les autres plus petites [...] La hauteur des côtés et des extrémités de ces habitations peut atteindre sept ou huit pieds: la partie arrière est plus haute que la partie avant, ce qui fait que les planches qui composent le toit sont inclinées vers l'avant; ces planches ne sont pas fixées, et sont déplacées pour laisser passer la fumée et permettre à l'air ou à la lumière d'entrer [...] Beaucoup sont ornées de figures. Ce ne sont rien de plus que les écorces de très grands arbres qui mesurent de quatre à cinq pieds de hauteur, disposées seules ou par paires, à l'extrémité supérieure de l'habitacle, avec l'avant sculpté en forme de visage humain, les bras et les mains ressortant des côtés et peintes de diverses façons, de sorte que le tout constitue une forme véritablement monstrueuse.»

«Les femmes sont toujours convenablement vêtues et elles se comportent avec bienséance, méritant d'être louangées pour la pudeur et la modestie qui appartient à leur sexe.»

Cook sait que cette exploration conduira inévitablement à une colonisation européenne, et il se préoccupe de l'effet négatif que celle-ci aura sur les Autochtones. Le 14 février 1779, il est battu à mort par les indigènes sur la plage de Kealakekua aux îles Sandwich [Hawaii]. (*John Webber, National Portrait Gallery, Londres*)

LE CAPITAINE COOK À NOOTKA SOUND ◆ La visite de Cook a été racontée par un Autochtone de la côte ouest, Gillette Chipps: «Je vais vous raconter quand est apparu le premier homme blanc à Nootka Sound. Les Indiens dansaient autour de l'île — ils appelaient le vaisseau une île, parce qu'il portait de grands arbres [...] Ils disaient que les docteurs indiens avaient chanté un hymne sacré pour trouver, ou essayer de trouver, ce que c'était. Ils avaient agité leurs hochets autour du bateau et ils en avaient fait le tour. Tous transportaient beaucoup d'hommes blancs [...] Un homme blanc au visage pâle, ils le décrivaient tel un saumon chien [...] Des hommes au visage rouge, au grand nez [...]. Voilà comment est apparu le premier homme blanc à Nootka Sound dans un bateau.» (*John Webber, Archives nationales du Canada, C-11201*)

Callicum et Maquinna, chefs de Nootka Sound. Lorsque les Espagnols revendiquent le territoire voisin du détroit de Nootka, les commerçants anglais et les Nootkas n'en tiennent pas compte. Après l'arrestation d'un commerçant anglais par un capitaine espagnol lors d'une rixe, Callicum part en kayak vers le bateau espagnol pour dénoncer ce geste. Il est tué par balles dans son embarcation. Craignant une escalade de la violence, les Nootkas quittent leur village et vont s'établir ailleurs pendant deux ans. (*Archives nationales du Canada, 2807*)

déclarant qu'ils ont tué 35 hommes de Cartier. Au mois de juin, Cartier repart pour la France.

Au cours des trois siècles suivants, les Européens et les Autochtones de la côte est entretiennent des rapports houleux. Mais sur la côte ouest, les contacts sont relativement peu nombreux.

Les vaisseaux espagnols y sont venus dans le but de faire du commerce. Le premier séjour prolongé est celui du célèbre navigateur anglais James Cook qui jette l'ancre à Ship Cove (aujourd'hui Resolution Cove, dans l'île de Vancouver) pour un mois, en 1778. Une des descriptions les plus fascinantes de la vie autochtone nous est livrée par John R. Jewitt qui, de 1803 à 1805, partage la vie des Nuu-chah-Nulths (Nootkas) dans l'île de Vancouver et qui tiendra un journal tout au long de son séjour.

Maquinna est le chef de la bande des Moachats qui appartient à la nation nuu-chah-nulth. Jewitt le décrit comme « un homme d'allure digne, mesurant

Maisons à Nootka Sound.
(*British Library, Picture Library*)

environ six pieds, et extrêmement droit et bien proportionné : ses traits sont beaux dans l'ensemble, et ce qui rend son visage remarquable c'est son nez aquilin, trait peu habituel chez ces gens ; sa peau a un ton brun cuivré, bien que son visage, ses jambes et ses bras soient, en cette occasion, tellement couverts de peinture rouge que leur couleur naturelle soit à peine perceptible ; ses sourcils sont peints de deux larges traits noirs, en forme de nouvelle lune, et ses cheveux longs, qui brillent à cause de l'huile dont ils sont enduits, sont attachés avec du duvet blanc, ce qui lui donne l'apparence la plus curieuse et la plus extraordinaire. »

Maquinna commence à faire le commerce de la loutre de mer pour son propre village, agissant comme grossiste pour les autres tribus. Il apporte les fourrures aux Européens et réalise ainsi des profits impressionnants. C'est un habile négociateur passé maître dans l'art de dresser les Espagnols contre les Anglais. Il doit une bonne partie de son influence aux richesses qu'il a accumulées et qu'il redistribue au cours d'échanges rituels de cadeaux. Grâce au troc, Maquinna assoit son autorité et son pouvoir, tant auprès des gens de sa tribu qu'auprès des autres tribus de la côte. Mais le troc, pour profitable qu'il soit, n'est pas exempt de risques.

Il arrive que les chefs prostituent des femmes esclaves et les amènent sur les bateaux pour les offrir aux membres d'équipage en échange d'autres biens. Les Européens en concluent, à tort, que les Autochtones ont une moralité relâchée, et ainsi ils s'autorisent parfois à violer des femmes autochtones. C'est ce genre d'incompréhension qui contribuera à empoisonner les relations entre Autochtones et Européens.

En 1803, le *Boston*, vaisseau de commerce américain qui a à son bord John Jewitt, alors âgé de 19 ans, arrive à Nootka Sound. Commandé par John Salter, il s'agit d'un vaisseau commercial dont le port d'attache est au Massachusetts. Selon la coutume, Maquinna monte à bord pour souhaiter la bienvenue au capitaine et évaluer les possibilités de troc. Il offre à Salter du saumon frais en guise de bienvenue et reçoit en retour un fusil à double barillet. Il essaie sans tarder son arme et tue 18 canards qu'il offre à Salter. Mais un percuteur s'est brisé et Maquinna dit à Salter que c'est *peshak*, que c'est mauvais. Salter, supposant que le mécanisme s'est enrayé à cause de la maladresse du chef, l'insulte, le traitant de menteur, et remet l'arme à Jewitt, l'armurier du vaisseau. Au cours de plus de 20 années de troc, Maquinna a acquis une connaissance rudimentaire de l'anglais mais suffisante pour comprendre les insultes de Salter. Tandis que ce dernier lui parle, Maquinna se frotte la poitrine à maintes reprises, afin d'empêcher son cœur de sortir de sa gorge et de l'étouffer, comme il le dira plus tard. Il contient sa rage et garde le silence.

Le lendemain, Maquinna revient accompagné de plusieurs de ses chefs, qui apportent l'habituel saumon. Il porte un masque de bois sculpté qui le fait ressembler à un animal féroce. Les Autochtones dansent farouchement pour l'équipage du *Boston* puis partagent leur dîner. Peu de temps après qu'ils eurent terminé, Jewitt, qui est sous le pont en train de nettoyer les mousquets, entend un vacarme et monte l'escalier en courant. Un des chefs saisit Jewitt par les cheveux, mais perd l'équilibre en faisant virevolter une hache dans sa direction. Blessé à la tête, Jewitt s'effondre, inconscient.

Lorsqu'il revient à lui, Jewitt rampe sur le pont où se tiennent six Autochtones nus, maculés de sang, qui le menacent de leurs poignards. Maquinna s'adresse alors à Jewitt en l'appelant par son nom, car il l'a déjà observé durant ses visites sur le *Boston*. «*John - I speak - you no say no, You say no - daggers come!*», dit-il. (Ce qui signifie : John, je parle, ne dis pas non. Si tu dis non, les poignards sortiront!) Il pose à Jewitt une série de questions : accepte-t-il d'être l'esclave à vie de Maquinna? Combattra-t-il à ses côtés? Réparera-t-il les mousquets pour lui? Lui fera-t-il des couteaux? Jewitt a la vie sauve, car sa valeur n'échappe pas à Maquinna. Prudent, Jewitt acquiesce et Maquinna le conduit à l'arrière; l'Américain aperçoit alors, alignées sur le sol et baignant dans une épaisse couche de sang, les 25 têtes des hommes de l'équipage du *Boston* et celle de son capitaine. Chaque tête est apportée à Jewitt pour qu'il l'identifie. À cause de sa blessure, un de ses yeux est enflé et fermé, et il clignote de l'autre œil tout en procédant au lugubre appel.

Un deuxième homme, John Thompson, maître voilier, est retrouvé en vie et épargné après que Jewitt a convaincu Maquinna que Thompson est son père. Jewitt menace de se suicider si on tue cet homme et rappelle à Maquinna qu'il perdra alors ses services. Maquinna obtempère et épargne Thompson à regret.

Les membres de 20 tribus de la côte passent en revue le riche butin du *Boston*. Ils revêtent les robes qu'ils trouvent dans les malles, se coiffent de bas, enroulent les cartouchières autour d'eux et dansent sur la rive. Un festin est organisé, qui se compose de blanc de baleine, d'œufs de hareng fumé et de poisson séché. Jewitt note : «À cette occasion, Maquinna distribua pas moins de 100 mousquets, un nombre identique de miroirs, 400 verges de drap et 20 barils de poudre, entre autres choses.» C'est le potlatch le plus important jamais vu dans la région, qui confirme Maquinna dans son statut d'homme le plus puissant de l'île.

LA FILIÈRE CHINOISE ◆ La concordance de certains témoignages permet de retracer l'origine chinoise des Nootkas du Pacifique. Dans son journal, le moine bouddhiste Hwi Shan décrit la traversée de la « Grande mer de l'est » en 458 après J.-C. La marine et la navigation chinoises ont alors 1000 ans d'avance sur l'Europe, et les Chinois font déjà commerce sur la côte est de l'Afrique. Dans son journal, Shan estime la position des îles Aléoutiennes à 2333 milles au nord du Japon. « Ses habitants portent des marques sur leur corps comme celles de bêtes sauvages. Sur leur front, ils ont trois marques. Ceux qui portent des marques grandes et droites appartiennent à une classe supérieure ; mais ceux qui portent des marques petites et tordues appartiennent à une classe inférieure. » Lorsqu'il entreprend son périple aux Aléoutiennes, quelque 1300 ans plus tard, James Cook constate le même genre de marques.

Shan appelle le nord-ouest du Pacifique la « Grande terre des eaux tumultueuses » et en décrit les habitants. « La grossièreté de leurs coutumes est la même que celle des gens aux corps marqués [...] Les gens du pays sont d'une nature joyeuse et ils se réjouissent de l'abondance, même d'articles qui n'ont que peu de valeur. Les voyageurs qui leur rendent visite n'ont pas besoin de se préparer de la nourriture et peuvent profiter de leurs habitations. Ils ne possèdent ni fortifications ni murs d'enceinte. »

Les traditions orales des Autochtones de la côte ouest font allusion à une présence antérieure à celle de James Cook. On parle des visiteurs comme des « mangeurs de vers blancs », probablement du riz. Un autre indice de la véracité de ces récits est la remarquable similitude qui existe entre les chapeaux des Indiens nootkas, tels que les a dessinés Gallo Gallina au XVIIIᵉ siècle, et les chapeaux traditionnels chinois. (*Gallo Gallina, Archives nationales du Canada, C-033614*)

Thompson, Américain né à Philadelphie, méprise les Autochtones et est un esclave amer, rancunier et à l'occasion violent. Jewitt, quant à lui, apprend la langue et fait de son mieux pour s'adapter. Il fabrique des hameçons et des couteaux pour les chefs ainsi que des ornements pour leurs femmes et leurs enfants. La femme de Maquinna aime bien Jewitt, et son fils de 11 ans lui est très attaché. Maquinna apprécie ses talents d'armurier, et n'hésite pas à l'exhiber lorsqu'il se rend effectuer du troc chez d'autres tribus. « Je devins un véritable objet de curiosité pour ces gens, écrit-il dans son journal, très peu d'entre eux ayant jamais vu un homme blanc. Ils se pressent autour de moi en grand nombre, saisissent mes vêtements, examinent mon visage, mes mains et mes pieds, et m'ouvrent même la bouche pour voir si j'ai une langue. Après que j'ai subi ce genre d'examen pendant un certain temps, Maquinna me fait signe de leur parler. Lorsqu'ils m'entendent m'adresser à eux dans leur langue, ils sont grandement étonnés et ravis. »

Dans son journal, Jewitt ne se dépare pas de sa morgue d'Européen, mais témoigne cependant d'un certain recul. « Bien que les Nootkas appartiennent à une race de voleurs, je n'ai pas de doute que bon nombre des événements malheureux sont survenus principalement à cause de la conduite impudente et des provocations de certains des capitaines et équipages qui commerçaient avec eux. Ils les ont insultés, pillés, allant jusqu'à les tuer, pour les raisons les plus insignifiantes. »

Jewitt se fait ethnographe amateur en notant chaque détail de la vie des Nootkas, mesurant la longueur de leurs habitations et de leurs canots, observant la hiérarchie complexe de leur société et faisant d'étranges parallèles avec sa propre culture. « Ils mettent leur principale fierté dans la parure de leurs têtes et le maquillage de leurs visages, écrit-il, et aucun des dandys les plus à la mode qui se prépare à aller à un bal n'est plus coquet. Car j'ai vu Maquinna passer plus d'une heure à appliquer de la peinture sur son visage puis à tout enlever pour recommencer l'opération lorsqu'il n'était pas entièrement satisfait du résultat. »

Maquinna est un homme orgueilleux et complexe. Chef politique doté de principes, il a du charisme et sa vanité est compensée par un ascétisme strict. Sa relation avec Jewitt prendra avec le temps un caractère familial. Thompson par contre demeure maussade et agressif. Il frappe même le fils de Maquinna, affront qui lui aurait coûté la vie si Jewitt n'était intervenu en sa faveur. Thompson a besoin de Jewitt pour sa survie, et Jewitt est à la merci des caprices de Maquinna. Dans ses moments les plus heureux, Maquinna promet à Jewitt que, si un vaisseau arrive, il pourra partir à son bord. Mais le récit du massacre de l'équipage du *Boston* parvient aux oreilles des commerçants européens, sans doute grossi d'une multitude de détails horribles, et personne ne vient faire du troc.

L'intérêt que le chef Maquinna porte à Jewitt est loin d'être partagé par les 1500 villageois. « Quant aux autres, écrit Jewitt, à l'exception de certains chefs, ils se soucient peu de ce qui m'arrivera, et se réjouiraient probablement de ma mort. » Plusieurs sentent que malgré les services qu'ils rendent, les deux esclaves blancs représentent un risque. Ils n'oublient pas que ceux-ci ont été témoins d'un massacre et qu'ils peuvent causer la ruine de leur village. Maquinna utilisera même son gourdin pour défendre Jewitt des attaques de chefs en colère.

Les deux Américains tiennent leur revanche lorsqu'un des chefs, Tootoosch, sombre dans la démence. Les Autochtones ne parviennent pas à le guérir, et Jewitt explique que dans son pays les fous sont attachés et fouettés pour les calmer. Maquinna déclare qu'il est prêt à tout tenter et c'est à Thompson qu'est confiée cette tâche, dont il s'acquitte avec joie, confectionnant lui-même un fouet à l'aide de branches d'épinette. Après avoir violemment fouetté le chef Tootoosch, avec comme résultat de le blesser et d'attiser sa rage, Maquinna donne l'ordre de cesser cette activité, disant qu'il préfère voir le chef fou plutôt que fouetté.

Deux ans après l'arrivée de Jewitt dans la tribu, Maquinna réunit un conseil où il est décidé que Jewitt épousera une de leurs femmes ; on juge en effet qu'il est temps pour lui d'être complètement intégré à la tribu. Dans le cas où aucune femme de la bande ne plairait pas à Jewitt, Maquinna annonce qu'ils iront acheter une femme dans une autre tribu. Jewitt n'a guère le choix. S'il refuse de se marier, c'est la mort.

L'intérieur d'une maison de Nootka Sound. (*John Webber, Glenbow Archives*)

« Réduit à cette triste extrémité, écrit-il, pris entre d'un côté la mort, et de l'autre le mariage, des deux maux j'ai choisi le moindre, et j'ai consenti à me marier. » Jewitt ne veut d'aucune des femmes locales, et lui et Maquinna accompagnés de 50 hommes chargent deux canots et se mettent en route pour rencontrer la tribu des A-i-tiz-zarts. Ils apportent avec eux des mousquets, du drap et des peaux de loutre de mer pour acheter une femme à Jewitt. À leur arrivée, ils sont fêtés avec des œufs de hareng et de l'huile de baleine. Maquinna demande à Jewitt s'il voit une femme qui lui plaît, et Jewitt choisit une jeune beauté de 17 ans, Eu-stoch-ee-exqua, qui est la fille du chef Upquesta.

« Maquinna s'est levé, relate Jewitt, et dans un discours qui dura plus d'une demi-heure, il fit mon éloge au chef des A-i-tiz-zarts, affirmant que j'étais un homme aussi bon qu'eux. » Maquinna dit au chef que malgré le fait que Jewitt soit blanc et qu'il ressemble à un phoque, il fera un bon époux.

La jeune femme de Jewitt est magnifique ; petite et bien faite, elle a des cheveux noirs et soyeux et des dents d'une rare blancheur. Mais Jewitt n'est pas heureux de son mariage. « Un mariage forcé même avec la personne la plus belle et la plus accomplie du monde ne pourra jamais devenir source de réel bonheur, écrit-il, et dans ma situation, je ne peux voir dans ce lien matrimonial que les chaînes qui me retiennent sur cette terre sauvage et qui m'empêchent de revoir jamais un pays civilisé [...] » Maquinna en profite. Il tente de convaincre Jewitt d'adopter les coutumes nootkas. Jewitt accepte de s'enduire de peinture noire et rouge. Il renonce à son habillement européen et doit porter un pagne, ce qui le fait souffrir constamment du froid. Son identité occidentale s'érode lentement. Une de ses dernières attitudes d'Occidental est la pratique religieuse, et chaque dimanche il se retire dans la forêt pour prier dans la solitude.

Jewitt annonce à Maquinna qu'il devra renvoyer sa femme dans sa tribu, car il ne peut plus s'occuper d'elle dans l'état misérable où il se trouve. Il a tout de même la force de surmonter sa mélancolie assez longtemps pour avoir un fils dont il ne fait mention qu'une fois dans le journal. Sa femme le supplie de rester, disant qu'elle le soignera et qu'il recouvrera la santé. « Je lui dis qu'elle devait partir, écrit Jewitt, car je ne pensais pas que je me remettrais jamais — ce qui était la vérité, et que son père prendrait bien soin d'elle [...] J'étais profondément affecté par les simples manifestations de ses attentions à mon égard et ne pus que ressentir de l'intérêt pour cette pauvre fille, qui avait fait montre de tant de douceur, allant au devant de mes moindres désirs ; et si je ne l'avais pas vue comme un obstacle quasi insurmontable à mon départ, j'aurais sans nul doute ressenti son absence comme une véritable perte. »

Dans sa relation avec Jewitt, Maquinna passe de la cœrcition pure et simple aux liens familiaux et enfin à l'assimilation par la force. Le chef n'ignore pas qu'un jour ou l'autre un autre vaisseau arrivera à Nootka Sound. Que fera Jewitt ? Tentera-t-il de partir ? La réponse arrive le 19 juillet 1805, lorsque le *Lydia*, un vaisseau de commerce en provenance de Boston, jette l'ancre dans le détroit et tire trois coups de canon en signe de salut. Son capitaine, Samuel Hill, sait que Jewitt et Thompson pourraient être là. Jewitt a écrit plusieurs lettres décrivant sa situation et les a remises à certains chefs au cours de ses visites de troc, leur demandant de les confier aux vaisseaux qu'ils croiseront. Hill a reçu une de ces lettres d'un chef du nom de Ulatilla. Jewitt y fait un bref compte rendu du destin qu'a connu le *Boston* et mentionne qu'il y a deux survivants qui attendent des secours.

Lorsque le bateau arrive, Jewitt feint l'indifférence. Les villageois ne cachent pas leur inquiétude. Ils débattent de son exécution et de celle de Thompson. Certains proposent de les éloigner jusqu'au départ du vaisseau en les conduisant dans la brousse, à une grande distance du village. Les chefs adoptent un ton étonnamment conciliant et disent que les deux hommes doivent être relâchés. Maquinna, qui a été si souvent le protecteur de Jewitt, se montre réticent à le laisser partir. Les prisonniers ignorent le sort qu'on leur réserve. Maquinna décide finalement de se rendre à bord du *Lydia* pour évaluer les conditions de troc. Tous sont d'avis que Maquinna court ainsi un risque inutile et que les hommes blancs n'hésiteront pas à le tuer. Maquinna leur répond qu'il n'a aucune peur et demande à Jewitt de lui écrire une lettre dans laquelle celui-ci confirmerait que lui et Thompson ont été bien traités.

Jewitt rédige sa lettre sous le regard attentif de Maquinna : « Monsieur, le porteur de cette lettre est le roi indien connu sous le nom de Maquinna. Il est l'instigateur de la prise du *Boston*, vaisseau provenant de la ville de Boston, en Amérique du Nord, commandé par le capitaine John Salter, et est responsable du meurtre des 25 hommes de son équipage, les deux survivants se trouvant à présent sur la rive — pour ces raisons, j'ai l'espoir que vous prendrez

Dans la pièce *L'évasion de l'armurier*, écrite en collaboration avec
le dramaturge James Nelson Barker, Jewitt joue son propre rôle
et chante même une chanson de sa composition qui s'intitule
« Le pauvre garçon de l'armurier ».

Le doux chant de la grive dans l'aubépine
n'est pas plus heureux et vivant que moi,
jusqu'à ce que, trompé par les fausses couleurs
de l'aube éclose de la vie,
je tente ma chance sur les flots.
Mon père pleure et me bénit
lorsque je pars passer ma vie
Dans de lointains climats
sur les vagues dures de l'océan,
moi qui ne suis qu'un pauvre fils d'armurier...

Échappé de l'esclavage, tout rempli de joie,
je hèle une terre civilisée, mais je suis seul
et étranger sur une rive lointaine
de celle que mon enfance a connue.
Je m'écrie avec émotion : Si mon destin doit être
l'alliage d'une si grande peine,
fasse le Ciel qu'il accorde au moins sa bénédiction
au pauvre et solitaire garçon de l'armurier !

soin de l'enfermer selon ses mérites, que vous réduirez votre voilure et que
vous le placerez sous étroite surveillance afin d'éviter qu'il ne s'enfuie. Ce
faisant, nous devrions être en mesure d'obtenir notre libération dans les heures
qui suivent. »

Lorsque Maquinna demande à Jewitt de lui lire ce qu'il a écrit, Jewitt
explique ligne par ligne qu'il a chargé le capitaine de donner à Maquinna de
la mélasse, des biscuits et du rhum et confirme que lui, Jewitt, a toujours été
bien traité. « *John, you no lie ?* » (John, tu ne mens pas ?), lui demande Maquinna
en observant attentivement son visage. « Pourquoi me poses-tu une telle question, Tyee ? [chef], lui répond Jewitt, m'as-tu jamais vu te mentir ? » « Non »,
répond Maquinna. « Alors comment peux-tu supposer que je te mentirai à
présent, puisque je ne l'ai jamais fait auparavant ? »

Maquinna examine le visage impassible de Jewitt, servi sans doute par la
peinture noire et rouge qui le recouvre. Il dit qu'il croit Jewitt et il part dans
un canot.

Monté à bord du *Lydia*, Maquinna remet la lettre de Jewitt au capitaine
Hill ainsi que des peaux de loutre de mer en guise de présent. Hill l'invite
dans sa cabine, lui offre des biscuits et du rhum, puis il le fait arrêter. Maquinna
est surpris mais n'offre aucune résistance. Les hommes regagnent la rive sans
leur chef et annoncent que Jewitt les a trahis.

Les femmes du village se lamentent et implorent à genoux Jewitt d'empêcher les Blancs de tuer Maquinna. L'attitude des hommes est tout autre :

ils menacent de couper Jewitt en petits morceaux de la taille de l'ongle de son pouce, ou encore de le faire rôtir à petit feu. On convient finalement d'un échange, et Jewitt et Thompson sont amenés à bord du *Lydia*.

Jewitt porte presque exactement les mêmes vêtements que Maquinna lorsque ce dernier est monté à bord du *Boston*. Ses cheveux n'ont pas été coupés depuis plus de deux ans et il les porte en chignon au-dessus de sa tête, retenus par une brindille d'épinette. Son visage et son corps sont entièrement enduits de peinture rouge et noire, et il est enveloppé dans une peau d'ours. Hill dira n'avoir jamais vu un être humain dans un tel état de sauvagerie.

Maquinna est aux fers mais lorsque Jewitt apparaît, il lui souhaite la bienvenue. Les deux hommes passent la nuit dans la cabine à parler, et Maquinna lui dit : « John, tu sais que quand tu étais seul et que plus de 500 hommes étaient tes ennemis, j'ai été ton ami et j'ai empêché qu'ils te mettent à mort, toi et Thompson, et à présent je suis entre les mains de tes amis, tu devrais faire la même chose pour moi. »

Jewitt a en fait déjà convaincu Hill de relâcher Maquinna et il donne l'assurance au chef que Thompson, qui veut probablement le tuer, sera maîtrisé. Jewitt sent qu'il est de son devoir de récupérer ce qui reste de la cargaison du *Boston*, et organise le troc final. Le matin, la cargaison est chargée à bord en échange du grand commerçant, Maquinna lui-même.

Avant de regagner son canot, Maquinna offre au capitaine son manteau fait de quatre peaux de loutre de mer, présent qui est grandement apprécié. Hill dit qu'il sera de retour à Nootka Sound au mois de novembre et suggère que Maquinna ait d'autres peaux à troquer, de sorte qu'ils puissent faire commerce ensemble.

Le chef saisit les deux mains de Jewitt et lui dit qu'il ne demandera plus jamais de lettre de recommandation de quiconque. Il pleure ouvertement et lui dit au revoir.

Jewitt est ému lui aussi. « Malgré ma joie d'être enfin délivré, écrit Jewitt, je ne pus éviter de ressentir un sentiment douloureux lorsque je me séparai du chef sauvage qui m'avait sauvé la vie, et qui dans l'ensemble m'avait traité avec gentillesse, et étant donné ses idées et ses coutumes, bien mieux en tous cas que l'on aurait pu s'y attendre. »

Le *Lydia* part en direction du nord le long de la côte pour faire du troc avec d'autres bandes, parmi lesquelles les Haïdas que Jewitt appelle les « Lèvres de bois ». Il note que tout le troc est fait par les femmes. Au mois de novembre, le vaisseau retourne à Nootka Sound et Maquinna est ravi de voir Jewitt descendre à terre. Afin d'assurer sa sécurité, plusieurs chefs sont retenus à bord du *Lydia*. « Ah ! John, lui dit Maquinna, tu as peur de me faire confiance, mais s'ils étaient venus avec toi, je ne t'aurais pas fait de mal, j'aurais dû avoir soin de ne pas te laisser monter à bord d'un autre vaisseau. »

Le fils que Jewitt a eu de Eu-stoch-ee-exqua a cinq mois et Maquinna dit qu'une fois que l'enfant sera sevré, il l'enlèvera à sa mère et l'élèvera comme s'il était son propre fils. Ainsi se termine la relation complexe entre Jewitt et Maquinna.

Le *Lydia* se rendra ensuite en Chine et Jewitt ne reverra Boston que vers 1807, soit cinq ans après avoir quitté l'Angleterre. Mais la civilisation s'avère moins accueillante que prévu.

John Thompson meurt en 1815 à Cuba, à La Havane, ou selon d'autres sources historiques, en 1816 à Philadelphie. Jewitt épouse une femme du nom de Hester Jones qui lui donnera cinq enfants. Finalement établi dans un endroit « civilisé », Jewitt est obsédé par l'expérience qu'il a vécue sur la côte ouest. Il publiera son journal sous le titre de *Kept at Nootka Sound* (Prisonnier à Nootka Sound) et vendra son livre en parcourant la Nouvelle-Angleterre dans une voiture tirée par un cheval. Richard Alsop, écrivain jouissant d'une certaine notoriété, récrira le journal de Jewitt, sous le titre extravagant de *Une narration des aventures et des souffrances de John R. Jewitt, seul survivant de l'équipage du Boston, qui resta en captivité près de trois ans chez les Sauvages de Nootka Sound, avec un compte rendu des coutumes, modes de vie et croyances religieuses des Autochtones.* L'ouvrage connaît un certain succès, atteignant des ventes de 9000 exemplaires.

En collaboration avec Jewitt, le dramaturge James Nelson Barker a composé une comédie musicale, intitulée *L'évasion de l'armurier, ou trois années à Nootka Sound*, qu'il présentera à Philadelphie en 1817. Jewitt y joue son propre rôle et chante deux chants, dont un en langue nootka. Jewitt reprend ensuite sa vie de colporteur, exhibant l'impressionnante cicatrice qu'il porte au front pour prouver la véracité de ses dires. Dans une lettre à sa femme, il se plaint de souffrir depuis plusieurs semaines d'une « violente douleur à la tête, juste à l'endroit où il a été blessé ». Jewitt s'éteint en janvier 1821, à l'âge de 37 ans.

Maquinna sera vu la dernière fois en 1825 par un marchand de la baie d'Hudson en visite à l'île de Vancouver. Malgré les rhumatismes qui rendent sa démarche claudicante, le chef de 70 ans est là pour accueillir les vaisseaux, impatient de faire du troc.

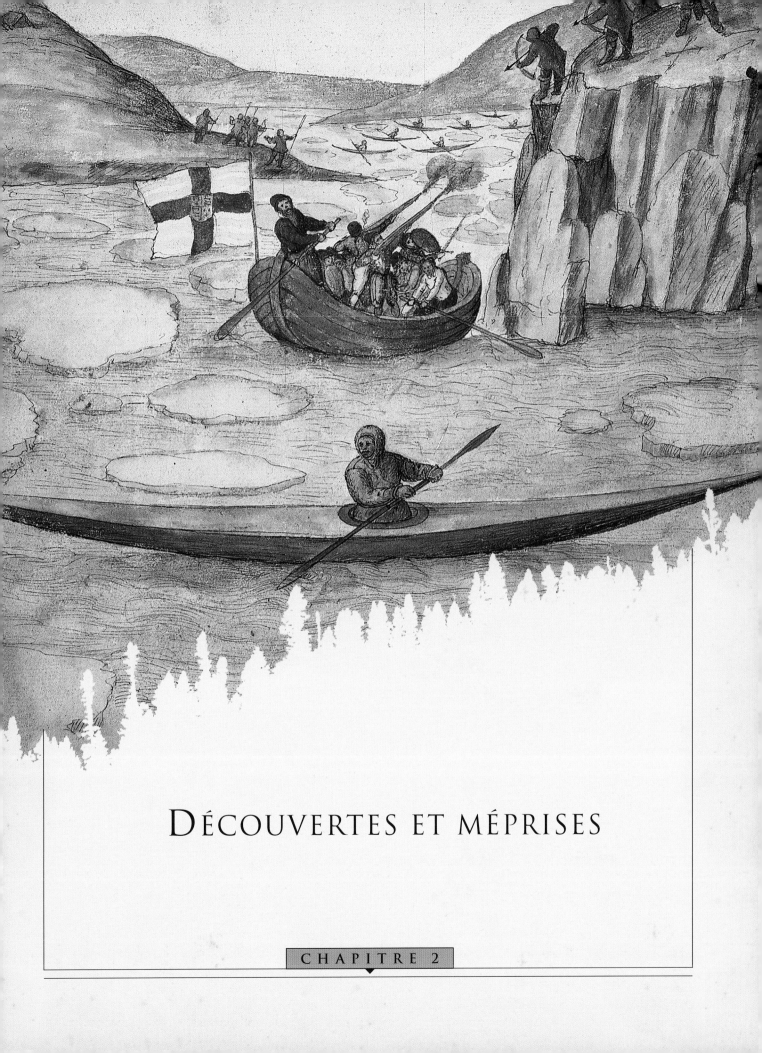

DÉCOUVERTES ET MÉPRISES

Le Londres élisabéthain est une ville de taille modeste, bruyante, crasseuse, où l'on exhibe sur une voie publique, le London Bridge, les têtes coupées des criminels et où l'on fouette publiquement les prostituées au cours de flagellations qui attirent la populace. Au milieu du XVIᵉ siècle, l'Angleterre est un pays où sévit la pauvreté et où règne un esprit de clocher empreint d'arrogance. La Cour ne peut pas se permettre des explorations et les gens ne montrent aucun intérêt réel pour les Amériques. Quand bien même ils s'y intéresseraient, il y a l'Espagne qui revendique déjà la majorité des richesses du Nouveau Monde. L'Angleterre se lancera plus tard dans les grandes quêtes impériales et connaîtra bientôt l'âge d'or de sa littérature (William Shakespeare arrive à Londres en 1587), mais en attendant, le pays est encore affairé, sordide et replié sur lui-même.

L'Espagne est la puissance européenne dominante. Elle possède l'Armada, flotte redoutable composée de 125 navires armés, et un immense trésor qui provient en grande partie de l'or pillé au Nouveau Monde. Les Espagnols sont les premiers à explorer les Amériques et ils y installent leurs retranchements par tout le Mexique, dans les Antilles et jusqu'en Floride. Dans tout le Sud, les missionnaires catholiques convertissent les âmes au même rythme que les conquistadores les envoient vers leur récompense céleste.

Hernán Cortés accoste au Mexique en 1519, avec une armée de 400 fantassins et de 16 cavaliers. L'empire aztèque compte alors quelque 11 millions d'habitants, qui seront décimés par la maladie et massacrés par les troupes de Cortés. En avril, les représentants du souverain aztèque Montezuma II (ou Moctezuma) assistent à la première messe de Pâques jamais célébrée en Amérique centrale. (*La prise de Tenochtitlán par Cortés, Bridgeman Art Library, Ambassade britannique à Mexico*)

Dans le Nouveau Monde, l'Angleterre n'est implantée que dans les eaux côtières situées au large de Terre-Neuve, que visitent des dizaines de vaisseaux anglais, français, basques et espagnols. Des millions de tonnes de morue y sont pêchées sur les Grands Bancs, que les Basques ont été les premiers à exploiter. Certains pêcheurs établissent des contacts avec les habitants des rives atlantiques et les Anglais s'aventurent au nord, à la recherche d'un passage vers la Chine et ses richesses. Mais l'exploration qui atteindra son plein épanouissement à la fin du règne d'Élisabeth connaît des débuts laborieux.

Un pasteur protestant du nom de Richard Hakluyt, érudit d'Oxford, joue un rôle crucial dans cette entreprise en imaginant un monde situé au-delà des cartes limitées que l'on possède à la fin du XVIe siècle. Ce savant peu connu se donne pour tâche de réveiller l'imagination de ses compatriotes et de secouer leur léthargie politique.

C'est un cousin plus âgé qui pique sa curiosité alors qu'il n'est encore qu'un adolescent. «Je découvris posés sur sa table certains ouvrages de cosmographie contenant une carte du monde [...] il pointait de sa baguette les mers, golfes, baies, détroits, caps, rivières, empires, royaumes, duchés et territoires [...] Et partant de cette carte il me guida vers la bible et me lut les versets 23 et 24 du psaume 107 où il est écrit: "Descendus en mer sur des navires, ils faisaient négoce parmi les grandes eaux, ceux-là ont vu les œuvres de Yahvé, ces merveilles parmi les abîmes."» Dans le territoire peu revendiqué de l'Amérique du Nord, Hakluyt voit l'occasion rêvée de gagner de nouvelles âmes à la chrétienté en convertissant les Autochtones.

L'intérêt qu'il porte à l'Amérique n'est pas dénué de patriotisme; l'Angleterre peut elle aussi devenir puissante grâce à l'exploration et à l'assujettissement des Autochtones. Hakluyt a la conviction que si les gens de son pays restent indifférents à l'exploration, c'est parce qu'ils n'ont pas été proprement informés des exploits pleins de hardiesse et de romantisme de leurs propres explorateurs.

Hakluyt décide d'écrire des annales de l'exploration qui chantent les prouesses anglaises, ce qui ne va pas sans une certaine distorsion des faits. Giovanni Caboto, l'explorateur vénitien qui est financé par la cour d'Angleterre, devient ainsi fils de la nation sous le nom de John Cabot. L'avenir de l'Angleterre se trouve de l'autre côté de l'océan, selon Hakluyt, et le pasteur espère bien faire germer cette idée dans l'imagination populaire. Son propre avenir demeurera dans les confins poussiéreux des bibliothèques. En effet, il tentera sans succès de faire partie de plusieurs expéditions au Nouveau Monde, mais il ne verra jamais les lieux qu'il a catalogués avec tant d'enthousiasme.

En 1582, Hakluyt publie un ouvrage intitulé *Divers Voyages Touching the Discoverie of America*, qui est un recueil de récits à la première personne. On y trouve un compte rendu de la tentative de Martin Frobisher de découvrir un passage vers la Chine par le Nord-Ouest. Frobisher est l'opposé de Hakluyt. Ce marin et pirate, au physique musclé et au caractère emporté, ne cherche ce passage que pour connaître la notoriété. Frobisher est un habile navigateur, doté d'un grand courage. Il a déjà été pris en otage par un chef africain et a

Page couverture du chapitre: Représentation par John White d'une attaque inuite contre Frobisher et ses hommes près de l'île de Baffin. White, qui n'est pas présent, se fie à la description que lui donne Frobisher de la bataille. (*John White, British Museum*)

LA REINE ÉLISABETH Ire ◆ Pour ses sujets, la reine Élisabeth est la virginité incarnée. Le dramaturge Ben Jonson dit d'elle : « Elle possède une membrane qui la rend incapable de recevoir l'homme. » Souveraine rusée et compétente, elle personnifie l'Angleterre. Au cours de la bataille contre l'Invincible Armada, elle adresse un discours à ses soldats : « Je sais que j'ai le corps d'une faible femme mais j'ai le cœur et le courage d'un roi, et d'un roi d'Angleterre, et j'éprouve le plus profond mépris pour Parme, l'Espagne, ou n'importe quel prince d'Europe qui osera envahir les frontières de mon royaume. » (*Robert Peake, Bridgeman Art Library, collection privée*)

WILLIAM SHAKESPEARE ◆ Lorsque Shakespeare arrive à Londres en 1587, la guerre avec l'Espagne est imminente. Un an plus tard, la marine anglaise défait l'Armada tant redoutée et la victoire est suivie d'un mouvement de patriotisme que le jeune Shakespeare utilisera pour le plus grand effet dramatique dans ses pièces historiques. Son œuvre reflète l'humeur du temps. Il décrit les intrigues de cour et s'inspire de l'engouement soudain pour les explorateurs anglais. Michael Lok, un des bailleurs de fonds de Frobisher (qui a fait faillite à la suite des explorations de son protégé dans l'Arctique), sert de modèle au personnage de Shylock dans *Le Marchand de Venise*. Richard Hakluyt, quant à lui, a droit à une allusion dans *La Nuit des rois* : « Son visage sourit de plus de lignes que n'en possède la nouvelle carte des Antilles. » (*National Portrait Gallery, Londres*)

failli mourir de faim en Guinée. Il se livre au pillage des navires espagnols et français aux côtés de Sir Francis Drake et est détenu à trois reprises pour piraterie par les autorités anglaises, lesquelles le relâchent chaque fois.

En 1576, la reine Élisabeth Iʳᵉ confie à Frobisher la mission de découvrir une route vers la Chine, et il fait le serment qu'il mourra plutôt que de revenir dans sa patrie «sans avoir découvert Cathay». Élisabeth espère que l'expédition de Frobisher lui rapportera des gains financiers et elle se déplace pour lui dire au revoir lorsqu'il appareille au printemps de 1576 à bord du *Gabriell*.

Un second navire, le *Michaell*, l'accompagne. Effrayé par les glaces autour du Groenland, l'équipage du *Michaell* décide de faire demi-tour et repart pour l'Angleterre où les hommes annoncent à leur arrivée que Frobisher et le *Gabriell* sont perdus en mer. En réalité, Frobisher poursuit sa route en direction de l'île Resolution, en mettant le cap sur le nord jusqu'à ce qu'il découvre une voie navigable. Il a la conviction que le détroit, auquel il donnera plus tard son nom, sépare deux continents.

George Best, un de ses officiers, rapporte: «Il estima que la terre qu'il apercevait à sa droite tandis qu'il naviguait vers l'ouest était le continent de l'Asie, et qu'elle était séparée de la terre ferme d'Amérique, laquelle se trouvait à gauche.»

Cette certitude de Frobisher se trouve confirmée lorsqu'il rencontre des hommes qu'il prend pour des Asiatiques. «[Frobisher] aperçut un certain nombre de petites choses qui flottaient sur la mer au loin qu'il prit pour des marsouins, des phoques ou quelque étrange poisson, écrit Best, mais en s'approchant, il s'aperçut que c'était des hommes dans de petits bateaux faits en cuir.»

Lorsque les Inuits s'approchent du *Gabriell* en pagayant, ils communiquent avec leurs mains, et Frobisher interprète avec optimisme leurs signes comme la confirmation qu'il a bel et bien trouvé le passage du Nord-Ouest. Il comprend qu'un des Inuits le guidera dans son exploration. Cinq des hommes d'équipage de Frobisher transportent l'homme à terre pour qu'il fasse ses préparatifs pour le voyage. Ils se retrouvent hors de vue du vaisseau. Deux des marins réapparaissent à l'horizon, pour repartir mystérieusement. On ne les reverra jamais, Frobisher les cherchera sans trouver aucune trace d'eux.

Secoué par cet événement et obligé de se passer du guide escompté, Frobisher retourne en Angleterre. Avant de mettre les voiles, il fait prisonnier un Inuit qui s'était approché du navire dans un kayak, dans l'espoir de faire du troc. «Sachant combien ils se délectaient de nos jouets et spécialement des cloches, écrit Best, il fit résonner une jolie clochette, lui faisant croire qu'il lui donnerait la même s'il venait à bord la chercher. Il laissa tomber la cloche et s'empara rapidement de l'homme qu'il souleva de l'eau de vive force, et qu'il fit monter à bord de leur vaisseau.»

Frobisher croit donc avoir en sa possession un Asiatique, preuve qu'il a bien découvert le passage Nord-Ouest. Mais le captif ne peut s'adapter à la réclusion. «Lorsqu'il comprit qu'il était prisonnier, écrit Best, il se mordit la langue et se la coupa en deux à l'intérieur de sa bouche [...] il n'en mourut pas, mais vécut jusqu'à son arrivée en Angleterre. » Il fit montre de ses talents au tir à l'arc en abattant les cygnes de la reine Élisabeth, sur la pelouse de Hampton Court. « Puis il prit froid et en mourut. »

À Londres, tout le monde croit que Frobisher est mort, et lorsqu'il arrive avec son prisonnier, il est accueilli en héros. Même si son prisonnier meurt peu de temps après, il confère au voyage une authenticité indéniable. L'exaltation est à son comble lorsque le bruit court que certains des échantillons de minéraux qu'il a rapportés contiennent de l'or. L'Angleterre pourrait alors avoir sa propre source au nord et rivaliser ainsi avec les mines d'or que possède l'Espagne au sud.

On prépare une nouvelle expédition, cette fois dans le but de trouver de l'or plutôt qu'une route vers la Chine. Parmi les bailleurs de fonds se trouve la reine Élisabeth elle-même qui avance un millier de livres et qui prête à Frobisher un vaisseau de 200 tonnes, l'*Ayde*. Pragmatique, la reine contient son enthousiasme; elle nomme le nouveau pays *Meta Incognita*, ce qui signifie « dont les frontières sont inconnues ».

Six semaines plus tard, Frobisher extrait du minerai et revendique le territoire de l'Arctique au nom de l'Angleterre. « [Au] sommet d'une haute colline, écrit Best, nos hommes [font] une colonne ou une croix en empilant des pierres jusqu'à bonne hauteur [...] et font solennellement sonner de la trompette en récitant des prières et en honorant l'endroit du nom de mont Warwick. » Ils extraient 200 tonnes de minerai qu'ils chargent à bord de leurs vaisseaux.

Sur le site d'un village abandonné, Frobisher trouve des restants de vêtements européens. Il en conclut qu'ils appartiennent à ses hommes du voyage précédent et qu'ils ont été assassinés. Pourtant, si l'on en croit la tradition orale inuite, il n'en est rien : les hommes auraient passé l'hiver et construit un bateau, puis auraient mis les voiles.

Frobisher attaque un groupe d'Inuits, dans l'espoir d'en enlever un et d'obtenir ainsi des renseignements sur ses hommes. Il reçoit une flèche dans la fesse mais parvient à faire prisonniers un homme, une femme et un enfant, qu'il ramène en Angleterre. Comme leur prédécesseur, les trois Inuits mourront dans le mois suivant leur arrivée en Angleterre.

D'autres mauvaises nouvelles attendent Frobisher. Ceux qui sont chargés d'évaluer le minerai que Frobisher a rapporté ont des doutes quant à sa valeur. Cela n'ébranle pas Frobisher, marchand coriace qui connaît l'avidité de ses bailleurs de fonds et qui sait que la Cour a trop besoin de lui pour se passer d'une troisième expédition.

Lors de son dernier voyage en 1578, Frobisher a l'intention de construire une colonie permanente. Son expédition atteint une ampleur considérable : 15 navires, 300 mineurs cornouillers et assez de bois de charpente pour assurer la construction de la colonie. Mais la malchance le poursuit, comme elle frappera l'exploration anglaise au cours des 30 années à venir. L'équipage d'un des vaisseaux déserte et retourne en Angleterre, et le navire qui trans-

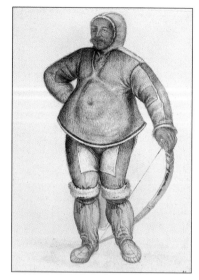

Homme et femme inuits avec bébé (dans le capuchon). Ils meurent tous trois quelques semaines après leur arrivée en Angleterre, où les a amenés Frobisher, qui les considère comme des Asiatiques, preuve selon lui qu'il a trouvé le passage du Nord-Ouest vers la Chine. (*John White, British Museum*)

Martin Frobisher (1539-1594).
Les mines de Frobisher dans la
partie orientale de l'île de Baffin
sont découvertes en 1861 par
Charles Francis Hall, qui y est
conduit par des Inuits. La maison
de Frobisher, ses campements,
une forge ainsi que des carrières
de pierre constituent les vestiges
les mieux préservés de l'époque
des explorations. (*Dono Gualteri
Charlton, Bodleian Library, Oxford*)

porte le bois de charpente sombre en mer, mettant fin aux espoirs coloniaux. Frobisher persévère néanmoins ; il extrait 1100 tonnes de minerai qu'il rapporte en Angleterre. Mais sa cargaison s'avère être de la pyrite de fer, l'« or des fous ». La Compagnie Cathay, qui le finançait, est ruinée, et la réputation de Frobisher n'est pas loin de l'être aussi.

Frobisher a commencé sa carrière comme pirate, et après ce désastre il retourne à son commerce clandestin et lucratif sur lequel la reine Élisabeth, judicieuse, ferme les yeux. Avec Francis Drake, Frobisher pille les colonies espagnoles installées dans les Antilles, et revient chargé de 60 000 livres d'or dont une partie est cédée à la Couronne. En 1588, sa réputation gagne en légitimité lorsqu'il participe au commandement de la flotte anglaise dans la bataille qui mène à une victoire épique contre l'Invincible Armada. Frobisher est fait chevalier et c'est avec le titre de Sir qu'il retourne à la piraterie. En 1594, il est atteint d'une balle au cours d'une bataille avec les Espagnols et meurt de ses blessures.

Si les voyages de Frobisher sont des échecs sur le plan commercial, ils enflamment l'intérêt du public pour le Nouveau Monde. À la même époque, le marin David Ingram parcourt l'Angleterre, s'arrêtant dans les tavernes pour raconter des histoires sur l'Amérique en échange d'un verre d'alcool. « La ville [est] longue de la moitié d'un mille, et a de nombreuses rues bien plus larges que n'importe quelle rue de Londres », dit-il, en décrivant une cité qu'il aurait vue en Amérique. Il poursuit : « Il y a de l'or, de l'argent et des perles en abondance et [...] divers morceaux d'or dont certains aussi gros que [mon] doigt, et d'autres aussi gros que [mon] poing. »

Ingram a travaillé à bord d'un corsaire dans le golfe du Mexique et prétend avoir déserté le navire et poursuivi sa route vers le nord jusqu'au Cap Breton. En route, il dit avoir vu la ville de Norumbega (située dans ce qui est aujourd'hui la Nouvelle-Angleterre). « Généralement, tous les hommes portent des bracelets d'or et d'argent de bonne épaisseur, affirme Ingram. Les femmes du pays portent des plaques d'or sur le corps, comme une armure. » L'appât de l'or est puissant et le récit d'Ingram est acclamé publiquement par Hakluyt, du moins jusqu'à la seconde édition de son livre, où il remet en question la véracité des dires d'Ingram.

L'idée de Norumbega prend racine dans l'imagination de Humphrey Gilbert. Fils cadet d'un riche gentleman anglais, il fréquente Eton et Oxford avant d'entrer dans l'armée et de combattre en Irlande, en France et en Hollande. Gilbert s'intéresse très tôt à l'Amérique, bien qu'à l'origine ce ne soit que dans un but militaire. Il adresse à la reine une lettre intitulée *Un discours sur la manière dont Sa Majesté peut ennuyer le roi d'Espagne*, dans laquelle il suggère de capturer des bateaux de pêche espagnols ancrés au large de la côte de Terre-Neuve, tandis que leurs équipages sont à terre occupés à sécher le poisson.

En tant que fils cadet, Humphrey Gilbert est sans terre. Son frère aîné héritera du domaine de son père, selon le système de primogéniture qui prévaut alors en Angleterre. Gilbert prône l'établissement de colonies dans le Nouveau Monde afin de permettre aux jeunes hommes sans terre comme lui

FRANCIS DRAKE ◆ En 1577, Drake quitte l'Angleterre pour entreprendre le tour du monde, répétant ainsi l'exploit accompli par Fernand de Magellan et son équipage entre 1519 et 1522. Durant son périple, il pille les navires espagnols. En 1579, il revendique la baie de San Francisco au nom de l'Angleterre et lui donne le nom de Nouvelle-Albion. Premier capitaine anglais à avoir fait le tour du monde en navire, il retourne en Angleterre en 1580. (*Jodocus Hondius, National Portrait Gallery, Londres*)

SIR HUMPHREY GILBERT ◆ Au moment où son vaisseau, le *Squirrel*, était en train de sombrer, Gilbert aurait hélé le navire voisin, le *Golden Hind*, en disant : «Nous sommes aussi près du ciel en mer que sur la terre. » (*Van de Passe, National Portrait Gallery, Londres*)

d'acquérir une propriété. La reine Élisabeth donne son accord. Envoyer des jeunes gens sans héritage fonder des domaines outre-mer est une bonne façon de canaliser leur agitation et de maintenir l'ordre social. À partir de 1580, Gilbert va distribuer allégrement plus de huit millions d'acres de terre en Amérique du Nord, principalement à de jeunes anglais ambitieux. En dépit de ses efforts, ces terres restent presque toutes innocuppées.

En 1578, la reine octroie à Gilbert une patente afin qu'il trouve un site convenable pour l'établissement d'une colonie «pour découvrir, chercher, trouver et voir de ces pays et territoires sauvages et barbares qui n'appartiennent encore à aucun prince ni aucun peuple chrétien». Cela le restreint à l'Amérique du Nord. On lui confère des pouvoirs de vice-roi ; ainsi, il sera à même de revendiquer la terre et de distribuer des titres de propriété et il aura les pleins pouvoirs pour défendre ce territoire contre les autres Européens.

Gilbert part en novembre avec 10 navires et 570 hommes, mais son ambition coloniale s'effondre rapidement. Il a recruté des pirates pour son expédition, certains d'entre eux bénéficiant de lettres de grâce. L'Espagne possède un système organisé pour l'enseignement des principes de la navigation océanique, ce qui est une des raisons du succès qu'elle connaît outre-mer. Mais l'Angleterre n'a aucune tradition de ce genre (bien que Hakluyt prétende le contraire) et inévitablement ses explorateurs en sont réduits à engager des pirates qui sont les marins les plus expérimentés. Résultat : quatre des navires de Gilbert désertent le convoi pour retourner à la piraterie. Deux des vaisseaux restants prennent l'eau et doivent retourner au pays pour des réparations, et les réserves sont insuffisantes à bord des autres navires. Aucun d'eux n'accostera à Terre-Neuve. Le voyage est un véritable désastre financier qui porte un grave préjudice à la réputation de Gilbert.

À l'évidence, Gilbert ne semble pas être le candidat idéal, mais la fièvre de l'exploration ne fait qu'augmenter. Dans son ouvrage intitulé *Divers*

Voyages Touching the Discoverie of America, Richard Hakluyt soutient la deuxième expédition de Gilbert qui propose d'établir une colonie en Amérique du Nord dans la ville mythique de Norumbega.

Gilbert part au mois de juin 1583 avec cinq vaisseaux : le *Delight*, le *Bark Raleigh*, le *Golden Hind*, le *Squirrel* et le *Swallow*. Élisabeth, qui a tempéré son enthousiasme, remarque que Gilbert n'est pas « un homme chanceux en mer ». Le second voyage de Gilbert, qui est une répétition du premier, lui donnera raison. L'équipage du *Bark Raleigh* déserte après deux jours, à cause de la maladie et des provisions inadéquates. L'équipage du *Swallow*, constitué principalement de pirates, vole un navire français malgré des ordres contraires. Le temps est abominable et Gilbert mettra 50 jours pour effectuer la traversée.

À son arrivée à Terre-Neuve (près de l'actuelle Saint-Jean), Gilbert donne l'ordre d'ériger une tente sur le rivage, puis, en usant de trompettes et de messagers, convoque les 36 capitaines de bateaux de pêche qui se trouvent dans le port. Il annonce aux pêcheurs anglais, espagnols, français et portugais qu'il est Lord Paramount, et qu'il revendique la terre au nom de l'Angleterre. C'est la loi anglaise et l'Église d'Angleterre qui régneront sur cette terre. « Quiconque prononcera des paroles déshonorantes envers Sa Majesté, déclare-t-il à son auditoire, se fera couper les oreilles et verra son vaisseau et ses biens confisqués. »

Gilbert déclare la souveraineté de l'Angleterre sur une principauté qui s'étend sur 500 km à l'intérieur des côtes et il accorde avec parcimonie des terres à ses capitaines. Des licences sont émises pour les pêcheurs étrangers. Plusieurs d'entre eux ne parlent pas anglais et considèrent le couronnement impromptu de Gilbert comme une pièce de théâtre douteuse. Ces hommes pêchent au large des Grands Bancs depuis des décennies et ils forment une société internationale relativement paisible.

Gilbert avait l'intention de s'arrêter uniquement pour faire des provisions et de poursuivre sa route en direction de Norumbega. Mais il s'est pris d'affection pour cette côte rocheuse et inhospitalière. « Son esprit est entièrement fixé sur Terre-Neuve, écrit Edward Haies, un des capitaines de Gilbert, qui tient un journal de bord. Mettant de côté sa résolution de réentreprendre un voyage au printemps suivant, il s'en tient au Nord, affirmant que cette expédition a conquis son cœur et qu'à présent, il est complètement devenu un homme du Nord. »

L'empire de Gilbert s'effondre presque immédiatement. Certains des pirates recrutés pour le voyage retournent à la piraterie et pillent le poisson des vaisseaux étrangers. À cela s'ajoutent les déserteurs et une vague de maladies. Gilbert renvoie les mécontents et les malades en Angleterre à bord du *Swallow* et met les voiles vers le sud, avec l'intention de longer la côte atlantique. Mais le *Delight*, à bord duquel se trouvent toutes les cartes, chartes et spécimens, s'échoue, se brise et est perdu.

Gilbert n'a plus que deux vaisseaux, le *Squirrel* et le *Golden Hind*. Sans cartes du pays ni cartes marines, il ne peut naviguer vers le sud et se voit

SIRÈNES ◆ Richard Whitbourne, qui a vécu à Terre-Neuve de 1583 à 1620, décrit les sirènes qu'il prétend avoir vues dans le port de Saint-Jean : « À présent je n'omettrai pas de dire quelque chose d'une créature étrange que j'ai vue pour la première fois en l'an 1610 [...] qui est venue vers moi très doucement, a regardé joyeusement mon visage comme l'aurait fait une femme [...] elle semblait si magnifique [...] elle avait autour de la tête des mèches bleues qui ressemblaient à des cheveux [...] Je pense que ça devrait être une sirène. » Le mythe de la sirène naît vraisemblablement des descriptions que donnent les pêcheurs du dugong, un mammifère marin qui possède une tête bien définie et qui allaite ses petits en les portant à sa poitrine à l'aide de ses nageoires. (*Theil Dreyzehender*, tiré de *Americæ, Memorial University of Newfoundland*)

contraint de faire demi-tour. Près des Açores, le *Squirrel* à bord duquel se trouve Gilbert sombre au cours d'une tempête. Le *Golden Hind* arrive en Angleterre le 22 septembre, apportant les mauvaises nouvelles et une revendication toute provisoire de Terre-Neuve. Gilbert n'y avait pas laissé de garnison pour faire respecter l'empire autoproclamé. Une fois parti, son gouvernement et ses lois ont disparu.

« Le duc de Joyeuse, Amiral de France, et le cardinal de Bourbon et leurs amis, se sont réunis pour envoyer certains navires dans le but d'habiter certains endroits pour la partie nord de l'Amérique et pour y transporter plusieurs frères et autres personnes religieuses, écrit Hakluyt. Cela m'a été rapporté par [...] André Thevet, le cosmographe du roi. » Pour Hakluyt, pasteur protestant, les Autochtones forment un immense réservoir d'âmes à sauver. Il voit en outre une raison plus pratique de coloniser l'Amérique du Nord, que les Français ont déjà exploitée. « À Paris, écrit Hakluyt, j'ai vu dans la maison d'un homme la valeur de 5000 couronnes de fourrures de zibelines, castors, loutres et d'autres sortes encore qu'il a achetées [...] à des hommes de Saint-Malo [...] [Ceux-ci] les ont rapportées des régions les plus au nord de ces contrées. »

Thevet est l'homologue français de Hakluyt. Cet érudit consacre toute son énergie à expliquer le Nouveau Monde. Il a connu Jacques Cartier et a rencontré Donnacona, qui est mort en France. Doué pour la recherche, Hakluyt manque d'imagination. Thevet est tout le contraire. Ses théories sur les habitants de l'Amérique du Nord sont assez particulières, pour ne pas dire fantasques : « Il semblerait que tous ces peuples du Nord sont courageux, écrit-il. Ils ont leur chaleur naturelle enfermée à l'intérieur de leur corps et la conservent par l'action du froid extérieur, ce qui par conséquent les rend robustes et vaillants car la force et la vertu de toutes les parties du corps dépendent de cette chaleur naturelle. »

Thevet est le premier à avancer l'idée du bon sauvage, idée qu'épousera plus tard Jean-Jacques Rousseau. « Ils vivent dans la santé et la paix continuelles et n'ont pas d'occasion d'être envieux les uns des autres de leur propriété, ou de leur patrimoine — car ils sont tous presque égaux en possession et sont tous riches en contentement mutuel et en degré de pauvreté. Ils n'ont pas non plus d'endroit désigné pour rendre la justice parce qu'ils ne se causent pas de tort entre eux. Ils ne possèdent pas de lois [...] autre que celle de la nature [...] Ils n'ont ni cités ni châteaux ni machines de guerre comme nous. »

Hakluyt espère pousser l'Angleterre à poursuivre l'exploration en écrivant un document de politique générale, intitulé *Discours sur la façon de s'établir à l'Ouest*, qu'il donne à Sir Walter Raleigh, qui à son tour le remet à la reine qui l'ignorera. (Le document sera finalement publié 300 ans plus tard, dans le Maine, qui est un des endroits où Hakluyt suggérait d'établir une colonie.) Hakluyt insiste sur le besoin d'établir une colonie anglaise en Amérique du Nord, prétendant que la reine a le droit légal de posséder la terre qui s'étend entre la Floride et le cercle arctique. Il ajoute que, si les Anglais ne réagissent pas rapidement, les Espagnols monteront vers le nord ou bien les Français revendiqueront la terre. Hakluyt prétend que, si les Anglais installent des colonies, il s'ensuivra immanquablement qu'on trouvera un passage nord-ouest vers la Chine. Il ajoute qu'une colonie occuperait les hommes sans travail, fournirait une base militaire, et étendrait la religion protestante.

Pour limiter l'empire espagnol en Amérique, Hakluyt recommande que l'on fomente des rébellions autochtones contre les oppresseurs espagnols et que l'on humilie le roi d'Espagne, Philippe II.

Mais Philippe II planifie sa propre attaque contre l'Angleterre, las des pirateries anglaises, qui restent la plupart du temps impunies. En 1587, Élisabeth sait que la guerre est imminente et elle sait aussi qu'elle n'a pas les moyens de la faire. Une bonne partie du maigre trésor d'Angleterre a été dépensé à garder vivant le protestantisme, tant à l'intérieur du pays que sur le continent. La cour est une merveille d'opulence qui éblouit les visiteurs comme les gens du cru, mais ce n'est qu'un éclat de façade. Élisabeth emprunte de l'argent à Anvers à des taux d'intérêt élevés, utilisant les biens des marchands de Londres comme garantie.

En 1588, l'Invincible Armada de Philippe II — 125 vaisseaux dont la taille surpasse celle des navires de l'époque — pénètre dans la Manche, avec l'intention d'envahir l'Angleterre. Sir Francis Drake, Sir Walter Raleigh et Martin Frobisher commandent la marine anglaise, de taille beaucoup plus modeste, qui a l'avantage d'avoir des vaisseaux faciles à manœuvrer. Les Anglais harcèlent les Espagnols vers le nord en remontant la côte d'Angleterre et d'Écosse où une tempête typique de la Mer du Nord jette les lourds vaisseaux espagnols sur les écueils. La moitié de l'Armada est ainsi détruite en mer et les vaisseaux restants font demi-tour tant bien que mal.

Hakluyt voit cela comme un signe de la divine providence. La domination qu'exerçait l'Espagne sur l'Europe s'achève et la course vers le Nouveau Monde reprend avec une ferveur nouvelle.

C'est en 1605 que la première colonie française s'établit en Amérique du Nord, à Port-Royal, dans la baie de Fundy. Six années plus tard, les Anglais installent leur propre colonie. En 1610, un marchand de Bristol du nom de

SIR WALTER RALEIGH ◆ Poète et aventurier, Raleigh se désespère de la puissance de l'Espagne et de son roi, Philippe II. «Combien de royaumes a-t-il mis en danger, combien d'armées, de garnisons et de vaisseaux a-t-il et entretient-il ? Il a dû récupérer de grandes pertes, comme en quatre-vingt-huit : plus de cent voiles de grands navires avec leur artillerie. Aucune année ne lui a été plus néfaste. Malgré tout, il recommence encore, tel une tempête, à menacer de nous faire tous sombrer, et de nombreux vaisseaux, trésors et hommes sont engloutis. Ses réussites ne lui viennent ni des pillages, ni des oranges de Séville, ni de rien d'autre produit par l'Espagne, le Portugal, ou quelque autre province, mais de son or indien, avec lequel il inquiète et met en péril toutes les nations d'Europe.»

En 1584, Raleigh part pour l'Amérique du Nord dont il revendique plus de 3000 km de littoral pour l'Angleterre, et il nomme ce territoire Virginie, en l'honneur de la reine vierge, Élisabeth. Pour ses 225 pionniers, la colonie représente un véritable désastre; en 1590, un navire anglais se rend sur les lieux mais ne trouve aucune trace d'eux. Raleigh est le demi-frère de Sir Humphrey Gilbert et un favori d'Élisabeth Iʳᵉ qui l'a fait chevalier. Il n'est cependant pas dans les bonnes grâces du successeur de la reine, le roi Jacques Iᵉʳ, qui l'accuse de comploter contre la Couronne et le fait exécuter en 1618. (*Attribué à « H »*, *National Portrait Gallery, Londres*)

John Guy adresse une requête au roi Jacques Iᵉʳ en vue d'établir une colonie à Terre-Neuve, dans l'espoir que cela lui procurera, d'une part, «des fourrures, de la bruyère, de la poix, de la térébenthine, des planches en bois de pin, des mâts et des vergues pour construire de petits navires de toutes sortes, de même que du phoque, des peaux et des traînes faites en peaux de phoques, et d'autre part, que cela rapporte soit des mines de cuivre ou d'or, qui en regard de la quantité de bois et des belles rivières, pourront facilement donner un gros profit. »

Jacques Iᵉʳ ajoute à cette liste la mission énoncée par Hakluyt de conquérir des âmes. Un problème se pose : comment trouver à Terre-Neuve quelqu'un avec qui partager la foi chrétienne ? Les Béothuks, qui sont les indigènes de Terre-Neuve, restent introuvables. Guy et ses 39 colons s'affairent à construire à l'anse de Cuper (aujourd'hui l'anse de Cupidon) ce qui est censé être la première colonie permanente de Terre-Neuve. Au cours de ce premier hiver de l'année 1610, les hommes sont trop occupés à assurer leur survie pour partir à la recherche d'Autochtones à convertir. Les attaques des pirates et le scorbut font quatre morts parmi les colons. Malgré ces problèmes et les vaines tentatives de cultiver la terre et de trouver du minerai, Guy ne perd pas son optimisme et il écrit à ses partenaires que tout va bien.

En octobre de l'année 1612, Guy et 18 colons passent un mois à la recherche de Béothuks qui, depuis que la pêche côtière se développe, se sont retirés à l'intérieur des terres, afin d'éviter tout contact avec les Blancs — les Béothuks sont la seule nation indienne à les éviter ainsi. Guy navigue le long du littoral lorsqu'il aperçoit un feu de camp, près de la baie de la Trinité. Il envoie un homme à terre muni d'un drapeau blanc et deux Béothuks l'approchent, portant une peau de loup blanc. C'est la première rencontre amicale entre Béothuks et Européens, et vraisemblablement la dernière.

Le roi Jacques Ier est un homme de petite taille, mal proportionné et il souffre d'une malformation de la langue. Il est cruel, souvent ivre et grossier, mais il est aussi polyglotte, a lu les classiques et est un bon écrivain. Il est l'auteur d'un ouvrage qui condamne l'usage du tabac et d'un autre sur le droit divin des rois. Il parraine une nouvelle traduction de la Bible qui porte encore aujourd'hui son nom. (*Paul van Somer, Bridgeman Art Library, Le Prado, Madrid*)

Guy débarque avec d'autres hommes d'équipage et ils sont bientôt rejoints par huit Béothuks qui s'attardaient prudemment dans leurs canots. Une curieuse fête s'ensuit. Les Béothuks « dansent, rient et font des signes de joie et de contentement, frappant parfois la poitrine de notre compagnie et parfois la leur. [...] On leur adresse des signes [...] pour leur dire que du pain et de la boisson seront apportés à terre [...] du pain, du beurre et des raisins secs à manger, de la bière et de l'aquavit à boire. Et l'un d'eux, soufflant dans la bouteille d'aquavit fit un son et tous se mirent à en rire [...] Après avoir tous bu et mangé, l'un d'eux se dirigea vers leur canot et nous apporta de la viande de chevreuil séchée ou fumée et, tirant son couteau [...] il coupa pour chaque homme un morceau et cela avait très bonne saveur. »

Pour finir, un des Béothuks fait signe qu'il est temps de partir. Il donne aux hommes de Guy la peau de loup blanc, prend le drapeau blanc des Anglais et le met dans son canot avant de s'en aller. Blancs et Béothuks avaient convenu à l'aide de signes de se rencontrer l'année suivante. Mais l'hiver est exténuant et Guy, déçu de la nouvelle colonie, donne sa démission en tant que gouverneur de Terre-Neuve et retourne en Angleterre. Des années plus tard, un bateau de pêche qui s'approche de la baie de la Trinité aperçoit des Béothuks assemblés sur le rivage qui attendent peut-être une reprise de la fête. Le capitaine du bateau pense qu'ils se préparent à attaquer et leur envoie une salve de canon. Les Béothuks disparaissent dans les bois et ils y resteront pendant les deux cents années à venir, cherchant à fuir les Blancs.

Richard Hakluyt meurt en 1616, à l'âge de 64 ans, sans jamais avoir vu le monde qu'il a passé sa vie à cataloguer et à promouvoir. Il vécut dans une pauvreté relative — la plupart de ses livres étant publiés à compte d'auteur. Son œuvre maîtresse, *Principal Navigations, Voyages and Discoveries of the English Nation*, publiée en 1589, compte 825 pages, et c'est le seul livre qui lui vaudra un certain succès populaire. Mais ses livres restent la source la plus précieuse que nous possédions sur les premières explorations. En effet, sans cette cueillette diligente de journaux de voyage, beaucoup de récits personnels, dont ceux de Jacques Cartier, seraient aujourd'hui disparus. Son bref séjour à Paris excepté, Hakluyt n'aura guère quitté Oxford et sa bibliothèque.

Son travail est sa récompense. Ses livres sont un véritable périple où il revit en esprit certaines des épreuves de ses héros, les explorateurs. « Que de nuits sans sommeil, que de journées pénibles, que de chaleur et que de froid j'ai endurés, écrit-il. Combien de voyages longs et tumultueux n'ai-je faits ; combien de bibliothèques célèbres n'ai-je visitées ; combien d'auteurs anciens et modernes n'ai-je lus avec attention ; combien de documents anciens, de patentes, de privilèges, de lettres, etc., n'ai-je sortis de l'obscurité et sauvés de la destruction ; dans combien de relations diverses ne me suis-je engagé ; quelles dépenses n'ai-je faites [...] » L'accomplissement de Hakluyt est d'avoir fait réaliser aux Anglais que leur pays n'est plus une île en marge du monde, mais qu'il est désormais le centre même de ce monde. Pendant trois siècles, l'Angleterre gardera cette conviction.

Bien que l'Angleterre prenne une part de plus en plus active aux explorations, il revient à la France d'établir la première colonie permanente en Amérique du Nord. La Nouvelle-France doit son nom à l'Italien Giovanni da Verrazzano qui la baptise *Nova Gallia* lorsqu'il en longe les côtes, en 1523. Deux grandes phases marquent la colonisation de la Nouvelle-France, l'une dominée par Cartier, l'autre par Champlain.

La première colonisation échoue car elle repose sur une quête chimérique. Cartier doit se rendre au Canada, selon les ordres mêmes de François Ier, pour y « trouver les passages au Cathay et [...] grande quantité d'or et autres riches choses ». Le roi de France tente ainsi d'arracher à l'Espagne sa suprématie européenne fondée sur les richesses du Nouveau Monde. Jacques Cartier explore le golfe du Saint-Laurent, y plante une croix, puis remonte le fleuve car son maître a désespérément besoin d'un quelconque Eldorado ou, à défaut, d'une voie navigable vers les trésors de la Chine et de l'Inde.

En 1541, lors de son troisième voyage, le capitaine de Saint-Malo découvre un pactole d'or et de diamants à l'embouchure de la rivière du Cap-Rouge. Au printemps 1542, il vogue vers la France, ses navires pleins à craquer des trésors du Canada. Au fond de la baie de Saint-Jean, à Terre-Neuve, il rencontre la flotte de Roberval, son lieutenant-général. Pressé de rapporter au roi ses merveilleuses découvertes, Cartier refuse d'obéir à Roberval qui lui ordonne de rebrousser chemin, et il poursuit sa route vers Saint-Malo.

Durant l'hiver qui suit, Roberval doit affronter le scorbut, une mutinerie et des attaques d'Indiens qu'il repousse à grand-peine, outre la torture d'imaginer Cartier triomphant à la cour de Fontainebleau, grâce à ses fabuleux trésors. À son retour, l'été 1543, il a la consolation d'apprendre que le capitaine s'est exposé à la risée générale : ses trésors se sont révélés être de la pyrite et du mica. « Faux comme diamant du Canada », le dicton est resté. François Ier

John Guy est un marchand de Bristol, qui occupe aussi les fonctions de shérif de la ville. Il fait partie d'un petit groupe d'hommes d'affaires qui demandent une charte pour coloniser Terre-Neuve. Après avoir servi trois ans comme premier gouverneur de la colonie, Guy repart soudainement pour l'Angleterre. La Compagnie de Terre-Neuve fait faillite en 1631 et ce n'est qu'après 1650 que la colonisation de l'île prend son essor. (*Provincial Archives of Newfoundland and Labrador*)

Robert Hayman est considéré comme le premier poète « canadien ». Parmi les cent poèmes qu'il a écrits à la louange de Terre-Neuve, on retrouve celui-ci, intitulé *Rime continue et squelettique à la gloire de ma Terre-Neuve*.

Même si Terre-Neuve ne se compare à l'Angleterre
Ni par ses atours, sa compagnie et ses palais,
Certains y connaissent le contentement que j'y ai trouvé.
On y étanche sa soif, et même un peu plus.
On y souffre, travaille et s'inquiète moins.
Ni taxes, ni mauvaises nouvelles, ni tracasseries, ni peur,
Bien propre et au chaud avec n'importe quel accoutrement,
Je me considère prospère et en santé.
Des richards possèdent tant et plus que moi,
Mais si des sages découvraient les trésors de mon pays,
Je crois qu'ils ne vivraient nulle part ailleurs.

ne peut vaincre Charles Quint avec une cargaison de cailloux canadiens : il signe, dès l'année suivante, en 1544, le traité de Crépy, qui établit une paix sans gloire avec l'empereur. Il ne faut plus lui parler de l'Amérique du Nord.

Cartier meurt à 66 ans, dans son manoir de Limoilou, près de Saint-Malo. La première colonisation de la Nouvelle-France s'achève donc en 1543, enlevant pour longtemps aux successeurs de François Ier le goût de retourner à la *Terre de Caïn*.

La seconde colonisation de la Nouvelle-France a peu de points communs avec celle de Cartier. Un gouffre de 60 ans s'est creusé. Les leçons et les expériences du passé n'ont pu être transmises, laissant dans l'oubli la recette des Stadaconéens pour guérir le scorbut. Les peuples amérindiens sédentaires qui possédaient le secret de ce remède sont disparus, emportés par des épidémies, repoussés par des nomades plus aguerris ou attirés par des sols plus fertiles. Les bourgades d'Hochelaga et de Stadaconé, avec leurs maisons longues, leurs habitants vivant de la culture du maïs, se sont évanouies sans laisser de traces.

Quant à la France elle-même, celle qui cherche à reprendre pied en Amérique du Nord en cette fin de XVIe siècle, elle n'est plus que l'ombre du royaume riche et puissant dont le souverain rivalisait, à Fontainebleau, avec les splendeurs des palais des Médicis. Cet astre étincelant de la Renaissance a perdu son éclat à mesure qu'il s'enfonçait dans le chaos des guerres civiles et religieuses. Lorsque Henri IV fait son entrée royale dans Paris le 22 mars 1594, la France est dévastée. La population des villes a diminué, parfois des deux tiers. L'état des finances est déplorable. Cette pauvreté n'épargne pas le nouveau roi lui-même. Sa conversion au catholicisme s'explique moins par sa boutade — *Paris vaut bien une messe !* — que par l'impossibilité pour un protestant de régner sur une population majoritairement catholique, dont l'Église possède un quart du territoire et 100 millions de livres de revenus. Henri IV reçoit du pape l'absolution qui lève son excommunication, puis il s'attelle à reconstruire son royaume en s'entourant surtout de protestants intègres et dévoués.

Henri IV fait notamment porter ses efforts sur l'industrie des biens de luxe. Certains commencent à prétendre que la fourrure sera le Pérou de la France. Qui parle fourrure parle du Canada. Pour la première fois depuis François Ier, un roi veut aussi régner sur la Nouvelle-France. Pour réaliser cette ambition, il va à l'encontre des conseils du duc de Sully, le surintendant général des Finances, qui professe que le labourage et le pâturage sont les deux mamelles de la France, à l'égal des mines et trésors du Pérou. Ce dernier ajoute : les choses qui demeurent séparées de nous par des terres et des mers étrangères ne nous seront jamais qu'une grande charge et de peu d'utilité.

Henri IV fait la sourde oreille et permet que des Français se lancent à la reconquête de la Nouvelle-France et de son trésor de fourrures. Sensible au scepticisme de son ministre, il décide cependant de ne pas risquer les deniers publics dans cette entreprise et, en 1603, s'inspirant des systèmes anglais et hollandais, il fonde une compagnie pour la colonisation de la Nouvelle-France, à la tête de laquelle il nomme un de ses plus fidèles partisans, Aymar de Clermont de Chaste, vice-amiral de France. La Compagnie du Canada et de l'Acadie — dont le nom emprunte à la fois à la langue amérindienne et à la mythologie grecque — reçoit le monopole du commerce de la fourrure sur un territoire qui s'étend du site actuel de Philadelphie jusqu'au Cap-Breton. Elle recrute ses principaux actionnaires chez des bourgeois de Dieppe et de Saint-Malo qui songent aux dividendes de 72 % que vient de donner, en 1602, la Compagnie des Indes des Pays-Bas. Pour réaliser de tels profits, ils sont prêts à investir ce qu'il faut pour créer les colonies de peuplement réclamées par la couronne. Le fait que 70 % des membres de certaines expéditions mourront dès le premier hiver ne fera pas sourciller les investisseurs. À l'époque, une peau d'homme vaut souvent moins qu'une peau de castor.

L'année de sa nomination, de Chaste meurt, mais avant de s'éteindre, il décide d'envoyer au Nouveau Monde Samuel de Champlain qui sera l'incontestable père de la Nouvelle-France. Né à Brouage, en 1570, d'un père capitaine de navire, il a appris très tôt à naviguer et à guerroyer. «Ayant été employé en l'armée du Roy – raconte-t-il dans son livre *Des sauvages* – qui était en Bretagne sous messieurs le maréchal d'Aumont, de St Luc, et sous le maréchal de Brissac, en qualité de maréchal des logis de ladite armée durant quelques années, et jusqu'à ce que Sa Majesté eut en l'année 1598 réduit en son obéissance ledit pays de Bretagne, et licencié son armée, me voyant par ce moyen sans aucune charge ni emploi, je me résolus, pour ne demeurer oisif, de trouver moyen de faire un voyage en Espagne.» À bord d'un navire espagnol, il a exploré les côtes orientales de l'Amérique du Sud. Le Canada ne lui est pas étranger. En 1603, participant à l'expédition de de Chaste, il a remonté le Saint-Laurent jusqu'à Tadoussac, puis jusqu'aux rapides de Lachine. À son retour en France, Champlain découvre que son ami huguenot, Pierre du Gua de Monts, détient à présent le monopole du commerce et les deux hommes se préparent à retourner en Amérique du Nord dès le printemps suivant.

Ce qui deviendra la très catholique Nouvelle-France trouve donc son origine dans une entreprise à majorité protestante. Champlain lui-même était peut-être protestant, comme le laissent penser son prénom biblique et ses longues années de service dans les armées d'Henri IV. En 1604, Champlain et de Monts s'embarquent pour l'Acadie, nom donné par les Français à une région qui correspond en gros aux provinces maritimes actuelles. Ils comptent y établir un comptoir permanent. Un prêtre catholique les accompagne, mais c'est de Monts lui-même qui agit comme pasteur protestant. Des bagarres éclatent à bord entre des représentants des deux confessions. Ces séquelles des guerres de religions ne sont pas prêtes de s'effacer et la méfiance divise encore les Français.

On décide d'hiverner à l'île Sainte-Croix. Les vents féroces et une hécatombe causée par le scorbut persuadent les colons de chercher un climat moins rigoureux. Ils longent la côte atlantique vers le sud. Diverses tentatives de débarquement provoquent des réactions violentes de la part des populations autochtones. Des Français sont criblés de flèches sur la grève.

Henri IV. Henri de Navarre, né en 1553, est le symbole même d'une époque terrible. Élevé dans la religion protestante, il doit abjurer sa foi pour devenir roi de France. Son règne est consacré à la reconstruction d'un royaume, dévasté par les guerres de religions. Séduit par l'aventure américaine, il encourage les commanditaires de Samuel de Champlain à constituer des compagnies privées, selon un modèle développé par les Hollandais. Il est assassiné le 14 mai 1610 par un catholique fanatique. (*Château de Versailles, Giraudon/Art Resource*)

La chasse au castor.
« Le castor fait toute chose parfaitement bien. Il nous fait des chaudières, des haches, des épées, des couteaux [...]; bref, il fait tout. » (Un Montagnais cité par Paul Le Jeune dans la *Relation des jésuites* de 1634.) Indiens et Européens tirent un avantage réciproque de la traite du castor. (*Chiedal, Glenbow Archives*)

L'équipage leur donne des sépultures marquées de croix de bois, puis regagne le navire. Leurs ennemis surgissent de la forêt, déterrent les morts et lancent les croix dans la mer.

De Monts et Champlain retournent à la baie de Fundy, où ils établissent une nouvelle colonie : Port-Royal. De Monts regagne la France pour rassurer ses associés qui lui reprochent d'avoir trop investi sur le peuplement, au détriment du commerce des fourrures. Champlain de son côté cherche à prévenir les méfaits de la neurasthénie hivernale. Il fonde l'Ordre du Bon Temps, qui prépare des festins avec les produits de la chasse, et met en scène une pièce intitulée *Le Théâtre de Neptune en Nouvelle-France* de

Indiens faisant fumer des poissons. Les premiers Indiens micmacs avec lesquels Champlain entre en contact sur la côte acadienne pratiquent aussi la pêche côtière. (*Théodore de Bry, Musée Stewart, 978-396-1*)

Marc Lescarbot. L'écrivain, qui séjourne alors avec lui, devient en 1609 le premier historien du Canada avec son *Histoire de la Nouvelle-France*.

La colonie semble placée sous d'heureux auspices : en 1606, de Monts réussit même à expédier des renforts qu'il place sous les ordres d'un de ses anciens compagnons d'arme dans l'armée huguenote, le baron Jean de Biencourt de Poutrincourt. Mais, en France, de Monts a perdu sa bataille contre ses créanciers qui obtiennent la liquidation de sa compagnie et l'annulation de son monopole, entraînant le rapatriement de la plupart des colons, y compris Champlain. De Poutrincourt, qui a obtenu le titre de gouverneur de l'Acadie, reste en Amérique et assure la continuité du peuplement de la colonie, ce qui vaut aujourd'hui à Port-Royal le titre de premier établissement français permanent du Canada.

En France, de Monts a réussi à trouver des investisseurs pour une deuxième expédition. Cette fois, il délègue à Champlain ses pouvoirs de lieutenant-général de la Nouvelle-France et le laisse décider de l'emplacement exact de la future colonie, qu'il veut fonder à l'intérieur du pays, au centre du réseau de troc des Amérindiens. Cette manœuvre audacieuse et stratégique est rendue possible par le gigantesque fleuve, capable de transporter les navires des Français, ainsi que leurs canons et leurs marchandises de traite, loin à l'intérieur du continent. Champlain a compris que son monopole ne vaut rien tant qu'il tente de le faire respecter à partir de la côte atlantique : il lui faudrait une véritable armada pour interdire la côte aux commerçants européens qui la fréquentent : Basques, Espagnols, Anglais, Hollandais et Portugais. Et d'ailleurs, le jeu n'en vaudrait pas la chandelle, puisque les Amérindiens préfèrent les comptoirs fluviaux aux postes côtiers d'un océan sur lequel ils n'aiment pas trop s'aventurer. Et en créant une colonie permanente, la nouvelle compagnie pourra, à la fonte des neiges, devancer ses rivaux éventuels condamnés à faire le voyage depuis l'Europe.

Au printemps de 1608, deux navires traversent l'Atlantique, le *Lévrier*, commandé par François Dupont-Gravé, et le *Don de Dieu*, placé sous les ordres de Champlain. Le 3 juin, quand Champlain arrive à Tadoussac, le pilote du *Lévrier* vient à sa rencontre à bord d'une barque. Le pilote lui apprend que Dupont-Gravé a tenté d'imposer son monopole aux capitaines basques et espagnols qui se trouvaient déjà là, mais qu'ils ont répondu par la bouche de leurs mousquets et de leurs canons. Il emmène Champlain au chevet de Dupont-Gravé, qui est sérieusement blessé mais toujours vivant. Ensemble, ils négocient une trêve avec Darache, le chef des Espagnols, ce qui permet aux hommes de Dupont-Gravé de commencer à faire la traite avec les Montagnais.

Ce peuple de nomades chasse alors sur un énorme territoire délimité au nord par la ligne de partage des eaux entre le bassin du Saint-Laurent et celui de la baie James. En négociant avec les Blancs, les Montagnais s'assurent d'un approvisionnement régulier en farine de blé, ce qui les protège des disettes qui les ont décimés dans le passé.

Champlain poursuit ensuite son voyage dans une barque légère et manœuvrable, conçue pour la navigation en rivière. Il passe devant l'île aux Coudres, la rivière du Gouffre et le cap Tourmente, tous lieux baptisés par Jacques Cartier. Champlain décrit la côte comme une terre « montueuse et fort mauvaise ». Mais l'île d'Orléans le ravit : elle marque, pour lui, « le commencement du beau et bon pays de la grande rivière ». À partir de là, il cherche un lieu propre à un établissement, et enfin, le 8 juillet, il le découvre. C'est un site magnifique, avec son promontoire qui scintille au soleil de feux si vifs que Jacques Cartier l'avait appelé « cap Diamant », le croyant parsemé de pierres précieuses.

Cartographe et militaire, Champlain est surtout frappé par les avantages stratégiques du lieu. Il s'intéresse au formidable escarpement qui s'élève à 98 m au-dessus du niveau de la mer, et constate que le Saint-Laurent ne mesure qu'un kilomètre de large à cet endroit. D'ici, une batterie de canons peut interdire à quiconque l'accès à l'arrière-pays et à ses inépuisables

Fondé en 1605 par Samuel de Champlain et Pierre du Gua, sieur de Monts, Port-Royal est le premier établissement permanent du Canada ; c'est également la plus ancienne ville d'Amérique au nord de la Floride (Saint Augustine, en Floride, a été fondée en 1565). Détruite par les Britanniques en 1613, la forteresse est reconstruite par des colons écossais avant d'être rendue à la France par le traité de Saint-Germain-en-Laye (1632). Port-Royal, reconquise par les Britanniques en 1710, est rebaptisée Annapolis-Royal après que la France l'eut définitivement cédée par le traité d'Utrecht (1713). (*Bibliothèque nationale de France*, RCC 18705)

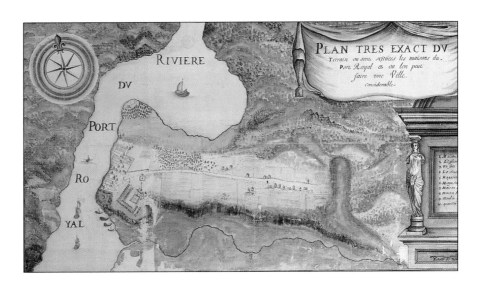

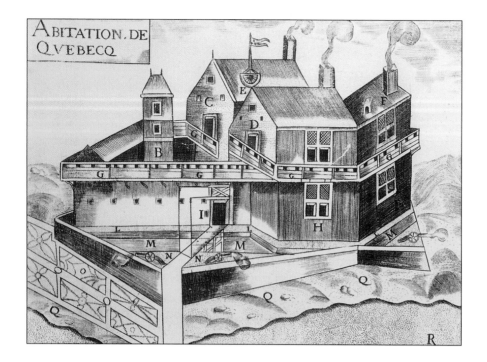

En 1608, Champlain et ses hommes construisent l'« Abitation » au pied du cap Diamant. Il y passera l'hiver avec 28 hommes. Il faudra attendre 25 ans avant qu'une ville ne se développe autour de cet emplacement. (*Les voyages du Sieur de Champlain, 1613, Musée Stewart*)

richesses. Champlain décide d'appeler sa colonie de son nom algonquin : Québec, qui signifie « là où le fleuve se rétrécit ».

L'expédition débarque et des ouvriers commencent à abattre les arbres. Bientôt s'élèvent un entrepôt et trois grands bâtiments, entourés de fossés, fortifiés d'une palissade de pieux avec des plates-formes du haut desquelles des canons surveillent le fleuve. L'ensemble est imposant.

Les ennemis de la France comprennent que Champlain est en train de verrouiller le fleuve et ils décident d'intervenir. Champlain est en train de bêcher son jardin quand un marin lui indique qu'il veut lui parler en privé. Le matelot raconte que le serrurier Antoine Natel et quatre compères ont été engagés par les Basques et les Espagnols pour assassiner Champlain. Le marin ajoute que les ennemis débarqueront dès que leur sera parvenue la nouvelle de la réussite de leur complot.

Convoqué par le maître des lieux, Natel, tout tremblant de crainte, dénonce sans hésiter ses complices et leur meneur, Duval, le second serrurier de la colonie.

Champlain invite les conjurés à venir déguster des bouteilles de vin à la brunante. Les conspirateurs ont à peine le temps de faire sauter les bouchons qu'ils sont saisis et jetés dans un cachot. Pour leur délier la langue, il promet de leur pardonner. Il obtient des aveux écrits et signés, puis il les fait tous mettre aux fers. Après un court procès, il condamne Duval à mort et renvoie les trois autres en France, en recommandant qu'ils passent à la potence. Quant au meneur de ceux que Champlain appelle avec dérision ses *galants*, il est d'abord étranglé, puis décapité, et sa tête est fichée au bout d'une pique et plantée au lieu le plus éminent du fort, « pour servir d'exemple à ceux qui restaient, de se comporter sagement à l'avenir en leur devoir, et afin que les Basques et les Espagnols qui étaient quantité au pays n'en fissent trophée. »

Champlain a aussi calculé l'effet qu'exercerait son sinistre épouvantail sur un autre groupe, celui des Amérindiens qui fréquentent les abords de la colonie. Pour les Hurons et les Montagnais qui, déjà, font commerce de la fourrure avec les Français, à Tadoussac, le message est clair : Champlain n'entend pas à rire avec ses ennemis. Ils ont justement besoin d'un allié de cette trempe dans leur guerre contre les redoutables Iroquois.

Pour gagner son pari, Champlain doit maintenant convaincre les Indiens d'apporter leurs fourrures à Québec et de ne plus se rendre à Tadoussac faire la traite avec ses concurrents. Il promet son appui militaire à deux chefs, le Montagnais Anadabidjou et l'Algonquin Yroquet. Les Algonquins fréquentent la vallée de l'Outaouais et le nord du lac Huron et aspirent, tout comme les Montagnais, dont ils se rapprochent par la culture et la langue, à devenir fournisseurs de fourrures auprès des Français.

Champlain est dans une situation très différente des Espagnols, qui font face à un empire unifié au Mexique. Il se trouve devant une multitude de fédérations et d'alliances, comme celles des Iroquois et des Hurons ; aucun groupe n'exerce un pouvoir central. Ce territoire reste donc soumis aux aléas d'innombrables guerres. Pour acquérir de l'influence, on doit choisir un camp. Lors d'un voyage précédent à Tadoussac, en 1603, Champlain s'était déjà lié aux Montagnais, aux Algonquins et aux Etchemins. À présent, il veut contracter une alliance avec la puissante confédération des Hurons, qui compte une population de 30 000 personnes habitant une vingtaine de bourgades entre la baie Georgienne et le lac Simcoe.

Champlain veut démontrer à ses alliés et voisins qu'ils ont besoin de lui : « Je leur avais promis de les assister dans leurs guerres, tant pour les obliger davantage à nous aimer que pour aider mes entreprises et mes découvertes, qui ne pouvaient se faire sans leur aide. » Il ne peut se passer des trappeurs autochtones : sans eux, pas de commerce de fourrure, ni d'accès à l'intérieur du continent dont il entend poursuivre l'exploration et l'occupation au nom du roi de France.

La route de Champlain est toute tracée. Mais il lui faut d'abord survivre à la saison froide, celle qui tue. Ayant déjà passé trois hivers en Acadie, il sait à quoi s'attendre quand la neige se mettra à tomber. Il se rassure en se rappelant qu'il a pris toutes ses précautions : « Tous ceux qui étaient avec moi étaient bien vêtus, couchés dans de bons lits, et bien chauffés et nourris. »

L'hiver s'installe. Et à Québec, on meurt. « Le scorbut s'attaque aussi bien à ceux qui prennent bien soin d'eux-mêmes qu'aux plus misérables. Il en fut atteint 18 et en mourut 10. » Mais il ne connaît pas la cause de ce qu'il appelle la *maladie de la terre*, selon une hypothèse voulant que le mal soit causé par des vapeurs qui s'échappent de l'humus et infectent l'air extérieur. Ses observations amènent à supposer que le scorbut peut provenir du fait « de manger trop de salures et légumes, qui échauffent le sang et gâtent les parties intérieures ». Il n'est pas si loin de la vérité : le scorbut est provoqué par une carence prolongée en vitamine C ; le sel, qui conserve la viande et le poisson, détruit en eux toute trace d'acide ascorbique. Sans doute Champlain regrette-t-il que Cartier n'ait pas transmis dans son journal la recette du remède obtenu des Indiens, cette tisane de cèdre blanc, nommée *annedda*, sans laquelle les Français seraient tous morts, en 1535. Le projet de Champlain, si bien planifié, tourne au désastre. Lui-même est atteint de scorbut. Le spectre de la maladie ne disparaîtra que lorsque les Français apprendront des Amérindiens comment chasser en hiver et qu'ils ajouteront du gibier frais à leur menu.

Après des mois de souffrance, d'agonie et de mort, la délivrance vient avec le printemps. Le pays reprend vie. « C'est étrange que tant de neiges et de glaces épaisses de deux à trois brasses sur la rivière soient en moins de 12 jours toutes fondues. Le 8 d'avril, l'air était encore assez froid. Quelques-uns de ceux qui avaient le scorbut furent guéris. [...] Il ne restait plus que 8 des 28 que nous étions, et encore, la moitié étaient très affaiblis. » Décharnés et sales, les survivants ressemblent davantage à des vaincus qu'à des conquistadors.

Au printemps de 1609, les chefs Anadabidjou et Yroquet présentent à Champlain un chef huron qui veut aussi faire la guerre aux Iroquois. Ensemble, ils préparent une expédition. Champlain part en guerre avec 300 Indiens et 9 Français. Il peut enfin explorer de nouveaux territoires, et sera le premier Européen à s'aventurer si loin à l'intérieur du continent et à remonter le Richelieu jusqu'à un lac qu'il trouve si magnifique qu'il lui donne son propre nom. Un Huron lui dit qu'au sud de ce lac, il y en a un autre, puis une rivière qui se rend jusqu'en Floride. L'année suivante, Champlain saura que ce cours d'eau est l'Hudson, qu'il ne conduit pas en Floride mais à New York.

L'expédition s'enfonce vers le sud. Les guerriers qui guident le convoi craignent les Iroquois. La peur s'installe. Après quelques jours la majorité abandonne. Une poignée seulement consent à pénétrer plus avant en territoire ennemi. Champlain devra affronter les Iroquois avec seulement 60 Indiens et deux Français à ses côtés.

Entre les Green Mountains et les Adirondacks, à la pointe de Ticonderoga, on rencontre enfin l'ennemi. Les guerriers des deux camps se préparent au combat. « Toute la nuit, raconte-t-il, se passa en danses et chansons, tant d'un côté que de l'autre, avec une infinité d'injures. Les nôtres disaient aux Iroquois qu'ils verraient des effets d'armes que jamais ils n'avaient vus. »

À l'aube, c'est l'attaque. Deux cents Iroquois s'avancent. Les soixante guerriers de Champlain les menacent de leurs flèches. Champlain se cache derrière eux avec son arquebuse. Ses deux compagnons français se postent dans les bois. Fébriles, ils attendent le signal. La stratégie est simple. « Les nôtres me dirent que ceux qui avaient de grands panaches étaient les chefs et qu'ils n'étaient que trois. On les reconnaissait à leurs plumes qui étaient beaucoup plus grandes que celles de leurs compagnons. Ils me dirent de faire ce que je pourrais pour les tuer. »

Soudain, les rangs s'ouvrent. Encouragé par les cris de ses alliés, Champlain passe en tête, son armure étincelant au soleil. « Je visai droit à un des trois chefs et de ce coup il en tomba deux par terre. J'avais mis quatre balles dans mon arquebuse. Les Iroquois furent fort étonnés que si rapidement deux

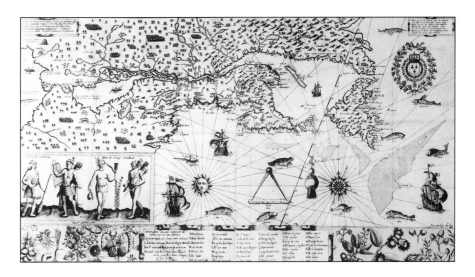

Carte de Champlain (1613). Les talents de cartographe et d'illustrateur de Samuel de Champlain sont très utiles pour intéresser de riches commanditaires français à l'aventure américaine. (*Les voyages du Sieur de Champlain, Musée Stewart*)

hommes aient été tués bien qu'ils fussent vêtus d'armures tissées de fil de coton et de bois, à l'épreuve de leurs flèches. Une grande crainte les envahit. Comme je rechargeais, un de mes compagnons tira un coup qui les étonna de telle façon, que voyant leurs chefs morts, ils perdirent courage et se mirent en fuite dans le profond des bois. »

L'alliance est scellée dans le sang. Cette victoire, et une autre semblable l'année suivante, accroissent considérablement le prestige de Champlain auprès des Algonquins, des Montagnais et des Hurons, qui reconnaissent en lui un bon guerrier et un homme de parole. « Nous nous sommes séparés avec de grandes déclarations d'amitié. Ils me demandèrent si je ne désirais pas aller dans leur pays pour toujours les aider, comme un frère. Je leur promis. »

Les trois coups de feu tirés par les Français déclenchent aussi une série d'hostilités dangereuses pour la Nouvelle-France. Les Iroquois, qui deviennent les ennemis mortels de la France, réunissent cinq grandes nations : les Mohawks, les Oneidas, les Onondagas, les Cayugas et les Senecas. À la demande des Hurons, Champlain affrontera de nouveau les Iroquois en 1610, à l'embouchure du Richelieu, et une autre fois en 1615. On pourrait y voir de simples escarmouches isolées, inspirées d'anciennes rivalités tribales. En réalité, il s'agit des premières manifestations violentes d'une longue rivalité entre deux axes politico-économiques, établis l'un à partir du Saint-Laurent et des Grands Lacs, l'autre le long de l'Hudson et de ses affluents.

Les Iroquois ont compris que, sans les armes des Européens, ils sont voués à la défaite. Les fusils qu'il leur faut, ils les trouveront bientôt auprès des marchands hollandais qui commencent, en 1609, à se servir du fleuve Hudson comme voie de pénétration du continent nord-américain. Quinze ans plus tard, les Néerlandais s'établissent à Fort Orange, le futur Albany, situé tout près de la rivière Mohawk, au cœur du pays iroquois. Ces nouveaux colonisateurs ne se passionnent ni pour la conversion des Amérindiens, ni pour la découverte de nouvelles contrées : ils veulent s'enrichir rapidement.

Le pasteur Johannes Megapolensis est un des seuls religieux des Pays-Bas à tenter d'évangéliser les Mohawks. Six ans d'effort donnent de piteux résultats : « Quand je prie, ils rient de moi », note-il dans son journal. Si les Iroquois n'apprécient guère la théologie de leurs voisins, ils ont le plus grand respect pour leur talent d'armurier. Les Hurons, en revanche, auront beaucoup de difficultés avec les gouverneurs de Québec qui ont pour politique de n'armer que les convertis. Mais, en cet été 1609, ils croient que la présence à leurs côtés de Français armés de mousquets suffira à leur faire gagner la guerre.

Contrairement à la Nouvelle-Angleterre qui se développe à petits pas, en transformant les forêts aborigènes en terres fertiles, la colonie française scelle des alliances et étend son influence sur le continent à une vitesse folle, parce qu'elle dépend pour son existence de la traite des fourrures. Il faut apprendre à se déplacer par les seuls chemins du continent, les lacs et les rivières. Cet immense réseau, les Amérindiens le connaissent par cœur. Champlain veut apprendre leurs secrets, non seulement ceux des Hurons, mais aussi ceux des Montagnais, des Cris, des Naskapis. En colligeant les renseignements fournis par chacun de ces peuples, en complétant les informations manquantes par ses propres expéditions, il rassemble les pièces d'un immense puzzle géographique et donne à la France le contrôle des cours d'eau d'importance stratégique — le Saint-Laurent, le réseau des Grands Lacs et le Mississippi –, et par conséquent, la suprématie en Amérique du Nord.

Cette stratégie, il commence à la mettre en œuvre en envoyant auprès des Hurons ceux qu'il appelle ses « truchements », mot qui, dans la langue de l'époque, signifie traducteurs, mais qui, par l'usage que les Français en font, pourrait aussi s'appliquer à des ambassadeurs et à des ethnologues. Champlain envoie d'abord en mission un certain Étienne Brûlé, qu'il surnomme « mon garçon », et qui est l'un des huit survivants de l'hiver de 1608. Il confie le jeune homme de 18 ans à ses alliés les Hurons. Après des semaines de voyage

Défaite des Iroquois au lac Champlain (1613). L'alliance militaire des Français avec les Hurons est la condition préalable à l'établissement de liens commerciaux permanents entre les deux parties. L'alliance implique par ailleurs que les Iroquois deviennent les ennemis des Français.
(*Les Voyages du Sieur de Champlain, Musée Stewart*)

IROQUOIS ET IROQUOISE ◆ La confédération iroquoise comprend cinq nations. La nation des Agniers (ou Mohawks), qui occupe la région du lac Champlain, est souvent en conflit avec la colonie française du Saint-Laurent. Pourtant, après 1660, plusieurs Agniers dits *domiciliés* s'installent à demeure près de Montréal à l'initiative des missionnaires. Les Canadiens vivront en relative harmonie avec les Agniers jusqu'à la fin du régime français. (*Jacques Grasser de Saint-Sauveur, Archives nationales du Canada, C-3166*)

en canot, Brûlé se retrouve au bord du lac Huron, dans un des villages de la Huronie. Il a pour mission d'apprendre tout sur ce peuple. En compagnie des chasseurs, il découvre les territoires avoisinants. Avec les guerriers, il s'initie aux ruses des affrontements en forêt. Les femmes lui transmettent les lois et la langue. Enfin, les vieillards lui enseignent leurs traditions. Il revient à Québec transformé par cette immersion dans la culture amérindienne. À moitié Sauvage, à moitié Français, il est le premier de ces truchements de Champlain, auxquels se joindront François Marguerie, Duvernay, Desmarets, Jean Nicollet et Nicolas Marsolet.

Champlain restant avant tout un explorateur, il se rend lui-même chez les Hurons. Il y découvre une société bien plus complexe qu'il ne l'avait imaginé. « Dans cette étendue de pays il y a 18 villages. Ils peuvent faire au total 30 000 âmes. Leurs cabanes sont couvertes d'écorces d'arbres, et au bout il y a un espace où ils conservent leurs blés d'Inde. En certaine cabane, il y a 12 feux et 24 familles. Les hommes vont vers les autres nations pour traiter et faire des échanges de ce qu'ils ont, contre ce qu'ils n'ont point. »

Bientôt la France impose à Champlain de déléguer d'autres types d'ambassadeurs — les missionnaires — qui auront la tâche de propager le catholicisme en Amérique du Nord. Il fait venir, en 1615, trois récollets. Leur tâche est difficile. Les Hurons résistent parce qu'ils ont leur propre Dieu. « La croyance de nos Hurons, explique le récollet Gabriel Sagard, est que le Créateur s'appelle Yoscaha lequel a encore sa grand-mère nommée Ataensiq. Qu'il sème du blé, travaille, boit, mange et dort comme les autres. Que tous les animaux de la terre sont à lui. Que de sa nature il est très bon et tout ce qu'il fait est bien fait. [...] Ils croient aussi qu'il y a certains esprits qui dominent les rivières, les voyages, les traites, les guerres, les festins et les maladies. Ils croient les âmes immortelles et quittant le corps, elles s'en vont aussitôt danser et se réjouir. »

Les missionnaires découvrent souvent des adversaires inattendus dans leur travail d'évangélisation : les commerçants français eux-mêmes. « Le plus grand empêchement, explique Sagard, nous est venu de la part des Français.

Village huron. Quand Champlain séjourne en Huronie en 1615, il y trouve 30 000 personnes dans une vingtaine de villages. Les Indiens nomades qu'il a fréquentés jusque-là ne l'ont pas préparé à cette rencontre avec une civilisation complexe et bien organisée. (*Archives nationales du Canada C-1994*)

[...] La plupart ne voulaient pas qu'on convertisse les Sauvages. Ils avaient peur que le trafic du castor diminue ; seul et unique but de leur voyage. »

Entre 1608 et 1628, Samuel de Champlain, au risque de sa vie, traverse 20 fois l'Atlantique. Il a besoin d'investisseurs et de colons pour construire la Nouvelle-France. Afin de renflouer les coffres de la Compagnie des Marchands, Champlain épouse, en 1610, Hélène Boullé, fille du secrétaire de la Chambre du Roi, qui lui rapporte la jolie dot de 6000 livres. La mariée n'a que 12 ans. Il la laisse *mûrir* chez son beau-père, où il viendra la réclamer au moment opportun. Même cette dot somptueuse ne suffit pas : les revenus de la traite sont inconstants, tributaires des succès militaires obtenus par les alliés des Français en Amérique.

Depuis la mort d'Henri IV, en 1610, les compagnies protestantes du Nord n'ont plus le poids politique nécessaire pour assurer la pérennité de la présence française en Amérique du Nord. Avec l'avènement de Marie de Médicis au poste de régente, les catholiques ont pris le haut du pavé. Pour s'assurer que la Nouvelle-France ne soit réduite à deux postes de traite, Champlain a besoin d'un protecteur très puissant et très catholique. À partir de ce moment, le ton de ses écrits change. Lui qui ne parlait que de prouesses militaires, affirme à présent que le salut d'une âme compte plus que la conquête d'un empire. Le Canada vaut bien une messe, mais il est impossible de scruter les tréfonds de l'âme de cet homme, qui dit tout des contrées qu'il traverse, mais rien de lui-même.

Champlain dresse pour la Chambre de commerce de Paris, en 1618, l'inventaire des richesses naturelles du Canada. Pour la première fois, le pays est présenté comme pouvant servir de base au développement économique de toute une société. « Les immenses forêts sont remplies de bois à perte de vue. Il y en a pour 900 000 livres. Le sous-sol renferme des minéraux de toutes sortes. Plus de 1 000 000 de livres. Les rivières, lacs et océans regorgent de

On surnomme Armand Jean du Plessis, cardinal et duc de Richelieu (1585-1642), l'« Éminence rouge ». Sa carrière politique est surtout consacrée au rétablissement de l'absolutisme royal en France et à la lutte contre l'hégémonie des Habsbourg sur l'Europe et l'Amérique. En intéressant le cardinal de Richelieu à ses entreprises américaines, Samuel de Champlain ne peut trouver de protecteur plus puissant. Malheureusement, la Compagnie des Cent-Associés, créée à l'instigation de Richelieu, subit un revers très important dès sa création lorsque les frères Kirke s'emparent de Québec en 1629. La Compagnie ne s'en relèvera jamais complètement. (*Musée Condé, Chantilly, Giraudon/Art Resource*)

quantités fabuleuses de poissons. Deux millions de livres. Sans compter ce qui fait déjà la richesse des marchands de France. Le trafic et le commerce des pelleteries n'est pas à rejeter, martres, castors, renards, loups-cerviers, peaux de cerfs, élans, buffles sont des choses dont, dès à présent, on peut tirer plus de 400 000 livres. »

Champlain est convaincu que sa colonie peut rapporter à la France plus de 6 millions de livres chaque année. Il doit en persuader l'homme le plus puissant du royaume de France, le cardinal duc de Richelieu. Ce dernier trouve des investisseurs et fonde la Compagnie des Cent-Associés. Le rêve de Champlain devient enfin réalité. De simple capitaine, Samuel de Champlain devient lieutenant du vice-roi du Canada. Il est le gouverneur d'une colonie de 80 habitants.

Les Cent-Associés rassemblent des fonds et dépêchent en Nouvelle-France des navires chargés de 400 colons. La flotte n'arrive jamais à destination, car elle a choisi un bien mauvais moment pour traverser l'Atlantique : la France et l'Angleterre viennent d'entrer en guerre. À la hauteur de Tadoussac, le convoi est intercepté par les frères Kirke, corsaires nés à Dieppe, en France, qui se sont mis au service du roi d'Angleterre. Les frères Kertk (rebaptisés Kirke par les Britanniques) appartiennent à la bourgeoisie calviniste qui a baillé jusque-là les fonds pour le développement de Québec. Nul doute qu'ils sont bien informés de ce qui se passe dans la petite colonie. Ils ont dû se réfugier en Angleterre pour échapper aux persécutions que Richelieu vient de lancer contre les protestants. L'éminent prélat a en outre décidé que les hérétiques n'auront plus le droit d'émigrer en Nouvelle-France, et la flotte qu'il a expédiée vers Québec est pleine de missionnaires de la vraie foi catholique.

L'intervention des Kirke semble mettre fin au rêve qu'entretient Richelieu de créer une Nouvelle-France totalement catholique. Les Kirke exigent la reddition de Québec. Champlain refuse mais, privé de ses ravitaillements, il doit se rendre au printemps suivant. « Louis Kirke fait descendre à terre environ 150 hommes armés et prend possession de la colonie. Il se rend au fort pour me déloger. Il fait planter le drapeau anglais sur un des bastions, fait battre le tambour, assemble ses soldats et fait tirer le canon en signe de réjouissance. »

Champlain ne se laisse pas abattre. Il a obtenu d'être traité avec les honneurs de la guerre, de garder ses armes, et quand un des Kirke l'escorte en Angleterre, il y apprend que la guerre franco-anglaise était terminée depuis trois mois au moment de la reddition de Québec. Il n'en faut pas plus qu'il se mette en campagne pour faire annuler la conquête de la Nouvelle-France. Après trois ans d'intrigues et de procès, il finira par obtenir gain de cause. Charles Ier, le roi d'Angleterre, accepte de rendre le Canada à la France à condition que Louis XIII lui paie la dot d'un million de livres qu'il lui doit toujours.

À la demande de Richelieu, Champlain revient en Nouvelle-France. Il rebâtit Québec détruite par les Kirke. Il établit un poste de traite à

Trois-Rivières. Mais une idée l'obsède toujours : convertir les Indiens à la foi catholique. Il insiste auprès de Richelieu pour que la France continue d'assurer une présence en Huronie, ce qui, selon lui, augmentera le culte de la religion et assurera un trafic incroyable de pelleteries ». Comme on le voit, en matière de religion, Champlain garde toujours les pieds sur terre.

En 1634, de nouveaux colons débarquent. Québec compte maintenant 400 habitants. Des missionnaires arrivent et partent en Huronie. Champlain voit sa colonie prendre racine. Mais, avant de quitter ce monde, il est le témoin d'un drame qui doit lui briser le cœur : en Huronie, Étienne Brûlé a commis une erreur fatale. Il a traité avec les Iroquois. Les Hurons furieux, l'auraient torturé, tué et mangé. Craignant la réaction de Champlain à la mort de *son* garçon, ils s'abstiennent de descendre à Québec pour y faire la traite. Le vieux capitaine leur fait parvenir un message : ils n'ont rien à craindre de sa part. Faut-il expliquer cette indulgence du fait que Brûlé, pendant l'occupation des Kirke, a commercé en toute amitié avec les Anglais ? Champlain a la rancune tenace et la mémoire longue.

En 1635, alors que l'hiver s'installe, Champlain s'éteint doucement dans la ville qu'il a fondée, dans la capitale de cette Nouvelle-France qui n'aurait jamais existé sans sa ténacité et sa persistance. À travers ses alliances, ses guerres, ses intrigues de cour et même ses changements d'allégeance religieuse, il a poursuivi obstinément le rêve de créer une colonie française permanente et florissante. Et il a réussi. Les milliers de pages qu'il a écrites témoignent avant tout de son amour pour le Canada.

La Compagnie de Jésus a maintenant un nouveau défi : convertir les 30 000 âmes de la Huronie. Les « soldats du Christ », comme on les appelle, sont passés maîtres dans l'art d'évangéliser les païens en Asie, en Afrique et en Amérique du Sud. L'enthousiasme est parfois étonnant : le missionnaire Paul Le Jeune avoue ne pas savoir ce qu'est le pays des Hurons, mais déclare aimer mieux y aller qu'au paradis terrestre

Les premiers arrivés, Paul Le Jeune, Gabriel Lalemant et Jean de Brébeuf, sont accueillis plutôt froidement. « Les Hurons eussent bien voulu embarquer quelques Français bien armés, mais non pas de ces longues robes qui ne portent point d'arquebuses, raconte encore Le Jeune. Ils n'en voulurent prendre que trois : deux jeunes Français et un Père. Les Pères promirent qu'ils rameraient ; ils firent des présents ; on insista tant qu'on put. Les Hurons n'en voulurent point recevoir davantage. » Cependant, cette attitude ne pourra pas résister à la pression des Français et, avant longtemps, un nombre considérable de jésuites s'installera en Huronie.

La vie quotidienne au pays des Hurons n'est pas facile pour ces missionnaires. Faute de table et d'ustensiles de ménage, ils mangent par terre et boivent dans des écorces d'arbre. Ils n'ont ni sel, ni fruits, ni pain, ni vin, excepté celui qu'ils gardent pour la messe. Leur lit est une écorce d'arbre sur laquelle ils mettent une couverture. « Les draps, raconte l'un d'eux, on n'en

PAUL LE JEUNE ◆ Paul Le Jeune, supérieur des jésuites de Québec de 1632 à 1639, est le premier rédacteur des *Relations des jésuites en la Nouvelle-France*. Il exerce, par ses écrits, une grande influence dans les milieux catholiques et contribue à inspirer à quelques dévots la mission de fonder Montréal pour évangéliser les Indiens. (*René Lochon, Archives nationales du Canada*, C-21404)

ISAAC JOGUES ◆ La vie du jésuite Isaac Jogues témoigne de l'ardeur de la foi qui anime les missionnaires à l'époque de la contre-réforme catholique. Capturé et torturé une première fois par les Iroquois en août 1642, il insiste pour retourner auprès d'eux en 1645 en tant qu'ambassadeur de la paix. Le 18 octobre 1646, il est assassiné d'un coup de hache. Il avait 39 ans. (*Archives nationales du Canada*, C-34204)

parle même pas. Ces peuples n'ont ni tours, ni villes, ni temples, ni maîtres d'aucune science ou art. Ils ne savent ni lire ni écrire. »

Les jésuites connaissent très peu de succès dans leur évangélisation. Un shaman s'engage dans de subtils raisonnements théologiques avec les missionnaires : il affirme que le Dieu chrétien n'habite pas au Canada et que, pour cette raison, il ne croit pas en Lui. Il soutient que les âmes amérindiennes ne sont peut-être pas faites comme celles des Européens, qu'elles ne vont pas au même endroit après la mort. D'ailleurs, conclut-il avec une logique implacable et raffinée, qui est jamais revenu de ce pays-là pour nous le décrire ?

Mais les missionnaires persistent et parfois réussissent. Chaque âme convertie est rapportée à leur supérieur. À Québec, le père responsable de la mission compile les nouvelles de la Huronie, en fait un compte rendu édifiant dans des récits annuels intitulés : *Relations de ce qui s'est passé de plus remarquable aux missions des Pères de la Compagnie de Jésus en Nouvelle-France*. Traduites en latin, en italien, en allemand, les *Relations* sont lues passionnément dans les milieux dévots européens. En France, ces écrits déclenchent un zèle apostolique insatiable envers les « Sauvages » du Canada.

En 1641, un groupe de catholiques militants débarque en Nouvelle-France et, l'année suivante, ils fondent un village chrétien — Ville-Marie — sur une île entre Québec et la Huronie. Cette colonie est le produit des visions d'un financier de province, Jérôme Le Royer de la Dauversière, à qui Dieu a aussi parlé en rêve. Le Royer et sa femme investissent leur fortune personnelle dans cette entreprise. Ils recrutent des volontaires, parmi lesquels se trouvent

Jeanne Mance, âgée de 34 ans, et Paul de Chomedey de Maisonneuve, un militaire dans la trentaine, qui commande l'expédition.

À Québec, les jésuites, les notables et même le gouverneur essaient de convaincre ce dernier de renoncer au projet. « À cause de la guerre des Iroquois, dit le gouverneur Montmagny, cet ouvrage ne se pourra soutenir contre leurs incursions. Le dessein de cette nouvelle compagnie est si absurde qu'il ne se peut mieux nommer que de folle entreprise. »

Ville-Marie est née d'un rêve : intégrer les Indiens et des Français pieux pour créer un nouveau peuple de Dieu. Mais, après 10 ans, Le Royer est ruiné par les embrouillaminis de ses affaires. De Maisonneuve est rappelé en France et meurt à Paris. Les dévôts abandonnent, seule Jeanne Mance reste. Ville-Marie devient Montréal.

Une tragédie s'abat maintenant sur la Huronie. Coureurs des bois et jésuites apportent la mort avec eux. La grippe, la rougeole et la variole frappent de plein fouet la nation huronne. Fondatrice du couvent des ursulines à Québec en 1642, Marie de l'Incarnation, qui se consacre à l'éducation des jeunes Françaises et Amérindiennes, reçoit cette confidence d'une vieille Huronne : « Ce sont les robes noires qui nous font mourir par leurs sorts. Ils se sont logés dans un tel village où tout le monde se portait bien ; sitôt qu'ils s'y sont établis, tout y est mort. »

Entre 1610 et 1640, la moitié la population huronne de la baie Georgienne meurt de différentes épidémies. Les shamans, ces prêtres amérindiens, cherchent à préserver les coutumes ancestrales et ils accusent les missionnaires de les empoisonner. Ils se méfient aussi des commerçants français qui forcent les Hurons à rompre leur pacte avec les animaux, en pratiquant la chasse de façon intempestive et acharnée. Démoralisés, les Hurons chassent parfois les robes noires à coups de pierre. Mais il appartiendra aux Iroquois, qui ont entrepris d'envahir la Huronie et de la détruire, de faire boire aux jésuites le calice amer du martyre qu'ils semblaient tellement désirer.

En 1648 et 1649, les Iroquois attaquent. Affaiblis par la maladie, privés des armes que les Français refusent de leur vendre, désunis par la présence en leur sein de nombreux convertis, les Hurons ne peuvent plus résister. Les jésuites Daniel, Jogues, Lalemant et Brébeuf sont fait prisonniers, torturés et exécutés.

« Les Iroquois sont venus au nombre d'environ douze cents hommes, raconte un Huron. Ils ont déchargé leur rage sur ces Pères ; les ont dépouillés tous nus ; leur ont arraché les ongles des doigts. Ils leur ont déchargé une grêle de coups de bâton sur les épaules, sur les reins, sur le ventre, sur les jambes, et sur le visage n'y ayant aucune partie de leur corps qui n'ait enduré ce tourment. »

La Huronie est à feu et à sang. Les Iroquois massacrent. Leur vengeance est sans limite. Des 30 000 membres du peuple huron, quelques milliers survivent : certains sont adoptés par les Iroquois, d'autres s'établissent dans

Marie de l'Incarnation (née Marie Guyard, à Tours en 1599) est la première supérieure des ursulines de la Nouvelle-France. À 32 ans, veuve et mère d'un garçon de 13 ans, elle décide de prendre le voile. Répondant à un appel divin, elle s'embarque en 1639 pour la Nouvelle-France avec le dessein d'évangéliser les jeunes Indiennes. Sa correspondance, très abondante, est un mélange d'écrits mystiques et de relations très éclairantes sur la vie aux premiers temps de la colonie du Saint-Laurent. Elle meurt à Québec en 1672 sans avoir revu son pays natal. (*Attribué à Hugues Pommier, Archives des Ursulines de Québec*)

LE MARTYRE DES PÈRES BRÉBEUF ET LALEMANT ◆ Au XVIIᵉ siècle, la Compagnie de Jésus a déjà une grande expérience missionnaire. Partout dans le monde, elle a implanté des missions pour mener à bien son œuvre d'évangélisation. Mais les bons pères savent qu'ils le font au péril de leur vie. Au Canada, les jésuites ont pris de grands risques : sept d'entre eux sont massacrés. Les martyrs canadiens ont été canonisés en 1930.
(*Hugues Pommier, Musée des Augustines de l'Hôtel-Dieu de Québec*)

LE MASSACRE DES HURONS PAR LES IROQUOIS ◆ « Depuis que la foi est entrée dans leur cœur et qu'ils ont adoré la croix de Jésus-Christ, Il leur a donné en partage une partie de cette croix, les ayant mis en proie aux misères, aux tourments et à des morts cruelles, en un mot, c'est un peuple effacé de dessus la terre. » (*Paul Ragueneau, Relations des jésuites, 1650*)
En 1649, les Iroquois anéantissent les Hurons, sans que leurs alliés français puissent leur venir en aide. L'alliance franco-huronne se solde par un échec pour les missionnaires et les marchands français, et par une tragédie pour les Hurons. (*Joseph Légaré, Musée du Québec, 57.204*)

l'Ouest, certains enfin s'installent à l'île d'Orléans, pour se mettre sous la protection de Québec.

C'est la fin d'un monde, d'un peuple, d'une culture. Quarante ans après leur rencontre avec Champlain, les Hurons ne sont plus qu'une trace, qu'un vestige. Une puissante nation est disparue, victime du commerce des fourrures et d'un excès de zèle à la convertir. Le castor, le crucifix et les Iroquois l'ont tuée.

« Mon frère, dit un chef huron à un Français, tes yeux te trompent lorsque tu nous regardes : tu crois voir des hommes vivants, et nous ne sommes que des spectres et des âmes de trépassés. »

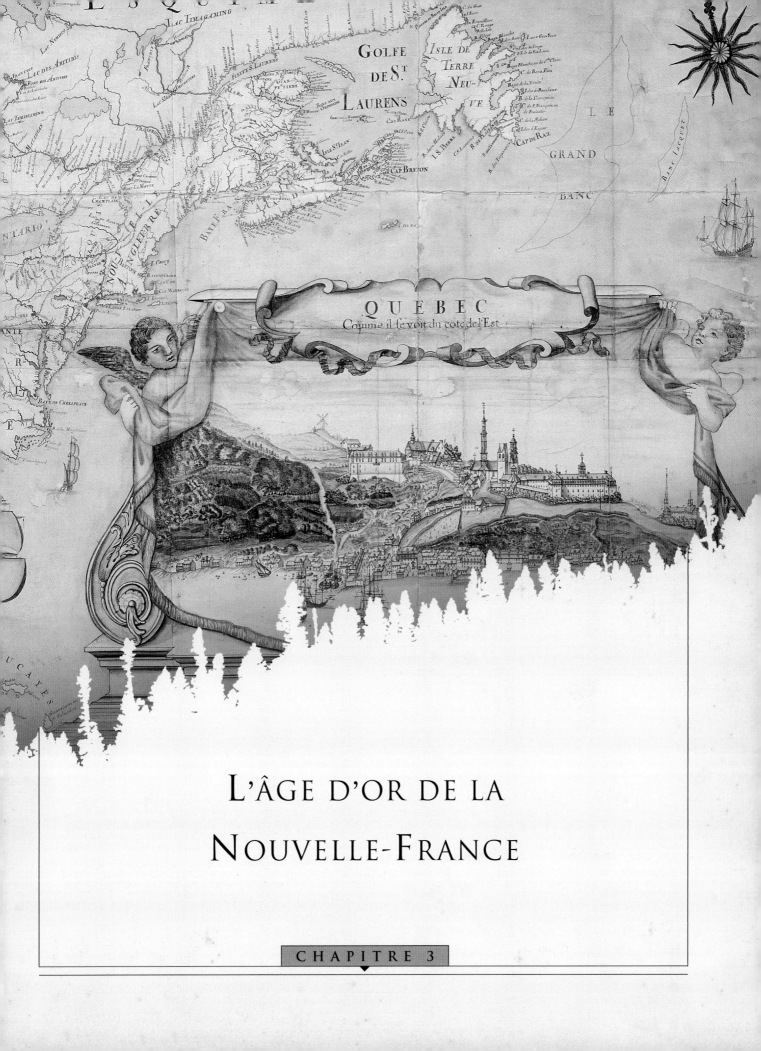

L'ÂGE D'OR DE LA
NOUVELLE-FRANCE

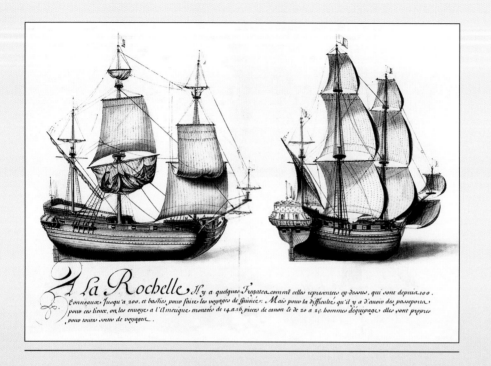

La Rochelle. Il y a quelques Fregates comme celles representees cy-dessus, qui sont depuis 100 tonneaux jusqu'a 200, et basties pour faire les voyages de Guinée. Mais pour la difficulté qu'il y a d'avoir des passeports pour ces lieux, on les envoye à l'Amerique montées de 14.a.16 pieces de canon & de 20 a 25 hommes d'equipage, elles sont propres pour toutes sortes de voyages.

Tout au long du XVIIᵉ siècle, les Iroquois constituent une puissance militaire redoutable dans l'est de l'Amérique du Nord. Leur victoire de 1626 contre les Mohicans, ainsi que l'imposition d'un tribut à toutes les peuplades de la vallée de l'Hudson et de la Nouvelle-Angleterre témoignent d'un vigoureux appétit de conquêtes. Rien ne les arrête et, après avoir anéanti la Huronie dans les années 1640, ils intensifient leur campagne contre son allié européen : la Nouvelle-France.

Les 12 000 membres des Cinq Nations — ce nombre considérable s'accroît encore de celui des prisonniers adoptés — peuvent compter sur environ 2200 guerriers disciplinés et désireux de se couvrir de gloire. La petite colonie française du Saint-Laurent ne réunit que 350 habitants, hommes, femmes et enfants inclus. Peut-elle résister sans l'aide que sa métropole lui refuse ?

« Ils viennent en renards dans le bois », rapporte-t-on dans les *Relations des jésuites*. « Ils attaquent en lions. Ils fuient en oiseaux. Ils passeraient en plein midi devant Québec que l'on ne pourrait pas ni courir après eux, ni recouvrer les captifs. » Maîtres de la guérilla, les Iroquois évitent les attaques frontales et les longs engagements. Par contre, ils multiplient les raids dévastateurs qui leur coûtent un minimum de pertes humaines.

Frégates de La Rochelle. La plupart des ancêtres des Canadiens français viennent en Amérique sur ces frégates construites à La Rochelle. Pendant 150 ans, ce port est le principal lieu d'embarquement des Français pour l'Amérique. Presque tout le commerce du Canada avec la France passe par La Rochelle. (*Musée de la Marine, Paris*, PH 8876)

Dès 1643, ils se jettent sur Montréal (Ville-Marie) et Trois-Rivières. Partout les Français sont menacés. La traite, l'agriculture, tout en souffre : «Le magasin de Ville-Marie n'a pas acheté des Sauvages un seul castor depuis un an, raconte un jésuite. Aux Trois-Rivières, le peu qui s'y est vu a été employé pour fortifier la place, où on attend l'ennemi. Dans le magasin de Québec, ce n'est que pauvreté. Ce sont les Iroquois qui empêchent tout le commerce de castors, qui ont toujours été les grandes richesses de ce pays. » Les Cinq Nations veulent contrôler le commerce des fourrures et elles y arrivent en bloquant l'accès à l'intérieur du continent aux Français, qu'ils harcèlent sans relâche, et en empêchant les tribus de l'Ouest de commercer avec la Nouvelle-France.

Arrivé à 13 ans au Canada, le marchand Pierre Boucher occupe, depuis 1654, le poste de gouverneur de Trois-Rivières. Il se désole de se voir interdire les forêts qu'il parcourait avec bonheur durant sa jeunesse : «Les Iroquois nos ennemis nous empêchent de jouir des commodités du Pays : on ne peut aller à la chasse, ni à la pêche, qu'en crainte d'être tué, ou pris de ces coquins-là ; et même on ne peut labourer les champs, et encore bien moins faire les foins, qu'en continuel risque : car ils dressent des embuscades de tous côtés et il ne faut qu'un petit buisson pour mettre six ou sept de ces barbares à l'abri, ou pour mieux dire à l'affût, qui se jettent sur vous à l'improviste. »

La menace iroquoise emprisonne les Français à l'intérieur de leurs bourgades fortifiées et leur existence devient misérable. Pendant vingt ans, de 1645 à 1665, la colonie vit en état de siège. Les marchands et les colons doivent se défendre seuls, sans secours de l'extérieur. On ne défriche plus. La situation économique tourne à la catastrophe. Il n'y a même pas un cheval dans toute la Nouvelle-France.

Les Français sont démoralisés : 10 % des habitants ont été tués au cours des attaques iroquoises. En 1643, trois colons sont tués au pied même de la palissade de Montréal. L'année suivante, Maisonneuve, fondateur et gouverneur de la ville, échappe de justesse à la mort lors d'une sortie ratée contre les 200 ennemis qui encerclent son « petit fort ». Durant toute la nuit qui suit, il entend les cris de ses camarades mis à la torture.

Ces mauvaises nouvelles tarissent le flot déjà ténu de l'immigration. À Québec, mère Marie de l'Incarnation, fondatrice du Couvent des ursulines, craint pour la survie du projet français en Amérique : «Il n'y a pas assez de forces en tout le pays pour leur résister. Si donc la France nous manque, il faudra en bref, ou quitter ou mourir».

En 1652, les Iroquois ont triomphé des Pétuns et des Outaouais et se rendent ainsi maîtres des deux rives du haut Saint-Laurent. Les Français semblent avoir perdu toute confiance en eux-mêmes. Ainsi, en 1658, lorsque des chefs amis les préviennent qu'un conseil secret des Cinq Nations a décrété l'anéatissement de la bourgade fortifiée Sainte-Marie de Gannentaha, installée au cœur de l'Iroquoisie, à 200 km à l'ouest d'Albany, les colons et les six jésuites s'enfuient à Montréal sans livrer combat. Un chef iroquois, fier de ses guerriers et de la terreur qu'ils causent, dira plus tard : «Durant la dernière guerre, les Français n'osaient sortir pisser tellement nous les avons bousculés. »

Le roi Louis XIV.
(*Hyacinthe Rigaud, Superstock*)

Dans les premiers jours de mai 1660, obéissant à un changement de stratégie défensive, un jeune officier montréalais, Adam Dollard des Ormeaux, sort de l'enceinte fortifiée afin de protéger, avec des alliés hurons, la descente sur l'Outaouais d'un important convoi de fourrures piloté par Radisson. Tel est pris qui croyait prendre : des Ormeaux et les 16 hommes de sa troupe sont surpris dans leur campement et tous massacrés à l'exception de cinq prisonniers, dont la chair est distribuée aux alliés des Iroquois « pour leur faire goûter à tous, selon les *Relations des jésuites*, de la chair de Français. »

Déchirée par la Fronde, cette insurrection de la noblesse contre la monarchie absolue, et mobilisée par sa guerre contre l'Espagne, la France reste sourde aux demandes de sa colonie d'outre-Atlantique. Mais en 1661, les colons apprennent que le premier ministre Jules Mazarin, indifférent à leur sort, vient de mourir. Ils profitent de l'occasion pour envoyer Pierre Boucher plaider leur cause auprès du roi.

Louis XIV a choisi de gouverner seul le royaume. Il n'a que 22 ans, mais il rêve déjà de conquérir un grand empire. Le jeune roi reçoit et écoute avec

Jean Talon (1626-1694), intendant de la Nouvelle-France de
1665 à 1668 et de 1670 à 1672,
est le véritable artisan du renou-
veau de la Nouvelle-France.
Placé sous l'autorité directe du roi
Louis XIV, le Canada doit
devenir une colonie viable et un
concurrent des Britanniques, des
Hollandais et des Espagnols en
Amérique. Talon, qui accueille la
seule grande vague d'immigration
de l'histoire de la colonie,
réorganise l'administration et
encourage l'agriculture et l'industrie. Mais l'intérêt du roi pour
la Nouvelle-France est de courte
durée, et l'œuvre de Talon restera
sans lendemain. (*Frère Luc [Claude
François], Musée des Augustines de
l'Hôtel-Dieu de Québec*)

attention le gouverneur de Trois-Rivières. Il n'a aucunement l'intention
d'inaugurer son règne par la perte de la Nouvelle-France. Ayant compris que
la colonie ne pourra pas prospérer aussi longtemps qu'elle aura une vocation
strictement commerciale, Louis XIV abolit en 1663 la Compagnie des Cent-
Associés. La Nouvelle-France cesse d'être gérée par une compagnie privée et
relève de l'administration royale, par l'intermédiaire d'un gouverneur et d'un
intendant, selon le modèle des provinces françaises. Et tant que les Iroquois
représenteront une réelle menace, le roi décide d'appuyer ces réformes par un
important effort militaire.

« Les Iroquois qui sont tous ennemis perpétuels et irréconciliables de
la Colonie », lit-on dans le *Mémoire du Roi pour servir d'instruction à Talon*, daté
du 27 mars 1665, « ont, par le massacre de quantité de Français et par les
inhumanités qu'ils exercent contre ceux qui tombent en leur pouvoir, empêché
que le pays ne soit pas plus peuplé qu'il l'est à présent. Le Roi, pour y apporter
un remède convenable, a résolu de leur porter la guerre jusque dans leurs
foyers pour les exterminer entièrement. »

À quel foudre de guerre Louis XIV va-t-il confier cet assujettissement
des Iroquois ? Il choisit des troupes d'expérience, qui reviennent d'une
campagne victorieuse contre les Ottomans. Après avoir contribué à la défaite
des infidèles de l'Orient, le régiment de Carignan écrasera les païens de
l'Occident. À l'appel de son roi, le régiment débarque en Nouvelle-France, au
début de l'été 1665. Le supérieur des jésuites, François-Joseph Le Mercier, qui
est dans la colonie depuis 30 ans, jubile. « Les 17 et 19 juin 1665 arrivèrent à
Québec deux vaisseaux, écrit-il dans les *Relations des jésuites*, avec quatre
compagnies du régiment de Carignan-Salières. Le 30 du même mois parurent
de loin deux voiles qui nous comblèrent de joie. On ne peut pas exprimer quel
fut le contentement de tout le peuple. »

Avec les soldats arrivent les premiers représentants de la Couronne :
le gouverneur Daniel de Rémy de Courcelle, le commandant des troupes,
Alexandre de Prouville, le marquis de Tracy, et l'intendant Jean Talon. Ce
dernier, ancien intendant de la province du Hainaut, en France, vient d'être
nommé à un poste semblable en Amérique, en vertu du rattachement de la
Nouvelle-France au domaine royal. Il doit assurer l'administration civile et le
développement de la colonie. Durant cet été extraordinaire de 1665, Québec,
qui n'a que 70 maisons, voit sa population presque doubler. Marie de
l'Incarnation croit que la colonie — et son couvent — sont sauvés. « Tous les
vaisseaux sont arrivés, et nous ont amené le reste de l'armée avec les personnes
les plus considérables que le roi envoie secourir le pays, écrit-elle. Ils ont pensé
périr tous à cause des tempêtes. On leur a fait comprendre que c'est une guerre
sainte, où il ne s'agit que de la gloire de Dieu et du salut des âmes. »

Les 1200 hommes du régiment de Carignan-Salières sont des volontaires engagés pour une période de trois ans. L'accueil enthousiaste qu'on leur
réserve les persuade qu'ils seront mieux traités ici et qu'ils ne subiront plus les
affres de la faim comme en Europe. Aussitôt, le tiers des effectifs est employé
à construire des forts le long de la rivière Richelieu, qui constitue la principale

SOLDAT PASSÉ À LA BASTONNADE ◆ Les châtiments corporels font partie du quotidien des soldats et des miliciens. Mais les Canadiens sont réputés pour leur indiscipline et leur manque de respect envers leurs officiers. «Il est vrai, écrit le père Charlevoix, que quand ils sont bien menés, il n'est rien dont ils ne viennent à bout, soit sur terre, soit sur mer. Mais il faut pour cela qu'ils aient une grande idée de leur commandement. Feu M. d'Iberville, qui avait toutes les bonnes qualités de la nation, sans en avoir les défauts, les auraient amenés au bout du monde.»
(Anne S. K. Brown Military Collection, Brown University, Providence)

voie d'invasion des Iroquois. Le colonel du régiment, le marquis de Salières et ses hommes marchent vers un désastre : « Je fus commandé de me mettre sur la rivière avec sept compagnies pour aller faire un fort à l'entrée du lac Champlain », écrit le marquis dans ses mémoires, «sans charpentier, ni aucun autre ouvrier pour m'aider et fort peu d'outils. Je suis arrivé avec 350 hommes, dont une bonne partie étaient malades de flux du ventre causés par les grandes pluies, le froid, et pour être mal vêtus, nu-pieds et pour n'avoir pas de marmites pour faire cuire leur lard et faire un peu de potage. »

Malgré tout, au début de l'hiver 1665, les soldats ont construit trois forts rudimentaires et sont prêts à y hiverner. Mais le nouveau gouverneur, de Courcelle, n'a pas l'intention de les laisser se reposer. Cet aristocrate de 39 ans, impulsif et téméraire, en est à son premier hiver au Canada. En janvier, il croit opportun d'attaquer le territoire iroquois. Le marquis de Salières tente de freiner les élans du gouverneur. Mais sans succès. Le 29 janvier 1666, de Courcelle lance son expédition. Sans attendre ses guides indiens, il quitte le fort Saint-Louis avec 500 soldats et 200 volontaires canadiens. S'ensuit une errance de quatre semaines dans la forêt. Un dégel hâtif nuit à la progression des troupes qui ne savent pas plus que leur chef où elles se trouvent. Affamées, aveuglées par la neige, elles sont décimées : «Nous perdîmes dans cette expédition, écrit le capitaine François Tapie de Monteil, que nous entreprîmes au mois de janvier, quatre cents hommes, lesquels marchant tombaient morts de froid. Nous avions marché pour surprendre un village ennemi, mais nous ne réussîmes pas à cause que les guides nous moururent de froid en chemin. »

Ils aboutissent finalement au petit poste de Schenectady où des Anglais viennent de remplacer les Hollandais. Ce sont les Anglais qui les sauveront de la mort. Ironie du sort : les troupes de Louis XIV ont la vie sauve grâce aux soldats de Sa Majesté britannique. Et les Iroquois qu'elles devaient combattre et châtier ne se sont même pas aperçus de leur présence.

À l'automne 1666, le commandant en chef des troupes françaises en Amérique, le marquis de Tracy, venu des Antilles, lance une autre incursion, beaucoup plus ambitieuse. Six cents soldats se joignent à autant de miliciens canadiens, dont Pierre Boucher, et à une centaine d'alliés indiens. Cette colonne chemine au sud de Montréal, vers la région du lac Champlain, où elle doit frapper l'ennemi.

Ils tombent sur cinq grosses bourgades. Mais les Iroquois ont fui. La saison est avancée, et Tracy réalise qu'il commettrait une erreur en se lançant à leur poursuite. Il fait mettre le feu aux villages et aux réserves de céréales. Le 5 novembre, l'armée est de retour à Québec. Le régiment n'a toujours pas livré un seul combat. Mais Tracy a servi une leçon aux Iroquois. Il leur a démontré qu'il détenait sur eux un avantage stratégique important : il pouvait frapper à volonté au cœur de leur nation et compter sur d'importants renforts qui les mettraient en infériorité numérique. Accablés en outre par une épidémie de petite vérole, les Iroquois ne veulent plus se battre contre la France et signent une paix qui durera 20 ans. La menace est écartée, la colonie peut respirer. La confédération iroquoise continuera d'exister et de ralentir la progression des Européens vers l'Ouest, mais elle ne détruira pas la Nouvelle-France comme elle a détruit la Huronie.

Les soldats se préparent à retourner en France, mais Louis XIV en a décidé autrement : « L'expédition contre les Iroquois étant achevée, le Roi désire que les soldats du régiment de Carignan demeurent dans le pays en

La France apportant la foi aux Indiens de Nouvelle-France.
Ce tableau est une des premières grandes œuvres peintes en Nouvelle-France (vers 1670). Il représente les débuts de l'évangélisation des Hurons par les missionnaires jésuites. La France prend les traits d'Anne d'Autriche, qui assura la régence pendant la minorité de son fils, Louis XIV, et qui fut une des plus ardentes propagandistes de la contre-réforme catholique. Le tableau se trouve au Couvent des ursulines de Québec.
(Frère Luc [Claude François], Archives des Ursulines de Québec)

faisant à chacun d'eux une légère gratification pour leur donner plus de moyens de s'y établir, et leur procurer même quelques terres défrichées. »

Aux officiers, on offre des seigneuries, ces fiefs caractéristiques du régime féodal, où le seigneur reçoit une rente de ses censitaires, moud leur blé à son moulin — contre redevances — et les soumet à certaines corvées. Les soldats se voient proposer des terres et de l'argent. Trois cent cinquante militaires déclinent la proposition royale et rentrent en France, dont le marquis de Salières et le capitaine Tapie de Monteil. Mais 400 membres de l'expédition décident de rester dans la colonie.

Les capitaines Pierre de Sorel, Antoine Pécaudy de Contrecœur et le lieutenant François Jarret de Verchères reçoivent des seigneuries le long du Richelieu. Ils sont colonisateurs et constituent aussi une première ligne de défense contre d'éventuelles incursions iroquoises. Le lieutenant René Gaultier de Varennes épouse la fille aînée de Pierre Boucher et se lance en affaires avec son beau-père. Ainsi, des soldats qui devaient exterminer jusqu'aux derniers Iroquois, n'auront tué personne, mais compteront parmi les géniteurs de tout un peuple.

En juillet 1665, un navire jette l'ancre à Québec, surprenant encore davantage la population que les soldats arrivés au début de l'été. « Le seizième de juillet, arriva le navire du Havre portant des chevaux dont le roi avait dessein de fournir ce pays, écrit le père Le Mercier. Nos Sauvages qui n'en avait jamais vus, les admiraient, s'étonnant que les orignaux de France, car c'est ainsi qu'ils les appelaient, soient si traitables et si souples à toutes les volontés de l'homme. »

Il y a aussi les représentants du roi, dont Jean Talon. « Monsieur Talon nous fit paraître d'abord que le Roi aimait le pays, continue encore le jésuite, et qu'il avait de grands desseins pour son établissement. »

Louis XIV règne déjà depuis 20 ans. Une ambition le dévore : devenir maître du monde, dominer les océans, éclipser les autres puissances d'Europe. Il livre à la Hollande, à l'Angleterre, à l'Espagne et au Portugal une guerre commerciale sans merci. Il a confié la direction de ce projet à son intendant aux Finances et ministre de la Marine, Jean-Baptiste Colbert.

Talon est l'homme de Colbert en Amérique. Un mois après son arrivée, il voit déjà les possibilités de la petite colonie qui était restée, jusque-là, un simple poste de traite de fourrures. « Je crois que le Canada n'a jamais été regardé comme il devait l'être, note-t-il dans une lettre. Il y aura dans 15 ans suffisamment de surabondant pour fournir les Antilles de l'Amérique. Je n'avance pas ceci à la légère et je ne le dis qu'après avoir bien examiné la force de la terre. »

Pour que prospère la Nouvelle-France, il faut la peupler, ce qui, au rythme où vont les choses, n'est pas prêt de se produire. L'arrivée des soldats a eu pour conséquence que la population est composée aux deux tiers d'hommes. Il faut des femmes.

Jean-Baptiste Colbert (1619-1683), secrétaire d'État à la Marine de Louis XIV, est le grand penseur de la politique des années de jeunesse du Roi-Soleil. Son grand dessein est de faire de la France la plus grande puissance européenne et la métropole d'un grand empire mondial. Il charge Jean Talon de faire de la Nouvelle-France une colonie assez forte pour freiner les ambitions britanniques en Amérique. (*Attribué à Claude Lefebvre, Château de Versailles, Giraudon/Art Resource*)

Pendant sept ans, le gouvernement royal enverra à ses frais en Nouvelle-France quelque 1000 jeunes femmes choisies, pour la plupart, dans la région de Paris ou du diocèse de Rouen. Il s'agit surtout de pauvresses, abandonnées, sans avenir en France. Le roi leur verse une dot de 50 à 300 livres.

Marie-Claude Chamois, une de ces « Filles du Roy », est la plus jeune des quatre enfants d'une famille aisée de Paris. En 1669, elle s'enfuit de la maison. Un prêtre la recueille et la confie à l'institution où l'on garde les femmes abandonnées, les enfants pauvres et les malades mentaux. «Je fus conduite d'abord à l'Hôpital de la Pitié en 1669 d'où je fus transférée ensuite à celui de la Salpêtrière. » L'année suivante, sa vie est bouleversée de nouveau. «J'ai été choisie pour être du nombre de celles qui devaient aller en Amérique, et j'ai mieux aimé renoncer à ma patrie, entreprendre un voyage périlleux et passer dans un nouveau monde que d'implorer le secours de ma mère. » Elle arrive à Québec en octobre 1670 et épouse François Frigon, un habitant de Batiscan. Elle a 14 ans.

«Les 100 filles que le roi a envoyées cette année ne font qu'arriver », écrit mère Marie de l'Incarnation, le 29 octobre 1665, «et les voilà déjà quasi toutes pourvues. Il en enverra encore 200 l'année prochaine, et encore d'autres à proportion les années suivantes. Il envoie aussi des hommes pour fournir aux mariages sans parler de ceux qui composent l'armée. De la sorte c'est une chose étonnante de voir comment le pays se peuple et multiplie. »

Le recrutement se fait souvent par des tutrices, comme Anne Bourdon. Celle-ci est témoin d'un trentaine de mariages. En 1665, la seigneurie de Neuville, près de Québec, est déserte. Deux ans plus tard, elle compte 40 couples, dont 37 formés par des Filles du Roy.

En France, la rumeur veut que ce soient des filles de mauvaise vie qu'on envoie dans la colonie. Pierre Boucher défend l'honneur de ses nouvelles compatriotes. «Il n'est pas vrai qu'il vienne ici de ces sortes de filles et ceux qui en parlent de la façon sont grandement mépris, écrit-il. Si par hasard il s'en trouve quelques unes de celles qui viennent qui soient décriées, ou que durant la traversée elles ont eu le bruit de se mal comporter, on les renvoie en France. » En fait, il est difficile de mener un vie scandaleuse dans une si petite colonie.

L'embarquement des Filles du Roy à Paris (1687). Le roi prend à sa charge le transport de jeunes femmes en Nouvelle-France et les pourvoie d'une dot de 50 à 300 livres en prévision de leur mariage avec des colons français. Les Filles du Roy ont aujourd'hui une descendance innombrable en Amérique. (*Musée Carnavalet, Giraudon/Art Resource*)

Le point commun entre ces femmes, c'est leur pauvreté. Leur fécondité attestera de leur santé.

Jean Talon encourage d'ailleurs activement cette fécondité, décrétant, dans une ordonnance du 5 avril 1669, que tous les habitants qui auront 10 enfants vivants, nés en légitime mariage, « ni prêtres, ni religieux, ni religieuses, seront payés une pension de 300 livres par an ; et ceux qui en auront 12, 400 livres de plus ; qu'il soit payé à tous les garçons qui se marieront à 20 ans et au-dessous et aux filles à 16 ans et au-dessous, 20 livres pour chacun le jour de leurs noces ».

La rapidité des transformations étonne les habitants les plus anciens, comme le jésuite Le Mercier et mère Marie de l'Incarnation. Trois ans plus tôt, ils désespéraient de l'avenir de la colonie. Maintenant, ils témoignent du plus grand optimisme. « Monsieur Talon fait exactement garder les ordres du roi », écrit mère Marie de l'Incarnation, le 27 août 1670. « Il a commandé qu'on fasse des chanvres, des toiles et des serges ; cela a commencé, et grossira peu à peu. Il fait faire une halle à Québec, une brasserie et une tannerie à cause du nombre prodigieux de bêtes qu'il y a en ce pays. Ces manufactures n'étaient point en usage par le passé en Canada, mais si elles réussissent, elles diminueront beaucoup les grandes dépenses qu'il faut faire pour faire tout venir de France. Voilà pour faire, avec le temps, un grand pays qui enrichira les marchands. »

Pour grandir, le pays a besoin de main-d'œuvre. Pierre Boucher, venu ici comme jeune « engagé », est maintenant marchand et seigneur. À son tour, il cherche des employés en France. « Tous les pauvres gens seraient bien mieux ici qu'en France, pourvu qu'ils ne fussent pas paresseux ; ils ne manqueront pas ici d'emploi, et ne pourraient pas dire ce qu'ils disent en France, qu'ils sont obligés de chercher leur vie, parce qu'ils ne trouvent personne qui veuille leur donner de la besogne. » Mais cet honnête homme ne peut cacher tout à fait la vie qui attend les nouveaux venus et suggère que celui qui viendrait pour habiter « apportât des vivres du moins pour un an ou deux. Il est aussi bon de se fournir de hardes, car elles valent ici le double qu'en France. L'argent y est aussi plus cher, il y hausse du quart, en sorte qu'une pièce de quinze sols en vaut vingt. »

La majorité des arrivants sont des engagés qui doivent déjà passage et vêtements à un maître quelconque, en général un marchand ou une communauté religieuse. L'importation d'engagés représente un négoce profitable. Boucher en fait venir une centaine qu'il loue aux colons. Pendant son contrat, qui dure en moyenne trois ans, l'engagé appartient à son maître. Il n'a pas le statut d'habitant. Il ne peut pas faire la traite des fourrures et il ne peut pas se marier. Certains servent comme domestiques, mais la plupart sont employés aux gros travaux, comme le défrichement. L'engagé gagne un très humble salaire de 75 livres par année, duquel on déduit nourriture, vêtements et logement. Après trois ans de labeur, parfois dans des conditions difficiles, il ne possède souvent que les vêtements qu'il porte sur le dos, un fusil et sa liberté.

En 1665, le quart des hommes de plus de 15 ans sont des engagés. Selon les contrats, un fuyard risque la pendaison, le fouet, le carcan, le fer rouge. Mais ces châtiments de nature dissuasive sont rarement appliqués et, de fait, les engagés vivent, dans la plupart des cas, comme des membres de la famille d'accueil.

Entre 1664 et 1671, environ 1000 engagés viennent dans la colonie. À peu près la moitié de ces infortunés restent au pays. Les autres sautent sur le premier bateau dès qu'ils obtiennent leur *congé*, ce document qui leur sert de passeport pour rentrer en France. Dans une lettre à Colbert, Talon se plaint que leur départ menace l'avenir collectif : entre l'arrivée de Champlain en 1608 et la fin du XVIIᵉ siècle, près de 15 000 d'entre eux viendront au Canada. Plus des deux tiers rentreront en France. Seulement 3 400 s'établiront au Canada.

En 1667, le ministre de la Marine prend les mesures suivantes : « Sa Majesté estime que c'est un désordre considérable auquel il faut tâcher de remédier, et pour cet effet elle écrit pour défendre à aucun Français de repasser en ce Royaume, si ceux qui lui demanderont cette permission n'ont femme et enfants, et un établissement considérable en ce pays-là, Sa Majesté se remettant toutes fois à sa prudence, étant important que les Français ne croient pas être retenus par force au dit pays. »

Le 30 avril 1672, à l'âge de 72 ans, Marie de l'Incarnation s'éteint à Québec, des suites d'une longue maladie. Avant de mourir, elle a un dernier message pour le fils qu'elle avait abandonné en France, alors qu'il n'avait que 13 ans. « Dites-lui que je l'ai toujours gardé avec moi, dans mon cœur. » À sa grande joie, Claude Martin était devenu moine bénédictin et il correspondait régulièrement avec elle. Dès sa mort, elle fut vénérée comme sainte et considérée comme une mystique remarquable.

Le jésuite François-Joseph Le Mercier quitte la colonie en 1672. La Compagnie de Jésus requiert ses services en Martinique.

Une autre guerre déchire l'Europe, et la France ne peut plus envoyer d'hommes dans sa colonie. Talon est rappelé en France, ses grands projets inachevés. La petite colonie française du Saint-Laurent ne s'écroule pas pour autant. Les habitants ne sont que 4000 mais la racine prend, et ils se lancent à la conquête du continent. Des hommes tels que Pierre Boucher et les anciens du régiment de Carignan-Salières ont trouvé leur pays.

De 1667 à 1680, des marchands s'élancent dans une course folle vers l'intérieur du continent, où ils formeront de nouvelles alliances avec les peuples autochtones et livreront une concurrence croissante et meurtrière aux colonies anglaises d'Amérique.

Des centaines de Français quittent la colonie vers les Pays-d'en-Haut. Ils sont obligés d'effectuer eux-mêmes le travail d'intermédiaire qu'accomplissaient naguère les Hurons disparus. En 1705, un correspondant anonyme décrit cet attrait des bois au comte de Pontchartrain dans un document au titre pittoresque de *Mémoire historique sur les mauvais effets de la réunion des castors dans une même main*. « La vie des coureurs des bois en est une de perpétuelle oisiveté, qui les conduit à toutes sortes de débauches », dit ce chroniqueur inconnu. « Ils dorment, ils fument, ils boivent de l'eau-de-vie et souvent ils débauchent les femmes et les filles des sauvages. Ils vivent dans une entière indépendance ; ils n'ont à rendre compte de leurs actions à personne : ils ne reconnaissent ni supérieur, ni juge, ni lois, ni police, ni subordination. »

Jusqu'alors la Nouvelle-France était une très petite colonie. La frontière ouest se situait à la jonction du Saint-Laurent et de l'Outaouais, près de Montréal. En moins de 20 ans, les explorateurs français prendront possession au nom de leur roi, Louis XIV, de territoires allant de la baie d'Hudson au golfe du Mexique. Ils découvriront le grand fleuve Mississippi et bientôt ils s'allieront avec de nouvelles et nombreuses nations indiennes ; ensemble, ils menaceront les frontières de la Nouvelle-Angleterre. Et tout cela s'effectue dans un climat d'anarchie, souvent contre la volonté même du Roi-Soleil.

L'intendant Jean Talon a donné le coup d'envoi à cette expansion. Dès son arrivée en 1665, il rêve d'un grand empire français en Amérique. Le ministre de la Marine, Jean-Baptiste Colbert, l'exhorte pourtant à la prudence. « Il vaudrait mieux se restreindre à un espace de terre que la colonie sera elle-même en état de maintenir, lui écrit-il le 6 avril 1666, que d'en embrasser une trop vaste quantité dont peut-être on serait un jour obligé d'abandonner une partie avec quelque diminution de la réputation de Sa Majesté et de cette couronne. »

Colbert a raison de s'inquiéter. En 1670, la Nouvelle-France compte moins de 10 000 habitants, les colonies anglaises, plus de 100 000. À Albany, les Anglais offrent aux Indiens de meilleurs prix que les Français pour leurs pelleteries. Mais, surtout, ils leur fournissent de l'alcool sans aucune restriction. François de Laval, l'évêque de Québec, en décrit les ravages dans son *Mandement du 24 février 1662* : « Le village ou la cabane dans laquelle les Sauvages boivent de l'eau-de-vie est une image de l'enfer : le feu vole de toutes parts ; les coups de hache et de couteau font couler le sang de tous côtés ; tout retentit de hurlements et de cris effroyables. Ils se mangent le nez, s'arrachent les oreilles. Le père et la mère jettent leurs petits enfants dans les brasiers ou dans des chaudières bouillantes. »

Les incidents de ce genre se multiplient. Des chefs indiens réclament que le trafic de l'eau-de-vie cesse. Monseigneur de Laval menace d'excommunication tout Français qui donne de l'alcool aux Indiens. Mais la concurrence commerciale va avoir raison de ces bonnes intentions.

C'est le nouveau gouverneur, Louis de Buade, comte de Frontenac, qui agira comme principal promoteur de l'expansion. Et l'alcool constituera une des pierres angulaires de son ambitieux projet. Dès son arrivée en 1673, il décide de construire un fort sur le lac Ontario pour détourner les Iroquois d'Albany.

« J'ai appris cet hiver, écrit Frontenac à Colbert, dans une lettre du 13 novembre 1673, que les Anglais faisaient ce qu'ils pouvaient pour convaincre les Iroquois de rompre la paix avec nous. Puisque le Canada était sans troupe et avec un nouveau gouverneur. »

En ordonnant la construction du fort Cataracoui (sur le site actuel de Kingston, en Ontario), le gouverneur Frontenac inaugure une politique d'expansion débridée qui déplaît à Louis XIV. Il dresse aussi contre lui les marchands canadiens qui s'estiment lésés par la concurrence déloyale de ce gouverneur qui veut faire fortune en pratiquant la traite des fourrures.

(Musée d'Amérique française, G-23)

VUE DU QUAI DE LA RÂPÉE (LA SALPÊTRIÈRE) 1716 ◆ Placée sous la juridiction de l'Hôpital Général de Paris, La Salpêtrière servait de refuge aux mendiantes, aux prostituées, aux femmes sans logis et aux orphelines. Plusieurs « Filles du Roy » ont séjourné à cet hospice avant de s'embarquer pour la Nouvelle-France. (*Pierre-Denis Martin, Photothèque des Musées de la Ville de Paris, 98 CAR 1495-A2*)

S'adressant aux Indiens, le gouverneur ajoute : « L'établissement que je vais faire, je prétends le rendre considérable en peu de temps et y faire porter des marchandises afin que vous n'ayez pas la peine de porter vos pelleteries si loin que vous faites. Vous y trouverez toutes sortes de rafraîchissements et de commodités que je vous ferai donner au meilleur marché qu'il se pourra. Vous serez traités comme des Français. »

Criblé de dettes, cet aristocrate de 50 ans considère son poste au Canada comme une occasion inespérée de refaire sa fortune. Il s'associe à René-Robert Cavelier de La Salle, fils d'une famille riche de Rouen, qui a abandonné sa vocation de jésuite en France à cause dit-il, « d'infirmité morale ». Ensemble, ils se lancent dans le commerce des fourrures. Frontenac confie à La Salle son fort et poste de traite de Cataracoui (aujourd'hui Kingston) qui devient immédiatement une source de conflits avec les marchands de Montréal. Ceux-ci accusent Frontenac de profiter de ses fonctions pour s'enrichir. La querelle devient si vive que le clergé s'en mêle. Le jour de Pâques 1674, l'abbé Fénelon dénonce Frontenac en chaire.

C'est le début d'une période turbulente. L'intendant Jacques Duchesneau se plaint à la Cour : « Tout le monde contrevient aux défenses du Roy. On ne se cache plus et même, avec une insolence surprenante, on s'attroupe pour aller traiter dans les habitations des Sauvages. J'ai rendu des ordonnances contre les coureurs des bois, contre les marchands qui leur fournissent des marchandises. Tout cela a été inutile parce que plusieurs familles considérables de ce pays y sont intéressées et que Monsieur le gouverneur les laisse faire et profite même avec eux. »

La traite de l'alcool devient si désordonnée que le roi ordonne à Frontenac de convoquer 20 des plus importants marchands de la colonie. Ils se réunissent à Québec, le 10 octobre 1678. Seulement deux d'entre eux s'opposent catégoriquement à toute vente d'alcool aux Sauvages.

Certains, comme l'explorateur Louis Jolliet, prônent la modération et le contrôle. Mais la majorité des autres se prononcent en faveur de la traite de l'eau-de-vie sans aucune restriction. Cavelier de La Salle est du nombre. Et il apparaît clairement qu'il exprime aussi les vues de son associé, Frontenac. « C'est aux laïcs seulement à décider sur ce qui est bon ou mauvais pour le commerce, et non aux ecclésiastiques », dit-il lors d'une assemblée tenue au Château Saint-Louis.

Et la traite se poursuit dans les villages indiens. Un chroniqueur anonyme raconte : « Des Français indignes de porter ce nom trouvent des profits immenses dans cet infâme commerce, parce que lorsqu'ils ont une fois enivré les sauvages, ils les dépouillent même des habits, des armes et des autres choses qu'ils leur avaient vendues auparavant. On a vu de ces Français avouer qu'ils avaient fait plus de 15 000 livres en castors avec une seule barrique d'eau-de-vie qui ne leur coûtait pas 200 livres. »

Déjà Louis Jolliet et le père Jacques Marquette ont exploré le Mississippi jusqu'à la jonction de l'Arkansas. Une expédition dont faisait partie l'interprète Nicolas Perrot avait pris possession d'un immense territoire autour de la baie des Puants (aujourd'hui connue sous le nom de Green Bay, dans le Wisconsin).

Le roi avait défendu à Frontenac d'encourager l'expansion vers l'intérieur. Mais grâce à ses alliés à la Cour, il contourne cette interdiction et obtient la permission d'explorer la région du Mississippi. La Salle, avec la complicité de Frontenac, se sert de ce permis royal pour étendre et monopoliser la traite.

À l'automne 1679, La Salle entreprend une série d'expéditions le long du Mississippi qui dureront plus de quatre années. Il rêve d'être un grand découvreur, afin de « ne laisser à un autre l'honneur de trouver le chemin de la mer du Sud, et par elle celui de la Chine ». Obsédé par sa soif de gloire, il s'égare dans la forêt, déclenche des guerres indiennes et perd plusieurs de ses hommes. Mais finalement, le 9 avril 1682, vêtu pour la circonstance d'un habit écarlate galonné d'or, il proclame que la Louisiane appartient à la France. « Je prends possession au nom de Sa Majesté de ce pays la Louisiane, s'exclame-t-il, de ses havres, ports, baies, détroits adjacents et toutes les nations, peuples, provinces, villes, bourgs, villages, mines, minières, pêches, fleuves, rivières compris depuis l'embouchure du grand fleuve appelé Ohio comme aussi le long du fleuve Mississippi et des rivières qui s'y déchargent. »

Mais Sa Majesté n'en veut pas. « La découverte du sieur de La Salle est fort inutile, déclare Louis XIV, il faut dans la suite empêcher de pareilles entreprises. »

Assassinat du sieur de La Salle. « Cavelier de La Salle avait l'esprit et le talent pour faire réussir son entreprise. La fermeté. Le courage [...] et un travail infatigable, qui lui faisaient tout surmonter, lui auraient enfin procuré un succès glorieux, si toutes ces belles parties n'avaient été balancées par des manières hautaines, qui le rendaient souvent insupportable, et la dureté envers ceux qui lui étaient soumis, qui lui attira une haine implacable et fut la cause de sa mort. » (Henri Joutel, compagnon de La Salle.) René-Robert Cavelier de La Salle fut assassiné au Texas par des membres de son expédition le 19 mars 1687. *(Louis Hennepin, Nouveau voyage d'un Pais plus grand que l'Europe, Archives nationales du Canada, C-99233)*

En 1683, la capitale de la Nouvelle-France, qui ne compte que 2000 habitants, règne sur un empire qui s'étend jusqu'au golfe du Mexique.
(*Musée du Québec, A68, 213.02*)

La Salle n'est pas le genre d'homme à se décourager. Sur ses cartes, il falsifie l'emplacement de l'embouchure du Mississippi, la situant à 250 lieues (1200 km) plus à l'ouest. Il persuade le roi qu'il s'agit d'un endroit idéal pour établir une colonie qui servirait de base pour attaquer les Espagnols au sud. La fraude réussit. Il est nommé commandant de tout le territoire qu'il a découvert. Le roi lui confie 100 soldats et un navire de guerre muni de 36 canons.

L'expédition vogue vers le golfe du Mexique. La Salle se perd. Pendant deux ans, il errera, sans cartes, dans les marécages du delta du Mississippi. Certains membres de son équipage meurent, d'autres se révoltent. La Salle est impitoyable et pousse ses hommes à bout.

Au mois de mars 1687, les survivants errent dans les forêts denses du Texas. Ses hommes n'en peuvent plus. Cinq d'entre eux décident de l'assassiner. Le matin du 19 mars 1687, Pierre Duhaut lui tire une balle dans la tête. On le dépouille et on s'empare de ses biens, dont son fameux manteau écarlate.

En 10 ans, entre 1672 et 1682, les Français ont pris possession d'un immense continent. Mais la politique de Frontenac a dispersé les ressources de la colonie, dangereusement bouleversé les alliances indiennes et indisposé les marchands, les administrateurs et le clergé de la colonie. Exaspéré, Louis XIV rappelle le gouverneur en France.

En Europe, la France et l'Angleterre vivent en paix. Mais en Amérique, leurs relations sont tendues. Thomas Dongan, le gouverneur de New York, monte les Iroquois contre les Français et leurs alliés indiens. « Le roi mon maître m'a défendu de vous fournir des armes et des munitions contre les Français; mais, que cette défense ne vous alarme point : vous ne manquerez de rien de ce qui sera nécessaire pour vous faire justice; je vous le fournirai plutôt à mes dépens. »

La paix entre les Français et les Iroquois avait duré 15 ans; mais, au départ de Frontenac, tout est près d'éclater. L'expansion française vers l'ouest a attisé les haines tribales. Les Iroquois décident de contrôler le commerce des fourrures avec les tribus de l'intérieur et de détourner la traite de Montréal vers Albany, comme ils l'ont déjà fait en 1665. Mais les Français traitent maintenant directement avec les tribus de l'ouest : les Illinois, les Miamis et surtout les Outaouais, tous ennemis traditionnels des Iroquois.

Frontenac avait convaincu le roi que les Iroquois n'étaient pas une menace. Il avait négligé de fortifier la colonie et d'entraîner les milices. À son départ, les Français ne sont pas assez forts pour défendre leurs alliés. Les Iroquois triomphent dans l'ouest. Peu enclin aux aventures militaires, le gouverneur de Joseph-Antoine Le Febvre de La Barre, successeur de Frontenac, choisit de ne pas réagir. Les tribus alliées se sentent abandonnées.

Arrivé de France comme domestique à l'âge de 16 ans, Nicolas Perrot devient coureur des bois, interprète, puis marchand. Pendant plus de 20 ans, il sera le plus habile diplomate français auprès des Indiens de l'ouest. « Il n'y a pas de nation sauvage qui n'en veuille à une autre », écrit-il dans son *Mémoire sur les mœurs, coutumes et religion des Sauvages de l'Amérique septentrionale*. Le « Miami et l'Illinois se haïssent réciproquement; les Iroquois en veulent aux Outaouais et aux Sauteux. Il n'y a aucune nation qui ne se dise fondée de faire la guerre les unes aux autres : on ne peut donc s'attendre qu'à des guerres successives et inévitables. » La mission de Perrot consiste à rallier les tribus aux Français dans la guerre que ces derniers livrent aux Iroquois. Il est si tenace et convaincant que sept nations lui accordent les honneurs de chef. On le surnomme « Metaminens », l'homme aux jambes de fer.

« Lorsque les Anglais ont voulu les attirer par des présents qu'ils ont acceptés, je leur ai fait comprendre qu'ils allaient s'allier avec des traîtres qui avaient empoisonné une partie des nations qui s'étaient trouvées chez eux.

Les Indiens (ici des Iroquois de la nation des Oneidas) ont enseigné aux Français à apprivoiser l'hiver. Au moment où ce dessin à l'encre a été réalisé (1686), les Canadiens ont pleinement assimilé les techniques indiennes.
(*Claude Chaucetière, Archives départementales de la Gironde, Bordeaux, France*)

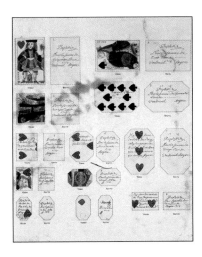

La monnaie de cartes a été inventée par l'intendant Jacques De Meulles en 1685. Incapable de payer ses soldats parce que le navire transportant leur salaire est en retard, il distribue des cartes pouvant être échangées en pièces de monnaie sonnantes et trébuchantes. Le système restera en vigueur jusqu'à la fin du Régime français.
(*Henri Beau, Archives nationales du Canada, C-17059*)

Et qu'après avoir enivré les hommes, ils avaient sacrifié et enlevé leurs femmes et leurs enfants pour les envoyer dans les îles éloignées, d'où ils ne revenaient jamais. »

Pour défendre la colonie contre la résurgence de la menace iroquoise, Louis XIV nomme un nouveau gouverneur : Jacques-René de Brisay, marquis de Denonville. Il constate vite l'ampleur du défi. Les troupes envoyées de France sont inaptes au combat, et les miliciens canadiens, indisciplinés. Pour rétablir la situation, il lui faudra deux ans de préparatifs. À l'été 1687, Denonville lance une expédition contre les Tsonnontouans (Senecas), une des nations iroquoises.

Les nations alliées veulent que les Français anéantissent les Iroquois. Mais Denonville entame secrètement des négociations de paix avec eux. Kondiaronk, le puissant chef huron de Michillimakinac, se sent trahi. Il craint qu'une fois en paix avec les Français, les Iroquois se sentent libres de l'attaquer.

À l'été 1688, à l'anse à la Famine, sur les bords du lac Ontario, Kondiaronk tend un piège. Une délégation iroquoise est en route vers Montréal. Il en tue quelques-uns, puis relâche les autres. « Allez mes frères, je vous délie et vous renvoie chez vos gens, quoique nous ayons guerre avec vous, s'écrie Kondiaronk. C'est le gouverneur des Français qui m'a fait faire une action si noire, que je m'en consolerai jamais, à moins que vos cinq nations n'en tirent une juste vengeance. »

Kondiaronk était bien connu et estimé des Français. Il mangeait à la table de Frontenac qui appréciait son esprit. On l'avait surnommé « Le Rat ». « Le Rat retourna seul après son expédition, raconte le père Charlevoix dans son *Histoire générale*, quelqu'un lui ayant demandé d'où il venait, il répondit qu'il venait de tuer la paix et il ajouta : "Nous verrons comment Ononthio (le gouverneur) se tirera de cette affaire." »

Au printemps de 1689, Français et Iroquois ont repris les négociations de paix. La colonie respire un peu. Mais en Europe, la France et l'Angleterre se déclarent la guerre. Le nouveau gouverneur de New York, Sir Edmond Andros, est le premier à l'apprendre. Il en fait part aux Iroquois.

En Nouvelle-France, on n'en sait encore rien. Malgré les efforts de Denonville, la majorité des Canadiens vivent toujours dans des villages non fortifiés. Le 5 août 1689, à l'aube, 1500 guerriers iroquois attaquent le village de Lachine : en tout 24 colons sont tués, plus de 70 sont faits prisonniers, et 56 des 77 maisons du village sont rasées.

Plus tard, certains prisonniers réussiront à s'échapper ; d'autres feront partie d'échanges. Certains seront adoptés par les Iroquois. Parmi eux, Marguerite Barbary, qui était née cette année-là, et sa sœur Françoise. En tout, 42 habitants de Lachine seront portés disparus.

Ce n'est qu'en octobre que la colonie apprend que la France et l'Angleterre sont en guerre. Un navire transporte le nouveau gouverneur, le comte de Frontenac qui est de retour. Le vieux soldat a maintenant 67 ans. Il ordonne une attaque contre New York, mais la saison est trop avancée. En cet hiver de 1690, la colonie est au désespoir. Les Iroquois la harcèlent sans relâche, puis disparaissent dans la forêt, tels des ombres. Frontenac décide de passer à l'action : il attaquera les Anglais, et c'est aux miliciens canadiens qu'il confie cette tâche.

Le coureur des bois Nicolas D'Ailleboust de Manthet, les frères Jacques Le Moyne de Sainte-Hélène et Pierre Le Moyne d'Iberville, et 114 autres Canadiens participent à l'attaque. Avec eux, des Iroquois chrétiens de la mission du Sault-Saint-Louis. Leur cible : Schenectady. Le village est fortifié, mais personne ne monte la garde. Les Canadiens attaquent peu après minuit, le 14 février 1690.

Dans une lettre au gouverneur Andros, le maire d'Albany, Pieter Schuyler, raconte : « Deux cents Français et Indiens se sont abattus sur ledit village et ont assassiné 60 hommes, femmes et enfants d'une manière barbare, incendiant les habitations et emmenant avec eux 27 prisonniers. Les cruautés commises en cet endroit ne se peuvent décrire, ni par la langue, ni par la plume : des femmes enceintes éventrées, et leur enfant jeté vivant dans les flammes, et leur tête fracassée contre les portes et les fenêtres. »

L'attaque contre Schenectady et les deux autres expéditions semblables lancées presque au même moment atteignent leur objectif. Les colons anglais sont terrifiés. Mais la riposte ne tarde pas à venir et elle est considérable. Le 16 octobre apparaît devant Québec une flotte de 34 navires, parmi lesquels quatre gros vaisseaux de guerre. La flotte vient de Boston et est commandée par l'amiral William Phips, qui s'était déjà emparé de Port-Royal au mois de mai précédent. Pour la deuxième fois de sa brève histoire, Québec est assiégée.

Le lendemain, Phips envoie le major Thomas Savage demander la reddition de Québec et de toute la colonie. Phips exige la réponse dans l'heure. « Je n'ay point de réponse à faire à votre général que par la bouche de mes canons et à coup de fusil, rétorque Frontenac. Qu'il apprenne que ce n'est pas de la sorte qu'on envoie sommer un homme comme moi. »

Prévenu de l'arrivée de Anglais, Frontenac a eu le temps de rassembler 3000 miliciens et soldats de la marine. Les 2000 hommes de Phips sont décimés par la petite vérole. Ils tentent un débarquement à l'embouchure de la rivière Saint-Charles, mais Jacques Le Moyne de Sainte-Hélène les repousse avant d'être mortellement blessé dans l'action, pendant que l'artillerie des remparts cause de graves avaries à la flotte. Le 24 octobre, après huit jours de siège, Phips décide de lever l'ancre, de peur que la glace n'emprisonne ses navires.

La guerre durera encore sept ans, mais les Anglais ne lanceront aucune autre grande attaque contre le Canada. Frontenac ne retournera jamais en France. Il s'éteint à Québec le 28 novembre 1698, à 76 ans.

À la fin du XVIIe siècle, la colonie du Saint-Laurent reste très fragile. L'économie souffre du déclin de la mode du castor en Europe. La traite des fourrures cessant d'être profitable au royaume, Louis XIV ordonne, en 1696, la fermeture de tous les postes de l'Ouest.

« En temps de guerre, il n'y a que les habitants qu'on puisse armer pour la défense de la colonie et pour molester et harceler les Anglais, parce qu'ils sont les seuls qui puissent aller en canots l'été, et en raquettes l'hiver, se nourrir avec un peu de farine, de graisse et de suif, faire des marches forcées à travers les bois pendant trois ou six mois de temps, résistant à la rigueur du froid, vivant au bout de leur fusil, c'est-à-dire avec la seule chasse et la seule pêche. » (Louis Franquet, ingénieur du roi.) Les miliciens conserveront une réputation d'invincibilité tout au long du Régime français.
(*Archives nationales du Canada, C-113193*)

Phips devant Québec. Le 16 octobre 1690, une armada de 32 navires, ayant à leur bord 2000 miliciens du Massachusetts, se présente devant Québec. Le 21 octobre, les envahisseurs sont repoussés à Beauport et réembarquent. Avant son échec à Québec, la flotte de Phips a dévasté la côte acadienne et s'est emparée de Port-Royal. (*Archives nationales du Canada*, C-6022)

Les Iroquois s'inquiètent des conséquences du retrait de leurs alliés Hollandais de l'Amérique du Nord. De plus, des épidémies de petite vérole ravagent leur population. Ces circonstances difficiles les amènent à réclamer un arrêt des hostilités avec la Nouvelle-France. Il s'avère que les autres nations autochtones ne demandent qu'à suivre l'exemple des Six Nations. À l'été de 1701, 1300 délégués indiens représentant plus de 40 peuples autochtones se rassemblent à Montréal pour signer une paix qui met fin à presque 100 ans de guerres.

La rencontre se déroule selon le rituel amérindien : cérémonie des morts, échanges de présents et longs discours. Le nouveau gouverneur Louis-Hector de Callière accueille les délégués. Nicolas Perrot sert d'interprète auprès de toutes les nations de l'ouest. On procède d'abord à l'échange des prisonniers

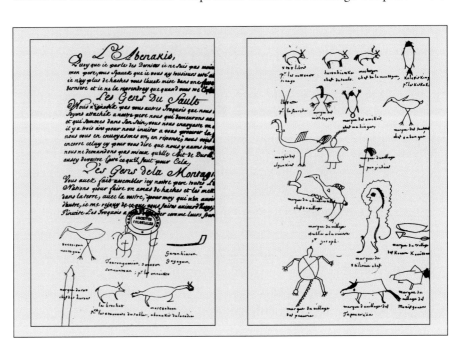

La Grande Paix de Montréal. Le traité de paix de 1701 va sceller pour longtemps les alliances franco-indiennes, permettant ainsi au Canada d'occuper et de contrôler la moitié de l'Amérique pendant la plus grande partie du XVIIIᵉ siècle. Ce document exceptionnel symbolise la rencontre de deux civilisations totalement différentes. (*Archives nationales du Canada*, C-18474 et C-18475)

Sous l'Ancien Régime, les services sociaux sont assurés par les communautés religieuses féminines, en particulier les soins aux malades. (*Louise-Madeleine Cochin, Château de Versailles, Giraudon/Art Resource*)

capturés durant les incessantes guerres. La plupart des chefs ont vu leur nation épuisée et réduite par les guerres et souhaitent en arriver à une paix, garantie par les Français. C'est le cas de Kondiaronk, le redoutable chef huron de Michil-limakinac qui sera le grand orateur de l'assemblée. Le premier août, il fait un long discours en faveur de la paix. Très malade, il meurt la nuit suivante, à l'âge de 52 ans. Des funérailles grandioses sont organisées, comparables à celles de Frontenac.

Le traité est signé le lendemain, le 4 août 1701. Dans la colonie, les réjouissances sont de courte durée. L'hiver 1702 est horrible. Une autre épidémie frappe. Plus de 10 % de la population meurt.

Le gouverneur de Callière et plusieurs membres du gouvernement de la colonie meurent. Plusieurs marchands aussi. « Cette mortalité dérange le commerce de ce pays par la quantité de dettes que laissent les marchands morts presque tous insolvables », déclare François de Beauharnois à son ministre, le 27 avril 1703. On interdit de sonner le glas tant l'effet est sinistre.

Au début du XVIIIe siècle, la France et l'Angleterre se font encore la guerre, mais cette fois les Iroquois ne participent pas aux hostilités. En Amérique, grâce à leurs alliances amérindiennes, les Français l'emportent malgré l'énorme supériorité numérique de leurs ennemis. En effet, la Nouvelle-France ne compte que 17 500 habitants, alors que les colonies anglaises en ont 251 000. Les Français étendent leur emprise sur le continent. Ce sont les militaires canadiens, les Français nés dans la colonie, qui vont inquiéter les colonies anglaises. Le plus illustre parmi eux se nomme Pierre Le Moyne d'Iberville.

D'Iberville est le premier Canadien à être fait chevalier de Saint-Louis, la plus haute distinction militaire du royaume. Il appartient à l'une des plus remarquables familles de la colonie. Son père, Charles, était arrivé au Canada à l'âge de 15 ans, comme serviteur des jésuites. Lorsqu'il meurt,

Carte de l'Amérique septentrionale (1688). À la fin du XVIIe siècle, la Nouvelle-France s'étend de la baie d'Hudson au golfe du Nouveau-Mexique, de Terre-Neuve à la lisière des Prairies. (*Jean-Baptiste-Louis Franquelin, Services historiques de la Marine, Vincennes, France*)

44 ans plus tard, il est seigneur. Il est aussi devenu le plus riche marchand de Montréal. Tous les fils Le Moyne seront de féroces guerriers. Pour un Canadien, le commerce et l'exploit militaire sont les plus courts chemins vers l'ultime ambition : la gloire et le titre de noblesse.

Quand la guerre éclate en 1696 entre la France et l'Angleterre, d'Iberville remporte des victoires à travers tout le continent. Avec sous ses ordres une poignée de miliciens et d'Indiens, il chasse les Anglais de la baie d'Hudson. En novembre 1696, à la tête de 120 miliciens et guerriers micmacs, d'Iberville attaque les petits ports de Terre-Neuve. Puis il assiège le fort Saint-Jean. Il incendie les maisons et fait scalper un prisonnier. Les assiégés se rendent.

En 1701, Louis XIV charge d'Iberville de fonder un poste à l'embouchure du Mississippi pour bloquer l'expansion des colonies anglaises vers l'intérieur du continent. « Si la France ne saisit pas cette partie de l'Amérique pour avoir une colonie assez forte pour résister à l'Angleterre, la colonie anglaise qui devient très considérable s'augmentera de manière que dans moins de cent années, elle sera assez forte pour se saisir de toute l'Amérique et en chasser toutes les autres nations. »

Au début de la guerre, la situation des Français apparaissait désespérée. Les colonies anglaises avaient des industries et leurs ports étaient accessibles à l'année ; les Français devaient importer tous leurs produits finis et ils étaient coupés de la mère patrie six mois par année. Mais leurs faits d'armes leur permettent de conserver leur suprématie en Amérique. En 1712, la Nouvelle-France est au sommet de sa puissance et de sa gloire. C'est en Europe qu'elle sera démantelée, de traité en traité.

Le 11 avril 1713, à Utrecht, en Hollande, la France signe le traité qui met fin à la guerre de la succession d'Espagne. Louis XIV a obtenu que le trône d'Espagne revienne à son prétendant Philippe d'Anjou, qui régnera bientôt sous le nom de Philippe V. Mais en échange, il a dû renoncer à une grande

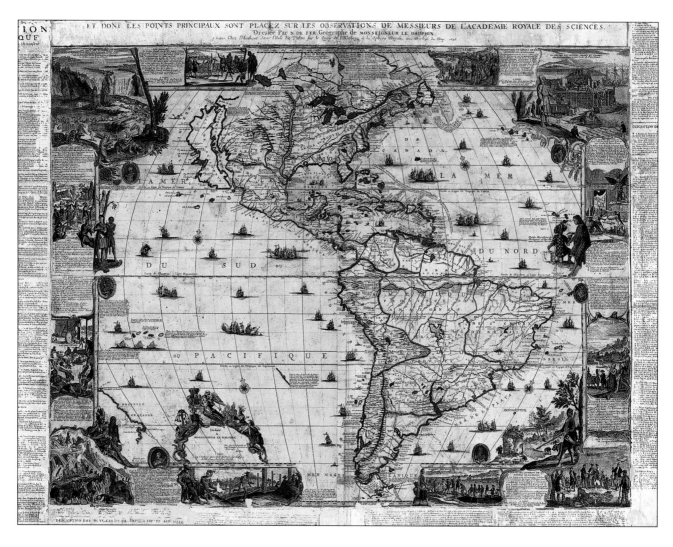

partie de son empire colonial. Il n'a pas le choix : son royaume est saigné à blanc par la guerre. Son ministre des colonies, de Pontchartrain, explique les concessions que le Roi-Soleil a dû faire : « Sa Majesté a cédé au Royaume et à la reine de la Grande-Bretagne la baie et le détroit d'Hudson, l'Acadie en son entier, comme aussi l'île de Terre-Neuve. Sa Majesté ne s'est réservé que l'île du Cap-Breton et toutes les autres qui sont situées dans l'embouchure du golfe Saint-Laurent. »

En Acadie, il y a depuis longtemps une petite population française : 1800 agriculteurs qui ne dérangent personne. De Pontchartrain les incite à se déplacer au Cap-Breton. « Je suis persuadé, dit-il, que les habitants de l'Acadie n'auront point à prêter serment à la Reine d'Angleterre, ils pourront se retirer sans que les Anglais ne puissent les en empêcher. » Le traité leur accorde un an pour déménager.

En 1715, la colonie du Saint-Laurent entre dans une période de paix qui durera plus de 30 ans. En 1717, à 95 ans, s'éteint un des premiers pionniers de la colonie : Pierre Boucher, seigneur de Boucherville, l'homme le plus estimé de la colonie. Il laisse plus de 150 descendants. Nicolas Perrot meurt aussi, pauvre, sur sa concession à Bécancour.

L'Amérique divisée selon l'étendue de ses principales parties (1698). Vers 1700, l'empire espagnol est toujours beaucoup plus développé que les colonies françaises et britanniques d'Amérique du Nord. (*Nicolas de Fer, Archives nationales du Canada, NMC 26825*)

L'esclave Renard. Il y a eu en tout 2087 esclaves durant tout le Régime français. La majorité (1685) étaient des Indiens de l'Ouest. Ils étaient la plupart du temps employés comme domestiques et souvent traités comme des membres de la famille. L'esclavage est resté un phénomène marginal en Nouvelle-France, si l'on considère qu'en 1745, il y avait 250 000 esclaves noirs dans les îles sucrières françaises des Antilles et autant dans les colonies britanniques d'Amérique. (*Bibliothèque nationale de France*).

Comparée à la Nouvelle-Angleterre et à ses 446 000 habitants, la Nouvelle-France reste une très petite colonie, avec ses 28 000 âmes. L'accroissement vient presque uniquement des naissances. Il y a peu d'immigration. Le manque de main-d'œuvre reste aigu. Dans une lettre du 26 octobre 1720, adressée au conseil de Marine, l'intendant Michel Bégon propose une solution utilisée dans d'autres colonies américaines : « Les colonies françaises des îles de l'Amérique ne se sont établies et ne sont devenues florissantes que par le moyen des nègres. Les colonies anglaises de Boston et de la Nouvelle-York jusqu'à la Caroline n'ont commencé à fleurir que par les nègres qu'ils y ont menés. Ces exemples ne permettent pas de douter de l'avantage qu'on retirerait dans la colonie du service des nègres. »

Il n'y aura finalement que 402 esclaves noirs dans la colonie, presque tous des domestiques. On utilise surtout des esclaves indiens, des Panis, achetés des tribus de l'Ouest. On ne compte, dans toute l'histoire de la Nouvelle-France, que 2087 esclaves.

En février 1716, le gouverneur Philippe de Rigaud de Vaudreuil note le nombre considérable de contrebandiers condamnés chaque année aux galères royales et propose que le roi en accorde à la colonie du Canada 150 tous les ans. On les distribuerait aux habitants pour les faire travailler comme engagés, et cela pendant trois ans, après quoi ils seraient libres, mais ne pourraient toutefois retourner en France. Mais la Nouvelle-France ne sera jamais un colonie pénitentiaire. Les tribunaux royaux n'y exileront que quelques milliers de repris de justice. L'avenir du Canada ne réside ni dans les cargaisons des négriers, ni dans les bagnes, mais dans les berceaux.

La pêche fut, de tout temps, la principale préoccupation de la France en Amérique du Nord. L'accès aux Grands Bancs de Terre-Neuve est essentiel à la survie de la France. Après avoir dû céder Terre-Neuve et l'Acadie à l'Angleterre, elle décide de consolider sa seule possession sur la côte atlantique, l'île Royale et, en 1720, elle y construit la plus imposante forteresse militaire en Amérique du Nord. Pendant 30 ans, Louisbourg sera le pivot du commerce français en Amérique. Les navires de Québec apportent des cargaisons de blé et de farine destinées à l'exportation aux Antilles françaises. Ils retournent à Québec chargés de produits manufacturés venus de France. Il y a un commerce florissant, mais illégal, avec les colonies la Nouvelle-Angleterre. À son apogée, Louisbourg sera aussi importante que Québec. Mais la forteresse est, avant tout, un établissement militaire. Les troupes de la marine forment le gros de sa population et de sa main-d'œuvre.

Au début, la position stratégique de Louisbourg agacera les colonies anglaises. Plus tard, elle les menacera et les Bostonnais seront déterminés à la détruire.

À l'été 1749, le naturaliste suédois Pehr Kalm visite la vallée du Saint-Laurent. Émerveillé, il admire la campagne sur les deux rives du fleuve, précisant qu'une agriculture hautement développée ajoute à la beauté du paysage. Tout le pays

EX-VOTO DE MONSIEUR ROGER (1717) ◆ Un ex-voto est un tableau placé dans une église en remerciement d'une grâce obtenue. Sous le Régime français, la traversée de l'Atlantique est si dangereuse que les malheureux passagers ont besoin de la protection de tous les saints (ici sainte Anne et Marie) pour espérer arriver à Québec sains et saufs.
(*Musée de Sainte-Anne-de-Beaupré*)

qui s'étend de Montréal à Québec, sur une distance de 290 km, est, selon lui, comparable à un seul village.

La colonie compte 50 000 habitants en 1750. L'agriculture, surtout la culture du blé, est devenue une des principales industries de la colonie. Dans les années 1620, Louis Hébert avait labouré sa terre d'un acre et demi sans disposer d'une seule tête de bétail pour l'aider à tirer sa charrue. Cette époque est révolue. Au milieu du XVIIIe siècle, une famille type d'habitants possède quelques vaches, un ou deux cochons, une douzaine de poules, un cheval ou deux, une paire de bœufs pour les labours et un troupeau de moutons pour la laine. Elle exploite une terre dont la superficie varie entre 60 et 120 arpents, répartis entre un grand champ de blé, un pâturage et un boisé qui fournit une constante provision de bois de chauffage pour l'hiver. Elle est autosuffisante par les produits de sa ferme, plus qu'une ferme en France à la même époque, car ce que le travail de la terre ne peut lui fournir, elle l'obtiendra souvent de la traite des fourrures, de la chasse ou de la pêche.

Des terres s'échelonnent le long des deux rives du fleuve Saint-Laurent et de la rivière Richelieu. Elles donnent sur ces cours d'eau et s'étendent en parallèle vers la forêt au fur et à mesure du défrichement. Ces terres appartiennent à des seigneurs qui les concèdent à des tenanciers ou censitaires, en échange de redevances et de services. L'utilisation du mot *seigneur* dénote qu'on a transplanté en Amérique des éléments du système féodal français. En réalité, le seigneur canadien ne fait pas partie de la noblesse et ne dispose pas des pouvoirs de haute et de basse justice qu'il détient dans la mère patrie. Quant aux censitaires, ils doivent bien sûr s'acquitter de plusieurs devoirs envers leur seigneur. Ils lui paient chaque année des redevances en argent, en produits de la ferme ou en journées de travail; ils doivent faire moudre leurs grains à son moulin exclusivement et lui remettre un sac de farine sur 14 en paiement de ce service; ils s'astreignent à entretenir à leurs frais les routes locales.

Mais seigneurs et censitaires ont la même obligation de défricher les terres qu'ils ont reçues du roi. Nombre d'entre eux ne s'acquittent pas de ces devoirs dans les délais prévus, souvent parce que la course des bois offre plus d'attraits, avec ses possibilités d'enrichissement rapide. Le roi doit donc intervenir. En 1711, il oblige les uns et les autres, sous peine de confiscation, à s'acquitter de leurs engagements. Malgré cela, l'intendant Hocquart doit, 30 ans plus tard, saisir une vingtaine de seigneuries abandonnées. Dans la colonie, l'offre de terres dépasse la demande.

Paysans 1635
d'ap. Ab. Bosse

PAYSANS CANADIENS ♦ « Ils ne s'appliquent point assez à leur culture, aimant mieux s'adonner à la chasse, à la pêche, au matelotage ou au commerce, et quitter par là la campagne pour s'établir dans les villes qui, en se peuplant trop, rendent les campagnes désertes [...] les villes se peuplent trop et les campagnes se vident; ce qui diminue la culture des terres et de beaucoup de production de denrées nécessaires pour la subsistance du pays [...] Qu'une trop grande quantité de monde, dans les villes, occasionne une trop grande consommation et par conséquent la disette. » (Louis Franquet, ingénieur du roy.) Alors qu'en Europe, 95 % de la population habite la campagne, au Canada, plus du quart des habitants demeurent en ville. Plusieurs observateurs européens notent une grande différence entre la paysannerie européenne et les habitants canadiens. L'intendant Hocquart écrit à ce propos : « Ils sont naturellement indociles. Ils aiment les distinctions [...] se piquent de bravoure, sont extrêmement sensibles au mépris et aux moindres punitions. » (*Henri Beau, Archives nationales du Canada, C-010247*)

Il a fallu plusieurs générations pour s'adapter, mais les habitants ont domestiqué l'hiver et l'utilisent à leur avantage. Ils ont appris à se servir du froid pour conserver les aliments. Ils construisent des bâtiments qui résistent au gel et au dégel. Ils confectionnent des vêtements appropriés et ont appris des Indiens à se déplacer en raquettes. Ils profitent de la saison froide pour faire les réparations nécessaires aux bâtiments et aux outils, pour couper et fendre le bois pour l'hiver suivant ; au printemps, ce bois est entassé près de l'habitation ; l'été, ils ramassent le fourrage pour les animaux, récoltent et engrangent les céréales.

La traite des fourrures demeure la principale activité commerciale à Montréal. La ville vient de subir deux incendies catastrophiques et elle commence à préférer la pierre au bois dans la construction des habitations. Québec est le siège du gouvernement, une ville qui a maintenant une aristocratie locale et une vie sociale qui imite celle de Versailles.

Mais ce que Kalm remarque immédiatement, en arrivant des colonies anglaises, c'est le caractère particulier des habitants du Canada. « Entre l'extrême politesse dont j'ai bénéficié ici et celle des provinces anglaises, il y a toute la différence. Ici, tout le monde est Monsieur ou Madame, le paysan aussi bien que le gentilhomme, la paysanne comme la plus grande dame. Les hommes sont extrêmement polis et saluent en ôtant leur chapeau chaque personne qu'ils rencontrent dans les rues. » Il est particulièrement séduit par les femmes : « Lorsqu'elles travaillent en dedans de leur maisons, elles fredonnent toujours, les filles surtout, quelques chansons, dans lesquelles les mots amour et cœur reviennent souvent. Elles sont très portées à rire des fautes de langage des étrangers. »

L'hiver coupe les Canadiens de la France pour cinq ou six mois et les libère des travaux des champs. C'est la saison du repos et du défoulement. Les autorités sont débordées, ainsi qu'en témoignent une ordonnance de Bégon, le 29 février 1716 : « Défense de glisser dans les rues de cette ville, soit en traînes, en patins ou autrement, à peine, contre les grandes personnes de dix livres d'amendes. Quant aux enfants, ils garderont prison jusqu'à ce que leurs pères et mères aient satisfaits à l'amende. »

En 1730, le juge Pierre Raimbault dénonce un autre des sports d'hiver préférés des habitants : les courses de voitures ou d'équipages au grand galop dans les rues.

En 1753, une ordonnance défend de s'attrouper « pour faire des boules de neige et les jeter sur les passants ou même se les jeter les uns aux autres à peine de 50 livres d'amende. »

Marie-Élisabeth Bégon, veuve du gouverneur de Trois-Rivières, déteste le froid, même si elle est née à Montréal. Cette Canadienne de 53 ans appartient à la nouvelle aristocratie locale. « Les nouvelles ici sont que tout le monde apprend à danser, écrit-elle en 1749. On s'efforce à bien faire pour briller au bal que l'on espère que M. Bigot donnera ici. »

La haute société coloniale tente de se faire remarquer par les aristocrates français, comme le nouvel intendant, François Bigot. Leur conduite scandalise

Au Canada, le terme « paysan » est considéré comme une insulte. Les Canadiens sont des « habitans », c'est-à-dire des *habitués* du pays, *habitude* qu'ils ont conquise de haute lutte, compte tenu de la dureté du climat et des conditions de vie. (*Université Laval, L. Bag. 67*)

Marie-Élisabeth Bégon, femme de Claude-Michel Bégon, gouverneur de Trois-Rivières, entretient pendant plusieurs années une correspondance très importante avec son gendre Honoré-Michel de la Rouvillière de Villebois, dont elle semble très éprise. La liberté de ton de ses lettres montre que la haute société canadienne sait jouir de la vie sans se soucier outre mesure des directives du clergé. (*Henri Beau, Archives nationales du Canada, C-010599*)

souvent les curés. Mme Bégon écrit à son gendre en Louisiane. «Il a été prêché ce matin un sermon par M. le curé sur les bals. Tu le connais et ne sera point surpris de la façon dont il a parlé, disant que toutes les assemblées, bals et parties étaient toutes infâmes, que les mères qui y conduisaient leurs filles étaient des adultères. »

Les femmes canadiennes ont l'esprit vif, comme l'a remarqué Pehr Kalm et comme en témoigne cette autre lettre de Mme Bégon à son gendre : «Il faut que je te réjouisse d'une pointe de Mlle La Ronde, lorsqu'elle s'est mariée. Tu sais que le curé doit, avant d'administrer le sacrement, savoir si les futurs époux sont instruits. Il demanda si elle savait ce qu'était le sacrement du mariage. Elle lui répondit qu'elle n'en savait rien, mais que s'il était curieux, que dans quatre jours, elle lui en dirait des nouvelles. Le pauvre curé baissa les yeux et les laissa là. »

Plusieurs aristocrates français ont une pauvre opinion des Canadiens et les regardent de haut. Mais les religieux, comme le père Pierre-François-Xavier de Charlevoix, qui se préoccupent de l'éducation voient une société qui se raffine chaque jour davantage. «Nulle part ailleurs, on ne parle plus purement

CANADIENNE, CANADIEN ◆ «Je ne sais pas si on doit mettre parmi les défauts de nos Canadiens la bonne opinion qu'ils ont d'eux-mêmes. Il est certain du moins qu'elle leur inspire une confiance qui leur fait entreprendre et exécuter ce qui ne paraîtrait pas possible à beaucoup d'autres. Il faut convenir d'ailleurs qu'ils ont d'excellentes qualités. Nous n'avons point dans le Royaume de Province où le sang soit communément si beau, la taille plus avantageuse et le corps mieux proportionné. [...] Leur agilité et leur adresse sont sans égales : les Sauvages les plus habiles ne conduisent pas mieux leurs canots dans les rapides les plus dangereux et ne tirent pas plus juste.» (*Histoire et description générale de la Nouvelle-France* par le père Pierre-François-Xavier de Charlevoix.) Pour les voyageurs du XVIIIe siècle, les Canadiens forment clairement une société distincte. (*Bibliothèque de Montréal*)

notre langue. On y remarque aucun accent, l'esprit enjoué, les manières douces et polies sont communes à tous.

Les jésuites ont un collège à Québec depuis 1635, le premier en Amérique du Nord, où on enseigne le même programme qu'en France. Mais les jeunes Canadiens préfèrent l'enseignement pratique. « Bien des gens sont persuadés qu'ils ne sont pas propres aux sciences qui demandent beaucoup d'application et une étude suivie, écrit le père Charlevoix. Mais personne ne peut leur contester un génie rare pour les mécaniques ; ils n'ont presque pas besoin de maîtres pour y exceller et on en voit à tous les jours qui réussissent dans tous les métiers sans en avoir fait l'apprentissage. »

Vers le milieu du XVIIIe siècle, une cinquième génération naît dans la colonie. La société canadienne est devenue plus urbaine et commence à se distinguer de celle de la mère patrie. En 1749, Marie-Élisabeth Bégon séjourne en France. Elle qui déteste tant l'hiver canadien est remplie d'espoir, car on lui a dit que là-bas tout est mieux qu'au Canada. Mais bientôt, elle est amèrement déçue.

«Je trouve tous les jours, écrit-elle, le 29 octobre 1750, des sujets à faire des reproches à tous ceux à qui j'ai tant ouï dire qu'en France on fait tout dans un ordre sans égal : en France, on a tout aisément ; en France on est si bien servi et enfin en ce pays, je croyais qu'avec de l'argent on avait tout à souhait. Mais en vérité, si j'eusse été assez dupe pour le croire, je serais bien trompée, car je ne trouve ici de mieux qu'en Canada qu'en décembre, janvier et février, car tout le reste est pire. »

En France, cette grande dame canadienne sera surnommée « L'Iroquoise » par la société de Versailles. Élisabeth Bégon ne reviendra jamais au Canada. Elle meurt en 1755.

Depuis plusieurs années, la colonie du Saint-Laurent est moins profitable au royaume. Mais elle vit, et vit bien.

Des 30 000 immigrants venus de France entre 1608 et 1760, environ 10 000 feront souche. Dès 1721 le père Charlevoix avait remarqué que la véritable ressource de la colonie serait bientôt ses habitants, leurs talents militaires et leur courage.

« Les hommes sont la principale richesse du Souverain, et le Canada, quand il ne pourrait être d'aucune utilité à la France que par ce seul endroit, serait encore une des plus importantes de nos colonies. » Trente ans plus tard cette constatation va être mise à l'épreuve.

Certains croient que l'Acadie tire son nom de l'Arcadie, le jardin des dieux de la mythologie grecque. Mais, pour ses habitants, l'Acadie ne fut pas le paradis terrestre. Pourtant, elle reste longtemps un endroit idyllique. Elle offre parmi les plus belles terres d'Amérique, si fertiles qu'il n'y eut jamais parmi les Acadiens d'épidémies de scorbut, de typhus ou de choléra. Les Français vivaient en harmonie avec les Micmacs de la région, leurs fidèles alliés et souvent parents, tant les mariages entre les deux peuples étaient fréquents. Mais le sort les avait placés sur une faille continentale. Ils vivaient à la frontière des empires de deux grandes puissances qui se vouaient une haine mortelle. L'Acadie fut échangée entre la France et l'Angleterre au moins six fois en moins de 100 ans. Si souvent que tous les traités l'appellent « Acadie ou Nouvelle-Écosse ».

En 1713, lorsque l'Acadie est cédée définitivement à l'Angleterre, il n'y a que 1800 paisibles agriculteurs de langue française. La majorité des Acadiens décident de rester sur leur terre. Ils sont catholiques et français ; leur nouveau souverain protestant et anglais. Les Anglais exigent un serment de fidélité au roi George Ier. Les Acadiens tergiversent puis refusent. Une délégation de Beaubassin explique au gouverneur de Port-Royal (que les Anglais appellent Annapolis Royal) : « Pendant que nos ancêtres ont été sous la domination anglaise, on ne leur a jamais exigé de pareil serment. »

Les Anglais sont trop peu nombreux pour les contraindre mais, surtout, le lieutenant-gouverneur Thomas Caulfield veut que les Acadiens restent au pays. « Si les Français partent, écrit-il, nous ne serons jamais capables de faire vivre nos familles anglaises et de les protéger contre les brimades des Indiens, les pires ennemis qui soient. »

En 1718, cinq ans après la cession, les Anglais exigent de nouveau la prestation d'un serment d'allégeance au roi. Cette fois les Acadiens de Grand-Pré, Beaubassin et Port-Royal demandent l'aide de leur ancien souverain. Ils adressent une pétition au gouverneur de Louisbourg.

Le gouverneur Richard Philipps avise Londres, en 1720, que les Acadiens « ne prêteront pas le serment d'allégeance, pas plus qu'ils ne quitteront le pays ». Le bureau des Colonies lui répond : « Il nous semble que les Français de la Nouvelle-Écosse ne deviendront jamais de bons sujets de Sa Majesté. C'est pourquoi nous pensons qu'ils devront être expulsés aussitôt que les forces que nous avons dessein de vous envoyer seront arrivées. Quant à vous, ne vous hasardez pas dans cette expulsion sans un ordre positif de Sa Majesté à cet effet.»

Il ne se passera rien pendant 10 ans. En 1730, la population acadienne a doublé. «Ils constituent, écrit Philipps, un groupe formidable qui, telle la progéniture de Noé, se répand sur toute la face de la province.» Philipps et son adjoint Lawrence Armstrong réussissent à obtenir le serment tant exigé en promettant aux Acadiens qu'ils seront dispensés de porter les armes. Cette clause apparaît dans les documents que les habitants doivent signer. Philips recommande qu'elle soit «écrite en marge de la traduction française dans l'espoir de surmonter petit à petit leur répulsion». D'ailleurs, elle ne fait pas partie du serment, lequel se lit comme suit: «Je promets et jure sincèrement en Foi de Chrétien que je serai entièrement fidèle et obéirai vraiment à Sa Majesté le Roi George le Second, que je le reconnais pour le souverain seigneur de l'Acadie ou Nouvelle-Écosse. Ainsi Dieu me soit en aide.»

Il n'y a aucun doute que la promesse de ne pas porter les armes fut faite. Le curé Charles de Goudalie, de Grand-Pré, et le notaire Alexandre Bourg Belle-Humeur en étaient témoins. «Nous certifions que son Excellence le seigneur Richard Philipps a promis aux habitants des Mines et autres rivières qui en dépendent, qu'il les exempte du fait des armes et de la guerre contre les Français et les Sauvages et que les dits Français se sont engagés et ont promis de ne jamais prendre les armes dans le fait de la guerre contre le royaume d'Angleterre.»

Philipps pouvait assurer Londres que 4000 Acadiens avaient prêté serment. Et les Acadiens croyaient avoir trouvé le moyen de se protéger des humeurs des empires tout en sauvegardant leur religion et leur langue. Dès 1730, les Anglais appelaient les Acadiens les «neutres» ou «neutres français».

Un vent de haine souffle sur l'Amérique, et l'Acadie est au centre de la tourmente. Louisbourg menace tellement la suprématie commerciale de Boston que, en 1745, le gouverneur du Massachusetts, William Shirley, mène une expédition contre la forteresse et la prend. Trois ans plus tard, l'Angleterre remet Louisbourg à la France, provoquant consternation et rage chez les Bostonnais.

En 1749, les Anglais construisent Halifax, leur propre forteresse sur la baie de Chebucto. La France et l'Angleterre ne s'étaient jamais entendues sur les limites de l'Acadie. Pour la France, elle n'avait cédé qu'une étroite lisière le long de la côte. L'Angleterre, elle, croyait avoir obtenu tout le territoire au sud du Saint-Laurent. Le conflit est inévitable.

La France et l'Angleterre sont officiellement en paix. Mais les Français encouragent les Micmacs à harceler les Anglais. Le gouverneur du Canada, le marquis de La Jonquière, doit agir clandestinement: «Il est souhaitable que les Sauvages réussissent à anéantir les desseins des Anglais de même que leur établissement à Halifax. Il appartient aux missionnaires de négocier avec les Sauvages et de diriger leur action. Le révérend père Germain et l'abbé Le Loutre n'auront aucune difficulté à faire d'eux le meilleur usage.»

John Winslow, le général du Massachusetts chargé de la déportation des Acadiens en 1755, informe les habitants de Grand-Pré du sort qui les attend : « Le devoir que j'ai à accomplir, quoique nécessaire, m'est très désagréable et contraire à ma nature et à mon caractère, car je sais que cela vous affligera puisque vous possédez comme moi la faculté de sentir. » C'est une des seules marques de sympathie à laquelle les 10 000 Acadiens déportés entre 1755 et 1762 auront droit. Dans les colonies britanniques et en Angleterre, on se réjouit d'avoir définitivement réglé le problème des *French Neutrals* de Nouvelle-Écosse. (*The Pilgrim Society, Plymouth, Massachusetts*)

L'Acadie est une poudrière. Elle ne peut plus rester neutre, mais les Acadiens ne s'en rendent pas compte. Le 9 août 1755, le correspondant du *New York Gazette* écrit : « Grand et noble dessein : nous sommes sur le point d'expulser de cette province les Français neutres, ceux qui ont toujours été nos ennemis secrets et qui ont encouragé les Sauvages à nous couper la gorge. Si nous obtenons cette expulsion, elle représentera un des plus beaux cadeaux que l'Angleterre ait jamais fait à l'Amérique, à tous points de vue, car une part du pays acadien est constitué des meilleures terres du monde sur lesquelles nous pourrions établir de bons fermiers anglais. »

Au mois de juillet, le nouveau gouverneur, Charles Lawrence, exige un nouveau serment, cette fois sans restriction. Les Acadiens refusent : « Nous et nos pères ayant pris pour eux et pour nous un serment de fidélité qui nous a été approuvé plusieurs fois, au nom du roi, nous ne commettrons jamais l'inconstance de prendre un serment qui change tant soit peu les conditions et privilèges dans lesquels nos souverains et nos pères nous ont placés dans le passé. »

Cette fois, c'en est trop pour Lawrence, qui décide d'expulser le petit peuple récalcitrant. Le 11 août 1755, il annonce au lieutenant-colonel John Winslow, du Massachusetts, qui est à Grand-Pré : « Vous devrez avoir recours aux moyens les plus sûrs pour rassembler les habitants et les embarquer, et vous servir de la ruse ou de la force selon les circonstances. Je désire surtout que vous ne teniez aucun compte des supplications et des pétitions que vous adresseront les habitants. »

« J'ordonne, déclare Winslow, à tous les habitants, y compris les vieillards, les jeunes gens ainsi que ceux âgés de dix ans, de se réunir à l'église de Grand-Pré, le vendredi 5 courant à trois heures de l'après midi. » Une fois le rassemblement effectué, Winslow s'adresse à la population : « Le devoir que j'ai à accomplir, quoique nécessaire m'est très désagréable et contraire à ma nature et à mon caractère, car je sais qu'il vous affligera puisque vous possédez comme moi la faculté de sentir. Vos terres et vos maisons et votre bétail et vos troupeaux sont confisqués, avec tous vos autres effets, excepté votre argent et vos objets de ménage, vous allez être vous-mêmes transportés hors de cette province. »

L'Acadie était britannique depuis 42 ans. Presque tous ces gens étaient nés sujets britanniques. Il y avait en Acadie, à l'été de 1755, 12 000 Acadiens d'origine française. Cette année-là, 7000 furent expatriés. Le « Grand Dérangement » durera cinq ans, jusqu'en 1762. En tout, plus de 10 000 Acadiens subiront l'exil.

John Thomas, un médecin militaire aux ordres Winslow, a gardé un journal méticuleusement détaillé de cet automne de 1755. « 2 septembre. Journée agréable. Le major Frye a envoyé le détachement du lieutenant John Indocott sur la rive, avec ordre de brûler un village à un endroit appelé Peteojack. 18 septembre. Très fortes rafales de vent, avec de la pluie et de la neige. Le major Prible revient d'une expédition avec ses hommes qui ont brûlé 200 maisons et granges. 19 novembre. Froid. Nous avons rassemblé environ 230 têtes de bétail, 40 truies, 20 moutons et 20 chevaux et sommes revenus. On a commencé à embarquer les habitants. Les femmes très affligées portaient leurs nouveau-nés dans leurs bras et d'autres traînaient dans des charrettes leurs parents infirmes et leurs effets. En somme, ce fut une scène où la confusion se mêlait au désespoir et à la désolation. »

La majorité des Acadiens sont déportés vers les colonies américaines. On n'en veut pas. « Les Français neutres soulèvent le mécontentement général de la population, parce que ce sont des papistes bigots, paresseux et d'humeur contentieuse », déclare le gouverneur de Virginie, Robert Dinwiddie. « Nous n'avons que très peu de catholiques, ce qui rend la population inquiète pour ses principes religieux et lui fait craindre que les Français ne débauchent nos nègres. »

Jean Labordore et les sept membres de sa famille se retrouvent à Salem, au Massachusetts. « On m'a refusé un attelage pour charroyer du bois de chauffage que j'avais moi-même coupé », écrit-il dans une pétition adressée au gouverneur du Massachusetts. « Nous sommes là, tous ensemble, en plein hiver sans vivres et sans feu, dans une maison qui n'a ni porte ni toit. Quand il pleut, nous sommes obligés de changer notre lit de place. Lorsque je me suis plaint au selectman que le plancher de ma maison était inondé et que tout y flottait, il m'a répondu, en ricanant, que ce que j'avais de mieux à faire c'était de me construire un canot et de naviguer dans ma maison. »

Un tiers des Acadiens déportés vont mourir de typhoïde, de petite vérole ou de fièvre jaune. Un autre tiers va s'établir en Louisiane. Les autres sont dispersés en France, en Angleterre, aux Antilles. Lorsque la déportation cessera, il ne restera en Acadie que 165 familles françaises. Moins de 1000 personnes.

En 1756, le vent de guerre qui souffle sur l'Amérique devient un ouragan.

LA LUTTE POUR UN CONTINENT

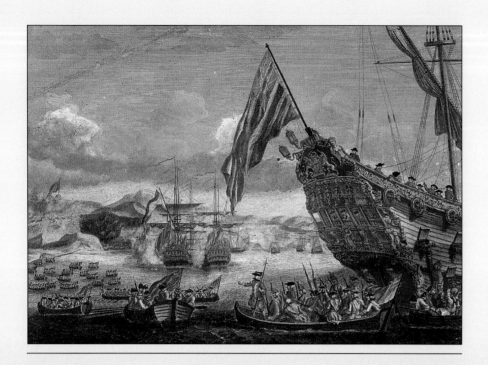

« J'ai quitté Paris le 15 mars 1751 », écrit dans son journal un jeune Français de 18 ans que l'on ne connaît que par ses initiales, J. C. B. « J'étais tourmenté par le désir de voyager. Alors je me suis renseigné sur les meilleurs pays où vivre ; je me suis renseigné sur la Louisiane et le Canada, les seuls endroits qui acceptaient des recrues. [...] Les marins m'ont dit que le Canada était un pays plus sain, malgré son hiver plus froid. »

Comme le Gulliver de Jonathan Swift qui voyage à Brobdingnag, J. C. B. découvre au Canada un monde fantastique et démesuré. Après avoir joint l'armée comme artilleur, il se rend en canot sur l'immensité bleue du lac Érié et reste sous les chutes du Niagara, détrempé et rempli d'admiration. Il voit des pigeons voyageurs voler vers le sud par millions « si nombreux qu'ils semblent n'être qu'un lourd nuage, et ils volent souvent si bas qu'il est facile de les tuer avec des fusils ou même des bâtons ». En une seule journée, lui et ses compagnons soldats tuent 130 serpents à sonnette, et il sera brièvement immobilisé au sol par un ours qu'ils réussissent à faire fuir. C'est au cours d'une cérémonie organisée pour l'anniversaire du duc de Bourgogne qu'il côtoie pour la première fois la mort. En effet, une mèche allumée tombe et enflamme une caisse remplie de feux d'artifice. Cinq soldats qui se tiennent aux côtés de J. C. B. périssent transpercés par les fusées et quatre autres sont

L'expédition dirigée contre le Cap-Breton en Nouvelle-Écosse, 1745. (*H. Stevens, Archives nationales du Canada, c-1090*)

grièvement blessés. J. C. B. s'en tire indemne, et l'intendant le récompense de sa chance en lui donnant 50 francs.

Il passe le plus clair de son temps dans les postes armés, en pleine nature sauvage, avec des hommes menacés par le scorbut et qui appréhendent les coutumes des Autochtones alliés de la France. Dans son journal, le jeune homme décrit avec force détails leur technique de scalp. « Les Français et les Anglais sont habitués à payer pour avoir des scalps, écrit-il, et peuvent leur donner l'équivalent de 30 francs en marchandises de troc. Leur but est donc d'encourager les Sauvages à prendre le plus possible de scalps. » Les Autochtones, qui sont d'habiles troqueurs, commencent à fabriquer des scalps avec du cuir de cheval qu'ils vendent au plus offrant.

Au milieu du XVIIIᵉ siècle, les Français revendiquent la plus grande partie du continent. Société catholique et francophone composée de 55 000 habitants, elle se concentre dans les villes de Québec et de Montréal, et dans la forteresse de Louisbourg, et s'étend finement à travers les villages qui bordent le Saint-Laurent et dans de petits forts qui marquent une avancée de son territoire vers l'intérieur. Les Français consolident certaines alliances avec les Autochtones, ce qui leur permet de contrôler l'Ouest, fragile empire qui s'étend de Fort Détroit jusqu'en Louisiane. Les 14 colonies anglaises, presque entièrement de foi protestante, s'étendent de Halifax à Savannah. Les Autochtones ne sont à l'aise avec aucun des deux groupes. Ils constituent environ 200 nations qui supportent de plus en plus difficilement la présence anglaise. De nombreux Autochtones demeurent les alliés des Français, même si cette alliance est fragile. Et les Amérindiens sont divisés aussi par des rivalités ancestrales.

Ce qui est en jeu, c'est l'expansion prometteuse de l'Amérique du Nord. Pour les Français comme pour les Anglais, il s'agit d'un empire d'une étendue

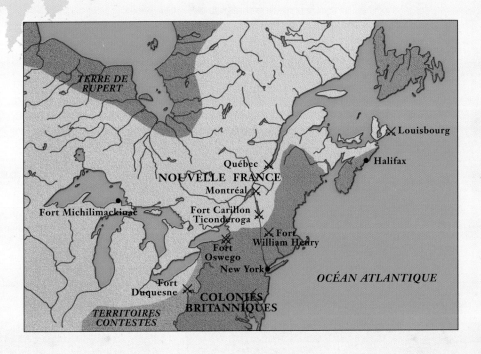

La guerre de Sept Ans, 1756-1763.

et d'une richesse incalculables. Pour les Autochtones, il s'agit de leur terre natale.

Dans les années qui suivent 1750, l'Amérique du Nord subit un véritable bain de sang, prélude à ce qui deviendra le plus long affrontement que l'Europe ait connu, la guerre de Sept Ans, soit de 1756 à 1763. Les Britanniques tentent sans succès de prendre un fort français à Niagara. En 1755, ils expulsent *manu militari* 10 000 Acadiens qui refusent de prêter un serment d'allégeance au roi. Un tiers des Acadiens déportés meurent de maladie ou accidentellement ; les survivants deviennent des réfugiés. Dans l'Ouest, un groupe d'Autochtones outaouais soutenus par les Français chassent les colons anglais qui se sont avancés jusque dans la vallée de l'Ohio. Trois mille colons sont tués ou capturés, des milliers d'autres chassés.

Au mois de mai 1755, J. C. B. se trouve à Fort Duquesne (non loin du site actuel de Pittsburgh), lorsqu'un groupe d'Outaouais revient de Virginie avec 25 prisonniers. Dix d'entre eux sont offerts en cadeau au commandant du fort, non sans être roués de coups, selon la pratique autochtone. « Parmi les dix prisonniers se trouvait une jeune fille du nom de Rachile [...] comme les autres, elle reçut la bastonnade en atteignant le fort, et faillit en perdre un œil. » Le chirurgien du fort soigne la jeune fille, qui recouvre la santé. Elle épouse un Canadien, tombé amoureux de la belle rescapée. Lorsque les Autochtones apprennent qu'un allié a épousé un de leurs ennemis, ils exigent son retour. « Le commandant ne trouva rien de mieux pour sauver le jeune couple que de les vêtir de déguisements, et de les envoyer de nuit par bateau munis de provisions et accompagnés de deux guides chargés de les conduire en Louisiane. Trois mois plus tard, le commandant apprend que ses jeunes protégés sont arrivés sains et saufs et qu'ils sont installés comme colons en Nouvelle-Orléans. » L'heureuse histoire de Rachile illustre bien la politique complexe qui se joue sur le continent.

L'illusion d'une paix formelle entre les Anglais et les Français est maintenue malgré les échauffourées aussi fréquentes que violentes. Mais, le 8 juillet 1755, la Grande-Bretagne cesse toutes relations diplomatiques avec la France et l'année suivante, elle lui déclare la guerre. C'est une guerre mondiale, la première, et sa bataille la plus célèbre, aux enjeux énormes, aura lieu en Amérique du Nord.

Québec, centre des opérations françaises en Amérique du Nord, est en 1756 une ville en état de guerre, pleine de soldats et de réfugiés. Le gouverneur de la Nouvelle-France est Pierre de Rigaud, marquis de Vaudreuil, natif de Québec. Cet aristocrate de 60 ans est un homme imposant qui a son franc-parler. Il est également commandant en chef de l'armée. Louis-Joseph, marquis de Montcalm, est envoyé de France pour assurer le commandement des troupes d'infanterie. Montcalm a 47 ans, c'est un soldat de carrière issu d'une famille française distinguée et qui, dès l'âge de neuf ans, a commencé son entraînement militaire. Il a combattu en Europe, contre les Autrichiens dont il a été prisonnier. Cet homme de petite taille, impatient, déterminé et

Le marquis de Montcalm. « Je dirai toujours : heureux celui qui est libre du fier joug auquel je suis lié. Quand verrai-je mon château de Candiac, mes plantations, ma châtaigneraie, mon moulin, mes mûriers ? Grand Dieu ! Au revoir ; brûle ma lettre. » Lettre de Montcalm au chevalier de Bourlamaque, 23 mars 1759. (*Archives nationales du Canada*, C-27665)

PIERRE DE RIGAUD DE VAUDREUIL ◆ À une époque où les mariages sont de convenance, le mariage du marquis de Vaudreuil fait exception. Il épouse Jeanne-Charlotte de Fleury Deschambault en 1746 en Louisiane. C'est une veuve de 63 ans qui n'a pas de biens. Vaudreuil, lui, est un homme ambitieux de 48 ans qui fait son ascension dans le monde de la politique coloniale. Les deux époux demeurent dévoués l'un à l'autre, jusqu'à la mort de Jeanne-Charlotte, 17 ans plus tard.

Vaudreuil devient gouverneur de la Nouvelle-France en janvier 1755, peu de temps après que George Washington eut attaqué Fort Duquesne (Pittsburgh), alors aux mains des Français, point de départ de neuf années de combat. Il a désespérément voulu cette nomination, mais son administration sera consacrée entièrement à la guerre.

Grâce à des tactiques de guérilla et au déploiement habile de ses effectifs militaires réduits, Vaudreuil parvient à repousser les armées britanniques pourtant plus importantes, de même que la milice américaine. Mais les soldats de carrière français et la milice canadienne ne font pas la guerre de la même façon, et cette différence de style crée des tensions, aggravées par l'antipathie entre Vaudreuil et le marquis de Montcalm, envoyé de France pour soutenir l'effort militaire. En 1756, Vaudreuil, malade, souhaite retourner en France. Il fait l'éloge des Canadiens et des Indiens, et critique les soldats français. Il écrit à un ami : «Le Canada se trouve actuellement dans un véritable chaos. Si je ne retourne pas en France, je vais devenir fou. Je n'ai pas reçu un mot concernant mon retour que je l'ai pourtant demandé avec force à la fin de l'année. Comme je ne peux m'attendre à rien si je devais rester paralysé dans ce pays, et que je ne peux attendre de grands remerciements pour les services indispensables que je rends ici, je retournerai en France sans permission si l'état de ma santé l'exige. À présent, c'est la guerre au Canada comme en France [...] et tout ce qui vient avec. Seuls les pauvres Canadiens ne sont pas dans ce cas, toujours partis en incursions guerrières avec les Indiens, essuyant avec eux le feu de l'ennemi.»

Vaudreuil s'oppose à la décision de Montcalm d'affronter Wolfe sur les plaines d'Abraham, et lui conseille d'attendre l'arrivée du reste de l'armée française. La bataille est perdue mais les Français tiennent encore Québec. Si les Anglais sont incapables de prendre la ville, ils devront partir avant que le Saint-Laurent ne gèle. Vaudreuil envoie un ordre au commandant de la garnison de Québec, Jean-Baptiste-Nicholas-Roch de Ramezay, lui disant de ne pas capituler, que des provisions et des renforts arriveront bientôt. Mais Ramezay a déjà négocié la capitulation de Québec, qui aura lieu le 18 septembre. (*Archives nationales du Canada, C-10612*)

vaniteux, possède un physique et un caractère qui le situent à l'opposé de Vaudreuil. Les deux hommes se méprisent et écrivent régulièrement en France pour informer leurs supérieurs des défauts que chacun voit chez l'autre.

«Monsieur Montcalm a un caractère si vif», écrit Vaudreuil au ministre de la Marine, «qu'il va jusqu'à frapper les Canadiens. Je lui ai recommandé avec insistance de voir à ce que ses officiers les traitent bien. Mais comment pourrait-il contenir ses officiers s'il est incapable de se maîtriser lui-même ? Pourrait-on donner pire exemple ? »

Vaudreuil à son tour est décrit comme «un homme timide qui ne sait ni comment prendre une résolution ni comment s'y tenir, le cas échéant». Vaudreuil maintient que Québec est en sécurité ; Montcalm, quant à lui, ne voit que sa vulnérabilité.

Les deux hommes ont aussi des conceptions opposées sur la façon de faire la guerre. Montcalm a des vues européennes, alors que Vaudreuil est partisan des tactiques de guérilla qui ont cours dans le Nouveau Monde. La stratégie européenne consiste à pousser de grandes armées à s'affronter, puis à envoyer une salve unique et bien calculée qui est censée terrasser l'ennemi. Les combats sont plutôt brefs et font de nombreux morts et blessés. On respecte le protocole, ce qui n'empêche pas cette guerre dite civilisée d'être plus destructrice que les tactiques de guérilla des Autochtones, qui, bien que cruelles, ne s'attaquent qu'à une fraction des troupes ennemies.

Lors des premiers combats, Montcalm s'empare du Fort Oswego, sur la rive sud du lac Ontario, puis le 9 août 1757, de Fort William Henry, situé à la pointe sud du lac Champlain. Il recourt à des tactiques conventionnelles, employant des canons et des soldats français. Avec une armée de 3 600 hommes, il remporte une victoire écrasante sur le major général James Abercromby et ses 15 000 soldats.

De son côté, Vaudreuil conduit une guerre d'usure. Il donne l'ordre aux Canadiens et aux Autochtones de faire des incursions chez l'ennemi. Ils attaquent une colonie d'immigrants allemands établie dans la vallée de la Mohawk; 60 habitations et greniers sont incendiés, 50 personnes sont tuées, et 32 sont scalpées. Ils font 150 prisonniers, en majorité des femmes et des enfants.

Montcalm abhorre ces tactiques de guérilla. « On ne tire plus aucun avantage à prendre quelques scalps ou à brûler quelques maisons et cela ne devrait même pas être envisagé. Petits moyens, petites idées, petits conseils qui portent sur des détails et qui sont maintenant dangereux et représentent une perte de temps. »

Mais il y a une autre objection au style de guerre canadien : c'est la crainte que les Européens n'abandonnent leur prétention à faire la guerre en gentlemen et qu'ils n'adoptent la sauvagerie du nouveau pays. Louis-Antoine de Bougainville, aide de camp de Montcalm, rapporte dans son journal ses expériences au Canada. Homme minuscule, asthmatique, souffrant d'embonpoint, Bougainville a pourtant l'esprit militaire. Il est l'auteur de deux ouvrages de mathématiques et est un fin observateur; son journal constitue un témoignage des plus pénétrants sur la guerre. Bougainville se plonge dans la culture autochtone, tout en restant attaché à sa mentalité d'Européen. « Leur âme est aussi noire que de la poix », écrit-il au sujet des Autochtones.

Bougainville n'en admire pas moins leur courage et, en homme pragmatique, il sait que les Français ont besoin du savoir-faire des Autochtones pour déceler la présence de l'ennemi. « Ils arrivent à détecter combien de gens sont passés, s'il s'agit d'Indiens ou d'Européens, si la piste est fraîche ou non, si les marcheurs sont en bonne santé ou malades, s'ils traînent des pieds ou s'ils sont pressés, s'ils se servent d'une canne pour avancer. Il est rare qu'ils se trompent. Ils peuvent suivre une piste sur 100, 200, voire 600 lieues avec une constance et une sûreté inouïes, ils ne se découragent ni ne s'égarent jamais. »

Bougainville assiste à un conseil avec les Nipissings, les Algonquins et les Iroquois, au cours duquel chacun des chefs se lève pour chanter un chant de guerre. Lorsqu'on implore Bougainville de faire de même, il suit le rythme de

LOUIS-ANTOINE DE BOUGAINVILLE (1729-1811) ◆ «L'armée anglaise au complet avança pour m'attaquer. Je réussis à me replier et me postai de telle façon à couvrir le repli de notre armée soit pour me joindre à elle, soit pour marcher à nouveau sur l'ennemi, si cela était jugé approprié.

Le lendemain, le marquis de Montcalm mourait de ses blessures. Il a mené une campagne digne de M. de Turenne et sa mort cause notre malheur. On croit nécessaire d'abandonner précipitamment le camp de Beauport et de se retirer derrière la rivière Jacques-Cartier, à onze lieues de Québec, que l'ennemi assiège sur-le-champ.

Je pris sur moi (avec l'approbation du marquis de Vaudreuil) de demeurer avec mon corps d'armée à Cap-Rouge et Lorette. Je rassemblai le reste de notre armée et fit des provisions pour une expédition contre Québec.

Le dix-huit, je marchai avec 600 hommes pour me jeter dans [Québec] et le chevalier de Lévis, arrivé la veille au soir de Montréal, avança l'armée pour se retrouver à portée de l'attaque des Anglais. J'étais seulement à trois quarts d'une lieue de Québec lorsque j'appris que la ville s'était rendue après 68 jours de bombardements. Je dus rebrousser chemin car l'armée anglaise se déplaçait et marchait contre moi.

Ceci mit fin à ce qui, jusqu'à ce moment, était la meilleure campagne du monde. Nous passâmes trois mois en bivouac. Tout de même, les Anglais ne tiennent que les murs et le Roi tient la colonie.» Dernier article tiré des *Journaux américains* de Louis-Antoine de Bougainville, 1756-1760. (*Collection Granger*)

la musique en répétant la phrase «Foulez aux pieds les Anglais» jusqu'à épuisement. Le lendemain soir, lors d'une cérémonie tribale, les Iroquois l'adoptent et lui donnent le nom de Garionatsigoa, qui signifie «Grand ciel en colère». «Me voici devenu chef de guerre iroquois!», écrit-il dans son journal.

Malgré le rang qu'il occupe, Bougainville voit l'alliance avec les Autochtones comme un mal nécessaire. Il déplore le fait que des dizaines de nations autochtones soient décentralisées et que la décision de faire la guerre nécessite de longues consultations qui, dans l'esprit des Français, représentent une perte de temps. Les Autochtones posent également des problèmes d'ordre logistique. Les récoltes sont mauvaises et la nourriture peu abondante; nourrir plusieurs milliers d'hommes supplémentaires est une charge et Bougainville ne peut croire à l'extraordinaire appétit des Autochtones. Il arrive aussi que les Autochtones tuent des colons français. Bougainville craint que leur sauvagerie ne soit contagieuse et que les Européens ne perdent une partie d'eux-mêmes à leur contact.

Il arrive que leur mentalité européenne unisse les Britanniques et les Français contre les Indiens. Ainsi, lorsqu'en 1757 les Britanniques livrent Fort William Henry à Montcalm, les Autochtones estiment que le butin de guerre leur revient. Lorsqu'ils se mettent à arracher leurs vêtements aux soldats anglais et à les massacrer, les Français bondissent au secours de ces derniers. «Le marquis de Montcalm s'élança en entendant le bruit, écrit Bougainville. [...] Plusieurs officiers français ont risqué leur vie en arrachant les Anglais des mains des Indiens. [...] Finalement, le calme revint et le marquis de Montcalm reprit immédiatement des mains des Indiens 400 de ces malheureux hommes auxquels il fit donner des vêtements. Les officiers français partagèrent avec les

LOUISBOURG EN 1764 ◆ Après la prise de Louisbourg en 1758, les Anglais détruisent la forteresse avec un zèle tout particulier. « Le Roi a résolu que ladite forteresse, de même que toutes les installations et les défenses du port, soient démolies de la façon la plus efficace et la plus totale, je vous signifie qu'il est du bon plaisir de Sa Majesté d'agir aussi promptement que la saison le permet, et de prendre soin de la façon la plus opportune et la plus efficace pour que toutes les fortifications de la ville de Louisbourg, de même que toutes les installations et défenses quelles qu'elles soient, appartenant soit à ladite place, soit au port, se trouvent totalement et sur-le-champ démolies et rasées, et que tous les matériaux soient si totalement détruits qu'aucun usage ne puisse jamais plus être fait de ces derniers. » Lettre de William Pitt au major général Jeffery Amherst. (*Archives nationales du Canada*, C-5907)

officiers anglais les quelques vêtements qu'ils avaient en plus. » Vaudreuil réussit à rançonner quelques-uns des prisonniers que les Indiens avaient emmenés, bien que certains aient été tués et qu'un prisonnier ait été mangé.

Pour les Britanniques, un tel traitement viole les règles de la guerre et ils en tiennent les Français responsables. Ils refusent d'ailleurs de respecter les conditions de capitulation sur lesquelles ils s'étaient entendus. La guerre à l'européenne et son protocole archaïque sont en perte de vitesse.

En France, les nouvelles des victoires militaires sont bien accueillies, mais la colonie souffre. Elle traverse une période de famine, on mange de la viande de cheval, la variole sévit, l'époque est aux combats sauvages et aux alliances problématiques. À Québec, au mois d'avril de l'année 1757, les citoyens voient leurs maigres rations réduites à deux onces de pain par jour. Un mois plus tard, il n'y a plus de pain du tout. Un sentiment de désespoir profond règne parmi les colons français. L'année suivante, Voltaire exprimera ce sentiment dans *Candide*, se demandant s'il vaut la peine de se battre pour « quelques arpents de neige ».

Les Britanniques et leurs alliés sont défaits en Europe, et le premier ministre William Pitt est fermement déterminé à concentrer les ressources de la

Sir Jeffery Amherst reçoit le nouveau grade de major général en Amérique et commande l'armée envoyée pour s'emparer de Louisbourg. Bien qu'Amherst ait 40 ans à l'époque, il est seulement un officier subalterne et il n'a jamais commandé de troupes sur le terrain. Le roi George II n'est pas convaincu qu'il soit l'homme de la situation, mais le duc de Newcastle, alors premier ministre, s'adresse à la maîtresse du roi, Lady Yarmouth, lui demandant de faire pression en faveur d'Amherst. Le roi accepte, et Amherst part en mars 1758. (*Musée des beaux-arts du Canada, 8004*)

Grande-Bretagne en Amérique du Nord. S'ils ne peuvent battre les Français en Europe, peut-être pourront-ils leur porter un coup décisif au Canada.

La première étape consiste à prendre Louisbourg, la forteresse française qui défend l'entrée du Saint-Laurent. Le fort est situé sur l'île Royale, et la ville fortifiée est devenue le symbole honni des Britanniques. C'est le centre de l'industrie de la pêche des Français, le site militaire le plus important et la base d'entraînement de la marine française. Les corsaires français utilisent Louisbourg comme base pour piller les vaisseaux anglais et, en 1744, ils capturent un avant-poste de pêche à Canso, en Nouvelle-Écosse, qui appartient à la Nouvelle-Angleterre. Un an plus tard, exaspérés par ces attaques, une armée de la Nouvelle-Angleterre attaque Louisbourg. C'est une collection hétéroclite de vaisseaux et de citoyens aidés par une force navale britannique venue des Antilles. Après avoir résisté à un siège de sept semaines, la forteresse se rend et ses occupants sont déportés en France. Mais le traité de paix de 1748 restitue Louisbourg à la France.

Symbole de la puissance de l'empire français, Louisbourg est à présent défendue par une garnison composée de 2400 hommes, 400 miliciens et 10 vaisseaux de guerre. En 1758, les Britanniques envoient une armée massive — 39 vaisseaux, plus de 12 000 hommes et presque 2000 canons — pour attaquer la forteresse.

Avant d'assiéger la place, on n'oublie pas l'étiquette. Aussi le commandant britannique, le général Jeffery Amherst, envoie-t-il deux ananas à Marie-Anne Drucourt, l'épouse du gouverneur français Augustin de Drucourt. En échange, le gouverneur fait parvenir à Amherst plusieurs bouteilles de champagne. Après quoi le bombardement commence et les canonnières britanniques font pleuvoir des centaines d'obus sur la ville. « Toutes les femmes et un grand nombre de petits enfants sortirent en courant dans tous les sens, ne sachant où aller au milieu des bombes et des balles qui tombaient de tout côté, rapporte Drucourt. Il semble que l'intention des Britanniques ne soit pas simplement de faire tomber les murs, mais de tuer tout le monde et de brûler la ville. » L'hôpital est détruit et il n'y a presque plus de provisions. Marie-Anne Drucourt commande elle-même le tir de trois canons, et les canonniers lui donnent le surnom de « la Bombardière ».

Le gouverneur Drucourt sait que Louisbourg ne peut pas résister à l'attaque des Britanniques. Son plan est simple : s'il parvient à retarder les vaisseaux anglais jusqu'à la mi-été, ces derniers n'auront pas le temps de poursuivre leur route en remontant le Saint-Laurent, ni d'attaquer Québec avant l'hiver. À la fin du mois de juillet, le siège dure depuis presque deux mois. La ville croule sous les décombres, il ne reste pratiquement rien des batteries, seuls cinq canons sont encore en état de tirer et les murs sont à ce point démolis que l'ennemi pourrait entrer s'il était capable de débarquer sur la côte rocheuse. Les morts s'empilent comme du bois de corde.

Drucourt estime qu'il a tenu assez longtemps pour retarder les Britanniques, et le 26 juillet il écrit au général Amherst pour lui offrir de discuter les conditions de la capitulation. Cinglant, Amherst donne à ses ennemis une heure pour se constituer prisonniers. Drucourt accepte les conditions et se rend, provoquant la colère de tous. Le peuple le honnit pour lui avoir imposé un siège aussi long, et les soldats le méprisent pour avoir capitulé. La veille, durant toute la nuit, les prêtres, craignant que Louisbourg ne tombe aux mains des protestants, célèbrent des mariages. En trois ans de combats, c'est la première victoire importante que remportent les Britanniques.

Les habitants de Louisbourg sont déportés et, en France, Drucourt est disgracié pour avoir abandonné la forteresse. Il s'éteint quatre ans plus tard dans la pauvreté. Marie-Anne, la Bombardière, meurt deux mois après. William Pitt donne l'ordre que « Louisbourg soit totalement démolie et rasée ».

Parmi les envahisseurs britanniques se trouve un brigadier général de 31 ans du nom de James Wolfe. Il s'est distingué en réussissant le premier débarquement dans l'île Royale, à l'anse de la Cormorandière, en un lieu où les récifs sont si dangereux que les Français ont jugé inutile de le défendre.

Wolfe estime qu'il a encore le temps de remonter le Saint-Laurent et de prendre Québec dans la même année, mais Amherst et les autres commandants ne sont pas de cet avis. En apprenant l'exploit de Wolfe à Louisbourg, William Pitt décide qu'il est l'homme qui conduira l'attaque de Québec. Il fait dire à Wolfe de rester au Canada, mais ce dernier est déjà parti passer l'hiver à Londres.

À la fois ambitieux et peu sûr de lui, Wolfe s'inquiète devant l'immensité de sa nouvelle tâche. À son oncle, le major Walter Wolfe, il écrit : « Le manque de préparation de certains des vieux officiers a, dans une certaine mesure, contraint le gouvernement à se rabattre sur moi. Je ferai de mon mieux et laisserai le reste à la chance comme nous sommes forcés de le faire en l'absence de meilleurs talents. » D'autres partagent ses doutes. Même William Pitt, qui l'a nommé, est inquiet. Un soir, lors d'un dîner chez ce dernier, Wolfe quitte la table, dégaine son épée et fait semblant de taillader un ennemi imaginaire. Pitt s'inquiète vivement de cette scène. Wolfe pourtant n'est pas ivre, et plusieurs convives suggèrent qu'il est peut-être fou. Le roi George II accueille la nouvelle de l'incident avec bonne humeur : « J'espère qu'il [ce fou] mordra quelques-uns de mes généraux ! »

Malgré son physique frêle et les doutes qu'il entretient sur lui-même, Wolfe est animé d'un véritable zèle pour la guerre. Les diverses afflictions dont il souffre ne font qu'attiser son esprit fataliste. À 31 ans, c'est un homme en marche vers sa tombe qui cherche une fin noble et qui se conduit en conséquence.

Wolfe est au courant de la situation militaire qui prévaut au Canada et cela ne l'enchante guère. « [Le général James] Ambercromby est un homme pesant et Brig Provost le plus détestable chien que la terre ait porté, au dire de tous, écrit-il, ces deux principaux officiers se haïssent mutuellement, et servir dans de telles circonstances n'est pas une affaire bien plaisante. »

Le climat n'arrange pas les choses. Ainsi, dans une lettre adressée à sa mère, Wolfe écrit: «Dans ce pays, au début de la saison, je veux dire les mois d'avril et mai, le froid est intolérable et déplaisant — en juin et juillet il y a du brouillard, en août il pleut — en septembre il y a toujours une tempête — octobre est en général un mois sec et où il fait beau temps et l'hiver commence au début de novembre.» Il a le sentiment que les gens ne valent guère mieux que le climat. Ce qui fait l'intérêt du pays, d'après Wolfe, ce sont ses immenses richesses naturelles.

Wolfe quitte Londres avec le quart de la marine britannique, qui est sous le commandement de l'amiral Charles Saunders. C'est une flotte extraordinaire qui compte 29 navires de haut bord, chacun portant jusqu'à 800 personnes, 22 frégates, 80 navires de transport et environ 55 petites embarcations. Ils transportent 15 000 soldats, 2 000 canons et 40 000 boulets, des chirurgiens, des pasteurs, des prostituées, des enfants et du bétail. La flotte s'étend sur 150 km, véritable ville flottante dont la population est plus importante que celle de Québec.

Comme les Anglais remontent le fleuve, ils aperçoivent les habitants des petits villages et les fermiers sur les rives qui font leurs préparatifs de départ. «Nous avons maintenant des colonies de chaque côté de nous», écrit John Knox, un lieutenant irlandais qui se trouve à bord du *Success*. Knox tient un journal qui, du côté anglais, constitue le compte rendu le plus précis de la guerre. «La terre est inhabituellement élevée au-dessus du niveau de l'eau et nous apercevons de grands feux qui servent de signaux partout devant nous [...] sur la rive sud, les gens de la campagne chargent leurs effets dans des charrettes, et partent sous escorte armée à une grande distance de là.»

Wolfe est venu combattre les Français, non les Canadiens. Espérant décourager les habitants de se joindre au combat, il écrit un manifeste en français qu'il fait clouer à la porte d'une église de Beaumont. «La formidable force de frappe tant maritime que terrestre que les gens du Canada aperçoivent à présent au cœur de leur pays est là par la volonté du roi mon maître dans le but de mettre un terme à l'insolence de la France, venger les insultes qui ont été faites aux colonies britanniques et priver totalement les Français de leur colonie la plus précieuse en Amérique du Nord.» Wolfe affirme que le roi d'Angleterre n'a rien contre le «paysan industrieux» et qu'il s'attend à ce que celui-ci reste en dehors de cette guerre essentiellement européenne. «Si les Canadiens devaient se joindre au combat, avertit Wolfe, ils seraient écrasés sans merci, et leurs maisons et leurs récoltes seraient détruites.» Ces paroles ne font que renforcer les Canadiens dans leur résolution et les hommes de Wolfe sont continuellement harcelés par les tirs de garçons de ferme et de vieillards qui se cachent dans les bois.

Le 27 juin 1759, Wolfe débarque à l'île d'Orléans. C'est la première occasion qu'a Wolfe de voir la forteresse de Québec, et c'est une vue décourageante. Les falaises et les murs de l'enceinte sont imposants, et la rive nord est défendue sur une distance de sept milles en aval par plusieurs milliers de soldats. Il doit renoncer au plan qu'il avait de débarquer dans les battures de Beauport, en contrebas de la ville, et trouver une autre façon d'attaquer Québec.

La rive est fortifiée en partie parce que les Canadiens ont intercepté des renseignements que passaient des espions. Bougainville, qui est allé en France pour l'hiver, met la main sur une lettre écrite par le général Amherst dans laquelle il expose en détail le plan de Pitt pour prendre Québec. Les Anglais comptent faire débarquer leurs troupes en aval, et approcher Québec par l'est. À présent, Montcalm a une longueur d'avance sur ce qui va devenir une partie d'échecs entre les deux généraux.

Le 28 juin à minuit, alors que Wolfe tente de mettre sur pied un nouveau plan, Montcalm lance sa propre attaque. Des bateaux et des radeaux chargés de poudre à canon sont enchaînés les uns aux autres et envoyés avec le courant en direction de la flotte anglaise. À bord de chaque bateau, un homme attend le signal pour mettre feu à sa cargaison avant de plonger dans le fleuve. Mais une des charges explose trop tôt, et les hommes, croyant arrivé le signal attendu, mettent le feu à leurs embarcations, supprimant l'effet de surprise.

« Rien ne pouvait être plus effrayant que ces engins infernaux lorsqu'ils nous sont apparus la première fois, écrit John Knox. Ce sont certainement les plus grands feux d'artifice (si je peux les appeler ainsi) qui puissent jamais se concevoir, les circonstances ayant contribué à leur terrible et magnifique apparence. La nuit était calme et sereine, seules brillaient les étoiles, mais l'éclat des feux flottants a tout éclipsé [...] les nuages épais de fumée causés par le tir du canon, l'éclatement des grenades, le crépitement des autres combustibles, tout cela a retenti dans les airs et dans les bois adjacents [...] offrant un spectacle qui selon moi défiait toute description. » Les embarcations manquent leur cible et brûlent inutilement jusqu'au matin.

On tente de renouveler l'expérience, mais sans succès. Wolfe, furieux de la tactique utilisée par Montcalm, lui adresse une lettre qui se lit ainsi : « Si vous envoyez encore vos radeaux enflammés, ils serviront rapidement de point d'amarre aux deux navires à bord desquels se trouvent les prisonniers canadiens, afin qu'ils périssent de votre basse invention. »

Montcalm est à la tête d'une armée de 15 000 hommes, mais il sait qu'il aura besoin de renfort. Avant que l'hiver ne rende le Saint-Laurent impraticable, il a envoyé un message à la France demandant 4000 hommes. La réponse précède l'arrivée de Wolfe et de sa flotte. Bougainville est à bord d'un des vaisseaux. Il a bien avec lui des provisions, mais il n'a que 400 soldats. Le ministre français de la Marine, préoccupé par la guerre en Europe, déclare : « Nous ne pouvons nous soucier des étables lorsque la maison brûle. » Pire encore, bon nombre des nouveaux soldats sont malades ou meurent de la fièvre. L'hôpital de Québec ne peut accueillir tous les soldats souffrants, et certains seront envoyés à l'Hôpital Général, situé en dehors des murs. Dix religieuses périssent après avoir contracté la fièvre. Au lieu des renforts attendus, Montcalm doit faire face à une épidémie qui épuise les maigres ressources dont dispose la ville. En outre, les nouvelles qu'il reçoit de chez lui sont

«Brûlots» français attaquant la flotte anglaise à Québec, en 1759. (*Dominic Serres, Samuel Scott, Archives nationales du Canada, C-004291*)

désolantes. Une de ses filles est décédée, et il ne saura jamais laquelle. Dans la dernière lettre qu'il envoie à sa femme, il écrit: «Adieu, mon cœur! Je crois que je t'aime plus que jamais.»

Wolfe est lui aussi accablé. Défiant les protestations vigoureuses de sa mère, il s'est fiancé à Katherine Lowther peu avant de partir pour le Canada. Ils ne passeront ensemble que quelques semaines. Lorsqu'ils se quittent, elle lui offre un médaillon qui contient son portrait et qu'il porte autour de son cou, ainsi qu'une copie du poème de Thomas Gray, *Élégie écrite dans un cimetière de campagne*, dont il lit fréquemment des passages. «La vanité de l'héraldique, le pouvoir et ses pompes, et toute cette beauté, tout ce que la richesse a jamais apporté, est dans l'attente identique de l'heure inéluctable. Les chemins de la gloire ne conduisent qu'à la tombe.»

Ce passage sied parfaitement à Wolfe qui a toujours eu le pressentiment qu'il mourrait jeune. Montcalm prédit la défaite militaire des Français au Canada, écrivant au ministre de la Guerre que l'issue est inévitable. À la veille d'une des plus grandes batailles de l'histoire, aucun des deux généraux ne se montre très optimiste.

Le combat débute par le siège de Québec. La ville qui a déjà plus de 150 ans est un centre urbain élégant qui abrite quelques exemples des réalisations architecturales calquées sur celles de la France. Parmi les aristocrates de la ville se trouve Angélique-Geneviève Péan, l'épouse de Michel-Jean-Hugues Péan, adjudant-major de Québec. «Sa demeure est le lieu de rendez-vous de toutes les personnes élégantes qui suivent la mode de Paris», note un témoin du temps.

MADAME DE POMPADOUR ◆ La maîtresse de Louis XV est décrite comme une femme « que chaque homme aimerait avoir comme maîtresse et qui était très grande pour une femme, mais pas trop. Un visage rond, aux traits réguliers, un teint superbe, très bien faite, des mains et des bras superbes, des yeux plus jolis que grands mais qui possédaient un feu, un esprit, une vivacité que je n'ai jamais vus chez aucune autre femme. Ses formes et ses mouvements étaient empreints d'une même rondeur. »

Elle est aussi une conseillère du roi influente et efficace, servant de médiatrice avec d'autres puissances européennes. Elle règne à la cour et prend un intérêt actif dans la guerre de Sept Ans, faisant remplacer les peintures de son boudoir par de grandes cartes. Elle suit les victoires et les défaites françaises, et marque leur emplacement de mouches [morceaux de taffetas] qu'elle prend sur sa table de toilette. (*François Boucher, Madame de Pompadour, Alte Pinakothek, Munich, Bridgeman Art Library,* BAL *8545*)

Paris sert aussi de modèle à Angélique, âgée de 25 ans, qui devient la maîtresse de l'intendant François Bigot, qui en a 45. Son époux, en homme pragmatique, ferme les yeux sur la liaison et profite de ses contacts. En France, la maîtresse du roi Louis XV, Madame de Pompadour, règne en alliant beauté, charme et astuce. Angélique suit son exemple et montre ses talents de fine médiatrice. De somptueux dîners sont organisés, ainsi que des divertissements. On joue à l'excès. C'est une société corrompue et débauchée, dans laquelle évoluent Vaudreuil et, à contrecœur, Montcalm qui critique ces mœurs.

La manière avec laquelle François Bigot exerce ses fonctions en Nouvelle-France est un savant mélange de corruption, de compétence et de faible enthousiasme. À plusieurs reprises, il exprime le désir d'obtenir un poste en France, sans succès. Lorsqu'il se retrouve coincé à Québec, il s'en console en amassant une fortune personnelle. On l'accuse d'affamer le peuple de Nouvelle-France de façon systématique, et le paternalisme dont il fait preuve est poussé à l'excès. Mais il rétablit l'ordre, fait paver les rues et réduit le nombre d'exécutions publiques. En fait, Bigot agit comme le font les gouverneurs de la plupart des colonies, c'est-à-dire à son propre avantage, selon un modèle de gouvernement emprunté à Paris.

Les excès des administrateurs offrent un contraste saisissant avec la quasi-famine du peuple. Les citoyens de la Nouvelle-France forment déjà la cinquième génération de Canadiens, et le fossé qui existe entre eux et les Français est considérable, et ne fait que se creuser davantage. Montcalm est très conscient de ces divisions à l'intérieur de la Nouvelle-France, mais il est résigné à faire son travail de protecteur. «Je ferai tout ce qui est en mon pouvoir pour sauver cette colonie malheureuse, ou bien je mourrai», déclare-t-il. Bougainville écrit une lettre à sa famille au sujet du ressentiment qui existe entre Français et Canadiens: «Quel pays, mon cher frère, et quelle patience il faut déployer; les gens sont prêts à faire n'importe quoi pour nous humilier. On dirait que nous appartenons à une nation différente, hostile même.»

Tandis que l'aristocratie continue à jouer et les citadins à endurer, les religieuses se battent pour instaurer un climat moral plus convenable. Elles combattent les modes osées qui arrivent chaque printemps de France et qui à l'occasion sont un affront à la décence. Elles font également office d'infirmières, d'éducatrices et de travailleuses sociales. Elles développent leurs talents en affaires, et on peut dire qu'elles jettent un pont entre tous ces citoyens disparates. Les religieuses s'avèrent être la ressource la plus précieuse que possède la ville de Québec au cours de son siège long et destructeur.

Le 12 juillet, à neuf heures du soir, une fusée éclaire brièvement le ciel pâle et donne le signal de l'assaut. Canons et mortiers tirent jusqu'au matin, lançant à travers les rues des boulets qui abattent les murs. Des boules incendiaires fabriquées à l'aide de paniers de fer remplis de poix, de goudron et de poudre à canon sont lancés par-dessus les murs et sèment la destruction. Marie de la Visitation est la supérieure des religieuses qui dirigent l'Hôpital Général et, désespérée, elle décrit la scène dans une lettre: «À présent, chères mères, efforçons-nous de vous donner quelques détails d'une guerre et d'une captivité

que nos péchés ont attirées sur nous. [...] En une nuit, plus de 50 des meilleures maisons de la basse-ville ont été détruites. Les caves contenant de la marchandise et de nombreux articles précieux n'ont pas échappé aux effets désastreux de l'artillerie. Pendant la redoutable déflagration, nous faisions l'offrande de nos larmes et de nos prières au pied de l'autel, puis retournions bien vite prodiguer les soins nécessaires aux blessés. » Le 10 août, un obus met le feu aux tonneaux de cognac qui se trouvent dans une cave. Les flammes se répandent, brûlant l'église de Notre-Dame-des-Victoires. L'élégante église s'effondre et il ne reste plus qu'un demi-mur en ruines. Le toit de l'église des Récollets est transpercé par les boulets de canon et ses bancs sont écrasés, ne formant plus qu'un amas inutile de bois de charpente. L'église des Jésuites et le couvent connaissent le même sort. Au matin du onze, plus de la moitié de la ville est en ruines.

« Pour ajouter à ces malchances, écrit Marie de la Visitation, nous devons combattre plus d'un ennemi. En effet, la famine, qui est toujours inséparable de la guerre, menace de nous réduire aux dernières extrémités. Plus de 600 personnes de notre édifice et des environs viennent partager nos faibles moyens de subsistance, fournis par les magasins du gouvernement, lesquels sont sur le point de manquer des fournitures dont les troupes ont besoin. Au milieu de cette désolation, le Tout-Puissant, enclin à nous mortifier et à nous priver de notre subsistance que nous avons probablement amassée contre son gré, et avec une avidité trop grande, a, dans sa grande miséricorde, préservé nos vies qui sont chaque jour mises en péril, du sort que connaît présentement

Vue de la cathédrale de Québec, du collège des Jésuites et de l'église des Récollets, prise du portail de la Maison du gouverneur, en 1761. (Archives nationales du Canada, C-361)

Vue de l'intérieur de l'église
des Jésuites, Québec, 1761.
(*Richard Short, Archives nationales
du Canada, C-351*)

le pays. Notre ennemi, informé de notre grand dénuement, se contente de bombarder nos murs, désespérant de nous vaincre, excepté par la privation de nourriture. »

Wolfe veut plus que bombarder les murs de la ville. Dans une lettre qu'il adresse à sa mère, il exprime ainsi sa frustration : « Mon adversaire a pris la sage décision de demeurer silencieux dans des retranchements inaccessibles, de sorte que je ne peux l'atteindre sans faire couler un torrent de sang, et peut-être sans grand résultat. Le marquis de Montcalm est à la tête d'un grand nombre de mauvais soldats et je suis à la tête d'un petit nombre de bons soldats, qui ne souhaitent rien autant que de le combattre — mais le vieux bonhomme est sur ses gardes et ne tente aucune action, incertain de la réaction de son armée. »

Wolfe doit ramener ses troupes en Angleterre avant que les glaces ne rendent le Saint-Laurent impraticable. Tandis qu'il attend que la famine fasse sortir l'ennemi, il endure les incessantes escarmouches avec des Autochtones et des Canadiens qui font de nombreux morts et blessés. Les Français sont pilonnés et les forces des Britanniques s'étiolent. Si Montcalm parvient à tenir bon, il sortira vainqueur de cette guerre d'usure.

Wolfe doit faire face à une opposition au sein de son propre camp. Ses trois généraux de brigade sont des aristocrates. James Murray, Robert Monckton et George Townshend voient leur chef comme un officier de carrière issu de la classe moyenne et doutent qu'il possède la volonté ou l'imagination nécessaires pour s'acquitter de sa tâche. Townshend fait des caricatures de Wolfe dont le physique disgracieux se prête bien au genre. Un des dessins passe de main en main dans la tente des officiers et finit par être intercepté par Wolfe en personne. Il y jette un coup d'œil, puis chiffonne le papier. « Si je vis, dit-il, une enquête sera faite, mais pour l'instant, il s'agit de battre l'ennemi. »

Townshend n'est pas découvert, mais il ne peut cacher son mécontentement. « Je n'ai jamais servi dans une campagne aussi désagréable que celle-ci, écrit-il. Notre armée inégale a réduit nos opérations à un théâtre d'échauffourées, de cruauté et de dévastation. C'est une guerre de la pire sorte qui soit. Une situation dans laquelle je ne devrais pas me trouver [...] la santé du général Wolfe est très mauvaise. À mon humble avis — sa tactique ne vaut guère mieux, cela dit entre nous. Il n'a consulté aucun d'entre nous jusqu'à la fin août, de sorte que nous n'avons à répondre de rien . »

Wolfe est pris entre deux feux : d'un côté, l'inaction exaspérante de Montcalm et, de l'autre, les doutes de ses officiers à son égard, et les constantes rébellions de son corps d'armée. Il ne parvient pas à décider comment attaquer, et la fin de l'été approche. Les généraux de brigade sont d'avis que Wolfe devrait débarquer en amont et prendre l'initiative d'une attaque à Pointe-aux-Trembles ou à Deschambault. Wolfe est dépassé. Il donne trois ordres différents en l'espace de cinq heures et les annule sitôt donnés.

Sans consulter ses officiers, il ordonne une invasion à Beauport, où l'armée de Montcalm est retranchée. Quatre mille hommes débarquent sur le rivage et gravissent la colline fortifiée. Ils sont forcés de reculer sans même pouvoir riposter. Quatre cent quarante Anglais sont tués ou blessés, contre 70 Français. Le marquis de Vaudreuil observe la victoire française des hauteurs et annonce que Québec est en sécurité.

Le général George Townshend. (*Gilbert Stuart, Royal Ontario Museum*)

« Lorsque les Français sont dans l'embarras, écrit Wolfe, ils n'hésitent pas à se lamenter au nom de l'espèce humaine ; mais lorsque la fortune leur sourit, nul n'est plus sanguinaire, plus inhumain qu'eux. Montcalm a changé la nature même de la guerre et, dans une certaine mesure, il nous a poussés à nous venger d'une façon dure et dissuasive. »

Wolfe, qui a participé à la sanglante et barbare bataille de Culloden, où les blessés furent massacrés alors qu'ils étaient couchés au sol, est de mauvaise foi. Il est venu à Québec déterminé à la bataille, quitte à tuer les civils si nécessaire. Le 6 mars, dans une lettre adressée à Jeffery Amherst, il écrit : « Si, à cause d'un accident dans le fleuve, de la résistance de l'ennemi, de la maladie ou d'un massacre dans l'armée, ou pour toute autre raison, nous pensons qu'il est peu probable que Québec tombe entre nos mains, je propose d'incendier la ville à l'aide d'obus, de détruire les récoltes, les maisons, le bétail [...] et de laisser la désolation et la famine derrière moi. »

Après la défaite de Beauport, Wolfe donne l'ordre de brûler la campagne de Kamouraska jusqu'à la pointe de Lévy. Ainsi, ses hommes mettent le feu à 23 villages et à 1400 fermes. La tâche répugne à certains de ses hommes.

« Le temps a été extrêmement défavorable pendant un jour ou deux et nous avons dû cesser nos activités. Je suis apte à faire le travail, mais ma constitution est dans un état lamentable et je n'ai pas la consolation d'avoir rendu aucun service considérable à l'État, ni l'espoir de lui en rendre. » Dernière lettre de Wolfe, datée du 9 septembre 1759 et adressée à Lord Holdernesse. (*J. S. C. Schaak, National Portrait Gallery, Londres*)

Le lieutenant Malcolm Fraser, du 78e Highlanders, fait la description suivante : « Il y avait plusieurs ennemis morts et blessés, et on en fit quelques-uns prisonniers, que le barbare capitaine Montgomery qui nous commandait donna l'ordre de massacrer de la manière la plus inhumaine et la plus cruelle, et il exécuta même deux hommes que je lui avais envoyés après les avoir fait prisonniers. »

Un étrange décorum accompagne cette boucherie. Ainsi, lorsqu'on conduit les prisonniers de Pointe-aux-Trembles, Wolfe convie certaines femmes de la noblesse à dîner avec lui dans sa tente. Ils bavardent joyeusement en français, évoquant leurs souvenirs parisiens, plaisantant sur la répugnance de Montcalm à s'aventurer hors des murs.

Le 19 août, Wolfe est frappé par la fièvre, il doit garder le lit. Il est consumé par le doute. Il vient d'apprendre la mort de son père et, dans sa dernière lettre à sa mère, il écrit qu'il compte quitter l'armée à la première occasion. Il ne reste que quatre semaines avant qu'il ne soit contraint de ramener la marine de guerre la plus puissante au monde en Angleterre pour l'hiver. Le cas échéant, il deviendra un symbole national d'impuissance et verra sa réputation ruinée à tout jamais.

Montcalm est également rongé par l'incertitude. Il a écrit plus tôt au ministre de la Guerre, lui demandant de le rappeler en France. Ce pays violent a ruiné sa santé et ses finances, dit-il. Il a un découvert de 30 000 livres. Il s'ennuie de sa femme et se désespère des contradictions et des alliances désagréables que son poste l'oblige à accepter. Dans une lettre adressée au chevalier de Lévis, son second, il demande : « Quand donc le diable mettra-t-il fin à cette pièce canadienne, et au rôle que nous y jouons ? »

Alors que l'automne approche, Wolfe est affaibli. « Je me retrouve si malade et je suis encore si faible, écrit-il, que j'ai prié les officiers de se consulter pour le service général. Tous sont d'avis [...] qu'il faut tirer l'ennemi de sa situation présente et le forcer à agir. J'ai donné mon assentiment à leur proposition et nous nous préparons à la mettre à exécution. »

Les trois généraux de brigade de Wolfe planifient une invasion à 50 km en amont, entre Pointe-aux-Trembles et Saint-Augustin. Le 9 septembre, 5000 hommes qui se trouvent à bord de chalands de débarquement sont prêts à passer à l'attaque, mais la pluie les retarde.

Le lendemain, Wolfe se rend en amont pour surveiller l'imposante rive nord et se demande comment en venir à bout. Une idée lui vient, qui rappelle son débarquement suicidaire de l'anse de la Cormorandière. À la consternation de ses officiers, il annule le plan prévu et peu avant minuit, le 12 septembre, il débarque entre quatre et cinq cents hommes en amont de l'anse au Foulon, une position qui n'offre aucune route possible pour se rendre à la forteresse. Ils mettent six heures à escalader un étroit sentier de chèvres sur le flanc de la falaise de 50 m, puis, arrivés au sommet, ils maîtrisent les sentinelles françaises.

Vue de la prise de Québec.
(*Archives nationales du Canada, C-001078*)

À cinq heures du matin, Wolfe se tient sur les plaines d'Abraham, un champ de maïs abandonné où poussent quelques buissons. Une petite colline, la Butte-à-Neveu, cache Québec. Parce que son sommet se trouve à portée de canon de Québec, Wolfe doit placer ses hommes en contrebas. Il n'y a pas suffisamment de troupes pour former la triple colonne habituelle que préfèrent les Britanniques, où les soldats, suivant une délicate chorégraphie en trois temps, tirent, s'agenouillent, puis rechargent leur arme. Au lieu de cela, il forme deux colonnes et donne l'ordre aux hommes de placer deux balles dans leur mousquet pour en maximiser la puissance de tir.

Montcalm est alors à Beauport avec le gros de ses troupes, attendant un autre assaut entêté des Britanniques. Il sait aussi bien que Wolfe que le temps commence à manquer ; un assaut final devra être tenté, sans quoi la flotte britannique devra regagner l'Angleterre dans l'ignominie. Les hommes de Montcalm ont passé la nuit debout et, au moment où l'armée de Wolfe se rassemble sur les plaines, les soldats français s'apprêtent à se coucher. Les Britanniques sont bientôt repérés et la nouvelle trouve un Montcalm incrédule, qui ordonne à son armée de se réveiller. Montcalm la conduit rapidement à Québec, qui se trouve à une heure de marche. Bougainville est à trois heures de distance, avec ses 3000 soldats postés en prévision d'un débarquement plus loin en amont. Lorsqu'il reçoit le message du débarquement anglais, il rassemble ses troupes et marche vers l'est.

Sur les plaines, le régiment de Wolfe s'est rassemblé, formant une curieuse mosaïque. Les Highlanders du 78ᵉ régiment, connus sous le nom de Fraser Highlanders, sont accompagnés de leurs cornemuseurs. Ils étaient à Culloden, où certains se sont battus pour le « Bonnie Prince Charlie ». À présent, ils se retrouvent sous le commandement d'un homme qui a combattu avec les armées du roi d'Angleterre, dans ce désastre historique. C'est Wolfe qui avait suggéré de recruter des Highlanders comme mercenaires, car il avait remarqué leur férocité et leur intrépidité. Néanmoins, il admet que cela ne sera pas « un trop grand mal » s'ils sont tués au combat. James Thompson, Simon

Fraser, Alexander Fraser — tels sont les noms des hommes issus de familles catholiques des Highlands, dont les maisons ont été détruites par les Anglais. À présent, ils travaillent pour ces derniers, faisant ce qu'ils savent faire le mieux — se battre —, mais cette fois contre d'autres catholiques. Ils ont la réputation d'être une des unités les plus dures de l'armée britannique. Plus près des falaises se trouve le 35ᵉ régiment, composé en majeure partie de fermiers et de travailleurs irlandais au chômage, des hommes comme Michael Clinton, John Darby, Abel Skittle. Il y a aussi le 43ᵉ, commandé par John Knox et composé de jeunes gens des Midlands, également sans emploi — les James Rutherford, Robert Acton, Edward Stone.

Les soldats français avancent contre cette étrange armée; ils vivent de demi-rations depuis des mois et n'ont pas dormi depuis 36 heures. Eux aussi sont sans terre et sans emploi, et ils arborent des noms de guerre romantiques. François Mouet, 24 ans, Sansquartier; Antoine Mouret, 21 ans, LaDouceur; Barthélemy Girave, 27 ans, Prestaboire. Tout comme les soldats ennemis, peu d'entre eux ont entendu parler de Québec avant de traverser l'Atlantique.

L'armée française est rejointe par la milice canadienne — les Boucher, Repentigny, Courtemanche, d'Argenteuil — qui défendent 150 ans d'histoire, de terre et de famille.

Les Français ont également leurs alliés autochtones, des guerriers iroquois et algonquins qui sont féroces au combat, mais plus souples en ce qui concerne l'issue de l'affrontement entre ces deux tribus guerrières venues d'Europe. Les Algonquins qui méprisent les vaincus ont déjà changé de camp dans le passé.

Montcalm fait marcher ses hommes jusqu'au sommet de la Butte-à-Neveu où ils forment une colonne. La pluie a cessé et la matinée est chaude. Montcalm craint que l'armée britannique qui lui fait face ne soit qu'une partie d'une attaque sur deux fronts et qu'une autre invasion plus importante ne soit prévue pour Beauport. Il sent qu'il doit réagir rapidement à cette menace, puis retourner sur ses pas.

Le combat commence par des tirs isolés provenant des champs de maïs et des bois. À huit heures du matin, l'artillerie britannique ouvre le feu. «Nous avons deux petits canons qui harcèlent les ennemis, écrit John Knox, en les jetant dans une certaine confusion et qui les obligent à modifier leur disposition. Montcalm les forme en trois grandes colonnes; vers neuf heures, les deux armées se rapprochent un peu l'une de l'autre.»

Montcalm, à cheval, passe en revue toute son armée, criant à ses hommes: «Êtes-vous fatigués?» La réponse courageuse et mensongère lui parvient dans un «non» retentissant. À 10 heures, les Français crient «Vive le Roy!», et le combat s'engage.

«L'ennemi commence par attaquer sur trois colonnes, écrit Knox, en poussant des cris retentissants — deux des colonnes visent la gauche de notre armée, et la troisième notre droite, et ils tirent obliquement aux deux extrémités de notre ligne d'attaque.»

L'armée de Montcalm, formée de troupes canadiennes et françaises qui ne se sont jamais entraînées ensemble, se déplace dans le désordre. Le major Malartic observe : « Nous n'avions pas fait vingt pas que la gauche était trop éloignée en arrière, et le centre trop loin en avant. [...] Les Canadiens qui forment le second rang et les soldats du troisième tirent sans qu'on leur en donne l'ordre et sans respecter la coutume, puis ils se jettent sur le sol pour recharger. Ce faux mouvement rompt tous les bataillons. » Ils ont tiré trop tôt et leurs salves s'avèrent inefficaces et perturbatrices.

Les soldats français épuisés s'arrêtent à 40 m des Britanniques et reprennent le tir. Les habits-rouges s'effondrent sous les balles qui s'enfoncent brutalement dans leur chair et leur brisent les os. Avant de donner l'ordre de tirer, Wolfe est vite repéré dans son nouvel uniforme par un tireur isolé qui lui transperce le poignet d'une balle. La blessure est bandée avec un mouchoir et, à 10 h 15, Wolfe brandit sa canne pour donner l'ordre de tirer. Ce sera le dernier de sa vie. Des groupes de combat français s'effondrent sous la volée des salves massives. Les Highlanders poussent leur cri de ralliement, le joueur de cornemuse joue la marche de Lovet et les Écossais chargent en brandissant leurs sabres devant l'armée française qui bat en retraite. Une avance britannique à la baïonnette suit dans leur horrible sillage.

Wolfe est touché à l'aine et doit être transporté. Il reçoit une troisième balle à la poitrine qui lui sera fatale, et s'effondre sur le sol, recevant avec joie la nouvelle que l'ennemi bat en retraite.

De l'autre côté de la ligne de feu, Montcalm est mortellement blessé au-dessous des côtes, au moment où il s'apprête à franchir la porte Saint-Louis. Ses hommes le transportent à l'Hôpital Général.

Les mercenaires écossais poursuivent dans les bois l'armée en déroute. « Je me souviens que les Highlanders volaient sauvagement après nous, peut-on lire dans le journal d'un soldat acadien, Joseph Trahan, dans un déluge de plaids, de bérets et de larges épées, comme autant de démons en furie — au sommet de la falaise. Dans leur course, ils entrent dans un bois, où nous avions posté quelques Indiens et tireurs d'élite, qui surprennent les " Sauvages d'Écosse " dans les règles de l'art. Leurs corps à moitié nus tombent face contre terre, et leurs kilts en désordre laissent à découvert une large portion de leurs cuisses, dans laquelle nos fugitifs en passant assènent des coups d'épée, coupant de larges tranches dans la portion la plus charnue de leur personne. »

Les Highlanders ensanglantés attendent que les troupes britanniques les rattrapent et reprennent la poursuite, mais ils sont blessés par les tireurs d'élite stationnés sur les remparts de Québec et par les tirs des canonnières qui se trouvent sur la rivière Saint-Charles. « C'est à ce moment, écrit Malcolm Fraser des Highlanders, que, dans les buissons, notre régiment souffrit le plus [...] le capitaine Thomas Ross fut mortellement blessé au corps par un boulet de canon tiré des épaves, à l'embouchure de la rivière, et dont il souffrit en grand tourment [...] je me fis une contusion à l'épaule droite, ou plutôt à la poitrine [...] qui me fit beaucoup souffrir [...] nous avons subi plus de pertes en soldats et officiers qu'aucun des trois régiments. »

MORT DE WOLFE ◆ Benjamin West, artiste américain originaire de Pennsylvanie, réalise son célèbre tableau en 1770, soit 11 ans après la mort de Wolfe. « Wolfe ne doit pas mourir comme un soldat ordinaire sous un buisson, écrit West. Pour émouvoir l'esprit, on devrait présenter un spectacle qui élève et réchauffe l'esprit et tout devrait être proportionné en fonction de l'idée la plus haute que l'on se fait du héros. Une peinture réaliste ne produira jamais l'effet recherché. » West laisse les faits de côté et cadre son sujet sur fond de ciel dramatique, avec une lumière fabuleuse, et de nombreux acteurs de soutien. Le détail le plus discordant est la présence d'un Mohawk, assis dans une pose contemplative en face de Wolfe, car les Autochtones combattaient non du côté des Anglais, mais du côté des Français. Mais le Mohawk incarne l'idée que se font les Européens du Bon Sauvage, idée que ne partageait pas Wolfe.

La mort du général Wolfe connaît un immense succès, car ce tableau offre au public l'image exaltée de la mort telle que Wolfe la concevait. Au cours de son dévoilement, à l'Académie Royale, les spectateurs font la queue. Parmi l'élite qui passe devant la foule, on retrouve William Pitt, Horace Walpole, Lord Grosvenor et le roi George III. West exécute rapidement cinq copies pour divers clients qui le paient bien, y compris le roi. Si cette œuvre est la moins réaliste des nombreuses interprétations que l'on fera de la mort de Wolfe, elle reste la plus dramatique et la plus populaire, et est considérée comme l'interprétation définitive. (*Benjamin West, Musée des beaux-arts du Canada*)

Joseph Trahan se précipite en direction des murs de la ville. « Je me trouvais parmi les fugitifs quand je reçus une balle perdue dans le mollet qui me cloua au sol. Je pensai que c'était la fin pour moi; mais bientôt je me relevai et continuai à courir en direction de l'Hôpital Général, afin de gagner le camp de Beauport situé de l'autre côté du pont des bateaux. »

Il est un des chanceux qui parviennent à gagner Québec, mais ce qu'il trouve à son arrivée est affligeant: « Sur mon chemin, en me rendant au camp de Beauport, j'entrai dans une boulangerie, où le boulanger avait cuit cette journée-là un plein four de pains. Certains des fugitifs épuisés demandèrent de la nourriture qu'il leur refusa. Ce manque de cœur provoqua la rage d'un

La mort de Montcalm. À l'instar de Wolfe, Montcalm inspire plusieurs peintures héroïques. La version la plus étrange montre le général mourant sur le champ de bataille, flanqué de palmiers et d'Indiens semblant provenir de l'Amérique du Sud. À l'arrière-plan, on aperçoit Wolfe qui meurt de façon moins héroïque. (*Archives nationales du Canada*)

des hommes qui lui trancha la tête avec son sabre. La tête ensanglantée fut ensuite placée sur la pile de pains. La faim triompha de moi, je pris une miche recouverte de sang et j'enlevai la croûte avec la pointe de mon couteau, et dévorai la mie avec avidité. »

Les blessés sont traînés à l'hôpital. « De nos fenêtres, nous observions le carnage, écrit Marie de la Visitation. Le spectacle était tel que la charité triompha. Nous oubliâmes notre sécurité et le danger que présentait la présence immédiate de l'ennemi. Nous nous trouvions au beau milieu des morts et des mourants qu'on nous apportait par centaines. Plusieurs d'entre eux étaient nos proches et nous devions étouffer notre chagrin pour nous efforcer de les soulager. »

Dans les bois, les tireurs isolés canadiens couvrent la retraite. Ils opposent une farouche résistance avant de périr, nombreux, jetés par l'ennemi du haut de la falaise.

Peu après 11 heures, Bougainville arrive avec ses troupes, mais la bataille est terminée. On compte 67 Britanniques morts, presque 600 blessés. Deux cent vingt Français ont été tués et plus de 400, blessés. Si Montcalm avait attendu Bougainville, les Français auraient pu gagner la bataille. S'il avait simplement refusé d'engager le combat avec Wolfe, il aurait pu l'emporter.

On dépouille les soldats anglais et français de leur équipement et de leurs uniformes, et leurs corps nus sont jetés sur les plaines dans des fosses communes non identifiées. Wolfe connaît la noble fin qu'il souhaitait. Le canon de la flotte tire une salve d'honneur, et on place son corps dans un baril de rhum pour le préserver pendant le voyage qui le ramène en Angleterre. À Londres, on porte son cercueil à travers les rues où le cortège funèbre se rassemble en silence. Il est inhumé à côté de son père à Saint-Alfège, à Greenwich. Montcalm meurt de ses blessures à l'Hôpital Général, content, dit-il, de ne pas avoir vu la chute de Québec. Comme il ne reste plus de cercueils, on place son corps dans une boîte de fortune, et on l'enterre dans un trou d'obus britannique qui avait atterri dans la chapelle des Ursulines.

Le 18 septembre 1759, on hisse le drapeau britannique près de la rue de la Montagne. Les Anglais ont pris la ville, mais la récompense qu'ils trouvent est désolante. Benoît-François Bernier, l'ancien commissaire à la Guerre à Québec, qui a été fait prisonnier, observe : « Québec n'est plus qu'une masse informe de ruines. La confusion, le désordre, le pillage règnent même parmi les habitants. [...] Chacun cherche ses biens et, ne les trouvant pas, s'empare de ceux des autres. Anglais ou Français, le chaos est le même. »

La flotte britannique retourne en Angleterre, en laissant une petite garnison pour tenir la ville. James Murray a remplacé Wolfe. Ceux qui restent sont confrontés à un problème familier ; des récoltes qui ne réussissent pas, et une famine qui gagne le terrain. Comme l'hiver menace, les soldats britanniques travaillent péniblement aux côtés des Canadiens, réduits à ramasser des racines.

Vêtus d'uniformes européens mal adaptés aux froids de décembre, les soldats de l'armée britannique ressemblent davantage à des paysans médiévaux qu'à une armée triomphante. « Lors du grand défilé, nos gardes font une apparition des plus grotesques dans leurs costumes disparates, écrit John Knox, et ce que nous inventons pour nous protéger de l'extrême rigueur de ce climat défie l'imagination : l'uniforme est oublié, les hommes s'affublent de fourrures grossières qui les font ressembler à des Lapons gelés. »

Avec la famine vient le fléau du scorbut qui tue beaucoup plus de Britanniques que ne l'avait fait l'armée française. « Le scorbut, provoqué par les provisions salées et le froid, note Malcolm Fraser, a commencé à faire ses ravages dans la garnison, et il se répand chaque jour davantage. En bref, je crois que rares sont les hommes de l'armée qui n'ont pas été touchés. [...] De nombreux morts et malades depuis le 18 septembre 1759. Malades : 2312. Morts : 682. » La peau des cadavres noircit, leurs corps se gonflent comme d'horribles baudruches. La terre est gelée et on les enterre dans les bancs de neige, en attendant le printemps.

En dehors des murs de Québec, il y a un autre problème auquel doivent faire face les Britanniques. À Montréal, François-Gaston de Lévis, l'officier qui remplace Montcalm compte reprendre Québec. Il dispose encore d'une armée de 7000 soldats et fait savoir à la France qu'il a besoin de 4000 hommes supplémentaires.

Contrairement à Montcalm, Lévis adopte la stratégie de guérilla des Canadiens. Il a entraîné ses hommes à combattre en harmonie avec les troupes françaises, pour éviter que ne se renouvelle le désastre des plaines d'Abraham. Ses troupes commencent à faire une série de sorties autour de Québec.

« Les Anglais ne sont pas en sécurité au-delà des portes de Québec, écrit Marie de la Visitation. Le général Murray, commandant de la place, a failli à plusieurs occasions être fait prisonnier et il ne se serait pas échappé si nos gens avaient été loyaux. »

Ruines de Québec, 1759. Les Français croient que les boulets de canon n'atteindront pas la haute-ville. Ils se trompent. Le bombardement laisse une grande partie des bâtiments en flammes. (*Richard Short, Archives nationales du Canada, C-350*)

Au cours de ce long hiver, les deux camps sont coupés de l'Europe. Lévis espère que les 4000 hommes qu'il a demandés en renfort vont arriver. Il marche sur Québec avec son armée de 7000 soldats, qui inclut 3000 Canadiens, 300 Indiens et 83 soldats noirs.

Le matin du 29 avril 1760, il est sur les plaines d'Abraham, là où Wolfe se tenait sept mois auparavant. James Murray mène ses troupes à la Butte-à-Neveu, où Montcalm se trouvait. Il s'apprête ainsi à rejouer la bataille des plaines d'Abraham, mais en changeant les positions. «À huit heures du matin environ, la garnison défile au grand complet, à l'exception des vigiles, écrit Malcolm Fraser, et vers neuf heures, nous quittions la ville avec 20 pièces d'artillerie. Tandis que nous marchions un peu en dehors de la ville, nous aperçûmes les lignes avancées de l'ennemi approchant des bois à environ une demi-lieue de distance d'où nous nous trouvions. Lorsque nous fûmes à environ trois quarts de mille en dehors de la ville, le général donna l'ordre à tous de former une ligne de combat, d'une profondeur de deux hommes, et de couvrir un maximum d'espace.»

Murray constate que les lignes françaises ne sont pas encore complètement formées et il attaque en espérant les prendre au dépourvu. Ce faisant, il commet la même erreur que Montcalm en abandonnant la hauteur. Pendant deux heures, les deux armées tirent au canon, jusqu'à ce que les Britanniques finissent par se replier sur Québec. Le drapeau français flotte au-dessus des plaines d'Abraham, tandis que l'Union Jack flotte toujours au-dessus de Québec.

Après la bataille de Sainte-Foy, comme on l'appellera, les armées attendent de voir laquelle, de la flotte anglaise ou française, remontera le Saint-Laurent en premier, pour voir qui l'emportera. Après 11 jours d'attente fébrile, un vaisseau fait son apparition. Il ne porte aucun drapeau et ne hisse ses couleurs que lorsqu'il se trouve en face des remparts; ce sont les Britanniques

Vue du couvent des Ursulines (pour orphelins), prise des remparts, Québec, 1ᵉʳ septembre 1761. (*Richard Short, Archives nationales du Canada, C-000358*)

qui ont gagné la course transatlantique. Pitt a envoyé 22 vaisseaux avec des renforts. La France, après avoir essuyé des défaites en Europe, n'a envoyé que cinq vaisseaux et 400 hommes. « La joie des troupes est inexprimable, écrit John Knox. Officiers et soldats grimpés sur les parapets, face à l'ennemi, poussent des hourras en brandissant leurs chapeaux, pendant au moins une heure. »

Lévis bat en retraite à Montréal et, le 9 mai, trois armées britanniques sous le commandement du général Amherst convergent sur la ville. Amherst refuse à Lévis les honneurs militaires et, quand les nouvelles parviennent enfin en France, le roi Louis XV en est plus courroucé que de la capitulation. En signe de protestation, Lévis et les bataillons français brûlent leur propre drapeau. La guerre à l'européenne vient de céder le pas à un tout autre style.

Vaudreuil, le gouverneur calomnié, parvient à négocier, dans les articles de la capitulation, une concession adroite et cruciale, soit une clause qui assure la liberté religieuse : « Le libre exercice de la religion catholique, apostolique et romaine devra subsister entier, de telle sorte que tous les états et les habitants des villes et des campagnes, des places et des postes éloignés, continuent à se rassembler dans les églises et à communier comme ils l'ont fait jusqu'ici, sans être molestés d'aucune manière, directe ou indirecte. » C'est là une concession importante, étant donné que, dans l'Angleterre protestante, les catholiques n'ont aucun droit religieux et que leurs droits civils sont très limités. Le 8 septembre 1760, la moitié du continent a changé de mains. George II règne à présent sur 65 000 nouveaux sujets catholiques et francophones.

La nouvelle colonie prend lentement forme. Les miliciens canadiens regagnent leurs villages et leurs fermes. Cinq cents soldats français qui ont épousé des Canadiennes sont autorisés à rester. Une garnison de 3000 soldats britanniques reste au Québec. Les autres sont affectés aux Antilles, en Nouvelle-

Écosse ou dans la vallée de l'Ohio. Au mois de septembre 1760, Angélique Péan retourne en France à bord du *Fanny*, accompagnée de son mari, Michel-Jean-Hugues, et de son amant, François Bigot.

En France, Péan est arrêté et emprisonné à la Bastille à cause du rôle qu'il a joué dans la mauvaise administration et la perte de la colonie, que l'on appellera l'« affaire du Canada ». Sa sentence est réduite à une forte amende, et Angélique et lui s'installent à Orzain, où il mourra en 1772. Angélique, quant à elle, consacrera les 20 dernières années de sa vie à secourir les pauvres.

Bigot sera lui aussi embastillé, pour corruption et mauvaise administration des affaires du roi. Bien que sa corruption ne fasse aucun doute, ses juges ne valent guère mieux ; il faut au gouvernement un bouc émissaire. Il est trouvé coupable et condamné à mort. Sa peine est commuée. Il est condamné à une amende, tous ses biens sont confisqués et il est exilé. Bigot part pour la Suisse et, prétextant une mauvaise santé, obtient la permission de faire un bref retour en France pour se soigner. Au lieu de cela, il rend visite à sa maîtresse Angélique et à son vieil ami. Il meurt en exil en 1778.

Vaudreuil part lui aussi pour la France en 1760 et il sera également arrêté pour le rôle qu'il a joué dans l'affaire du Canada. Il est disculpé ; sa femme meurt pendant le procès. Vaudreuil s'éteint à Paris en 1778.

C'est Louis-Antoine de Bougainville qui connaît le sort le plus enviable des survivants français. Il est fait colonel et muté dans la marine et, en 1766, il dirige un voyage d'exploration scientifique au cours duquel il aboutit à Tahiti. Les descriptions qu'il fait des Autochtones lancent un débat en Europe sur la supériorité du « sauvage » sur les gens « civilisés ». Une fleur est nommée en son honneur. Il se distingue dans le monde scientifique, puis en tant que juge, et s'éteint à Paris en 1811. Il est inhumé au Panthéon.

J. C. B., le voyageur anonyme, retourne en France en 1761 où il écrit son journal 20 ans plus tard, avec l'intention d'en faire un récit, tout en craignant que ce genre d'ouvrage ne soit démodé. Tant de choses ont changé, observe-t-il. La population a augmenté, il y a maintenant de nouvelles « colonies, de nouvelles routes de communication, la terre est défrichée, on abat des arbres et le sol est finalement plus productif depuis que les Anglais en ont pris possession ». La civilisation transforme le pays.

John Knox retourne en Angleterre où il connaît une série de mésaventures qui font qu'il n'obtient qu'une pension réduite de moitié. Il publie son journal, qui constitue le récit le plus complet et le plus ambitieux de la bataille de Québec, mais il n'en vend que quelques exemplaires. Le public accueille mal la vérité présentée sans fard. Knox meurt méconnu en 1778.

Wolfe devient après sa mort l'objet d'une véritable industrie. Biographies, ballades et poèmes épiques se multiplient. Les portraits de lui abondent, dont celui, attendrissant et incongru, du peintre Benjamin West, où l'on voit un Wolfe mourant aidé par un Indien agenouillé et pensif. Il existe plus d'une dizaine de versions des dernières paroles de Wolfe, qui vont de « Merci Dieu, je meurs content » à « Allongez-moi, je suffoque ».

Jean-Olivier Briand, évêque de Québec. Bien que, dans les articles de la capitulation de septembre 1760, la Grande-Bretagne accorde le droit de pratiquer la religion catholique, elle ne donne pas la permission de consacrer un nouvel évêque. Or, sans évêque, aucun nouveau prêtre ne peut être ordonné. L'Église a un statut légal mais risque de dépérir. Jean-Olivier Briand est l'évêque *de facto* de Québec. C'est aussi un habile politicien. Pendant plusieurs années, il tente, avec l'appui du gouverneur James Murray, d'être sacré évêque par Rome. (*Archives nationales du Québec*)

Portrait de William Pitt, premier comte de Chatham, 1756. Lorsqu'éclate la guerre de Sept Ans, William Pitt déclare : «Je suis sûr que je peux sauver ce pays et que personne d'autre ne le peut.» Ce sera effectivement le cas et, grâce à son habileté politique, la Grande-Bretagne étend encore son empire.

Pitt meurt à l'âge de 70 ans, alors que son fils lui lit l'*Iliade* d'Homère. Benjamin West entreprend de peindre sa mort. West a fait sa réputation en peignant des scènes de mort spectaculaires, mais *La mort du général Wolfe* restera la préférée de son public. Au moment où il peint la mort de Pitt (*Mort du comte de Chatham*), son talent est en déclin et le tableau demeure inachevé. (*William Hoare, The Carnegie Museum of Art*)

En Europe, les pourparlers de paix entre l'Angleterre et la France débutent au printemps de 1761. William Pitt négocie pour les Anglais. Atteint de goutte depuis 25 ans, c'est un homme impérieux et vindicatif qui déteste les Français. Le négociateur du côté français est Étienne-François de Choiseul, un gentilhomme de la cour qui est choqué par l'arrogance anglaise en général et par celle de Pitt en particulier. Les négociations progressent lentement.

De nombreux hommes d'affaires et politiciens britanniques souhaitent conserver la Guadeloupe, enlevée à la France, et rendre le Canada aux Français. Les exportations de sucre de la Guadeloupe rapportent deux fois plus que les exportations de fourrures du Canada. Ainsi, les Britanniques n'auraient pas le fardeau de gouverner 65 000 catholiques.

Frustré par la lenteur des négociations, Choiseul jette quelques lignes sur le papier. Les conditions qu'il suggère sont les suivantes : la France rend Minorque et l'Angleterre, la Guadeloupe. Les Anglais gardent le Canada, mais les Français conservent leurs droits de pêche au large des côtes, ce qui représente à leurs yeux l'aspect le plus précieux du Canada. Pitt refuse ces conditions et les négociations sont rompues. L'Angleterre s'engage alors dans une guerre avec l'Espagne bien qu'elle n'ait ni les moyens financiers ni l'envie de causer plus de morts. Il y a reprise des pourparlers de paix à l'été de 1762, auxquels n'assistent plus ni Pitt ni Choiseul. Un accord est conclu le 3 novembre 1762, qui ressemble à la proposition que Choiseul avait rédigée à la hâte. Les Français cèdent le Canada aux Anglais. Ils négocient les droits de pêche dans le golfe du Saint-Laurent et reçoivent la propriété de deux îles sur lesquelles on sèche le poisson, Saint-Pierre et Miquelon.

L'année suivante, le traité de paix est ratifié formellement à Paris et adopté par le parlement britannique. La goutte accable Pitt qui rampe de façon mélodramatique pour gagner son siège au parlement, afin de protester contre les conditions de l'accord. Choiseul, en homme pragmatique, sent que le traité de Paris n'est ni glorieux ni profitable pour les Français, mais qu'il est le meilleur qu'ils peuvent espérer dans les circonstances. Il tire quelque consolation en prédisant au roi Louis XV que les Anglais seront éventuellement paralysés par une révolution des colonies américaines.

Les luttes territoriales qui opposent les Anglais et les Français sont donc résorbées, mais les Autochtones sont exclus du processus de paix. Au Fort Michilimackinac, le chef ojibwé, Minweweh, s'adresse aux négociants anglais en ces termes : «Anglais, bien que vous ayez conquis les Français, vous ne nous avez pas encore conquis ! Nous ne sommes pas vos esclaves. Ces lacs, ces bois et ces montagnes nous ont été légués par nos ancêtres. Ils sont notre héritage ; et nous ne les partagerons avec personne. [...] Anglais, notre père, le roi de France, a employé nos jeunes hommes pour faire la guerre contre votre nation. Dans sa guerre, beaucoup sont tombés ; et c'est notre coutume de faire des représailles, jusqu'à ce que les esprits des morts soient satisfaits. Mais les esprits des morts peuvent être satisfaits de deux manières. La première consiste à verser le sang de la nation par laquelle ils sont tombés ; la seconde consiste à

Feux d'artifice à Green Park, célébrant la signature du traité de Paris en 1763. (*The Bridgeman Art Library, Collection privée*)

recouvrir le corps des morts, pour apaiser le ressentiment de leurs familles. Cela se fait en offrant des présents. Anglais, votre roi ne nous a envoyé aucun présent, pas plus qu'il n'est entré dans aucun traité avec nous, par conséquent lui et nous sommes encore en guerre. »

La défaite française vient déranger presque 200 ans d'alliances, et une nouvelle instabilité menace le pays. Pendant huit années, les Autochtones tentent de tenir les colons britanniques et américains hors de leurs territoires traditionnels. Mais ceux-ci, à présent, occupent tous les forts français dans l'intérieur du pays, et le peuplement se poursuit à bon rythme. Une partie du succès de l'alliance des Français et des Autochtones réside dans le fait que les Français sont des troqueurs et des soldats — ils habitent la terre à la manière nomade et saisonnière des Indiens. Les Anglais sont des colons qui divisent la terre en grilles, qui la défrichent et la cultivent, en se déplaçant vers l'ouest, ce qui dérange les habitudes de chasse des Autochtones.

Pontiac, le chef de guerre des Outaouais, se désole du déplacement de la frontière, et il voyage parmi les nations autochtones en rappelant une vision du Maître de la vie : « La terre où nous vivons, je l'ai faite pour vous et non pour les autres. D'où vient-il que vous permettiez aux Blancs de vivre sur vos terres ? Ne pouvez-vous pas vivre sans eux ? [...] Chassez-les, faites-leur la guerre. Je ne les aime pas du tout ; ils ne me connaissent pas et ils sont mes ennemis et les ennemis de vos frères. Renvoyez-les aux terres que j'ai créées pour eux, et faites qu'ils y restent. »

Montréal, vue de l'est,
le 11 novembre 1762. (*Archives
nationales du Canada*, C-2433)

Pontiac a dessein de capturer les forts de l'intérieur, occupés à présent par les Britanniques. Décrit comme «fier, vindicatif, belliqueux et facilement offensé», Pontiac est un chef respecté de tous. Lors d'un grand conseil, tenu le 5 mai 1763, il s'adresse à des centaines d'Outaouais, de Hurons et de Potéouatamis. «Il est important pour nous, mes frères, que nous exterminions de nos terres cette nation qui ne cherche qu'à nous détruire. Vous voyez aussi bien que moi que nos besoins ne sont plus satisfaits, comme c'était le cas avec nos frères les Français. Les Anglais nous vendent des marchandises deux fois plus cher que les Français, et leurs marchandises ne durent pas. Quand je vais trouver le chef anglais et que je lui dis que certains de nos camarades sont morts, au lieu de pleurer leur mort, comme le font nos frères français, il se moque de moi et de vous. [...] De tout cela, vous pouvez bien voir qu'ils cherchent notre ruine. Par conséquent, mes frères, nous devons tous jurer leur destruction et ne pas attendre plus longtemps. Rien ne nous en empêche; ils ne sont pas nombreux, et nous pouvons réussir. Toutes les nations qui sont nos frères les attaquent. Pourquoi n'attaquons-nous pas? Ne sommes-nous pas des hommes comme eux?»

Un plan de guerre est mis sur pied. Les armées autochtones capturent Fort Pitt, Venango et Fort de la Rivière-au-Bœuf. Les guerriers de Pontiac arrivent à bord de 65 canots à Fort Détroit, tuent les colons en dehors de ses murs et assiègent la place. Quatre-vingt-dix soldats de Pointe Pelée sont attaqués hors les murs, plusieurs sont tués, et 46 faits prisonniers. Robert

Navarre, un notaire qui se trouve à l'intérieur de Fort Détroit, observe l'horrible scène. « Les Sauvages débarquèrent les prisonniers une compagnie après l'autre sur le rivage et les firent se déshabiller nus, et d'autres Indiens décochèrent leurs flèches dans toutes les parties de leur corps. [...] Les pauvres captifs devaient se tenir debout jusqu'à ce qu'ils tombent morts sur place, et ensuite ceux qui ne s'étaient pas engagés dans la tuerie se jetèrent sur les cadavres et les taillèrent en pièces, les firent cuire, et s'en régalèrent. Ils firent subir à certains d'autres tortures, les tailladant à l'aide de pierres à fusil, les transperçant de lances, leur coupant les mains et les pieds en les laissant agoniser dans leur sang ; d'autres furent attachés à des poteaux et brûlés à petit feu par les enfants. »

Le chef Pontiac déterrant la hache de guerre en 1763. (*Collection Granger, 4E233.12*)

Pontiac ne parvient pas à rallier les Canadiens dans une guerre contre les Anglais. Il faut dire qu'il lui est arrivé de piller leurs fermes pour se procurer de la nourriture et que cela les a mis en colère. L'unification des nations autochtones pose également un problème. Certaines d'entre elles sont apaisées par les Anglais. Comme le siège de Fort Détroit traîne en longueur, des membres de la propre tribu de Pontiac retournent chez eux pour la saison de la chasse. Ainsi le soulèvement autochtone semble décliner.

Au mois d'octobre, Pontiac apprend que les Français ont finalement fait la paix avec les Anglais en Europe. Il envoie un message au commandant de Fort Détroit. « Mon frère, le mot que mon père [le roi de France] a envoyé pour faire la paix, je l'accepte ; tous mes jeunes hommes ont enterré la hache de guerre. Je pense que vous oublierez les mauvaises choses qui sont arrivées dans le passé. Pour ma part, j'oublie. »

Mais Pontiac n'oublie pas. Il continue à prêcher son message de guerre. C'est sa seule sauvegarde contre l'assimilation. Il a su évaluer le rôle que jouent les colons britanniques et il sent qu'il est plus avantageux pour les Autochtones de prendre position pendant qu'ils conservent leur supériorité numérique. Il utilise un message divin qui a été livré aux Abénaquis. « Je vous avertis que si vous acceptez les Anglais parmi vous, vous êtes morts, les maladies, la variole et leur poison vous anéantiront. »

Cela s'avère tristement prophétique. Le général Jeffery Amherst suggère un plan dont la modernité fait frémir : c'est le recours à la guerre bactériologique. Au lieu des troupes, c'est la variole qu'il envoie aux Autochtones. « Je tenterai d'inoculer les Indiens au moyen de couvertures qui leur seront remises », écrit le colonel Henry Bouquet à Amherst.

On découpe une couverture infectée en petits morceaux que l'on place dans de petites boîtes en fer-blanc. On les remet à une délégation d'Indiens outaouais à Fort Pitt, en leur disant que les boîtes contiennent un médicament et qu'ils ne doivent les ouvrir qu'une fois rentrés chez eux.

En 1765, Pontiac finit par signer un accord de paix préliminaire. Pontiac y stipule que la paix n'implique pas la propriété anglaise de la terre. Les Anglais ont simplement défait les Français, qui sont les locataires, et non les propriétaires, dit-il. Un traité définitif est signé en 1766.

Le soulèvement des Autochtones prend fin et les belligérants retournent à leurs terres tribales, certains emportant avec eux les boîtes en fer-blanc. Andrew Blackbird, le fils adoptif d'un chef outaouais, transcrit le récit oral des événements. « Comme convenu, une fois de retour chez eux, ils ouvrirent la boîte ; mais ils constatèrent qu'il y avait une autre boîte en fer blanc à l'intérieur de la première, plus petite. Ils continuèrent ainsi jusqu'à ce qu'ils trouvent une boîte très petite, qui ne mesurait pas plus d'un pouce de long ; lorsqu'ils l'ouvrirent, ils n'y trouvèrent que des particules moisies. [...] Très vite éclata une terrible maladie parmi eux. Les grands docteurs indiens eux-mêmes tombèrent malades et moururent. Les récits traditionnels rapportent que c'était effectivement horrible et terrible. Quiconque était frappé du mal était sûr de mourir. Les habitations se vidèrent une à une, et il ne resta rien d'autre que les corps morts étendus çà et là. Toute la côte de Havre Croche, dont on dit qu'elle était un village qui s'étendait sur quinze ou seize milles, fut entièrement dépeuplée et laissée à l'abandon. »

Le 20 avril 1769, Pontiac est assassiné par un Autochtone peoria qui lui reproche d'avoir prononcé un nouveau message de paix. Pontiac est enterré par les Français près de Saint Louis, au Missouri. Révolutionnaire et visionnaire, Pontiac incarne une vision prophétique des conflits politiques et culturels.

Afin de stabiliser son territoire durement gagné et encore mal défini, et pour atténuer la pression que cause le déplacement des colons vers l'ouest, Londres décide de publier une proclamation royale dans laquelle il est déclaré que l'intérieur du continent est indien. « Par la présente, nous interdisons formellement, sous peine de nous déplaire, à tous nos aimables sujets de faire tout achat ou de fonder quelque colonie que ce soit, ou de prendre possession d'aucune des terres ci-dessous réservées, sans notre permission et licence spéciales. » La proclamation est suivie d'une paix temporaire.

Le général James Murray, survivant de Louisbourg, des plaines d'Abraham et de la bataille de Sainte-Foy, est nommé gouverneur du territoire. C'est à lui qu'incombe la charge de créer une société à partir de citoyens disparates qui gardent le souvenir d'années de luttes sanglantes. Il doit également assurer la surveillance de 65 000 catholiques de langue française, qu'il aime bien, et d'une poignée de nouveaux venus, qui sont des marchands protestants de langue anglaise, qu'il déteste. « Tous veulent faire fortune, écrit-il à un ami, et, en général, ils constituent le groupe le plus immoral que j'aie jamais vu. » En plus des marchands et des Canadiens français, la colonie comprend une petite garnison de soldats britanniques et quelques centaines de soldats en débandade qui ont choisi de rester.

La cohabitation s'avère difficile. Les marchands, qui ont à leur tête Thomas Walker, un Anglais arrivé à Montréal de Boston, exigent la création d'une assemblée législative élue, qui, à l'instar de son modèle anglais, ne permettrait pas aux catholiques de voter. Walker veut aussi qu'on interdise aux catholiques français d'être jurés. Murray n'est pas d'accord. « Comme il n'y a que 200 sujets protestants dans la province, dit-il, dont la majorité est consti-

SIR GUY CARLETON ◆ Guy Carleton est un officier irlandais qui tombe en disgrâce sous George II pour avoir fait des remarques désobligeantes sur les qualités militaires des mercenaires allemands. Cela n'empêche pas William Pitt de prendre fait et cause pour Carleton, qui accompagne Wolfe à Québec en 1759 en qualité d'intendant général d'armée de première classe. Sur les plaines d'Abraham, Carleton, qui commande le 2ᵉ bataillon des royalistes américains, est blessé à la tête. En 1766, il devient le gouverneur par intérim de Québec et préconise que le gouvernement anglais maintienne le système français de propriété des terres plutôt que d'imposer le sien.

« Ce système législatif établit la subordination, du premier au plus bas et préserve ainsi l'harmonie interne dont ils jouissaient jusqu'à notre arrivée, en assurant l'obéissance d'une province très éloignée du siège suprême du gouvernement. En l'espace d'une heure, nous annulons cet arrangement par l'arrêté du dix-sept septembre mil sept cent soixante-quatre et des lois, mal adaptées au génie des Canadiens, à la situation de la province et aux intérêts de la Grande-Bretagne, inconnues et non publiées, sont introduites à sa place; une dureté qui, si ma mémoire est bonne, n'a encore jamais été appliquée par aucun conquérant, même lorsque le peuple, sans capitulation, se soumet à sa volonté et à sa discrétion. » Carleton à Lord Shelburne, 24 décembre 1767. (*Archives nationales du Canada, C-002833*)

tuée de soldats en débandade, de peu de biens et de petits moyens, nous considérons qu'il est injuste d'exclure les nouveaux sujets catholiques romains du rôle de jurés, car une telle exclusion ferait desdits 200 protestants des juges perpétuels qui se prononceraient sur la vie et la propriété de 80 000 nouveaux sujets, mais aussi sur la vie et la propriété des soldats de la province. »

La lutte concernant les droits religieux et constitutionnels est incessante mais, étonnamment, les premiers affrontements ont lieu entre marchands et militaires anglais. Peu de temps après son arrivée à Montréal, le marchand Thomas Walker est poursuivi en justice par son commis et paraît en cour militaire où le commis gagne sa cause. Le profond mépris que le procédé inspire à Walker ne fait qu'empirer lorsque ce dernier perd en appel. Il accuse alors la cour militaire d'être arbitraire et délictueuse. Le 10 août 1764, un gouvernement civil est fondé et Walker devient un des premiers magistrats civils, et c'est aussi de façon arbitraire et délictueuse qu'il poursuivra sa querelle avec les militaires.

La relation amère qui s'établit entre marchands et soldats dégénère bientôt. Le 6 décembre, six hommes armés et déguisés forcent la maison de Walker, le battent jusqu'à ce qu'il soit « noir comme du goudron » et lui coupent une oreille. Le procès qui se tient en vue d'identifier et de poursuivre ses assaillants est retardé et se terminera par un acquittement des accusés (bien que beaucoup estiment qu'ils sont bel et bien coupables). Walker accuse alors un second homme, John Disney, dont l'innocence est évidente, et la population britannique locale commence à se lasser des aventures juridiques du marchand anglais. Disney est acquitté.

Walker part à Londres pour plaider une cause beaucoup plus importante : qu'il y ait une assemblée élue anglaise seulement, pas de jurés français,

Le massacre de Boston.
Le 5 mars 1770, des soldats britanniques, après avoir été raillés
par les civils, tirent dans la foule
devant la maison de la douane,
tuant cinq hommes. Plusieurs
soldats et leur commandant sont
jugés pour meurtre puis acquittés,
ce qui provoque l'indignation
partout dans les Treize Colonies.
(*Collection Granger*)

et que le gouverneur Murray soit rappelé. Londres refuse. On publie une
déclaration selon laquelle tous les citoyens de la colonie ont le droit d'être
jurés. Au lieu d'avoir une assemblée dominée par la minorité anglaise, il n'y
aura pas d'assemblée du tout. Mais Walker arrive en partie à ses fins, car il a
jeté suffisamment le discrédit sur Murray pour le faire rappeler.

C'est Guy Carleton qui le remplace, un brigadier général de 42 ans qui
a été blessé sur les plaines d'Abraham. Carleton a la même mentalité que
Murray ; si l'on veut que le Québec soit viable, dit-il, on doit l'accepter comme
colonie française. Carleton estime que le fait d'imposer le régime anglais à
une colonie française et catholique est un procédé barbare qui ne profite à
personne. Il nomme douze seigneurs canadiens dans son conseil, dont neuf ont
été décorés de la croix de Saint-Louis pour avoir combattu les Britanniques au
cours de la guerre de Sept Ans.

En 1770, Carleton retourne à Londres pour tenter de convaincre les
Anglais que sa vision du Canada doit s'incarner dans la législation. Il faudra
attendre quatre ans pour que l'Acte de Québec arrive à la Chambre des communes. L'acte garantit aux Canadiens le droit à leur religion, leur permet d'occuper une fonction publique et restaure le droit civil français qui soutenait le
système seigneurial de propriété foncière. Les catholiques ont à présent des
droits qu'ils n'ont pas en Grande-Bretagne. Au lieu de l'assimilation ou de la
déportation, les Français vivent dans une colonie qui, dans les grandes lignes,
diffère peu du monde qu'ils ont connu avant 1759. Il y a des objecteurs à la
Chambre des communes, parmi lesquels Lord Cavendish, qui avertit :
«J'estime qu'il est important de ne pas leur redonner directement leurs propres
lois ; cela ne fait que maintenir une dépendance perpétuelle par rapport à leurs
anciennes lois et coutumes, avec le résultat qu'ils seront toujours un peuple

distinct. » L'acte est adopté à la majorité, avec 56 voix pour et 20 contre. Mais la loi n'a pas la faveur de la population. Ainsi, lorsque George III s'apprête à signer le projet de loi, il doit se frayer un chemin dans la foule qui crie « À bas le pape ! »

Les colonies américaines voient elles aussi l'Acte de Québec comme une trahison. Le fait que l'on reconnaisse des droits aux Français catholiques et que la colonie s'étende jusqu'à la vallée de l'Ohio constitue ce qu'elles appellent des « actes intolérables ». Il s'ensuit une vague d'expansionnisme et un sentiment anticatholique qui se répand dans les colonies. Des pasteurs prêchent le triomphe protestant et la défaite de Satan. Les nouvelles frontières du Québec restreignent l'expansion américaine. Les Américains sont irrités par le fait que plus d'un million de colons de la Nouvelle-Angleterre se trouvent cernés par 80 000 catholiques français. Les déclarations des journaux sont pleines d'invectives, et de nouveaux hommes d'État se répandent en injures : « Le doigt de Dieu désigne un puissant empire à nos fils ; les Sauvages n'ont pas été expulsés pour que des idolâtres et des esclaves prennent leur place dans cette partie du continent, qui est la meilleure. » Benjamin Franklin rencontre George Washington, Alexander Hamilton et d'autres chefs des colonies américaines. Ils protestent contre la tournure des événements. « Nous estimons que la dernière loi adoptée par le parlement qui établit une religion catholique romaine et une loi française dans le vaste pays appelé Canada, est extrêmement dangereuse pour la religion protestante et pour les libertés et le droit civil en Amérique ; en conséquence, au nom des citoyens et des protestants chrétiens, il nous faut prendre les mesures qui s'imposent pour assurer notre sécurité. »

L'agitation règne déjà parmi les Américains, qui se considèrent l'objet d'un régime de taxation absolument injuste qui a pour but d'aider les Britanniques à rembourser leurs dettes de guerre. Une émeute éclate au Massachusetts, et les troupes britanniques sont envoyées pour rétablir l'ordre. Le 5 mars 1770, à la maison de la douane, la foule fonce sur les soldats qui ont ouvert le feu. C'est ce qu'on appellera le « massacre de Boston », que peindra Paul Revere, et qui deviendra un véritable symbole patriotique. Cinq ans plus tard, les colonies sont en rébellion ouverte. « Le coup de feu entendu autour du monde » à Lexington, le 19 avril 1775, donne le signal d'une révolution chaotique et d'une nouvelle menace pour le Canada.

Choisir son camp

CHAPITRE 5

En 1774, l'Amérique du Nord fait face à de nouvelles perturbations. La Nouvelle-France est conquise et le continent est à présent sous domination britannique, mais les Treize Colonies traversent les affres de leur propre crise identitaire : resteront-elles fidèles à la Couronne anglaise ou deviendront-elles une république ? Les premières salves de la révolution semblent apporter la réponse à cette question. Il s'agit non seulement d'une lutte contre l'Angleterre, mais également d'une guerre civile où les voisins s'affrontent avec un élan patriotique violent et inouï. Les Américains soupçonnés par les républicains d'être loyaux à la Couronne sont battus et emprisonnés, leurs fermes confisquées, leurs maisons brûlées, les femmes et les enfants exilés. Tandis que la lutte pour l'indépendance se fait de plus en plus âpre, les révolutionnaires américains voient le Québec à la fois comme un allié potentiel et comme une menace militaire bien concrète.

Les républicains tentent en premier lieu de rallier les Canadiens à leur cause. En octobre 1774, le Congrès continental rédige un manifeste adressé au peuple du Canada et en fait afficher des copies à Montréal et à Québec. On exhorte les Canadiens à « courir le noble risque de se libérer de la domination humiliante que leur imposent gouverneurs, intendants et tyrans militaires. » On pourrait croire que les Canadiens vivent en hommes libres, mais, selon les Américains, ça n'est qu'une façade, car les vrais maîtres sont à Londres.

La victoire de Perry sur le lac Érié
(*Anne S. K. Brown, Military Collection, Brown University*)

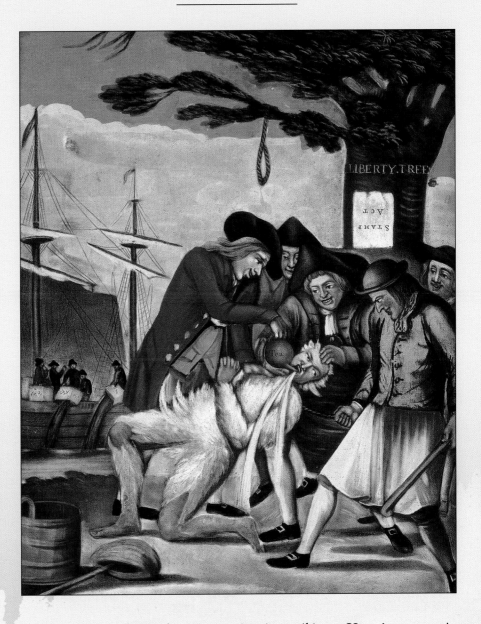

Les Bostoniens payant l'accise.
(*John Carter Brown Library,*
Providence)

Le manifeste renferme des menaces à peine voilées : «Vous êtes un petit peuple, comparé à celui qui vous invite à bras ouverts à se joindre à lui, et vous ne devriez pas hésiter longtemps pour savoir ce qui servira le mieux vos intérêts et votre bien-être : faire du reste de l'Amérique du Nord votre allié indéfectible, ou vous en faire un irréductible ennemi. »

Après lecture de cette lettre, qui combine la menace à la flatterie («usant de la sagacité des Français, *examinez* la formule spécieuse... »), la plupart des Canadiens décident de ne prendre parti ni pour l'Angleterre ni pour l'Amérique dans le conflit qui les oppose, estimant que la révolution américaine naissante est une querelle opposant deux types d'Anglais. Si la lettre du Congrès contient effectivement de tristes vérités sur le régime colonial qui assujettit le Québec, il est également vrai que ses auteurs traitent les Canadiens catholiques d'êtres sataniques (quoique seulement dans la version anglaise). Bref, les Canadiens n'ignorent pas qu'une alliance avec les Américains ne leur garantira pas nécessairement le bonheur annoncé.

Cela n'empêche pas certains d'entre eux, comme Thomas Walker, Clément Gosselin ou Germain Dionne, d'être gagnés à la cause américaine. Le premier est ce marchand montréalais qui voue une haine tenace au régime militaire anglais. Cet homme ne passe pas inaperçu : grand, colérique, le teint rouge brique, et ayant perdu une oreille, Thomas Walker parcourt la campagne québécoise en déversant ses discours rageurs et en offrant de l'argent et des mousquets à quiconque accepte de rallier les troupes américaines. Clément Gosselin, lui, est un charpentier originaire de Sainte-Famille et qui habite La Pocatière. Il recrute des volontaires le long de la rive sud du fleuve Saint-Laurent. Et Germain Dionne est un riche marchand de La Pocatière qui fournit vêtements et approvisionnements aux nouvelles recrues.

Dans l'autre camp, François Baby, natif de Montréal et ancien combattant lors du siège de Québec, est capitaine dans la milice, ce petit groupe d'hommes qu'il a réussi à rassembler. Les propagandistes inquiètent François Baby. Plus tard, il les dénoncera en termes très durs : « Ils ont aidé les ennemis du gouvernement et leur ont prêté main-forte. Partout ils prêchent la rébellion, exhortent au pillage et à l'arrestation des quelques serviteurs zélés du roi ; ils obligent les officiers du roi à lire les proclamations des révolutionnaires sur les marches des églises. La vie est devenue un véritable enfer. »

Le 1er mai 1775 entre en vigueur l'Acte de Québec et, à Montréal, on salue l'événement en vandalisant un buste du roi George III avec du charbon et en plaçant autour du cou de la statue un rosaire fait de pommes de terre auquel on suspend une croix en bois qui porte l'inscription : « Voilà le pape du Canada ou le sot Anglois. » Cet acte n'est pas revendiqué, mais tout le monde sait qu'il est l'œuvre des marchands anglais.

Au Québec, c'est la confusion. Walker déclare à ses amis américains que « la majeure partie de la population anglaise et canadienne [...] souhaite que [votre] cause l'emporte. [...] Peu de gens dans la colonie osent exprimer leur peine, mais ils se plaignent en silence, rêvant de lettres de cachet, de confiscations et d'emprisonnement, et offrent leurs prières au trône de Dieu pour que prospère votre juste cause qui seule peut nous libérer des peurs et des appréhensions jalouses qui ravissent notre paix. »

Thérèse Baby, veuve et mère de cinq enfants, a une vision différente de la situation. Dans la lettre qu'elle écrit à son frère François, on peut lire : « Vous avez sans doute entendu dire que les Bostonnais [les Américains] nous font très peur. [...] Vous ne pouvez imaginer la terreur qui s'est abattue sur nous, femmes et hommes. Beaucoup de gens ont expédié leurs documents et objets de valeur à la campagne, beaucoup se préparent à tout quitter. Tout ceci m'attriste mais remarquez que cela me fait rire de voir comment certains lâches ne peuvent plus cacher leur peur. »

Lorsque la milice est rappelée à Montréal pour résister aux Américains, rares sont ceux qui se présentent, et le commandant de la milice menace de faire sauter la ville lui-même si les citoyens ne s'enrôlent pas. Au mois de juin, le gouverneur Carleton déclare la loi martiale, en désespoir de cause, mais cela n'a que peu d'effet. Les seigneurs, qui représentent au Québec la classe

Avant d'être connu comme le roi fou, George III est connu comme George le Fermier, à cause de l'habitude qu'il a prise de parcourir à pied la campagne et de parler aux habitants de récoltes et de recettes. Il trouve ennuyeux de chercher une épouse et charge un lord de le faire à sa place ; son mariage avec Charlotte Sophie de Mecklenburg durera presque 60 ans. Pendant son règne, il perd les colonies américaines, mais il en gagne de nouvelles en Inde et en Australie. George III meurt en 1820 à l'âge de 81 ans, dément et aveugle. (*William Beechey, Sa Très Gracieuse Majesté le roi George III, Library of Congress*)

À titre de gouverneur du Canada, James Murray veut préserver la présence canadienne-française, ce qui lui attire des critiques. «Je rends gloire au fait qu'on m'ait accusé d'ardeur et de fermeté à protéger les sujets canadiens du roi, et de faire tout ce qui était en mon pouvoir pour gagner à mon maître royal l'affection de ce peuple brave et courageux dont l'émigration causerait, le cas échéant, une perte irréparable à cet empire.» Lettre de James Murray adressée à Lord Shelburne, 20 août 1766. (*National Portrait Gallery, Londres*)

traditionnelle des propriétaires terriens, apportent un large soutien au gouvernement britannique qui a confirmé leur statut privilégié, mais lorsqu'ils tentent de faire prendre les armes à leurs censitaires contre l'invasion américaine attendue, ils sont repoussés avec des fourches. Carleton doit donc défendre la province avec une armée par trop médiocre. «Pas même 600 hommes de troupe en état de reprendre le service sur toute l'étendue de ce vaste fleuve», écrit-il à Lord Dartmouth, secrétaire aux Colonies, «pas un vaisseau armé, pas de place forte; l'ancienne armée provinciale affaiblie et réduite en pièces; l'insubordination omniprésente et l'esprit des gens empoisonné par cette hypocrisie et ces mensonges qui ont remporté tant de succès dans les autres provinces, que leurs émissaires et amis ici ont répandus avec tant d'habileté et d'assiduité.»

Carleton trouve en l'Église catholique son plus puissant allié. Plusieurs années auparavant, James Murray avait fait pression régulièrement pour protéger la position de l'Église dans la société canadienne et faire sacrer évêque Jean-Olivier Briand par Rome. Devenu évêque, ce dernier lui retourne la faveur en annonçant que quiconque prendra les armes contre le roi se verra refuser les sacrements et le droit à une sépulture chrétienne. Mais cette menace de damnation n'a que peu d'effet venant d'un évêque que les gens considèrent comme un homme à la solde du roi, solde qui s'élève à la coquette somme de 200 livres par an.

Parmi les Canadiens, le sentiment qui domine est une neutralité militante. Après la Conquête, les Canadiens ont reconstruit leur pays. Ils ont traversé une guerre destructrice et ils n'ont pas envie d'en connaître une autre. Le Québec n'est pas prêt à se battre contre les Américains pas plus qu'il ne souhaite rallier leurs rangs, du moins pas en nombre important. Cela pose un problème à George Washington, commandant des armées américaines, qui considère la province comme un objectif militaire crucial. Il dira d'ailleurs, en janvier 1776, alors que la ville de Québec oppose une résistance imprévue à ses troupes: «Je n'ai pas besoin de souligner [...] la grande importance de cette place [Québec] et l'importance que revêt la possession de tout le Canada à l'échelle des affaires américaines. [...] Quiconque en deviendra le propriétaire verra probablement la balance pencher en sa faveur. Si nous gagnons, le succès couronnera très certainement nos luttes vertueuses. Si ce sont eux qui l'emportent, la lutte sera pour le moins douteuse, périlleuse et sanglante.»

Le 27 juin 1775, le Congrès donne l'ordre aux troupes américaines d'envahir le Québec. Ainsi un pays non encore formé prend-il la décision d'en attaquer un autre, et c'est au cours de l'invasion que les deux pays se définiront eux-mêmes.

Les Américains lancent leur offensive à partir de deux endroits. Le général Philip John Schuyler commande une armée de 1000 hommes qui remonte le lac Champlain et longe la rivière Richelieu en direction du Saint-Laurent. Il compte attaquer le fort de Saint-Jean avant de prendre Montréal.

LE GÉNÉRAL BENEDICT ARNOLD, MARS 1776 ◆ En tant qu'officier dans l'armée révolutionnaire américaine, Benedict Arnold se comporte en homme courageux, fougueux et innovateur. Il est deux fois blessé au combat. Cependant, il a le sentiment que ses mérites militaires ne sont pas reconnus par ses supérieurs. Homme d'âge mûr marié à une jeune femme de 19 ans, Arnold éprouve aussi des difficultés financières. En juillet 1780, il offre de rendre West Point aux Anglais pour la somme de 20 000 livres, mais son plan échoue. Sa trahison efface tout souvenir de ses qualités de chef militaire, et son nom entre dans le dictionnaire américain comme synonyme de traître. Les Anglais nomment Arnold général de brigade et il sert habilement George III, pillant Richmond, en Virginie, et incendiant les navires des insurgés ainsi que leurs entrepôts. Mais il est aussi impopulaire en Angleterre qu'aux États-Unis et meurt apatride. (*Anne S. K. Brown, Military Collection, Brown University, Providence*)

La seconde armée est commandée par Benedict Arnold, dont le nom deviendra plus tard synonyme de « traître », malgré l'héroïsme dont il a fait preuve au début de la révolution. Son plan est de faire une attaque surprise sur Québec, en se déplaçant au nord à partir de l'embouchure de la rivière Kennebec, dans le Maine, pour entrer au Canada par la Dead River, puis remonter la Chaudière et finalement déboucher sur le Saint-Laurent, en face de la ville convoitée.

À partir du 16 septembre 1775, l'armée américaine assiège le fort de Saint-Jean, situé au sud-est de Montréal. Elle est maintenant sous le commandement de Richard Montgomery, qui a servi comme capitaine dans l'armée britannique, puis est devenu brigadier général chez les insurgés américains. Son armée se compose d'un millier d'hommes, auxquels se sont ajoutés 200 Canadiens. Ses miliciens sont des volontaires, fermiers pour la plupart. En plus d'être indisciplinés, plusieurs sont ravagés par la maladie ; des centaines, incapables de se battre, sont réformés. Dans l'enceinte du fort, 662 défenseurs, la plupart des habits-rouges, forment le gros des troupes de Carleton. Leurs voies de ravitaillement sont coupées et la famine les guette. Le 1er novembre, alors qu'ils sont déjà démoralisés, un bombardement de huit heures détruit la plupart des bâtiments à l'intérieur du fort.

Le commandant du fort, Charles Preston, se rend le lendemain. Dans les articles de la capitulation, Montgomery loue la valeur de l'ennemi, mais il ajoute qu'il est regrettable qu'elle n'ait pas été mise au service d'une cause plus noble. Preston ordonne que l'on supprime cette clause, menaçant, si on ne le fait pas, de se battre lui et ses hommes jusqu'à la mort. Montgomery accepte, concédant cette mince victoire à l'ennemi. La grande victoire de Preston reste, comme cela est fréquemment le cas au Canada, d'avoir retardé l'ennemi suffisamment longtemps pour l'empêcher d'envahir le Québec avant l'hiver.

Montgomery se remet en route en direction de Montréal, incapable à présent de se défendre, et franchit la porte des Récollets offrant « liberté et sécurité » à tous ceux qu'il rencontre. Son armée est accueillie par une pétition de quelques citoyens importants de la ville. « Nos chaînes sont brisées, peut-on y lire, la merveilleuse liberté nous rend à nous-même. [...] Nous accueillons l'union comme nous l'avons accueillie dans nos cœurs dès que nous avons pris connaissance du discours du 26 octobre 1774. » Un comité de 12 citoyens, formé de 6 anglophones et 6 francophones, rencontre Montgomery pour négocier la capitulation de la ville.

Carleton a déjà ordonné l'évacuation de Montréal, mais peu lui obéissent. Il a envoyé sa femme et ses trois enfants à Londres. Peu avant l'arrivée de Montgomery, Carleton prend la fuite à bord d'un baleinier, déguisé en paysan.

Thérèse Baby reste à Montréal, redoutant un désastre. Elle écrit à son frère François : « Le gouverneur vient d'annoncer aux Canadiens qu'ils sont libres de rester ou de partir. Je crois que nous sommes perdus, nous attendons d'être pris. Je suis sûre que cette lettre est la dernière que je pourrai t'envoyer [...] mais cela ne m'a pas empêchée de sortir un vieux sabre pour défendre ma famille des affronts d'une armée qui sera certainement indisciplinée. »

Carleton se rend à Québec, bien qu'il n'ait plus guère d'espoir de sauver la forteresse. « B. Arnold se trouve sur la Chaudière avec une armée de douze à quinze cents hommes, et nous n'avons pas un soldat dans la ville et la populace n'est pas beaucoup plus loyale qu'ici [à Montréal]. » Québec est défendue par des murs légendaires qui tombent en ruines et par ses citoyens dont la loyauté est suspecte, tant chez les marchands anglais que chez les Canadiens.

Benedict Arnold est un homme rondelet, de petite taille, au visage placide et arrondi, presque bovin, qui possède un appétit sauvage pour la guerre. Il a quitté le Maine en septembre à la tête de 800 miliciens volontaires et de 300 fusiliers de Pennsylvanie et de Virginie, vêtus de peaux de daim. Son plan est de leur faire traverser 180 milles de nature sauvage puis de

Vue de la haute-ville de Québec, en 1775. En 1776, plus de cent marchands anglais viennent à Québec exiger les droits juridiques et politiques qui mettraient les 65 000 Canadiens français en infériorité. Les marchands sont décrits comme « un petit groupe d'intrigants venus avec l'armée ou comme employés et agents de Londres, qui en aucune façon ne justifient un traitement préférentiel – tant par leur comportement que par leur manque d'éducation – et sont eux-mêmes méprisables. » (*Archives nationales du Canada, C-040777*)

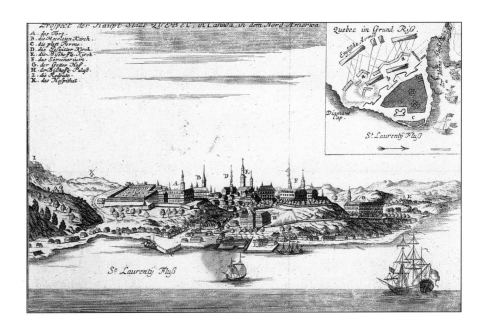

prendre Québec par surprise. Mais la carte qu'il possède est périmée et inexacte. En effet, la distance à parcourir s'avère être plus du double de ce à quoi il s'attendait. Pire, une crue subite emporte ses bateaux, détruisant vivres et réserves ; des marais, dont le relevé ne figure pas sur les cartes, la neige précoce et la famine sont autant d'obstacles que doivent surmonter les hommes « dans les hurlements sinistres de la nature sauvage ». Ils en sont réduits à manger le cuir de leurs souliers, leurs cartouchières et même leur terre-neuve. Ils couchent à la belle étoile sous des couvertures humides et souffrent de pneumonie. Lorsqu'ils atteignent la rivière Dead Man, cours d'eau au nom prédestiné, beaucoup d'entre eux ont péri ou déserté. Parmi ceux qui restent, certains sont trop affamés pour marcher.

Le 8 novembre, accusant un retard de plus d'un mois sur le calendrier qu'il s'est fixé, Arnold arrive à Québec avec à peine la moitié des 1200 hommes avec lesquels il était parti. Ils sont éreintés et faméliques, mais Arnold n'a rien perdu de son assurance. Il adresse une lettre au lieutenant-gouverneur Hector Cramahé, qui se lit ainsi : « J'ai reçu l'ordre de Son Excellence le général Washington de prendre possession de la ville de Québec. J'exige donc, au nom des Colonies unies une reddition immédiate des fortifications et de la ville de Québec aux armées des Colonies unies qui sont sous mon commandement. » Arnold, que Carleton a coutume de railler en le traitant de « jockey » à cause de sa petite taille, ne parvient même pas à livrer son message. Ses courriers font demi-tour à plusieurs reprises sous les tirs des mousquets et il faudra six jours à la lettre pour arriver enfin à l'intérieur des murs.

L'ordre chimérique de l'Américain est accueilli par un long silence. Toujours optimiste, Arnold écrit à George Washington : « Nous sommes arrivés ici et nous faisons tous les préparatifs nécessaires pour attaquer la ville, qui possède des murs qui tombent en ruines, une garnison misérable et hétéroclite composée de marins et d'habitants rebelles, et qui ne peut tenir longtemps. »

À l'intérieur des murs, Carleton en est arrivé à la même conclusion. Il lui est difficile de s'assurer de la loyauté de la ville et il se demande si les hommes se battront contre les Américains ou s'ils les accueilleront comme l'ont fait les Montréalais. Alors que la ville se prépare à tenir le quatrième siège de son histoire mouvementée, Carleton fait une déclaration : « Afin de nous débarrasser de tous les inutiles, les déloyaux et les traîtres, [...] par la présente, je donne l'ordre formel à tous ceux qui ont refusé d'inscrire leur nom sur les listes de la milice et de prendre les armes, de quitter la ville dans les quatre jours avec leurs femmes et leurs enfants, sous peine d'être traités comme des rebelles ou des espions. »

Le 3 décembre, Montgomery arrive de Montréal avec une armée de 300 hommes et se joint aux troupes d'Arnold. Montgomery a envoyé une lettre à Carleton exigeant la capitulation, mais ce dernier la brûle sans la lire. Un bombardement des murs s'avère sans effet. À l'instar de Wolfe avant eux, ils sont pressés par l'hiver, mais un autre motif les pousse à agir rapidement : pratiquement la moitié des hommes qui se sont enrôlés dans leur armée retrouveront leur liberté le premier de l'an et pourront donc retourner chez

La mort du général Montgomery.
(*Mort du général Montgomery à l'assaut de Québec, décembre 1775, Archives nationales du Canada, C-046334*)

eux, et la plupart d'entre eux sauteront sur l'occasion. Les hommes sont minés par la variole et la pneumonie, et engourdis par le froid. À la fin du mois de décembre, un déserteur américain arrive à Québec et fait part à James Bain, capitaine de la milice, du découragement des troupes. «Il déclara que tous les gens du vieux pays souhaitaient retrouver leur foyer, rapporte Bain, et que l'idée d'attaquer la ville ne les réjouissait guère. [...] Cet homme disait que nous subirions leur attaque à la première nuit de neige ou de tempête.»

La dernière semaine de décembre, le temps est clair et froid, et les hommes se préparent à passer un Noël misérable et angoissant. Mais le 30 décembre, le blizzard se lève et à 2 heures du matin, deux roquettes sont tirées. Leur faible lumière signale l'attaque.

Montgomery s'approche de la basse-ville par le sud-ouest. Pour se distinguer des Britanniques dont les uniformes sont identiques aux leurs, ses hommes portent des brindilles de sapin à leur chapeau. Mais la tempête qu'attendait Montgomery signe son arrêt de mort. Plissant des yeux dans la neige qui tournoie, il distingue la forme d'une maison, y entre et trouve quelques marins ivres, un canon et 30 miliciens sous le commandement du capitaine Joseph Chabot et du lieutenant Alexandre Picard. Les Canadiens tirent une salve fatale de mitraille et de balles de mousquet. L'armée américaine est décimée. Montgomery reçoit une balle dans la tête et la plupart de ses officiers sont tués. Les survivants prennent la fuite devant l'ennemi invisible, abandonnant leurs morts et leurs blessés sur le sol enneigé.

Les 700 hommes d'Arnold arrivent de l'autre côté de la basse-ville avec l'intention de prendre la citadelle. Certains ont épinglé un papier à leur chapeau où il est écrit: «La liberté ou la mort». Au-dessus d'eux, l'armée canadienne improvisée tire du haut des remparts dans la neige qui ne cesse de tomber.

« Nous ne voyions rien que le feu qui sortait de la gueule de leurs mousquets », rapporte le soldat américain John Henry. Blessé à la jambe par une balle de mousquet, Arnold est évacué. Ses hommes s'avancent en chancelant et attendent en vain l'armée de Montgomery, ignorant ce qui lui est arrivé.

Tandis que les soldats d'Arnold attendent, Carleton lève une petite armée et poursuit les Américains, ouvrant le feu dans une rue étroite. Trois cent quatre-vingt-quatre hommes rendent les armes. Bilan : 42 blessés, 30 morts, et seulement 18 pertes du côté canadien. Le lendemain matin, on découvre la main gelée de Montgomery qui dépasse de la neige et, au printemps, 20 autres cadavres sont retrouvés. Cette défaite pourtant spectaculaire ne décourage pas Arnold : « Ma blessure a été extrêmement douloureuse, écrit-il à sa femme, [mais] je n'ai aucune intention de quitter cette fière cité avant d'y faire une entrée triomphale. » Il se retranche avec son armée très réduite dans des fermes en dehors de Québec, où il récupère en espérant l'arrivée de renforts.

À Montréal, la libération commence à mal tourner. On a confié au général américain David Wooster la charge des armées d'occupation. Sa décision de bannir la messe de Noël et de procéder à l'arrestation d'une dizaine de citoyens qu'il soupçonne d'être des loyalistes aliène rapidement les Canadiens. Comme l'hiver se prolonge, les Américains sont à court d'or pour payer leur nourriture et lorsqu'ils se voient refuser leur papier-monnaie par les Canadiens, ils recourent à la force. Ils pillent les fermes avoisinantes et leur message de libération sombre bientôt sous le poids des exigences brutales de la survie.

En avril 1776, le Congrès dépêche trois porte-parole dans le but de rallier les Montréalais à la cause de la révolution. Ayant à leur tête un Benjamin Franklin souffrant et âgé de 70 ans, ils transportent une presse d'imprimerie pendant leur dur voyage, dans l'espoir que les mots suffiront à convaincre les Montréalais. Mais leur propre armée est mutinée et malade, et les Canadiens se montrent ouvertement hostiles. « Nous n'avons pas de mots assez forts pour exprimer la gravité de notre situation », écrit Franklin. Fragile et alité la plupart du temps, il partira douze jours après son arrivée. Il se rend compte que ces gens ne se joindront pas à la révolution.

Même l'infatigable Benedict Arnold finit par s'en aller. Le 6 mai, la glace se rompt sur le Saint-Laurent, et le *Surprise* ainsi que deux autres vaisseaux britanniques arrivent à Québec, ayant à leur bord 10 000 soldats. Arnold a sous ses ordres 350 hommes à bout de force et 150 Canadiens à la loyauté défaillante. La vue de ces nouvelles troupes ennemies est plus qu'il n'en peut supporter. Il reconnaît sa défaite et se replie sur la rivière Richelieu, en remontant jusqu'au lac Champlain. « Comme nous les poursuivions, écrit Thomas Ainslie, capitaine de la milice, nous trouvâmes la route jonchée d'armes, de cartouches, de draps, de pain, de viande de porc. » Les Britanniques se livrent à une poursuite symbolique et s'arrêtent pour manger la nourriture abandonnée. Le 15 juin, les Américains évacuent Montréal, tentant sans succès de brûler la ville.

Benjamin Franklin (1706-1790). Franklin est avant tout un autodidacte ; imprimeur, politicien, écrivain, scientifique et diplomate, il est un idéologue de l'expansionnisme américain et un propagandiste efficace de l'anticatholicisme. Il est aussi père de plusieurs enfants de deux femmes différentes. Dans son almanach populaire, le *Poor Richard's Almanac*, il écrit : « Où il y a mariage sans amour, il y aura amour sans mariage. » Il fait partie du comité qui rédige la déclaration d'Indépendance et aide à donner forme à la constitution américaine. En 1789, il écrit à un ami : « Notre nouvelle constitution est maintenant établie et a une apparence qui promet qu'elle va durer, mais dans ce monde, rien ne peut être certain, excepté la mort et les impôts. » (*Library of Congress*)

Le 4 juillet 1776, on démolit une statue de George III à New York après la déclaration d'Indépendance. (*Démolition de la statue du roi George III à Bowling Green, Lafayette College Art Collection*)

Après une année pleine d'amertume, les révolutionnaires américains décident de renoncer devant ce voisin entêté et imprévisible, et dirigent leurs attaques sur leurs compatriotes royalistes.

Jacob Bowman, un fermier d'origine allemande qui vit au bord de la rivière Susquehannah, dans l'État de New York, est capturé par les révolutionnaires américains qui croient qu'il est resté loyal à la Grande-Bretagne. « Les hommes le surprirent dans la nuit, écrira sa petite-fille Elizabeth, alors que sa femme était malade. [...] Ils pillèrent sa maison, ne laissant que le lit et une couverture. » Sa femme est enceinte et le choc de l'attaque déclenche un accouchement prématuré.

Bowman et son fils âgé de 16 ans sont jetés en prison. « On les attacha ensemble en leur passant une bande de fer autour des bras et une chaîne autour des chevilles, écrit Elizabeth. Ils demeurèrent dans cet état trois ans et demi

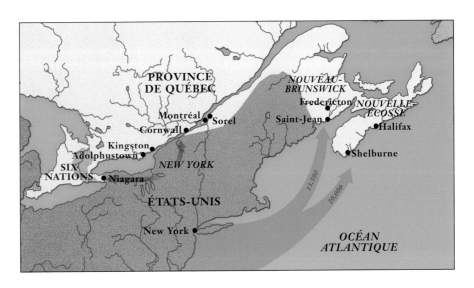

L'émigration loyaliste, 1783.

CAMPEMENT LOYALISTE À JOHNSTOWN, EN 1784 ◆ « C'était triste et affligeant pour mon grand-père et spécialement pour ma grand-mère de voir les enfants des voisins venir à la maison avec leurs visages pâles et de ne pouvoir les soulager ; il y avait une famille en particulier dans notre voisinage qui venait quêter des épluchures de pommes de terre.

Mon grand-père tua quelques pigeons sauvages juste comme ils s'apprêtaient à s'envoler et, si je ne me trompe, il en tua 25 ou 30 d'un seul coup de fusil. À un autre moment, le chat ramena un lièvre dans la maison et nous en fîmes un repas. Il y avait une telle pénurie de nourriture qu'on partageait entre voisins dès qu'on avait la chance d'avoir quelque chose à manger. J'avais entendu mon père parler d'un champ de blé où les gens se précipitaient pour en emporter dans des sacs avant même qu'il soit mûr, et qu'ils en faisaient un bouillon, non sans l'avoir décortiqué d'abord sur une table pour s'assurer de ne pas perdre un seul grain. » Tiré de « Histoire de la famille Jones » de Andrew Jones. (*James Peachy, Archives nationales du Canada, C-002001*)

ou quatre ans, jusqu'à ce que la chair soit usée au point de laisser les os dénudés sur quatre pouces. »

Formant un véritable échiquier d'alliances antagonistes, les colonies sont divisées : il y a celles qui soutiennent le nouveau Congrès continental et celles qui demeurent loyales à la Grande-Bretagne. Ainsi, en Virginie, le gouverneur Dunmore décrète la loi martiale et appelle « toute personne capable de porter les armes à secourir la cause de Sa Majesté », tandis que, à Philadelphie, l'esprit d'indépendance atteint son paroxysme. New York compte de nombreux « tories » — c'est ainsi que l'on appelait les loyalistes —, mais, même là, on fait fondre une statue de George III pour en faire des balles à mousquet destinées à l'armée révolutionnaire. À la campagne, les communautés de fermiers sont déchirées. Une pratique épouvantable consiste à recouvrir les tories de goudron et de plumes, et certains sont ébouillantés. La loi cède le pas à la fièvre patriotique, et les coups et les lynchages deviennent monnaie courante. Des hordes de femmes et d'enfants misérables se dirigent vers le nord, dans la migration de masse la plus importante qu'aient connue les Américains. Plus de 100 000 loyalistes fuient les Treize Colonies, certains retournent en Angleterre, d'autres s'en vont chercher refuge aux Antilles ou au Canada.

Joseph Brant. Né sur les rives de la rivière Ohio en 1742, Brant se fait vite remarquer par Sir William Johnson, qui l'envoie à l'école Moor's Charity pour les Indiens, au Connecticut. Brant devient un ami intime de Johnson et joue un rôle actif dans la lutte contre les Américains. Il meurt en 1807 à l'âge de 65 ans à Grand River, en Ontario. (*George Romney, Musée des beaux-arts du Canada, 8005*)

La résistance loyaliste s'organise en unités de guérilla qui s'avèrent l'arme la plus efficace de la Grande-Bretagne contre la révolution. John Butler, riche propriétaire terrien de la vallée de la Mohawk qui traite avec les Indiens depuis l'enfance et qui parle plusieurs de leurs langues, crée les Butler's Rangers. Il recrute des loyalistes et des Indiens des Six Nations pour combattre les Américains. De la vallée de l'Hudson jusqu'au Kentucky, les Rangers harcèlent les Américains, les scalpent; ils coupent les voies de ravitaillement, s'engagent dans des escarmouches et découragent les colons.

Les camps de réfugiés au Québec sont des abris improvisés, sordides, qui n'offrent qu'un piètre secours aux intéressés. Ils se remplissent vite de familles de loyalistes qui fuient les combats. Le gouverneur du Québec, Frederick Haldimand, ne veut pas de camps. Il estime que la province n'est pas faite pour accueillir des loyalistes, étant donné que la population est majoritairement française. Il soupçonne en outre certains d'entre eux d'être des immigrants opportunistes qui sont à la recherche de terre gratuite. Carleton insiste pour que Haldimand les accepte et ce dernier s'exécute contre son gré. Il dirige les camps selon des règles militaires très dures. Les familles sont séparées, et la pénurie de vivres devient endémique. Les enfants ne reçoivent que le quart de la ration des adultes. La surpopulation et l'alimentation insuffisante sont causes de malaria, de variole et de scorbut, maladie que l'on traite de manière rudimentaire avec du vinaigre, du vin et de la bière d'épinette.

En 1777, le fils aîné de Jacob Bowman, Peter, a 13 ans. Son frère de 9 ans et lui quittent Machiche, où ils s'étaient réfugiés avec leur mère, pour joindre les rangs des Butler's Rangers, Peter comme soldat, son frère comme joueur de fifre. Cet été-là, ils retournent dans la vallée de la Mohawk où les familles Bowman et Butler ont cultivé la terre, pour tout brûler et détruire leurs propres fermes. Ainsi, des 850 maisons qui se trouvent dans la vallée au début de la guerre, 15 seulement subsistent à la fin de la révolution. Pour les loyalistes, c'est un point de non-retour.

Joseph Brant, un chef mohawk, est allié aux Butler's Rangers. Brant, qui a été élevé en anglais, est un homme de fière allure, qui s'exprime bien, et qui est à l'aise dans les deux cultures. Son nom mohawk est Thayendanegea, qui signifie « Celui qui prend deux paris ». Brant sent que les Mohawks risquent de perdre leur terre si l'Amérique acquiert son indépendance. Le gouverneur Carleton a refusé l'offre de Brant de combattre les Américains et ne se sert des Indiens que comme éclaireurs. Voyant cela, le chef mohawk part à Londres en 1775 pour offrir ses services au roi George III.

« Les Mohawks ont été très mal traités dans ce pays, déclare-t-il à Lord George Germain, secrétaire d'État aux Colonies américaines. Il est très difficile d'accepter que les sujets du roi, auxquels nous avons laissé une si grande partie de nos terres pour une si petite valeur, veuillent nous tromper en nous dépossédant du peu d'endroits qui nous restent pour nos femmes et nos enfants. Nous sommes las de présenter nos doléances sans jamais obtenir réparation. »

À Londres, on célèbre l'exotisme de Brant. Le peintre George Romney fait son portrait et les journalistes de Fleet Street lui demandent de leur livrer ses impressions sur Londres. Il dit que ce qu'il préfère, ce sont les chevaux et les femmes. Assistant à une représentation de *Roméo et Juliette*, il fait la remarque suivante : « Si mon peuple devait faire l'amour de cette façon, notre race s'éteindrait en deux générations. »

Il met Londres en garde contre une menace d'extinction, plus imminente celle-là : « Nous pensons que les révolutionnaires vont nous ruiner, du moins si nous continuons à agir comme nous le faisons, c'est-à-dire sans rien faire, année après année [...] nous sommes pris entre deux enfers. »

Le roi soutient l'alliance indienne. Brant est déjà capitaine dans l'armée britannique et, lorsqu'il retourne au Canada, il lève rapidement une armée indienne composée de membres de quatre des Six Nations, à savoir les Mohawks, les Onondagas, les Cayugas et les Senecas. Les Oneidas et les Tuscaroras restent neutres, bien qu'ils penchent pour les Américains. Brant et les Butler's Rangers se livrent à une campagne qui sème la confusion et la terreur. En 1777, Brant conduit les Indiens à la bataille d'Oriskany, qui sera une des plus sanglantes de la guerre ; plusieurs centaines de révolutionnaires sont tués dans une embuscade, il y a quelques morts du côté des Autochtones et des loyalistes. Peter Bowman et son jeune frère âgé de neuf ans sont présents.

L'alliance iroquoise avec la Grande-Bretagne provoque une réaction brutale de la part de George Washington : « Les objectifs immédiats sont de détruire et d'écraser tous leurs peuplements [ceux des Indiens] et de capturer le plus grand nombre possible de prisonniers, de tout âge et des deux sexes. [...] Les détachements devront dévaster toutes les colonies alentour, de sorte que le pays ne soit pas simplement conquis, mais anéanti. »

En l'espace de deux mois, le pogrom de Washington a presque annihilé les Six Nations. Les maisons et les récoltes sont brûlées, les vergers saccagés, les sites funéraires violés et les Indiens faits prisonniers. Les Oneidas et les Tuscaroras ne seront pas récompensés pour leur neutralité et leurs fermes seront également détruites.

« Le nombre de villes [iroquoises] détruites par cette armée se monte à 40, écrit le commandant John Sullivan, [...] et j'ai la conviction qu'il ne reste plus une seule ville dans le pays des Six Nations. »

En 1783, la Grande-Bretagne reconnaît enfin l'indépendance que le Congrès a déclarée sept ans auparavant. Mais, dans les articles du traité de Paris, aucune mention n'est faite des Six Nations. Brant estime que l'Angleterre a vendu ses alliés au Congrès. « Étant donné l'amitié que nous avons témoignée aux Anglais, écrit-il à Lord Stanley, et conscients du rôle actif que nous avons joué [...] en leur faveur dans chaque conflit qui les a opposés à leurs ennemis, nous sommes sidérés d'apprendre qu'on nous a oubliés dans le traité. [...] Nous ne pouvons nous résoudre à croire qu'il soit possible que des amis et des alliés aussi sûrs puissent être à ce point négligés par une nation qui brille par son sens de l'honneur et sa gloire, et que nous avons servie avec tant de zèle et de fidélité. »

Les Six Nations ont effectivement été détruites en tant que force politique et militaire, mais, en Grande-Bretagne, on craint qu'elles ne se rassemblent pour se venger de la façon méprisable avec laquelle on les a traitées. On leur accorde en compensation 675 000 acres du pays contrôlé par les Britanniques au nord du lac Érié. À l'automne de 1784, Brant et 1800 partisans installent leur colonie le long de Grand River. Il possède une vaste maison, plusieurs esclaves et serviteurs, et apprécie les vêtements européens de qualité. En 1792, le président américain George Washington lui demande de l'aider à arranger une « paix avec les Indiens de l'Ohio ». Brant rend visite aux Indiens et les incite au contraire à la guerre.

Il retourne à Londres et rencontre à nouveau le roi George III. Il demande compensation pour les pertes que les Mohawks ont subies pendant la guerre d'indépendance. Il obtient également de l'argent pour édifier la première église épiscopale dans le Haut-Canada. Mais il refuse de s'agenouiller devant le roi. « Je ne m'incline devant aucun homme, dit Brant, car je suis considéré comme un prince par mon peuple. Cependant j'accepterai volontiers de vous serrer la main. »

Pour les services rendus à la Grande-Bretagne, les Butler's Rangers se voient octroyer la terre qui est située sur la rive ouest de la rivière Niagara. Butler y établit une colonie, comme Peter Bowman, qui a survécu aux brutaux affrontements. « Mon père s'est installé près du fort, écrit Elizabeth Bowman. Il a obtenu une hache et une pioche du gouvernement. [...] Ma mère possédait une vache, un lit, six assiettes et trois couteaux. [...] Les hommes, les femmes et les enfants défrichaient tous la terre. Il n'y avait personne à part les loyalistes pour apporter des améliorations au [Haut-] Canada, et ce sont eux [...] qui ont planté la graine de sa future grandeur. »

C'est là que John Butler mourra en 1796. Lors de la cérémonie funéraire indienne, Joseph Brant dira : « C'est nous qui avons subi la plus grosse perte, car il n'y a plus personne qui comprenne aussi bien que lui nos us et coutumes. » Brant meurt chez lui en 1807. Ses dernières paroles sont : « Ayez pitié des pauvres Indiens ; si vous pouvez avoir quelque influence sur les grands, efforcez-vous de leur faire tout le bien que vous pouvez. »

Parmi les 35 000 loyalistes qui fondent leurs colonies dans les Maritimes se trouvent plusieurs milliers de Noirs qui ont fui l'esclavage. David George est le fils d'esclaves africains, il vient de Virginie où les siens sont fouettés régulièrement. Son frère Dick s'échappe, il est rattrapé et puni. « Après avoir reçu 500 coups de fouet, raconte George, ils passèrent son dos à l'eau salée et la firent entrer dans sa chair en le fouettant encore, et aussi en lui frottant le dos avec un chiffon, puis ils le renvoyèrent travailler directement à l'arrachage des surgeons de tabac. »

George s'enfuit et devient un prédicateur baptiste et un loyaliste. Les esclaves constituent une cible toute désignée pour les recruteurs britanniques dont le slogan « la liberté et une ferme » est séduisant, mais manque d'exactitude. En effet, sur les dizaines de milliers de Noirs qui se déclarent loyalistes, seul un petit nombre deviendront fermiers.

HANNAH INGRAHAM ◆ Née en 1772, dans le comté d'Albany, dans l'État de New York, Hannah Ingraham a quatre ans lorsque la Révolution américaine vient perturber sa vie. Sa famille est loyaliste et son père se joint au régiment du roi à New York. Elle ne le reverra pas avant ses onze ans. En 1783, la famille entend dire qu'il y a de la terre disponible pour les loyalistes en Nouvelle-Écosse et elle se prépare à embarquer pour Saint-Jean. «Puis le mardi, soudain, la maison se trouve encerclée par les insurgés et père est fait prisonnier et emmené au loin. Mon oncle s'avance et déclare à ceux qui l'ont pris que, s'ils le laissent revenir à la maison, il répondra de sa présence le lendemain matin. Mais non, et j'ai pleuré et pleuré assez pour me tuer cette nuit-là. Au matin, ils dirent qu'il était libre de s'en aller. Nous fîmes transporter cinq charretées sur l'Hudson dans un sloop, puis nous embarquâmes dans le navire qui devait nous conduire à Saint-Jean [...] Il n'y avait pas de morts à bord, mais plusieurs bébés naquirent. C'était une époque triste et malade celle où nous arrivâmes à Saint-Jean. Nous vivions dans des tentes. Le gouvernement nous en donnait, ainsi que des rations de nourriture. La neige commençait à tomber et, mêlée à la pluie, elle imbibait nos lits. Ma mère prit tellement froid qu'elle devint rhumatisante et elle ne recouvra jamais la santé.

Nous vivions dans une tente à St. Anne jusqu'à ce que mon père nous prépare une maison où habiter [...] Il n'y avait ni plancher, ni fenêtres, ni cheminée, ni porte, mais au moins nous avions un toit au-dessus de nos têtes. Un bon feu flambait et ma mère avait une grosse miche de pain et elle faisait bouillir de l'eau et mit un bon morceau de beurre dans un bol en étain. Nous fîmes griller le pain et nous nous assîmes tous autour du bol et, au petit déjeuner ce matin-là, ma mère dit : "Dieu merci, nous ne risquons plus de recevoir des coups de fusil dans notre maison. Ce repas est le plus doux que j'aie mangé depuis longtemps." »

Hannah Ingraham ne s'est jamais mariée et est morte à l'âge de 97 ans en 1869.
(*Hanna Ingraham, âgée de 88 ans, Kings Landing, Nouveau-Brunswick*)

Comme les Noirs se replient au nord avec l'armée britannique, leur nombre devient gênant. Ils sont parfois si désespérés qu'ils s'agrippent aux bateaux. «Pour empêcher cette pratique dangereuse, on coupait les doigts de certains d'entre eux, et on postait des soldats armés de sabres et de baïonnettes pour les maintenir à distance. Beaucoup d'entre eux, forcés de travailler malgré la maladie, abandonnés par leurs nouveaux maîtres et privés des nécessités de la vie, périrent dans les bois. »

David George atteint la Nouvelle-Écosse avec 1500 autres loyalistes noirs, qui se joignent aux 15 000 loyalistes blancs qui viennent d'arriver (certains en amenant des esclaves). Le gouverneur de Nouvelle-Écosse, John Parr, s'inquiète de la marée implacable des immigrants : «Je n'ai pas encore été capable de trouver un endroit pour eux et le froid qui s'installe est très rigoureux. »

Les loyalistes blancs sont logés dans des tentes, des bâtiments publics et dans les soutes des bateaux, et reçoivent leurs rations dans les soupes populaires organisées à la hâte. «C'était une époque triste et malade que celle où nous arrivâmes à Saint-Jean, écrit Hannah Ingraham, qui a onze ans en 1783. Nous vivions dans des tentes. [...] C'était juste au moment de la première neige, et la neige fondante mêlée à la pluie imbibait nos lits. »

Comme beaucoup d'autres familles loyalistes, les Ingraham reçoivent 200 acres de ferme. Les colonies s'étendent au nord de l'embouchure de la rivière Saint-Jean, à Queenston, Gagetown et St. Anne (qui deviendra plus tard Fredericton). Au cours de ce premier hiver, des centaines meurent de famine et de froid. On creuse à la hache les tombes dans la terre gelée. Mais, au printemps, le gouvernement distribue des clous et des outils, et les Ingraham construisent une maison rudimentaire.

En Nouvelle-Écosse, les loyalistes noirs auxquels on a promis des fermes pensent qu'ils peuvent, comme les autres, réclamer de la terre gratuite, mais ils s'aperçoivent qu'il n'en est rien. Le système d'attribution des terres devient rapidement corrompu et surchargé. Certains loyalistes noirs doivent attendre six ans pour avoir leur lot. David George reçoit un quart d'acre. «C'était situé à un endroit où il y avait beaucoup d'eau, écrit-il, et je le convoitais en secret, parce que je savais qu'il serait commode pour faire des baptêmes.»

George chante et prie chaque soir. Ses sermons tonitruants et larmoyants attirent autant les Noirs que les Blancs. Mais sa prédication déplaît à certains Blancs qui viennent le menacer dans son église. «Je décidai de rester et de prier, écrit George, et le lendemain ils me donnèrent des coups de bâton et me laissèrent dans un marais.»

Ils détruisent aussi sa maison de Shelburne. Les Noirs, qui ont construit la ville, en sont chassés le 26 juillet 1784. «Grosse émeute aujourd'hui, rapporte l'inspecteur adjoint Benjamin Marston. Les soldats se sont dispersés, puis ont attaqué les nègres libres et les ont chassés de la ville parce que ces derniers travaillent pour moins cher qu'eux. [...] L'émeute se poursuit. Les soldats forcent les nègres libres à quitter la ville — ils ont démoli environ 20 de leurs maisons.»

George devient le prédicateur le plus célèbre de la province et, en parcourant les colonies, il prête main-forte aux loyalistes noirs, consterné de voir dans quelles piètres conditions ils vivent. Ainsi, pour éviter la misère, certains d'entre eux se vendent aux marchands pour deux ou trois ans, cruelle réplique de l'esclavage auquel ils avaient échappé. La famine sévit et les actes désespérés sont durement punis : à Shelburne, une femme noire reçoit 200 coups de fouet pour avoir volé moins d'un shilling. George a le sentiment de ne pas être mieux traité que lorsqu'il vivait en Virginie.

Tandis que de nombreux Noirs restent et, bravant la malchance, réussissent à fonder une communauté permanente, George entreprend un second exode. Près de 1200 loyalistes noirs, soit un tiers de la population, retournent sur le continent d'où leurs ancêtres ont été déportés les chaînes aux pieds. Ils s'installent à Freetown, en Sierra Leone, sur la côte ouest de l'Afrique, endroit désigné par des anti-esclavagistes anglais pour accueillir les esclaves des colonies britanniques.

Les loyalistes veulent plus que la terre qui leur a été promise ; ils veulent avoir leur propre colonie. Ils sont influents à Londres par l'entremise de leurs membres fortunés, par leur nombre, et par leur poids moral qui en impose. En 1784, le gouvernement britannique accepte de diviser la Nouvelle-Écosse en créant la colonie séparée du Nouveau-Brunswick, qui possède sa propre assemblée élue.

Voyant cela, les loyalistes du Québec déclarent que leur cause est encore plus juste et qu'ils veulent aussi leur propre colonie. Ont-ils combattu et souffert pour l'Angleterre pour se retrouver à présent gouvernés par un régime qui a des lois françaises et une assemblée non élue ? On recueille les pétitions que l'on présente au roi. « Les [pétitionnaires] ne demandent pas plus que ce qui a déjà été accordé à leurs compagnons de souffrance en Nouvelle-Écosse, écrit un loyaliste. Nous ne serons satisfaits que lorsque le Parlement répondra à nos revendications en nous donnant les mêmes droits et privilèges que les Anglais, et pourquoi ne le ferait-il pas ? Nous sommes sujets britanniques tout comme eux. » À cela on ajoute un refrain connu et dérangeant : « La liberté, Messieurs, la liberté à tout prix. »

Les Canadiens qui veulent obtenir leur propre assemblée élue s'agitent eux aussi. Une pétition signée par des marchands importants réclame une chambre des représentants composée d'anciens et de nouveaux sujets, et librement élue par la population de la province, des villes et des paroisses. Dans une telle chambre, les Canadiens formeraient inévitablement la majorité.

C'est au secrétaire britannique aux Colonies, William Grenville, alors âgé de 29 ans, qu'incombe la tâche de réconcilier les deux groupes. Selon lui, il est impossible d'en arriver à une entente politique. Sa solution consiste à créer deux provinces distinctes avec leur culture séparée, leur système législatif propre et leur système de jouissance des terres, chacune avec sa propre assemblée élue. En 1791, le roi George signe un projet de loi qui divise le Québec en deux parties : le Bas-Canada et le Haut-Canada.

La nouvelle frontière n'est en réalité qu'une ligne tracée en pleine nature sauvage. Le Haut-Canada est un territoire qui a deux fois la taille de la France, avec un faible peuplement de 10 000 personnes. Selon un observateur de l'époque, on aurait dit que la terre « avait été désertée à la suite de la peste ». Lorsque John Graves Simcoe, son premier lieutenant-gouverneur, arrive à Newark (aujourd'hui Niagara-on-the-Lake), ce « misérable village tout en longueur qui ne comporte que quelques maisons éparses » est la ville la plus importante de la province. Simcoe et sa femme plantent leur tente au bord de la rivière Niagara et, en monarchiste convaincu, le lieutenant-gouverneur entonne chaque soir avant de se coucher le *God Save the King*.

Simcoe veut recréer la Grande-Bretagne et restaurer le lustre colonial perdu avec l'indépendance de l'Amérique. Il sent qu'un nombre considérable d'Américains sont désillusionnés par leur démocratie toute neuve, et souhaite les attirer comme colons. « Il existe des milliers d'habitants des États-Unis dont le cœur penche en faveur du gouvernement britannique et du nom britannique, observe-t-il, et qui sont de farouches ennemis du Congrès et de la dernière division de l'empire [...] il serait très avisé d'inviter ces gens à émigrer ici. »

En échange d'un serment de loyauté au roi et de la promesse de cultiver la terre, les immigrants blancs se verront octroyer 200 acres de terrain. Simcoe fait publier des annonces dans les journaux anglais et antillais et attend que les nouvelles parviennent à ceux qu'il croit être des Américains déçus.

John Graves Simcoe. « Je préférerais mourir sous la torture indienne pour redonner à mon roi et à sa famille leur juste héritage. [...] Bien que je sois un soldat, ce n'est pas par les armes que j'espère obtenir ce résultat [...] la méthode que je propose est de fonder un gouvernement britannique libre et honorable, et une pure administration de ses lois, qui devrait s'étendre à l'émigrant solitaire et aux nombreux États, autant d'avantages auxquels le gouvernement sous sa forme actuelle ne leur permet pas et ne peut pas leur permettre de goûter. »
Le premier lieutenant-gouverneur du Haut-Canada définissait ainsi son plan pour peupler le territoire avec des Américains insatisfaits de leur nouvelle démocratie.
(*Jean Laurent Mosnier, Toronto Public Library*)

YORK, HAUT-CANADA, 1804 ✦ Simcoe veut développer York (Toronto) aux dépens des villes existantes comme Kingston et Niagara. Il y transfère des soldats et leur fait construire des routes (parmi lesquelles les rues Yonge et Dundas), mais son plan est ridiculisé par les marchands du Haut-Canada et finit par être contrecarré par ses supérieurs, tant au Canada qu'à Londres, qui désapprouvent le cantonnement de troupes «au milieu de nulle part». En 1804, York n'est encore qu'un village isolé qui possède un bon port. (*Elizabeth Frances Hale, Archives nationales du Canada, C-040137*)

«Chaque jour un grand nombre de colons arrivent des États-Unis, écrit Lady Simcoe dans son journal, certains même des Carolines, à quelque 2000 milles d'ici. Parcourir cinq ou six cents milles ne représente guère plus pour un Américain que déménager dans une autre paroisse pour un Anglais. »

Malgré cela, la vision de Simcoe ne s'est toujours pas concrétisée lorsqu'il part en 1796. Des intermédiaires corrompus vendent la terre aux résidants du Haut-Canada et l'exode des États-Unis sur lequel Simcoe comptait s'avère moins important que prévu. Simcoe souhaite que York remplace Newark comme siège du gouvernement, mais la ville, qui deviendra plus tard Toronto, ne compte encore à l'époque qu'une dizaine de maisons. Simcoe repart donc amer et accablé, mais son rêve finira par se réaliser. En 1812, les loyalistes, qui sont les premiers colons de la province, ne sont plus majoritaires : des 75 000 habitants du Haut-Canada, pratiquement 60 000 sont des Américains.

Les premières élections qui se tiennent dans le Haut et le Bas-Canada sont vivement contestées et elles ressemblent parfois à un véritable cirque ambulant. Contrairement à la Grande-Bretagne, où le vote est limité par la religion, au Canada, tout propriétaire mâle a le droit de vote. Ces élections, qui se font

L'EXÉCUTION DE LOUIS XVI, LE 21 JANVIER 1793 ◆ Le son des tambours s'arrête. Louis XVI va prononcer ses dernières paroles : « Français, je suis innocent, je pardonne aux auteurs de ma mort, je prie Dieu que le sang qui va être répandu ne retombe jamais sur la France ! Et vous, peuple infortuné… » Le reste se perd dans le bruit des tambours qui a repris. On brandit la tête coupée devant la foule qui crie : « Vive la République ! » Au Bas-Canada, l'Église affirme le droit divin de la monarchie, et l'exécution tourne la population canadienne-française contre les idées révolutionnaires et républicaines. (*The Bridgeman Art Library International Ltd, Bibliothèque nationale, Paris*)

à main levée, entraînent des débats publics, parfois de la violence verbale et physique. Elles durent des semaines.

Dans le Bas-Canada, Pierre Bédard, le fils d'un boulanger, est élu à l'Assemblée lors de la première élection de 1792 et il sera réélu lors des six élections suivantes. Cet avocat qui n'aime pas pratiquer le droit se trouve laid et timide, et il se réfugie dans la rationalité apaisante de l'algèbre pour échapper à la tourmente politique et à une vie familiale morne. Mais à cause de son intelligence, de sa culture et de sa connaissance de la loi britannique, il jouera un rôle déterminant dans la fondation et l'émergence du Parti canadien.

L'année 1807 voit l'arrivée du nouveau gouverneur, James Craig. Homme de petite taille et musclé, qu'un ami décrit comme « emporté, opiniâtre et imbu de lui-même », Craig adopte les vues simples des tories : il croit aux vertus des punitions sévères. Tout comme Bédard, il souffre d'une maladie débilitante, l'hydropisie, et c'est de son lit qu'il s'acquitte de ses

Napoléon Bonaparte (1769-1821). La guerre de 1812 en Amérique du Nord est une conséquence de la lutte qui oppose pendant vingt ans la France à l'Angleterre pour s'assurer la domination de l'Europe. Le 7 septembre 1812, soit un mois après que le général William Hull eut rendu Détroit à Isaac Brock, Napoléon remporte la bataille de Borodino, qui fait 80 000 morts, blessés ou prisonniers en une seule journée. Cinq jours plus tard, il marche sur Moscou avec une armée de 100 000 hommes. Moins d'un mois plus tard, c'est la retraite de Russie, avec l'armée française en loques. Au mois de novembre, ils sont moins de 50 000. (*Mary Evans Picture Library*)

premières tâches dans la colonie. Bédard et lui s'affrontent comme deux lions blessés.

Les Canadiens ont le contrôle de l'Assemblée, mais c'est l'élite anglaise qui contrôle le gouvernement par le truchement des conseils exécutif et législatif qui sont nommés. Le *Quebec Mercury*, voix des marchands anglophones, rejette cette Assemblée qu'il juge trop démocratique : « Quel bien pouvons-nous attendre de l'Assemblée du Bas-Canada, qui provient directement de la masse aveugle de la population ? Car il ne s'agit pas d'une assemblée qui, comme en Angleterre, atteint à un maximum de vertus, de talents et de valeur, mais d'une assemblée qui ressemble au comptoir d'une auberge ou à une diligence remplie de gentlemen, de notaires, de comptables et de clercs, de pitres campagnards, de vendeurs de spiritueux et d'hommes sans le sou. » Quels que soient ses défauts, l'Assemblée est un lieu animé ou règne la controverse.

À une époque où Napoléon règne en maître sur l'Europe et sème la désolation, Craig a le sentiment que les sympathies du Québec vont à la France. « Ils sont encore français dans leur cœur, écrit-il, et quel que soit l'attachement qu'ils prétendent ressentir à l'égard de [ce] gouvernement, il n'y aurait pas 50 voix qui s'élèveraient contre une proposition [...] qui viserait leur réannexation à la France. [...] L'opinion qui règne parmi les habitants anglais est qu'ils [les Canadiens] se joindraient même à une armée américaine si cette dernière était commandée par un officier français. »

Des rumeurs circulent selon lesquelles la flotte française envahirait le Canada, et la minorité anglaise du Bas-Canada est inquiète. « Cette province est déjà trop française pour une colonie anglaise », peut-on lire dans un éditorial du *Mercury*. « La *défranciser* autant que possible, si je puis me permettre cette expression, devrait être un objectif principal, particulièrement en ces temps où notre ennemi par excellence met tout en œuvre pour franciser l'univers. Après 47 ans de possession du Québec, il est temps que la province soit anglaise. »

Bédard ne souhaite pas devenir anglais, mais il épouse la constitution anglaise et la démocratie parlementaire avec un zèle sans égal. « En quoi les sujets canadiens diffèrent-ils essentiellement des sujets anglais ? », écrit-il dans *Le Canadien*, le journal dont il est le cofondateur, « Un Canadien ne peut-il être anglais, et ne l'est-il pas en réalité par son amour pour la liberté anglaise, par son attachement au gouvernement anglais et son aversion pour les principes français ? La loyauté consiste-t-elle en une identité de langue ? » Ce qu'il souhaite cependant par-dessus tout, c'est de renforcer les pouvoirs de l'Assemblée sur l'exécutif et les fonctionnaires, réduisant d'autant les pouvoirs du gouverneur.

Craig raisonne en termes pragmatiques : sur qui peut-il compter ? Les Français représentent une menace continuelle. Quant aux Américains, ils sont furieux que la Grande-Bretagne ait envoyé ses navires de guerre intercepter leurs cargos en haute mer pour les empêcher d'atteindre la France. Pire encore, la Royal Navy s'est emparée de marins américains et les a obligés à entrer au service des Britanniques, ce qui alimente la rumeur de représailles contre le Canada.

Pour Craig, la guerre est imminente. Sa province représente un facteur imprévisible et il veut assimiler les Français et apaiser les Indiens, afin de créer une colonie britannique homogène sur laquelle il pourra compter. Ainsi le problème de l'allégeance va-t-il se poser de nouveau.

Bédard est du même avis que Craig sur l'horreur d'une guerre avec les républicains du Sud. Mis à part ce point de vue commun, un conflit est inévitable entre Bédard et Craig. Bédard soutient que la composition du Comité exécutif, formé entièrement de personnes opposées à l'Assemblée, donne l'impression qu'il y a conflit entre le représentant du roi et la majorité des élus. Pour sa part, Craig considère que Bédard, à cause de son insistance à faire respecter les droits de l'Assemblée, représente la menace la plus immédiate. « Ce fils de boulanger qui possède les meilleures aptitudes du lot, écrit-il, est de loin le plus dangereux. Ceux qui le connaissent le mieux [...] disent qu'à leur avis il ne reculera devant rien. » À deux reprises, Craig dissout l'Assemblée pour contrecarrer les projets de Bédard. En 1810, il fait saisir les presses du journal *Le Canadien*, dont il dénonce « les écrits pernicieux, séditieux et traîtres ». Il fait incarcérer Bédard et ses collègues du journal, puis les libère un à un non sans leur arracher une caution et des excuses. Bédard est le seul qui refuse de capituler. Il exige un procès, qui lui est refusé, et passe un an en prison.

Bédard aide à faire connaître les principaux conflits qui existent dans le Bas-Canada et attise ainsi le ressentiment des Canadiens français envers les Britanniques. On reconnaît à cet homme complexe et malheureux le mérite d'avoir été le premier citoyen d'une colonie en Amérique du Nord (et l'un des premiers dans l'Empire britannique) à défendre l'idée du gouvernement responsable. En 1811, l'hydropisie de Craig l'emporte ; le gouverneur retourne à Londres où il mourra l'année suivante. Après sa sortie de prison, la carrière politique de Bédard est terminée. Il s'installe à Trois-Rivières, accepte une charge de juge et encourage les Canadiens à s'engager dans la lutte qui se prépare contre les Américains.

Isaac Brock est général de brigade dans l'armée britannique du Haut-Canada. Ce soldat de carrière, célibataire, n'a que peu d'expérience réelle du combat, mais il a hâte de passer à l'action à une époque où Napoléon est une menace pour l'Europe entière. Brock se plaint d'être « enterré dans ce coin reculé où il ne se passe jamais rien ». Le moins qu'on puisse dire c'est qu'en 1811 l'action et le danger ne manqueront pas. Il note : « Chaque journal américain fourmille de résolutions empreintes de violence et d'hostilité envers l'Angleterre et, dans chaque ville, des associations se forment dans le but évident d'attaquer ces provinces. J'estime pour ma part que le temps est venu pour chaque sujet loyal de se présenter et de mettre son zèle au service de Sa Majesté. »

Une atmosphère d'hostilité et d'avidité règne au sein du Congrès des États-Unis. « Je ne mourrai en paix, déclare Richard Johnson, représentant du Kentucky, que lorsque je verrai les territoires de [la Grande-Bretagne]

Sir James Henry Craig.
(*Garrit Schipper, Archives nationales du Canada, C-24888*)

Le général Sir Isaac Brock.
(*J. W. L. Forster, Government of Ontario Art Collection*)

Tecumseh. «Je restai debout dans les cendres de ma propre maison, où mon propre wigwam avait lancé ses feux vers le Grand Esprit, et où j'appelai les esprits des braves qui étaient tombés dans leurs vains efforts pour protéger leurs maisons de la cupidité de l'envahisseur, et comme je respirai l'odeur de leur sang qui montait du sol, je jurai une fois de plus ma haine éter-nelle — la haine d'un vengeur.» Ainsi s'exprime Tecumseh, après son retour à Prophetstown, détruite par les hommes de William Harrison. La bataille de Tippecanoe, comme on l'appellera, est parfois citée comme étant la première bataille de la guerre de 1812. (*Archives nationales du Canada, C-319*)

incorporés aux États-Unis. [...] Les eaux du Saint-Laurent et du Mississippi se rejoignent en maints endroits et il était dans les plans du Grand Architecte que ces deux fleuves appartiennent à un seul et même peuple.» Le 18 juin 1812, le président James Madison déclare la guerre au Canada. Brock apprend la nouvelle alors qu'il est en train de dîner avec des officiers américains à Fort George, situé non loin des chutes du Niagara. Les hommes terminent leur repas en paix, puis se retirent, sachant qu'ils vont bientôt se faire la guerre.

Thomas Jefferson, l'ancien président américain, estime que la victoire sera une simple formalité. Il déclare : «L'acquisition du Canada cette année, aussi loin que les alentours de Québec, se fera simplement en marchant au combat, et l'un dans l'autre je dois dire que je n'ai pas connu d'entrée en guerre qui s'effectue dans des circonstances plus favorables.»

Tel semble effectivement être le cas. Le Canada compte un demi-million d'habitants (dont plusieurs étaient peu de temps avant des Américains) contre sept millions d'Américains. Brock n'a à sa disposition que 1600 hommes pour défendre une frontière qui s'étend sur 1200 milles. Il partage les inquiétudes que Guy Carleton exprimait en 1774 : les citoyens vont-ils combattre l'en-nemi ou décider de se joindre à lui ? «Ma situation est des plus critiques, écrit Brock à son adjudant-major à Montréal, non pas à cause des réactions possi-bles de l'ennemi, mais à cause de la disposition des gens — la population, croyez-moi, est essentiellement mauvaise — qui sont persuadés que toute cette province doit inévitablement succomber. [...] La plupart d'entre eux ont perdu confiance. Mais moi, je parle haut et je vois grand.» Ce qui vient encore aggraver les problèmes de Brock, c'est le nombre élevé de déserteurs dans la milice canadienne du Haut-Canada, parmi lesquels plusieurs passent dans le camp américain.

Plutôt que de déployer ses troupes clairsemées en formation défensive, Brock choisit de les rassembler et de monter une attaque audacieuse. Sa cible est Fort Détroit, défendu par 2000 hommes, qui est situé à huit jours de marche. L'entreprise est risquée, car, en concentrant ainsi son armée, il laisse le reste de la province dans un état de vulnérabilité.

Brock a 300 soldats britanniques et 400 miliciens canadiens. Six cents Autochtones se joignent à eux, sous le commandement de Tecumseh, un chef shawnee imposant et charismatique, qui a été marié plusieurs fois et qui est un amateur de *Hamlet*. Tecumseh fait pression sur les Autochtones pour qu'ils empêchent les Américains de continuer à empiéter sur leurs terres jusqu'à la vallée de l'Ohio, comme ils l'ont déjà fait. Il rencontre les Delawares, les Wyandots, les Kickapoos, les Senecas ainsi que les Potawatomis dans le but de rassembler des troupes. Tecumseh plaide pour une nation indienne unie, version autochtone des Treize Colonies, et l'armée qu'il parvient à lever est extraordinaire. «C'était un spectacle formidable que de voir tous ces aborigènes ainsi rassemblés en même temps», écrit Thomas de Boucherville, un marchand de fourrures qui s'est engagé dans la milice. «Certains étaient recouverts de vermillon, certains autres de boue bleue, d'autres encore de tatouages [...] de la tête aux pieds. [...] Un Européen témoin pour la première

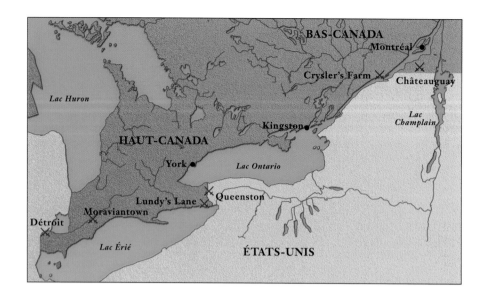

La guerre de 1812.

fois de cet étrange spectacle aurait pu croire [...] qu'on venait d'ouvrir les portes de l'enfer pour permettre aux damnés de venir se récréer sur terre ! »

Tecumseh fait défiler ses guerriers colorés devant Fort Détroit à trois reprises pour faire croire à une armée plus fournie. De son côté, Brock fait revêtir à ses miliciens canadiens des uniformes britanniques abandonnés, pour donner l'illusion d'une armée de carrière. Leur attaque repose essentiellement sur la ruse, tactique qui n'est pas inconnue de Brock. En effet, alors qu'il était jeune soldat, un célèbre duelliste l'avait provoqué en combat singulier. Brock insista pour que les coups de feu soient échangés non pas en respectant la distance standard, mais à une distance égale à la largeur d'un mouchoir. Son adversaire battit en retraite et quitta le régiment.

Après avoir rassemblé son armée théâtrale près de Fort Détroit, Brock adresse une lettre au général américain William Hull. Elle se lit comme suit : « Monsieur, je n'ai aucune envie de participer à une guerre d'extermination, mais il est de mon devoir de vous dire que, une fois que la lutte se sera engagée, je n'aurai plus aucune autorité sur l'imposant corps de troupes indien qui s'est joint à mon armée. »

Montcalm a déjà usé de cette tactique d'intimidation en 1757, à Fort William Henry. Hull a des civils dans le fort, parmi lesquels se trouvent sa fille et deux de ses petits-enfants. Immédiatement, le spectre des massacres indiens surgit avec ses scènes de tortures infernales. Tandis que Hull évalue le danger, Brock en profite pour attaquer le fort au canon.

Un officier émerge du fort, brandissant un drapeau blanc et demande une audience avec Brock. « J'avançais avec le général Brock à ce moment-là, écrit le soldat Shadrach Byfield, et nous avons entendu dire que l'officier voulait trois jours de trêve ; ce à quoi notre général répondit que, s'ils ne se rendaient pas dans les trois heures, il les ferait tous sauter jusqu'au dernier. »

Hull se rend. Sans avoir risqué la vie d'un seul des siens, Brock fait plus de 2000 prisonniers, s'empare d'un arsenal de mousquets et de canons et a l'argent pour payer ses hommes. Le bénéfice le plus important que rapporte

Bataille de Queenston Heights.
(*Archives nationales du Canada*,
C-276)

cette stupéfiante victoire est le changement d'attitude des Canadiens; leur patriotisme assez tiède s'en trouve ravivé.

Les Américains sont mortifiés par la prise de Fort Détroit. Dans la lettre qu'il envoie de Virginie le 13 octobre 1812 au président Madison, James Taylor écrit : « Je déclare que cette manière d'agir est la plus faible [...] la plus lâche et la plus imbécile qu'il m'ait jamais été donné d'observer. » William Hull est accusé de lâcheté, passe en cour martiale et est condamné à mort. « J'ai fait ce que ma conscience m'a dicté, dira-t-il, j'ai sauvé Détroit et le territoire des horreurs d'un massacre indien. » Il est gracié, mais mourra dans le déshonneur.

Ébranlés dans leur honneur national, les Américains ne tardent pas à répliquer. Le 13 octobre, à l'aube, un bruit sourd et insistant comme un vent violent qui se lève atteint Fort Queenston. De l'autre côté de la rivière Niagara, une armée américaine commence un tir d'artillerie à partir de la position qu'elle occupe à Fort Grey. Brock se réveille et saute sur son cheval, impatient de découvrir s'il s'agit d'une tactique de diversion ou d'une réelle invasion.

La batterie américaine est commandée par John Lovett, un avocat pacifiste et poète à ses heures qui n'a jamais pris part à un combat. Il considère en effet que la guerre est coûteuse et inhumaine. « Si un homme veut voir la folie triompher, écrit-il à son ami John Alexander, qu'il vienne ici, sur des centaines de milles, de chaque côté des deux rives, il pourra voir des amis tous aimant et aimés, tous désireux d'harmonie, tous blessés d'être ainsi contraints par une main invisible à trancher des gorges. [...] L'histoire qui tient le registre de notre folie habillera ses pages de costumes de deuil, et c'est en vain que couleront les torrents de larmes de la postérité; car l'éponge du temps n'effacera jamais cette tache du nom américain. »

Les Américains doivent affronter le même problème que celui auquel Brock a dû faire face quelques mois auparavant : la désertion des soldats, dont certains passent dans le camp des Canadiens. C'est une guerre impopulaire, malgré la fièvre expansionniste qu'attisent les membres du Congrès. Il est clair que la guerre n'est pas une «simple promenade» comme le prédisait Jefferson, mais qu'il s'agit bien de tuer et de mourir. Lovett ne fait pas état des désertions de peur d'en provoquer davantage. Néanmoins, il s'engage à gagner cette guerre malencontreuse et reçoit l'ordre de bombarder Queenston. Au lever du jour, la bataille est engagée.

«Le jour commençait à peine à poindre», écrit John Beverley Robinson, un étudiant en droit de 21 ans, futur procureur général, qui s'est enrôlé dans la milice canadienne. «Le canon grondait des deux côtés sans arrêt; des obus éclataient dans les airs, et le versant de la montagne juste au-dessus de Queenston était illuminé par les tirs incessants des armes légères.»

La tentative des Américains de traverser le fleuve s'avère catastrophique. Ils n'ont pas de bateaux assez grands pour transporter leurs armes lourdes, et le fort courant met en péril les bateaux avec lesquels ils amorçaient leur traversée. Les Canadiens qui tirent au mousquet les abattent avant qu'ils puissent accoster. La constitution des États-Unis n'exige pas de ses miliciens qu'ils combattent sur un sol étranger. Certains se prévalent de ce droit et refusent de traverser. Malgré cela, quelque 1200 hommes atteignent le côté canadien.

Sous le commandement du lieutenant-colonel Solomon Van Rensselaer, qui est blessé, les Américains se retrouvent immobilisés en contrebas des falaises qui conduisent à Queenston Heights. Ils trouvent un sentier de pêcheur et Van Rensselaer y envoie ses hommes sous le commandement d'un jeune capitaine, qui a l'ordre de tirer sur quiconque tentera de se replier. Ils prennent Queenston Heights et réussissent une avancée. Le combat est en train de tourner à leur avantage.

Brock tente de reprendre du terrain. Il a le sentiment que Queenston Heights est une place stratégique du Haut-Canada et que, si la place tombe, la province suivra bientôt. Son uniforme d'un rouge écarlate très caractéristique fait de lui une cible toute désignée. Un tireur isolé l'atteint en pleine poitrine, le tuant sur le coup.

Les Indiens forment la dernière ligne de défense. Dans les bois qui entourent Queenston Heights, un groupe d'Autochtones commandé par le fils de Joseph Brant, John, et son neveu adoptif, John Norton, se dirigent vers les Américains. Norton commence la journée avec 300 guerriers. Alors qu'ils se déplacent dans la forêt, ils apprennent par les miliciens en repli que 6000 Américains se trouvent à Queenston Heights. «Certains guerriers répondent: "Plus il y a de gibier, meilleure est la chasse"», écrit Norton dans son journal. «Ces rapports n'ont cependant pas le même effet sur tous — beaucoup en sont alarmés [...] nous nous retrouvons en nombre très réduit à cause des désertions nombreuses quoique imperceptibles; lorsque nous atteignons l'orée du bois, nous ne sommes plus que 80.» Les Indiens lancent des attaques répétées, se repliant dans les bois et s'y regroupant. «Camarades et frères, leur crie Norton, rappelez-vous la gloire des anciens guerriers, leur poitrine n'a jamais été intimidée par un ennemi supérieur en nombre. Nous avons trouvé ce pour quoi nous sommes venus [...] ils sont là — il ne nous reste qu'à combattre.»

Le major John Norton. Neveu adoptif de Joseph Brant, Norton est à moitié écossais et à moitié cherokee. Il commande une armée indienne lors de la bataille de Queenston Heights. « [...] le nombre de mes hommes est considérablement réduit — une grande partie d'entre eux sont partis chez eux —, à l'approche de l'hiver ils ressentent le besoin d'avoir des vêtements chauds et, dans leurs marches constantes, ils ont usé leurs mocassins. La tombée des feuilles, la saison où ils chassent le chevreuil est arrivée, et beaucoup sont partis chasser dans les bois pour subvenir à leurs besoins — rares auraient été ceux qui seraient restés si l'amour de la gloire n'avait animé leurs cœurs et ne leur avait inspiré la patience pour les soutenir dans leurs souffrances — dans l'attente de l'arrivée de l'ennemi. Il restait alors à peine 300 guerriers à Niagara. » (*Archives nationales du Canada, C-123832*)

Tenskwatawa, frère de Tecumseh. Le Prophète, comme on l'appelait, était un mystique borgne qui avait prédit que les Indiens seraient sauvés de l'oppression des Blancs par une intervention divine. Les Américains qui « grandirent des saletés de la grande eau lorsqu'elle était troublée par le Mauvais Esprit » seraient vaincus par le Grand Esprit. On attribue des miracles au Prophète et son influence s'étend à travers tout le continent. (*Charles Bird King, Gilcrease Museum*)

Des renforts britanniques finissent par arriver et, protégés sur leur flanc, ils attaquent les Américains. « Ils n'avaient nulle part où se replier, écrit John Beverley Robinson, et se retrouvèrent au pied de la montagne qui surplombe la rivière. Ils tombèrent en grand nombre [...] beaucoup sautèrent du versant de la montagne pour échapper aux atrocités qui les attendaient et s'écrasèrent dans leur chute. »

Le commandant Lovett encourage ses troupes à traverser la rivière pour apporter des renforts à leurs compatriotes. En vain. Ceux qui sont restés sur l'autre rive n'ont droit à aucun renfort, à aucun sauvetage. Les Américains sont coincés en bas des falaises et tentent sans succès de se rendre. On envoie un premier soldat muni d'un drapeau blanc, qui sera tué, comme le second. Leur capitulation est finalement reconnue avant qu'un massacre ne se produise. Neuf cent vingt-cinq Américains se rendent et on compte 250 blessés. Du côté canadien, les pertes s'élèvent à 14 morts et 67 blessés. Isaac Brock est parmi les victimes, et sa mort représente une terrible perte. Soldat ambitieux, brillant stratège, Brock personnifie la résistance canadienne et il restera un élégant symbole de bravoure.

Le père de Tecumseh est mort lorsqu'il n'était encore qu'un nouveau-né et un de ses frères a été tué par les Blancs. Tecumseh connaît son premier combat à l'âge de 15 ans, contre les volontaires du Kentucky. Après quatre mariages, il est résolument célibataire et dévoué à sa cause. Son jeune frère Tenskwatawa, connu simplement sous le nom du Prophète, est un mystique coléreux et emporté. Il acquiert rapidement de l'autorité en prêchant une religion millénariste qui exhorte les Indiens à revenir à leurs valeurs d'origine. La misère qu'ils connaissent, dit-il, est une épreuve ; bientôt ils seront délivrés de l'emprise avide de l'homme blanc. Quelques années auparavant, le gouverneur James Craig a entendu parler du Prophète et tente d'acheter son influence, espérant s'en servir comme d'une arme contre les Américains. Il n'y parviendra pas.

Tecumseh apparaît comme le chef politique de la campagne religieuse de son frère. Ensemble, ils font pression sur les Indiens des Grands Lacs jusqu'au golfe du Mexique, tentant de les unir au sein d'une confédération continentale basée sur l'efficacité. Tecumseh plaide en faveur d'un usage commun des terres, plutôt que de les vendre aux Blancs. « Les hommes blancs ne sont pas les amis des Indiens, leur dit-il. Au début, ils demandent une terre grande comme un wigwam ; à présent, rien ne les satisfera, sinon l'ensemble de nos terres de chasse qui s'étendent du lever jusqu'au coucher du soleil. »

Un des grands responsables de la perte des terres indiennes est le gouverneur William Henry Harrison du territoire de l'Indiana, qui achète plus de 100 millions d'acres. La moitié de l'Indiana actuel, de grandes parties du Wisconsin, du Missouri et de l'Illinois sont ainsi obtenues par la brutalité, la tromperie, la fraude, l'argent et le whisky. Le but de Harrison est de faire venir des colons sur les terres afin de créer un empire du Midwest.

Il reconnaît la menace que représente l'infatigable et charismatique Tecumseh. « L'obéissance et le respect implicites que les hommes de Tecumseh lui témoignent, note Harrison, prouvent qu'il est comparable à ces génies qui surgissent dans l'histoire pour faire des révolutions. [...] Si les États-Unis n'avaient pas été si proches, il serait peut-être le fondateur d'un empire qui rivaliserait en gloire avec celui du Mexique. »

Tecumseh et Harrison se rencontrent en 1810, à Vincennes, dans le territoire de l'Indiana, pour discuter de leurs divergences de vue concernant le développement et l'aménagement du territoire. Tecumseh est accompagné de 300 guerriers. Harrison compte se servir de la rencontre pour désamorcer leur militantisme grandissant. Mais Tecumseh profite de l'occasion pour faire un discours politique. « Vendre un pays ! Pourquoi pas vendre l'air, les nuages et la grande mer, de même que la terre ? Le Grand Esprit ne les a-t-il pas créés pour que ses enfants en profitent ? » Le discours dure trois heures et Tecumseh menace de tuer tout chef qui vendra des terres à l'homme blanc. La réunion qui se tient en plein air prend fin. On brandit des tomahawks, on brandit des sabres, et les deux groupes se quittent dans un climat fébrile.

À l'automne de 1813, lorsque la guerre éclate, Harrison est major général dans l'armée américaine, et il commande une armée d'invasion de 3000 hommes. Une armée britannique équivalente commandée par le général Henry Proctor attend à Fort Malden avec Tecumseh et des troupes indiennes. Tecumseh se réjouit de se retrouver face à face avec son grand ennemi sur le champ de bataille. Mais Proctor prend la décision de se replier face à l'armée de Harrison. Tecumseh, qui n'a jamais fait entièrement confiance aux Britanniques — qui ne sont à ses yeux que les moins déplaisants des Blancs —, accuse à présent Proctor de lâcheté.

Proctor arrête son armée à la rivière Thames après une lente retraite couverte par les guerriers de Tecumseh. Les hommes de Harrison abattent les traînards et s'emparent de la majorité des munitions et des réserves britanniques. Lorsque Proctor décide de résister à Moraviantown, ses soldats sont démoralisés et certains n'ont pas mangé depuis deux jours. Plusieurs guerriers de Tecumseh ont déserté, le laissant avec environ 500 hommes.

Proctor a deux jours pour se préparer à attaquer l'armée de Harrison, mais il ne réussit pas à tirer avantage du terrain, ni de son artillerie qui constitue sa seule supériorité militaire. L'armée britannique est minée par la dissension, et le commandement de Proctor, remis en question. Lorsque l'armée de Harrison approche, les Britanniques offrent un simulacre de combat.

Proctor tente de rallier ses hommes, passant à cheval au milieu d'eux, en criant : « Honte au 41ᵉ ! Que fuyez-vous ainsi ? Pourquoi ne vous regroupez-vous pas ? » Puis il s'enfuit à son tour dans le bois. Un an plus tard, en cour martiale, le comportement du 41ᵉ sera disséqué dans ses détails les plus honteux. En se repliant comme ils l'ont fait, les hommes du régiment ont laissé 500 Indiens se battre contre une armée américaine de 3000 hommes.

Tecumseh est dans les bois, ses hommes sont exposés sur leur flanc gauche aux tirs des Britanniques qui se replient. L'avance des cavaliers

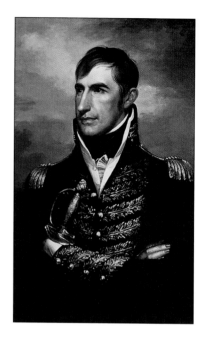

Grâce à ses prouesses militaires, William Henry Harrison devient le neuvième président des États-Unis. En 1840, son colistier John Tyler mène sa campagne avec le slogan « *Tippecanoe and Tyler too !* » Le vrai candidat à la vice-présidence aux côtés de Harrison semble parfois être Tecumseh, mort depuis 27 ans, qui laisse encore planer une menace mythique que Harrison invoque à son avantage auprès de l'électorat. (*National Portrait Gallery, Smithsonian Institution/Art Resource, New York*)

américains est coupée. Ils descendent de leurs selles et continuent le combat au corps à corps. La bataille dure presque une heure avant que les Britanniques ne soient écrasés. «Je me suis enfui plus loin dans le bois, écrit Shadrach Byfield, où j'ai rencontré quelques Indiens, qui ont dit qu'ils avaient repoussé l'ennemi sur la droite, mais que leur Tecumseh avait été tué et qu'ensuite ils s'étaient repliés.»

Le sort qui est réservé à sa dépouille demeure un mystère. Certains Indiens prétendent qu'on l'a transportée et qu'on l'a enterrée plus tard, bien qu'aucun site funéraire marqué à cet effet n'ait été retrouvé. Les Américains disent que des chasseurs de souvenirs ont découpé sa peau en lanières destinées à être vendues comme cuir à rasoir et que l'on a abandonné son corps mutilé après en avoir tiré ces babioles morbides.

Des dizaines d'hommes se vantent d'avoir tué Tecumseh. Le rêve d'un état panindien s'éteint avec lui, et il est certain que se faire reconnaître comme son meurtrier revêt une valeur symbolique indiscutable. La mort de ce chef indien influencera la politique américaine pendant plus d'une génération. Richard Mentor Johnson, l'expansionniste du Kentucky, revendique l'acte et cela le conduira à la Maison-Blanche où il sera vice-président. Les dissensions incessantes entre William Harrison et Tecumseh propulsent Harrison à la présidence. La mort de Tecumseh devient une question obligée de tout programme politique. La question qui sera sur toutes les lèvres pendant près de 50 ans se terminera en comptine: «*Rumpsey, Dumpsey, who killed Tecumseh?*»

Après sa victoire à Moraviantown, l'armée de Harrison est tentée de prendre le Haut-Canada, mais elle n'en fait rien. Ses voies de ravitaillement sont loin et l'hiver est proche. Harrison se replie sur Détroit, empêché par le climat de conquérir le pays.

Mort de Tecumseh. (*Anne S. K. Brown, Military Collection, Brown University, Providence*)

Maurice Nowlan est lieutenant dans le régiment de Dublin, unité presque exclusivement formée de soldats irlandais. À Montréal, il courtise Agathe Perrault, une Canadienne française catholique, et l'épouse le 10 février 1812. Après une courte lune de miel, Nowlan est rappelé au camp de Blair Fundy. Il écrit régulièrement à Agathe.

En mai de l'année suivante, il se trouve à Kingston. « Le général Proctor a immobilisé le général Harrison dans un petit fort qui compte environ 700 hommes et il a l'intention d'attaquer immédiatement. Je suis sûr qu'au prochain rapport, le général Harrison se rendra à Proctor sans qu'un seul coup de feu ait été tiré. [...] Je ne peux pas dormir plus d'une heure à la fois et ensuite je sursaute dans mon sommeil à cause des rêves effrayants que je fais. Écris-moi, mon âme, et réconforte-moi, car c'est grâce à toi seule que je vis. »

En novembre, Harrison met l'armée de Proctor en déroute. Nowlan est maintenant à Stoney Creek dans la péninsule du Niagara, et des rumeurs arrivent par vagues, déformées, violentes, menaçantes. Il apprend ainsi que les Américains se préparent à attaquer Montréal et il s'inquiète pour sa jeune femme : « Mes craintes pour toi, mon âme, sont plus angoissantes que tout. [...] Avant que cette lettre ne te parvienne, mon amour, j'espère que toute cette affaire qui nous cause tant de malheur sera terminée. Il est choquant d'entendre les Indiens parler contre l'armée de Harrison. Le Prophète cherche à venger son frère, il dit qu'il fera cuire leurs cœurs et qu'il en régalera ses guerriers. L'idée d'une telle atrocité est choquante, mon amour, mais ils sont tellement enragés qu'il est vain de tenter de l'empêcher. Le Prophète a dit, alors qu'ils écorchaient son frère pour en faire des cuirs de rasoir, qu'il mangera leur chair et étanchera sa soif avec la soupe. Aussi choquant que cela soit d'être témoin d'une telle chose, j'espère, pour le salut de ma chère femme, que je vivrai pour voir tout cela. [...] Mon amour, dis-moi toutes les nouvelles ma douce, et rassemble tout ton courage pour quelques jours et je sais que tout se passera bien, mon cœur. »

La dernière lettre de Nowlan parvient à sa femme avant la bataille de Fort Niagara : « Je ne peux prendre que quelques instants pour te dire que j'ai reçu ta lettre affectueuse du 28 du mois dernier, mais j'ai le regret de te dire que j'ai dû la brûler sitôt après l'avoir lue, nous faisons des préparatifs depuis dimanche dernier pour prendre Fort Niagara. [...] J'ai grand espoir de survivre. À présent, il m'est possible de dire adieu à ma chère femme aimée, et ce, peut-être pour la dernière fois. [...] Si le Dieu tout-puissant m'épargne jusqu'à demain, mon premier soin sera de t'écrire. [...] Mon trésor le plus précieux [...] tu es ma seule raison de vivre, que le Dieu tout puissant te bénisse, ma vie. »

Les Britanniques attaquent Fort Niagara de nuit, franchissant la rivière à environ 5 km en amont; ils se déplacent lentement munis d'échelles et de haches. Ils prévoient prendre le fort par surprise, et les hommes doivent se servir de leurs baïonnettes et garder le silence. Les Britanniques remportent la victoire pratiquement sans verser de sang. Six hommes sont tués, et Maurice Nowlan est l'un d'eux. Son frère écrit à Agathe pour lui annoncer la triste nouvelle.

Charles-Michel de Salaberry. À l'âge de 14 ans, Salaberry s'engage dans le 44ᵉ régiment d'infanterie pour joindre plus tard le 60ᵉ régiment composé de soldats de carrière qui viennent d'Angleterre, de Prusse, de Hanovre et de Suisse. Un autre Canadien français du régiment, Des Rivières, a été tué dans un duel avec un Prussien. Salaberry venge sa mort dès le lendemain en tuant le Prussien dans un autre duel. Un colonel du 60ᵉ rapporte au duc de Kent : « [Salaberry] est un jeune homme brave et distingué qui fera un excellent officier parce qu'il a, gravé dans l'âme, un haut sentiment de l'honneur. » (*Musée du Château Ramezay*)

« Ma chère Madame Nowlan, c'est avec le plus profond chagrin, et avec horreur que j'ai appris [...] que mon frère bien-aimé n'est plus. [...] Et maintenant je peux parcourir cette lointaine région dans la neige ou dans la chaleur de l'été, aucune saison ne pourra le faire revenir. [...] Mais je l'entends murmurer à mon oreille — sois gentil et affectueux envers ma femme bien-aimée, oui c'est ce qu'a dû être sa dernière volonté, car jamais un cœur ne fut plus lié à un autre que le sien au vôtre. »

Agathe ne se remariera jamais. Elle consacre sa vie aux bonnes œuvres et s'éteint à l'âge de 84 ans, en 1871, soit quatre ans après la Confédération.

Deux semaines après le désastre de Moraviantown, les Américains envahissent le Bas-Canada au cours d'une attaque sur deux fronts. Une armée descend la rivière Châteauguay et une seconde descend le Saint-Laurent, convergeant sur Montréal.

À la bataille de Châteauguay, les troupes du Bas-Canada sont commandées par le lieutenant-colonel Charles-Michel de Salaberry, dont le grand-père a combattu les Britanniques et dont le père s'est battu pour eux. Salaberry vient d'une vieille famille canadienne. Cet imposant soldat de carrière a tué un Prussien au cours d'un duel au sabre. Les Canadiens français sont déjà disposés à soutenir la Grande-Bretagne et l'on pense même que le charisme de Salaberry pourrait aider à mobiliser les troupes dans ce but. Il forme une compagnie appelée les « Voltigeurs canadiens » et promet aux hommes un salaire immédiat et 50 acres de terre.

« Le corps qui est en train de se former sous le commandement de Salaberry est doté d'un détachement digne de l'ancien esprit guerrier du pays », peut-on lire dans le *Quebec Gazette*. « Ils s'apprêtent à défendre leur roi qui n'est connu d'eux que par ses actes de gentillesse, et un pays natal rendu sacré depuis longtemps par les exploits de leurs ancêtres. »

Le *Quebec Gazette* exagère peut-être en ce qui a trait à l'humeur ambiante, mais une milice est bel et bien levée et elle défendra les frontières du Bas-Canada à la rivière Lacolle, à Odelltown et à Four Corners.

Salaberry décide de résister à l'invasion américaine sur les bords de la rivière Châteauguay. Ses hommes détruisent des ponts, abattent des arbres et creusent des tranchées. Puis ils attendent avec anxiété l'ennemi trois jours durant. Ils sont 300 à affronter une armée de 3000 hommes.

Les Américains tirent la première salve. « Le feu qui vient de notre droite est si puissant qu'il force nos traînards à se mettre à l'abri », rapporte Michael O'Sullivan, aide de camp de Salaberry. « L'ennemi prend ce mouvement pour le début d'un repli, mais combien il se trompe. [...] Leurs cris de joie retentissent de toutes parts. »

Les Canadiens répliquent en faisant feu de leurs positions retranchées, repoussant les Américains sans cesse. Incapables de pénétrer leur ligne de défense, vulnérables aux tirs, les Américains quittent le champ de bataille. « Je t'écris juste un mot pour te dire que l'ennemi a commencé à se replier hier, écrit Salaberry à sa femme Anne. Je crois que nous avons sauvé Montréal pour

cette année. [...] J'espère qu'ils vont nous laisser nous reposer et que j'aurai le bonheur de te voir sous peu. Je suis très fatigué. Je t'envoie mille baisers ainsi qu'au petit. »

Malgré le repli des Américains, Salaberry pense qu'ils pourraient simplement être en train de se regrouper. Pendant huit jours, l'armée canadienne reste derrière les barricades, attendant dans la froide pluie d'automne. Le temps devient bientôt un ennemi plus âpre encore que les Américains. « Nous souffrons à ce point du mauvais temps que chaque jour certains de nos hommes tombent malades », écrit le lieutenant Charles Pinguet, qui ajoute : « Je sais à présent qu'un homme peut endurer sans mourir plus de souffrance et d'enfer qu'un chien. Il y a plusieurs choses que je pourrais plus facilement te dire de vive voix que t'écrire, mais du moins seras-tu convaincue que les Canadiens savent se battre. »

Quelques semaines après Châteauguay, la deuxième colonne de l'invasion américaine connaît le même sort que la première. Elle est défaite à Crysler's Farm par une armée beaucoup plus petite, et les Américains abandonnent leur plan d'envahir le Bas-Canada pour se concentrer sur l'Ouest.

Si le Bas-Canada offre une opposition étonnamment loyale et vigoureuse, il n'en est pas de même des habitants des Maritimes qui sont ambivalents et qui hésitent à attaquer les États-Unis. Le major général George Izard écrit : « Du Saint-Laurent jusqu'à l'océan règne un mépris évident pour les lois qui

Bataille de Châteauguay.
Le 26 octobre 1813, une armée américaine de 3000 hommes, conduite par le général Wade Hampton se dirige sur Montréal. Elle est défaite par une armée beaucoup plus petite composée de volontaires canadiens qui ont à leur tête le lieutenant-colonel Charles-Michel de Salaberry.
(*Musée du Château Ramezay*)

La bataille de Crysler's Farm.
(*Musée de Crysler's Farm*)

interdisent tout rapport avec l'ennemi. La route de Saint-Régis est encombrée de troupeaux de bétail, et la rivière couverte de radeaux destinés à l'ennemi. »

Les soldats britanniques vivent du bœuf importé du Vermont et du Maine. Les Américains achètent textiles, poterie et sucre aux Britanniques. Les Maritimes vivent une époque de prospérité sans précédent. « Heureux État de Nouvelle-Écosse ! », peut-on lire dans un article de l'*Acadian Recorder*. « Malgré le tumulte, nous vivons dans la paix et la sécurité, envahis seulement par des tas de doublons et de dollars américains. » La prostitution et les maladies vénériennes prospèrent dans Citadel Hill, à Halifax, où 10 000 soldats britanniques viennent se divertir. Ni les Américains ni les habitants des Maritimes ne passent à l'attaque.

Dans le Haut-Canada, l'armée britannique offre aux marchands un vaste marché captif, et ces derniers n'hésitent pas à hausser leurs prix en conséquence. Des fortunes se font pendant la guerre. « J'ai prêté de l'argent à un taux de 10 % pendant 20 jours, ce qui équivaut à 180 % par an, rapporte un marchand. Je ne crois pas qu'il y ait jamais eu d'endroit où le prêt rapporte autant qu'ici. »

L'allégeance des habitants du Haut-Canada s'avère moins sûre que celle de leurs homologues du Bas-Canada. Le rêve de Lord Simcoe de peupler le Haut-Canada d'Américains ne va pas sans quelques inconvénients car certains colons demeurent sympathiques à la cause des États-Unis. Le critique le plus sévère des autorités britanniques est un Irlandais, Joseph Willcocks, qui crée le *Upper Canadian Guardian and Freeman's Journal* et qui siège à l'Assemblée législative. Le mois où la guerre éclate, il écrit : « Je suis flatté d'être mis au rang des ennemis des serviteurs du roi de cette colonie. J'en tire même une certaine gloire. Mais quoi, est-ce la vérité et une fidélité sans faille aux intérêts du pays qui ont créé [...] tant d'émoi au sein de la bande des opportunistes flagorneurs, des retraités et des souteneurs ! »

Pendant la guerre, il passe de l'opposition parlementaire à la trahison pure et simple lorsqu'il se met à espionner pour le compte des Américains, en transmettant des renseignements concernant les mouvements des troupes britanniques. En 1813, il lève une compagnie de volontaires canadiens pour combattre avec les Américains. Il mène des groupes de reconnaissance et des groupes d'attaque, et participe à l'invasion de la péninsule du Niagara. Au printemps de l'année 1814, lui et 14 hommes du Haut-Canada sont accusés de haute trahison. Ils sont poursuivis en justice par John Beverly Robinson, un ancien combattant de Queenston Heights, qui est le procureur général du Haut-Canada, et est alors âgé de 23 ans.

Huit d'entre eux sont reconnus coupables et condamnés à la pendaison. Le 20 juillet, ils sont exécutés en public à Burlington Heights. Puis on leur tranche la tête. Les têtes des pendus sont ensuite exhibées comme on le faisait au Moyen Âge. Mais Willcocks n'est pas parmi eux. Il a quitté le Haut-Canada pour devenir colonel dans l'armée américaine. Le jour des exécutions, son armée de traîtres se joint à la dernière armée d'invasion de l'Amérique, sous le commandement du général Winfield Scott.

Au même moment, la péninsule du Niagara n'est plus qu'une terre brûlée à l'abandon. Willcocks a lui-même incendié la ville de Niagara, qu'il avait représentée auparavant lorsqu'il était dans le corps législatif. « Dans le village, au moins 130 bâtiments se consument, rapporte l'*Ontario Repository*, et les malheureux habitants, dont le nombre approche les 400, en majorité des femmes et des enfants, se retrouvent exposés aux rigueurs de l'hiver, de la neige épaisse et du ciel glacé, ne portant pratiquement rien sur le dos. Combien ont péri à cause du temps ? Il est impossible de le dire. » Un des rares bâtiments qui échappent aux flammes est la taverne de Willson, un établissement avec vue sur les chutes du Niagara. La propriétaire, Deborah Willson, échange des renseignements tant avec les Britanniques qu'avec les Américains, qui considèrent l'endroit comme un terrain neutre.

Le 25 juillet 1814, le brigadier général américain Winfield Scott s'arrête à la taverne, à la recherche d'informations sur l'ennemi. Willson lui dit que le général britannique Riall se trouve dans une ferme non loin de là, avec 800 soldats et 300 Canadiens. Elle a raison quant à l'emplacement, mais se trompe sur le nombre. En effet, c'est une armée de plus de 1500 hommes qui attend dans un cimetière de pionniers situé près de la ferme Lundy.

La bataille de Lundy's Lane,
le 25 juillet 1814.
(*Collection Granger, 4E758. 12*)

Scott conduit son armée de 1200 hommes pour les attaquer. «Lorsque je découvris leur formidable ligne d'attaque, écrit-il, je dépêchai un officier d'état-major au général en chef en lui faisant promettre de garder ses positions jusqu'à l'arrivée de l'armée de réserve. En restant ferme, on donne à l'ennemi l'impression que toute la réserve américaine est proche et qu'elle s'apprête à attaquer ses flancs [...] ma brigade ne peut se retirer.» La première brigade de Scott est écrasée par le nombre et perd 500 hommes sur 750 avant le coucher du soleil. «Vers 9 heures du soir, il y a consentement mutuel pour un cessez-le-feu général, écrit Henry Ruttan, sergent de la milice canadienne. Il faisait si noir qu'on ne distinguait pas nos hommes de ceux de l'ennemi. Nous voyions clairement une ligne se former en avant de nous, et nous entendions chaque ordre donné.»

Les renforts arrivent et 6000 hommes s'affrontent alors dans l'obscurité. «Les lignes ennemies étaient si proches que, dès qu'un fusil ennemi tirait, rapporte un soldat américain, [nous] pouvions voir les visages et même les attitudes de nos adversaires [...] l'obscurité et la fumée combinées à la lumière intermittente donnaient l'impression que les hommes en face de nous étaient entourés d'un halo bleuté et sulfureux, et, à chaque éclair, on aurait dit qu'ils riaient.»

Les deux armées tirent des salves, puis s'engagent dans un corps à corps, donnant des coups de couteau et de bâton, aveuglés par le désespoir, tuant leurs propres hommes par erreur. Joseph Willcocks sait pertinemment que, s'il est fait prisonnier, il sera pendu pour trahison; il se replie dans la nuit. À minuit, les combats cessent sans qu'aucun ordre soit donné d'un côté ni de l'autre. Les Américains battent en retraite, emmenant avec eux leurs blessés.

« La lumière du matin offrit à nos yeux un terrible spectacle, observe le sergent britannique James Cummins. Américains et Anglais étaient couchés les uns par-dessus les autres, marquant le mouvement même de notre avance et de notre repli. Près de 2000 hommes gisaient ainsi sur le champ de bataille. »

La bataille de Lundy's Lane compte parmi les plus sanglantes de la guerre; la victoire est officiellement revendiquée par les deux camps. Les Américains rentrent chez eux, brûlant sur leur passage les ponts et les villages.

Au mois d'août, près de 4000 soldats britanniques entrent dans Washington et incendient la quasi-totalité de la ville, y compris la Maison-Blanche et la Bibliothèque du Congrès. Le président Madison a pris la fuite. Son épouse Dolley, qui a sauvé l'original de la Déclaration d'indépendance et un portrait grandeur nature de George Washington, contemple les flammes depuis la maison d'un ami en Virginie.

C'est en 1814, la veille de Noël, en Belgique, que le traité de Gand est signé. La guerre est officiellement finie, bien qu'il faille attendre encore un mois avant que la nouvelle ne parvienne en Amérique du Nord. La Grande-Bretagne reconnaît l'indépendance de l'Amérique et accepte de rendre tous les territoires saisis. Pour le Canada et les États-Unis, la guerre se solde par des colonies aux terres brûlées, et, officiellement, par deux victoires. Dans le Haut-Canada, la guerre aura cimenté le caractère essentiellement britannique de la culture et de la politique du pays. Ainsi, les plaques tectoniques qui n'ont cessé de se déplacer pendant plus d'un siècle finissent-elles par se stabiliser. Le continent sera américain au sud des Grands Lacs et britannique au nord.

LA GRANDE TRAVERSÉE
DU CONTINENT

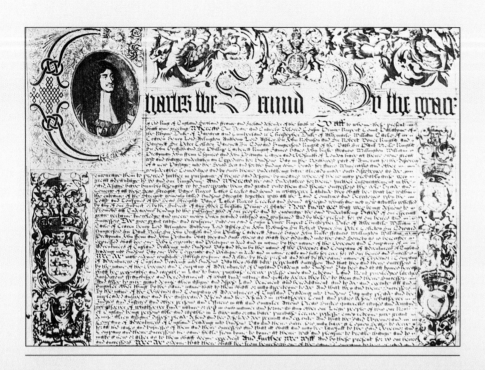

Au début du XVIIᵉ siècle, l'Ouest ne représente aux yeux des Européens qu'un vaste obstacle inexploré qui les empêche d'avoir accès à la Chine. Le commerce de la fourrure va transformer le territoire, pousser plus loin l'exploration et modifier le tissu social à travers le processus de colonisation. La Compagnie de la Baie d'Hudson joue en ce sens un rôle prépondérant. Elle doit son nom et, d'une certaine façon, son existence même à un homme, Henry Hudson, qui connaîtra un destin tragique.

On ne sait rien de ses premières années, et c'est en 1607, alors qu'il est déjà dans la cinquantaine, qu'il entre dans l'histoire. La Muscovy Company l'engage avec le mandat de trouver un chemin vers la Chine en passant par le pôle Nord. Son expédition se solde par un échec, mais en 1610, une nouvelle tentative est financée par deux autres compagnies : la Compagnie des Indes orientales et la Compagnie du passage du Nord-Ouest. Hudson a un véritable don pour la navigation. Il possède en outre une imagination débordante et le courage nécessaire pour faire cette exploration. En revanche, il manquera du jugement nécessaire pour mesurer les qualités morales des hommes.

À bord de son vaisseau, le *Discovery*, Hudson franchit les glaces et les redoutables courants au sud de l'île Resolution, puis s'engage dans la baie qui porte maintenant son nom, en pensant qu'il s'agit de l'océan Pacifique.

Première page de la Charte de la Compagnie de la Baie d'Hudson, 2 mai 1670. (*Archives de la Compagnie de la Baie d'Hudson, Archives provinciales du Manitoba*)

Le dernier voyage de Henry Hudson. (*John Collier, Tate Gallery*)

Au mois d'octobre, après avoir exploré pendant plusieurs semaines la baie James qu'il décrit comme « un labyrinthe sans fin », il apparaît clairement que le passage vers la Chine n'est pas à cet endroit. Son équipage le tient responsable de l'erreur, ce qui n'est pas sans conséquences. D'une part, les hommes ne toucheront pas la prime promise et, d'autre part, ils sont contraints de passer l'hiver dans le Nord glacial avec leurs équipements désuets et leurs maigres rations.

Au cours de cet hiver misérable, l'équipage est divisé. Le 12 juin, le *Discovery* met les voiles pour retourner en Angleterre, mais 11 jours plus tard, la mutinerie éclate au sein de l'équipage. Hudson et sept de ses hommes, y compris son fils, sont mis à bord d'un canot et abandonnés à la dérive. Les mutins se dirigent vers le nord à bord du *Discovery*, puis jettent l'ancre pour tenter de trouver les vivres qu'ils croient qu'Hudson a stockés. Tandis que le vaisseau est à l'ancre, le canot les rattrape. Certains des mutins désirent reprendre Hudson et ses hommes à bord, mais le chef, William Wilson, lève l'ancre « comme pour fuir un ennemi ». Hudson et ses compagnons d'infortune sont abandonnés dans ces régions inhabitées sans que l'on sache quel fut leur sort.

Le voyage fatidique d'Hudson met en branle une entreprise plus vaste encore, qui est l'ouverture de l'Ouest canadien par les explorateurs et les négociants anglais et français. Au cours des 200 ans qui suivront, le territoire sera transformé par un phénomène invraisemblable : la popularité du chapeau de castor, qui donne son essor au commerce de la fourrure. Les Indiens qui occupent ces territoires possèdent des réseaux de troc établis depuis longtemps, et la Compagnie de la Baie d'Hudson les exploite avec succès. La Compagnie naît d'une charte émise par le roi Charles II en 1670. L'Angleterre de l'époque est impérialiste et accorde à la Compagnie, sans sourciller, les privilèges du monopole ainsi que le droit de coloniser toutes les terres traversées par les eaux qui se jettent dans le détroit d'Hudson. Henry Hudson avait fourni les connaissances géographiques essentielles, mais ce sont deux Français qui créent la compagnie proprement dite, Pierre Esprit Radisson et Médard Chouart Des Groseilliers.

Pierre Radisson est originaire de Provence, et durant toute sa vie, il prouve son mépris pour les allégeances, n'hésitant pas à changer de camp chaque fois qu'il y trouve son profit. « Pour ma part, je partirai à l'aventure », note-t-il dans son journal détaillé, baroque et souvent inexact, « je choisis de mourir comme un homme plutôt que de vivre comme un mendiant. [...] C'était ma destinée que de découvrir de nombreuses nations sauvages, et je ne pouvais pas aller contre cette destinée. »

En 1651, peu de temps après son arrivée en Nouvelle-France, Radisson, qui n'est alors qu'un adolescent, est capturé lors d'une incursion contre les Iroquois. Il est adopté par une famille iroquoise importante et apprend rapidement leur langue et leurs coutumes, les accompagnant dans leurs expéditions de chasse et de guerre. Il parvient à s'échapper, mais il est repris avant d'avoir pu regagner Trois-Rivières. Pour le punir, on le soumet à une lente torture, et il échappe à la mort grâce à l'intervention de sa famille d'adoption. On lui donne le nom d'Oninga. Lorsqu'il visite Fort Orange (sur le site de l'actuelle Albany), le gouverneur offre une rançon en échange de la liberté du prisonnier, mais Radisson refuse, et retourne chez les Iroquois. Par la suite, il tentera une dernière évasion, qui cette fois sera une réussite.

Le beau-frère de Radisson, Médard Chouart Des Groseilliers, est un marchand de fourrures qui a parcouru l'ouest du pays en se rendant aussi loin que le lac Huron. En 1659, Radisson et lui décident de faire équipe et d'explorer le pays au-delà des territoires de troc connus des Européens, dans le but de trouver de nouvelles sources d'approvisionnement en fourrures. « Nous fîmes notre proposition au gouverneur de Québec à l'effet que nous voulions risquer nos vies pour le bien du pays, écrit Radisson, et nous rendre dans les contrées les plus éloignées, accompagnés par deux Hurons. »

Le gouverneur accueille favorablement leur offre, mais pose ses conditions ; ils devront être accompagnés de deux arpenteurs du gouvernement

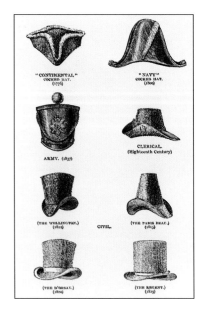

Chapeaux de castor. Le duvet de la peau du castor sert à confectionner le chapeau de castor qui restera à la mode pendant longtemps. En 1634, le père Paul Le Jeune, supérieur des jésuites à Québec, observe que les Autochtones pensent que le goût des Européens pour les ceintures en castor est frivole. « J'ai entendu mon hôte [indien] dire un jour en plaisantant : *Missi picoutau amiscou*, ce qui signifie "Le castor fait tout parfaitement bien, il fait les bouilloires, les hachettes, les épées, les couteaux, le pain ; bref, il fait tout." Ce chef se moquait de nous, Européens, qui avons une telle prédilection pour la peau de cet animal et qui nous battons pour voir qui l'obtiendra ; à tel point que mon hôte me dit un jour, en me montrant un magnifique couteau : "Les Anglais n'ont aucun bon sens ; ils nous donnent 20 couteaux comme celui-ci pour une peau de castor." » (*Archives nationales du Canada*, C-17338)

et verser la moitié de leurs profits. « Mon frère était vexé d'une demande aussi déraisonnable, écrit Radisson. Prendre des hommes inexpérimentés et les conduire à leur ruine ; [...] en outre, que le gouverneur compare deux de ses serviteurs à nous. [...] Nous répondîmes au gouverneur que pour notre part, nous savions qui nous étions ; que les découvreurs passaient avant les gouverneurs. [...] Le gouverneur n'apprécia pas du tout cela et nous ordonna de ne pas partir sans qu'il nous en ait donné la permission. »

Ils désobéissent et partent au milieu de la nuit. En deux mois, ils remontent la rivière des Outaouais et traversent le lac Nipissing jusqu'à la rive nord du lac Huron. « Nous étions des Césars, écrit Radisson, et personne ne venait nous contredire. » Mais le voyage est dangereux : pendant plusieurs années, les Iroquois ont barré la route vers l'intérieur, déterminés à conserver leur rôle lucratif d'intermédiaires dans le commerce de la fourrure. En compagnie d'Ojibwés, Radisson et Des Groseilliers rencontrent quelques Iroquois. Une bataille s'ensuit. Les Ojibwés sont victorieux, mangent la chair d'un de leurs ennemis abattus et amènent des prisonniers avec eux « pour les brûler à notre convenance pour la plus grande satisfaction de nos femmes. Nous quittâmes le lieu du massacre en les entendant pousser des cris horribles, dit Radisson, nous tourmentâmes ces infortunés et nous leur arrachâmes les ongles un à un. »

À l'hiver, ils s'étaient rendus en canot au lac Supérieur, soit plus loin que n'importe quel négociant européen avant eux. Ils enterrent leurs marchandises pour ne pas se les faire voler, puis campent tout l'hiver avec un groupe d'Ojibwés. Mal approvisionnés, ils luttent contre la famine, mangent leurs chiens, se font une soupe claire en faisant bouillir les os plusieurs fois de suite et finissent par manger les os eux-mêmes broyés en une fine poudre. Ils tentent d'extirper des racines du sol gelé, se nourrissent de l'écorce des arbres et de la peau de leurs pelisses de castor. Beaucoup d'Ojibwés meurent de faim ; les survivants sont malades et décharnés. « Nous nous trompâmes souvent nous-mêmes, prenant la vie pour la mort et la mort pour la vie », écrit Radisson.

Le printemps apporte avec lui sa récompense. Les Ojibwés célèbrent leur fête des Morts. Dix-huit nations indiennes se rassemblent et festoient pendant 10 jours au lac Supérieur. Pour Radisson et Des Groseilliers, c'est une occasion de troc sans précédent et ils se joignent à la fête en se pliant aux coutumes indiennes. « Nous chantâmes dans notre langue, comme eux le firent dans la leur, et ils y prêtèrent grande attention, écrit Radisson, nous leur offrîmes plusieurs cadeaux et en reçûmes beaucoup en retour. Ils nous offrirent plus de 300 vêtements en castor. Ils nous dirent également que des fourrures plus belles et plus lustrées se trouvaient dans une grande baie au nord. »

Les deux négociants retournent à Montréal accompagnés de 300 Indiens dans une flotte de canots chargés de fourrures et s'attendent à être accueillis en héros. Ils ont non seulement agrandi substantiellement le territoire du commerce de la pelleterie, mais ils ont aussi réussi à convaincre les Indiens de l'intérieur de braver le blocus iroquois. Au lieu de les féliciter, le gouverneur leur impose une amende et Des Groseilliers est jeté en prison. « Il a mis mon frère en prison pour le punir de ne pas avoir suivi ses ordres, et d'être parti

FÊTE HURONNE DES MORTS ◆ Après avoir passé un hiver de privations au lac Supérieur, Radisson et Des Groseilliers se joignent à la fête des Morts au printemps. D'origine huronne, le rituel a lieu initialement lorsque la terre est épuisée par les plantations, généralement après sept ou dix ans, et que le village souhaite s'installer dans un nouveau site. On déterre tous ceux qui sont morts et on fait une fête en leur honneur. Au sein des sociétés autochtones non agricoles, le rituel évolue et offre une occasion de cimenter les liens commerciaux et politiques avec d'autres bandes. Pour Radisson et Des Groseilliers, cela représente non seulement une époque d'abondance après un hiver de privations, mais c'est aussi une occasion commerciale unique qui s'offre à eux.

« Plusieurs chaudières furent amenés pleines de viande. Ils se reposèrent et mangèrent [pendant] plus de cinq heures sans se parler les uns aux autres. Les [hommes] les plus considérables de nos compagnies allèrent faire des harangues. [...] Le jour suivant, ils arrivèrent en une incroyable pompe. Cela me fit penser à l'entrée que les Polonais firent à Paris, excepté qu'ils n'avaient pas tant de bijoux, mais à la place ils avaient autant de plumes. Les premiers étaient de jeunes gens avec leurs arcs, leurs flèches et leurs boucliers sur l'épaule, sur lesquels étaient représentées toutes sortes de figures correspondant à leurs connaissances, soit du soleil et de la lune, soit des bêtes terrestres, avec des plumes peintes avec beaucoup d'artifice. Le visage de la plupart des hommes était tout couvert de taches de plusieurs couleurs. Leurs cheveux étaient relevés comme une couronne, et coupés très réguliers, mais plutôt brûlés, car le feu est leurs ciseaux. Ils laissent une touffe de cheveux sur le sommet de leur tête, l'attachent et y mettent au bout de petites perles ou turquoises. [...] Ils nous offrirent des présents de peaux de castor, nous asssurant que les montagnes seraient élevées, les vallées haussées, les chemins bien adoucis, les branches d'arbres coupées pour avancer avec plus d'aise, et des ponts bâtis sur les rivières pour ne nous point mouiller les pieds. [...] La harangue étant finie, ils nous prièrent d'être au festin. [...] Après que le festin fut fini, il arriva des jeunes filles apportant de quoi fumer, l'une les pipes, l'autre le feu. Elles les offrirent d'abord à un des aînés, lequel s'assit à côté de nous. Quand il eut fumé, il les enjoignit de nous les donner. Cela étant fait, nous retournâmes à notre fort comme nous étions venus. » Tiré du journal de Pierre Radisson. (*Archives nationales du Canada*, C-113747)

sans sa permission, écrit Radisson. N'est-il pas un tyran de nous traiter ainsi, nous qui avons risqué nos vies ? »

Radisson et Des Groseilliers comptent se rendre encore plus au nord lors de leur prochaine expédition afin de trouver les merveilleuses fourrures dont les Indiens leur ont parlé. Mais après l'accueil de Montréal et un rejet subséquent à Paris, ils décident de se rendre en Angleterre pour présenter leur projet de découvrir la baie nordique. Ils arrivent à Londres en 1665, année de la peste. Le roi Charles II leur accorde une audience et accepte de financer un voyage vers la baie d'Hudson pour chercher les fourrures décrites par les deux explorateurs. Le commerce anglais est en plein essor. La Compagnie des Indes orientales a récemment obtenu un monopole et elle a des visées en Amérique du Nord. La proposition de ces deux Français ne saurait donc mieux tomber.

En 1668, Radisson part pour la baie d'Hudson à bord de l'*Eaglet* et Des Groseilliers à bord du *Nonsuch*. Radisson doit faire demi-tour, une tempête ayant endommagé son bateau, tandis que Des Groseilliers poursuit sa route pour revenir un an plus tard avec une cargaison impressionnante de peaux de castor. À présent qu'on est assuré de trouver assez de fourrures et qu'une route économique est créée, la Compagnie de la Baie d'Hudson peut naître. En 1670, Charles II accorde par charte des privilèges commerciaux de monopole et des droits sur les minéraux pour toutes les terres traversées par les eaux qui se jettent dans le détroit d'Hudson. Appelé « Terre de Rupert », le territoire a 15 fois la superficie de l'Angleterre, soit presque huit millions de kilomètres carrés. Radisson et Des Groseilliers ne se trouvent pas parmi les associés ni parmi les investisseurs de la nouvelle compagnie ; ces postes sont occupés exclusivement à Londres par des aventuriers de salon qui ont les faveurs du roi.

Pendant cinq ans, Radisson et Des Groseilliers travaillent pour la Compagnie de la Baie d'Hudson, puis passent brusquement dans le camp des Français. Des Groseilliers retourne en Nouvelle-France et y meurt avant la fin du siècle. Radisson s'engage dans la marine française et participe aux opérations qui visent à s'emparer des colonies hollandaises en Afrique et dans les Antilles. Plus tard, il conduit l'attaque d'un poste de la Compagnie de la Baie d'Hudson à Port Nelson et fait prisonnier le gouverneur anglais. Il revendique les fourrures pour la France et fait de Port Nelson un avant-poste de l'empire français. Mais en 1684, on le voit de nouveau au service de la Compagnie de la Baie d'Hudson. Il retourne à Port Nelson et réussit à persuader son neveu, Jean-Baptiste Des Groseilliers, qui dirige le poste, de passer du côté anglais.

Pendant la majeure partie de sa vie, Radisson passe ainsi d'un camp à l'autre, épousant la cause des Indiens, les fuyant, puis devenant tour à tour ami des Anglais et des Français. Sa seule vraie loyauté est envers lui-même. Il est aussi habile à négocier avec les hauts personnages de la France et de l'Angleterre qu'à vivre dans le bois avec les Indiens. Il a la ténacité nécessaire pour explorer le territoire et faire du commerce. Il prend sa retraite dans la banlieue de Londres où il s'éteindra coquin et ruiné en 1710.

Commerçant blanc avec des trappeurs indiens. (*Royal Ontario Museum, 966.136.2*)

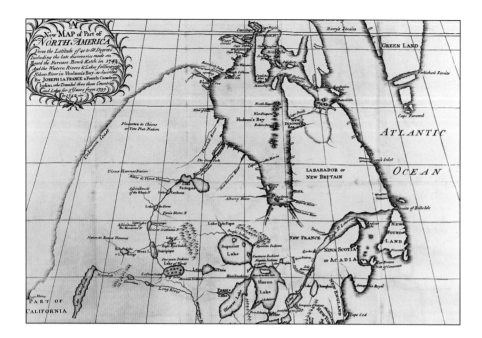

Une nouvelle carte de l'Amérique
du Nord. (*Jacob Robinson, Archives
de la Compagnie de la Baie d'Hudson,
Archives provinciales du Manitoba*)

La compagnie que Des Groseilliers et lui ont aidé à fonder est florissante.
On crée des postes de traite à la baie d'Hudson tout en concluant une entente
avec les Cris, que l'on courtise pour en faire des partenaires commerciaux.
Le système tout entier repose sur les Indiens qui apportent leurs fourrures aux
postes de la baie d'Hudson, parcourant souvent des centaines de kilomètres
pour s'y rendre. Au cours des cérémonies de traite qui ont lieu une fois l'an,
on fume le calumet de paix, que les Cris laissent au fort pour indiquer qu'ils
reviendront l'année suivante. On procède à un échange rituel de cadeaux,
puis on passe aux affaires. « Vous m'avez dit l'année dernière d'amener beaucoup d'Indiens, dit un chef cri aux marchands. Vous voyez que je n'ai pas
menti. Voici un groupe de jeunes hommes [...] donnez-leur de bonnes
marchandises ! [...] Nous avons fait un long chemin pour vous voir. Le Français
nous a envoyé chercher mais nous n'y serons pas. Nous aimons les Anglais.
Donnez-nous du bon tabac brun, humide et bien tassé. [...] Vous comprenez
mes paroles ? »

Les Indiens sont de durs négociateurs. « Les fusils sont mauvais,
se plaint un des négociateurs cris. Échangeons des fusils légers, petits dans la
main et de bonne forme contre des percuteurs qui ne gèlent pas l'hiver. »
Les Européens satisfont à leurs demandes. Ainsi, aux réseaux de traite déjà
existants viennent s'ajouter de nouveaux liens commerciaux.

Pierre Gaultier de Varennes, sieur de La Vérendrye, est le fils du gouverneur
de Trois-Rivières. Il est à la fois soldat et fermier avant de se voir confier la
charge d'un poste de traite en 1715. La Vérendrye écoute les Indiens qui
viennent dans les postes de traite, près du lac Supérieur. Ils disent qu'ils
connaissent une route qui conduit à la mer de l'Ouest. À l'époque, les cartes
françaises sont vagues et fantaisistes, mais elles indiquent une grande masse
d'eau qui conduit au Pacifique. S'ils parviennent à trouver la mer en question,

le commerce avec la Chine deviendra direct et lucratif. La Vérendrye pense pouvoir trouver cette mer de l'Ouest.

«Je me suis familiarisé avec la route par l'intermédiaire de différents Sauvages, dont les déclarations concordent : il existe trois routes ou rivières qui conduisent à la grande rivière de l'Ouest, écrit-il dans son journal. En conséquence, j'ai fait dresser une carte de ces trois rivières afin de pouvoir choisir la route la plus courte et la plus aisée. »

Pour obtenir l'appui du gouverneur et de la cour de France, La Vérendrye avance un argument d'ordre pratique. La route qu'il propose à partir du lac Supérieur traverse les terres de trappe des Indiens qui font commerce avec la Compagnie de la Baie d'Hudson. En construisant des postes de traite à l'intérieur des terres, il coupera du même coup l'approvisionnement des Anglais. « La colonie touchera un nouveau bénéfice indépendamment de la découverte de la mer de l'Ouest, grâce aux fourrures qui actuellement vont aux Anglais. Je cherche seulement à porter le nom et les armes de Sa Majesté dans de vastes contrées inconnues jusqu'ici, à étendre la colonie et à augmenter son commerce. »

Il quitte Montréal au mois de juin 1731 avec un groupe de 50 hommes dont ses fils et un neveu. Il apporte aussi des marchandises d'échange d'une valeur de plus de 2000 livres. En se dirigeant vers l'ouest, La Vérendrye rencontre des Cris qui vont porter leurs fourrures à la Compagnie de la Baie d'Hudson, ce qui représente pour eux un très long voyage. Il les persuade de traiter avec les Français, ce qu'ils sont heureux de faire. « Pourvu qu'il y ait des Français sur leur route, les Sauvages n'ont pas intérêt à se rendre chez les Anglais, écrit-il, qu'ils n'aiment pas et même qu'ils méprisent. »

En 1743, il a créé huit postes de traite et délimite pour la Nouvelle-France un énorme territoire à l'ouest qui s'étend jusqu'aux contreforts des montagnes Rocheuses. Les nombreuses nations indiennes constituent un véritable échiquier d'alliances, et La Vérendrye démontre des talents de politicien en se frayant un chemin parmi les tribus en guerre. Mais il est mis à rude épreuve lorsque les Cris demandent que son fils Jean-Baptiste se joigne à eux pour participer à une expédition guerrière.

Il finit par laisser partir son fils avec eux. Ce dernier revient sain et sauf, mais trouve la mort deux ans plus tard lors d'une expédition de représailles. « Ils furent tous massacrés par les Sioux de la manière la plus traître. [...] Dans ce désastre, je perdis mon fils et je le regrettai toute ma vie. »

À son retour à Montréal, La Vérendrye doit faire face à ses créanciers ainsi qu'à des poursuites en justice. Cela ne l'empêche pas de considérer ses exploits avec une abnégation toute patriotique.

« Les gens ne me connaissent pas, écrit La Vérendrye. L'argent n'a jamais été mon but ; j'ai sacrifié ma vie et celle de mes fils au service de Sa Majesté et pour le bien de la colonie ; les bénéfices qui résulteront de mes peines, seul l'avenir les connaît. »

La Vérendrye a jeté les fondations d'un empire de traite des fourrures capable de rivaliser avec la Compagnie de la Baie d'Hudson. Il n'a pas le

CAMPEMENT PIED-NOIR ♦ David Thompson passe l'hiver de 1787-1788 sous la tente de Saukamapee, un chef pied-noir qui a presque 80 ans. Chaque soir, le chef lui raconte une histoire que Thompson mettra plus tard par écrit. Voici ce que le chroniqueur rapporte au sujet de la guerre avec les Snakes et de l'arrivée des chevaux dans les Plaines.

« Nous avions plus de fusils et de flèches à pointes de fer qu'avant ; mais nos ennemis, les Snakes et leurs alliés possédaient des *misstutim* [chevaux] sur lesquels ils chevauchaient, rapides comme le daim, avec lesquels ils fonçaient sur les Pieds-Noirs et, à l'aide de leur *pukamoggan* en pierre, ils les frappaient à la tête, et ils perdirent ainsi plusieurs de leurs meilleurs hommes. Cette nouvelle, nous ne la comprîmes pas bien, et cela nous alarma, car nous n'avions aucune idée de ce qu'étaient les chevaux et ne pouvions pas comprendre ce qu'ils étaient. »

Les Snakes possèdent des chevaux et les Pieds-Noirs des fusils, qui sont les deux nouveaux éléments qui vont changer les Plaines. « Ceux d'entre nous qui avaient des fusils se tenaient en première ligne, et chacun de nous [avait] deux balles dans la bouche et une charge de poudre dans sa main gauche pour recharger [...] Nous attendions qu'ils nous décochent des flèches, car leurs corps étaient alors exposés, et chacun de nous, lorsque l'occasion s'offrait, portions des coups mortels et tuions ou blessions grièvement chacun de ceux que nous visions. »

Un cheval fut abattu. « Plusieurs d'entre nous s'approchèrent et nous admirâmes l'animal qui nous rappelait un cerf qui aurait perdu ses bois et nous ne savions quel nom lui donner. Comme il était l'esclave de l'homme, comme le chien, qui portait nos choses, nous lui donnâmes le nom de Big Dog (grand chien). » (*W. M. Armstrong, Royal Ontario Museum*)

Poste de la Compagnie de la Baie d'Hudson. (*L. P. Hurd, Royal Ontario Museum*)

temps d'entreprendre un autre voyage pour trouver cette fameuse mer de l'Ouest et s'éteint en Nouvelle-France, à l'âge de 64 ans.

Les Français avaient fait appel aux Indiens afin d'éliminer l'énorme tâche qui consiste à transporter les peaux jusqu'à un poste reculé de la baie d'Hudson. Le pendant de La Vérendrye à la Compagnie de la Baie d'Hudson est Anthony Henday, un cultivateur qui se rend à l'intérieur des terres et traite avec les Indiens sur place. Il quitte la région en juin 1754 et pagaie dans la partie inférieure de la rivière Hayes, puis marche avec un groupe d'Autochtones jusqu'à Red Deer, en Alberta. Il est le premier Anglais à rencontrer les Pieds-Noirs et un des premiers à être témoin de l'extraordinaire spectacle qu'offrent les troupeaux de bisons qui traversent la prairie en faisant trembler la terre. Il passe l'hiver avec les Pieds-Noirs et admire leurs talents de chasseurs.

«J'accompagnai les jeunes hommes à la chasse au bison, écrit Henday, tous armés d'arcs et de flèches : habiles chasseurs, ils en tuent sept ; les Autochtones sont tellement experts qu'ils reprennent leurs flèches de la chair des bisons qui écument et ragent de douleur, en lacérant le sol de leurs pattes et de leurs cornes avant de s'effondrer.»

Les Pieds-Noirs considèrent Henday comme un invité et non comme un associé dans la traite des fourrures. «Nous n'avons pas d'espoir de les amener au Fort, écrit-il. Ils ont des étoffes qui sont françaises et je vois bien, à leur comportement, qu'ils sont fortement attachés aux intérêts français.» Henday essaie de convaincre un chef en lui proposant un marché qui se ferait à la baie d'Hudson. «Sa réponse fut brève : il dit seulement que c'était éloigné et qu'ils ne pourraient pas pagayer jusque-là.» Après un an, Henday entreprend son voyage de retour. Les Indiens qu'il rencontre ont échangé les meilleures fourrures aux Français, et il se fait voler la plupart de ses peaux par des marchands français. Il s'en retourne donc à la York Factory avec seulement quelques pelleteries de qualité inférieure et des nouvelles décourageantes.

Avec la conquête de la Nouvelle-France en 1759, les Français perdent la partie nord du continent, de même que le contrôle de la traite des fourrures. Le vide est comblé par les marchands anglais de Québec qui vont dans l'Ouest pour négocier, soit individuellement, soit en petits groupes, utilisant le réseau de traite que les Français ont mis sur pied. Les Indiens ont été les alliés des Français et ils acceptent mal la venue des commerçants anglais.

Les marchands prennent l'habitude de passer l'hiver avec les Autochtones et parviennent à établir des rapports avec eux. Ces colporteurs, comme les appelle dédaigneusement la Compagnie de la Baie d'Hudson, sont pour la plupart des Écossais entreprenants et des aventuriers originaires des Treize Colonies. En 1760, la Compagnie remarque une baisse de la qualité et du nombre des fourrures. Les colporteurs explorent de nouveaux territoires à la faune abondante, tandis que la Compagnie continue à trapper dans les zones déjà connues, à proximité de la baie d'Hudson. Les colporteurs finissent par se rendre compte qu'il serait plus sensé de s'allier que de continuer cette compétition destructrice. Benjamin Frobisher, qui possède avec son frère Joseph une petite entreprise de traite de fourrures, apprend « par l'expérience que les intérêts isolés sont le fléau de la traite, c'est pourquoi nous ne perdîmes pas de temps à créer une compagnie ».

L'année 1774 voit la création de la Compagnie du Nord-Ouest, qui compte des hommes d'affaires montréalais, comme Simon McTavish, James McGill, Isaac Todd et les frères Frobisher. Leur devise est : persévérer. Empruntant la route de La Vérendrye, ils poursuivent au nord aussi loin que le lac Athabasca et, à l'ouest, ils se rendent jusque dans la région de la rivière de la Paix. En l'espace de 25 ans, ils contrôlent 78 % de la traite canadienne des fourrures.

Véritables pionniers des expéditions de traite, les associés de la Compagnie du Nord-Ouest comprennent le métier à son niveau le plus essentiel. La Compagnie de la Baie d'Hudson est dirigée par des hommes d'affaires londoniens qui ne connaissent pas bien le pays ni ses coutumes et qui dirigent

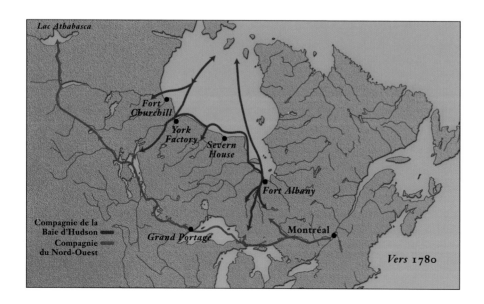

Routes commerciales de la Compagnie de la Baie d'Hudson et de la Compagnie du Nord-Ouest.

SAMUEL HEARNE ◆ Durant son voyage, Hearne rencontre des Autochtones qui n'ont encore jamais vu d'Européens, les Inuits du Cuivre. « Qu'ils aient été poussés par de réels motifs d'hospitalité ou par les grands avantages qu'ils comptaient m'arracher grâce à mes découvertes, je l'ignore ; mais je dois admettre que leur civilité dépassait de beaucoup ce à quoi je m'attendais de la part d'une tribu aussi peu civilisée et j'étais extrêmement désolé de ne pas avoir quelque chose de valeur à leur offrir. Comme j'étais le premier Anglais qu'ils aient jamais vu, et sans doute le dernier, il était curieux de les voir s'attrouper autour de moi et montrer autant d'intérêt à m'examiner de la tête aux pieds qu'un naturaliste européen en aurait eu devant un animal inconnu. » Description de la rencontre de Hearne avec les Inuits du Cuivre, tirée de *Un voyage de Fort Prince of Wales dans la baie d'Hudson jusqu'à l'océan du Nord* (*Archives de la Compagnie de la Baie d'Hudson, Archives provinciales du Manitoba*)

avec la confiance allègre d'un monopole. L'atout majeur de la Compagnie du Nord-Ouest est que les hommes font leur commerce chez les Indiens, fraternisent librement avec eux et cimentent leurs liens commerciaux par des mariages stratégiques. Ils ont recours aux menaces et à l'intimidation quand cela sert leurs intérêts, et ils apportent rapidement quatre fois plus de fourrures que leurs rivaux, enrichissant considérablement leurs associés.

La Compagnie de la Baie d'Hudson réalise que, si elle veut survivre, elle doit adopter les tactiques de sa rivale. Elle commence par envoyer certains de ses hommes passer l'hiver avec les Autochtones, pour tenter de les persuader de livrer leurs fourrures à la York Factory au printemps. Mais il est clair que la Compagnie doit faire beaucoup plus. « Nous sommes tout à fait conscients, conclut le comité de Londres, que la diminution de notre commerce est due au fait que les colporteurs interceptent les Indiens des hautes terres et, grâce à une chaîne de rivières et de lacs, ils le font à la porte arrière de beaucoup de nos postes. Mais nous sommes également persuadés que ce trafic connaîtra sous peu des améliorations. Nous avons l'intention d'envoyer certains employés de nos postes dans ces lacs ou rivières, pour qu'ils commercent avec les Autochtones de la même manière qu'eux. »

Une des premières incursions de la Compagnie à l'intérieur des terres n'a pas pour but de trouver des fourrures, mais plutôt de chercher des minéraux. La Compagnie de la Baie d'Hudson espère diversifier son marché grâce à la pêche à la baleine et à la prospection minière, pour compenser la diminution des profits dans la traite des fourrures. En 1762, Moses Norton, l'intendant de Fort Churchill, engage un Déné du nom de Matonabbee pour « aller suivre la trace de l'embouchure des plus grandes rivières au Nord » dans l'espoir de trouver du minerai. Matonabbee revient en 1767 muni d'une carte du fleuve Coppermine, dessinée au charbon sur une peau de daim. Deux ans plus tard, Samuel Hearne est chargé de retrouver la route empruntée par Matonabbee et de revenir avec du cuivre. C'est une terre inconnue et incroyablement dure ; son voyage s'avère une tâche monumentale au plan de la navigation et de la survie.

Hearne s'est battu pendant la guerre de Sept Ans dans la marine royale et est entré au service de la Compagnie de la Baie d'Hudson en 1763 comme maître à bord du *Churchill*. Il a été choisi pour sa jeunesse, ses talents de navigateur et sa capacité à marcher avec des raquettes. Hearne a fait deux tentatives manquées avant d'entreprendre son troisième voyage. Matonabbee, qui l'accompagne, attribue les premiers déboires de l'Anglais à de mauvais guides et à l'absence de femmes. « Quand tous les hommes sont lourdement chargés, dit Matonabbee, ils ne peuvent ni chasser ni voyager à aucune distance considérable. [...] Les femmes sont faites pour le labeur. Une femme peut porter ou hisser autant que deux hommes. Elles dressent aussi nos tentes, confectionnent et réparent nos vêtements, nous tiennent chaud la nuit ; et en fait, on ne peut parcourir aucune distance importante ni voyager assez longtemps dans ce pays, sans leur aide. » Pour ce voyage, Matonabbee amène donc des femmes, parmi lesquelles se trouvent ses nombreuses épouses.

Ils quittent Churchill au mois de décembre 1770. Hearne décrit Matonabbee comme un homme qui mesure presque six pieds, bien proportionné, courageux et d'un agnosticisme provocant. Les deux hommes se lient d'amitié au cours de leurs voyages, et Hearne découvre chez lui des qualités d'Européen : « à la vivacité d'un Français et à la sincérité d'un Anglais, il ajoutait la gravité et la noblesse d'un Turc ». Matonabbee est aussi un guerrier féroce, un habile politicien et un guide expérimenté, autant de qualités dont Hearne a besoin pour mener à bien son voyage.

Au moment où le groupe de Hearne atteint la toundra, ils n'ont plus de vivres. « En effet, nous étions en grand manque, et nous n'avions rien mangé du tout depuis trois jours, nous avions juste fumé une pipe de tabac et bu de la neige fondue ; et comme nous marchions chaque jour du matin jusqu'au soir et que nous étions lourdement chargés, nous n'avions presque plus de force. » Le sac de Hearne contient un sextant et pèse 30 kg.

Approchant de sa destination, le groupe de Hearne est rejoint par des Dénés, qui cherchent à se battre avec leurs ennemis ancestraux, les Inuits. Près de l'embouchure du fleuve Coppermine, ils tombent justement sur un groupe d'Inuits. Hearne tente de dissuader les Dénés de se battre, mais on raille son manque de courage. En préparation du combat, les Dénés se peignent le visage en rouge et noir, attachent leurs cheveux en arrière et ne gardent que leurs pagnes. À une heure du matin, ils attaquent l'ennemi endormi. « Ils trouvèrent tous les Eskimaux tranquilles dans leurs tentes, ils sortirent de leur embuscade et tombèrent sur les pauvres créatures qui ne se doutaient de rien et qui ne les virent que quand ils furent près de leurs tentes où ils commencèrent à les massacrer un à un tandis que je restai à l'arrière sans rien faire. En l'espace de quelques secondes, l'horrible scène commença ; c'était choquant au-delà de toute description ; les pauvres malheureuses victimes sortaient de leurs tentes complètement nues en tentant de s'enfuir. » Vingt et un Inuits sont tués. Au matin, en quittant les lieux, ils remarquent une vieille femme, probablement sourde, qui pêche le saumon sur la rive, ignorante du massacre. Elle est torturée puis tuée. « Je ne peux repenser aux événements

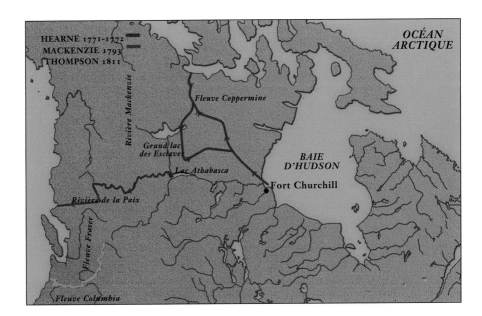

OCÉAN ARCTIQUE

HEARNE 1771-1772
MACKENZIE 1793
THOMPSON 1811

Fleuve Coppermine

Rivière Mackenzie

Grand lac des Esclaves

Lac Athabasca

BAIE D'HUDSON

Fort Churchill

Rivière de la Paix

Fleuve Fraser

Fleuve Columbia

Les voyages de Samuel Hearne, Alexander Mackenzie et David Thompson, 1771-1811.

de cette horrible journée sans verser des larmes», écrit Hearne. Il nommera le site Bloody Falls.

Lorsqu'il atteint la rivière qui est sa destination, Hearne espère voir une montagne étincelante de cuivre, mais tout ce qu'il trouve est une pépite de 2 kg. «Cette mine, si cela mérite une telle appellation, écrit-il, n'est guère plus qu'un amas de roches et de gravier. [...] Presque tous mes compagnons et moi passons près de quatre heures à chercher ce métal. À nous tous, nous ne trouvons qu'un morceau de taille quelconque.» Ils font demi-tour et retournent chez eux, ce qui représente une marche de 4000 kilomètres. La quête ne rapporte pas les richesses escomptées, mais Hearne est le premier Européen à atteindre l'Arctique, ce qui constitue le premier pas vers l'intérieur des terres, un pas gigantesque. Le journal de Hearne, intitulé *Un voyage de Fort Prince of Wales dans la baie d'Hudson jusqu'à l'océan du Nord*, est un texte des plus marquants parmi les écrits canadiens d'exploration, et fera l'objet de deux éditions anglaises et sera traduit en français, en allemand et en néerlandais.

Après cet extraordinaire voyage, Hearne crée Cumberland House, premier avant-poste de la baie d'Hudson, et il devient ensuite l'intendant légèrement excentrique de Fort Prince of Wales, organisant une véritable ménagerie composée d'animaux sauvages apprivoisés.

Pendant son séjour à Fort Prince of Wales, Hearne travaille à la préparation du *Voyage vers l'océan du Nord*. En 1782, trois vaisseaux français sous le commandement de Jean-François de Galaup, comte de La Pérouse, s'approchent du fort. Les Français disposent de 74 fusils et de 290 soldats, alors que le fort de Hearne ne compte que 38 civils. Hearne se rend, mais cette décision qui semble logique est controversée. La Pérouse brûle le fort, dont il ne restera que les fondations. Mais lorsqu'il lit le manuscrit de Hearne, il l'en félicite et lui enjoint de le publier. Le commandant français envoie Hearne, son manuscrit et ses hommes en Angleterre à bord d'un vaisseau de la

Compagnie de la Baie d'Hudson. Lorsque Matonabbee apprend que Hearne s'est rendu, il se pend de honte. Ses six femmes et ses quatre enfants meurent de faim au cours de l'hiver.

À la fin du XVIIIe siècle, les Européens commencent à s'intéresser à l'Ouest. On fait dresser des cartes, rapiécées les unes aux autres, en se basant sur une exploration limitée et des preuves anecdotiques venant des Indiens. Les récits de James Cook sur son voyage dans le Pacifique sont publiés, ce qui donne à certains lecteurs le goût de voyager, du moins en rêve, vers la côte ouest. Mais il reste encore à trouver la route par voie de terre. La Compagnie de la Baie d'Hudson continue à la chercher, malgré les critiques qui se font pressantes en Angleterre. En 1789, la Compagnie du Nord-Ouest entre dans la course.

On fait appel à Alexander Mackenzie, un négociant en fourrures âgé de 25 ans, né en Écosse, dans l'île de Lewis. Il devra se rendre sur la côte du Pacifique, remonter vers l'Alaska, traverser la Russie et revenir, triomphant, en Angleterre. La première tentative de Mackenzie le conduit à l'actuel fleuve Mackenzie, et de là à l'océan Arctique et non à l'océan Pacifique. Son allure est exténuante : il parcourt 1730 kilomètres en 14 jours, mais ce voyage n'a aucune utilité commerciale. Homme extrêmement pragmatique, Mackenzie décide de mieux se préparer pour sa prochaine expédition. « Au cours de ce voyage, il me manquait non seulement les livres et les instruments nécessaires, écrit-il, mais aussi les connaissances indispensables dans les sciences de l'astronomie et de la navigation ; je n'hésitai donc pas à rentrer l'hiver en l'Angleterre afin de me procurer les uns et d'acquérir les autres. »

Mackenzie n'a pas le romantisme d'un Hearne, pas plus qu'il n'a un penchant pour les réflexions philosophiques concernant ce pays étranger. Il voit les Autochtones comme des outils qui lui permettront d'atteindre sa destination, et il ne manifeste aucune curiosité à leur endroit. Pour lui, l'exploration est une affaire purement commerciale qui peut lui donner une chance d'atteindre la gloire.

Lors de son second voyage, il emporte un compas, un sextant, un chronomètre et un télescope. De plus, il a acquis une connaissance pratique de la navigation. Il écrit à son cousin : « Je m'en vais faire du trafic avec les Russes. [...] Si jamais je réussis, je prendrai ma retraite à mon plus grand avantage. Si j'échoue, je ne pourrai me trouver dans pire situation que celle où je suis actuellement. »

Le 9 mai 1793, Mackenzie part avec neuf hommes, dont deux guides chipewyans. Ils remontent en pagayant la rivière de la Paix, tout en cherchant la séparation du continent. Malgré les eaux mouvementées, Mackenzie réussit à franchir les montagnes Rocheuses, et il atteint le fleuve Fraser le 18 juin. Les Shuswans l'avertissent que la rivière est trop dangereuse pour naviguer et lui conseillent de prendre la voie de terre qu'ils utilisent pour faire la traite avec les Indiens de la côte.

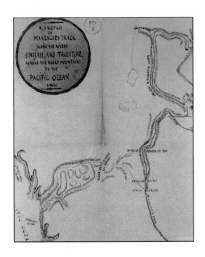

Croquis représentant le trajet d'Alexander Mackenzie le long des rivières Unijah et Tacoutche, et à travers les montagnes Rocheuses jusqu'à l'océan Pacifique. (*James Winter Lake, 1805, Archives de la Compagnie de la Baie d'Hudson, Archives provinciales du Manitoba*)

Mackenzie met ses hommes au courant. «J'expliquai les obstacles qui nous attendaient si nous continuions à naviguer sur le fleuve, le temps que cela prendrait et le peu de vivres dont nous disposions pour entreprendre un tel voyage; et je continuai en disant que, pour toutes ces raisons, je proposais une route plus courte et dis que nous pourrions essayer la route vers la mer. [...] je déclarai de la manière la plus solennelle que je n'abandonnerais pas mon plan d'atteindre la mer, si je faisais la tentative seul, et que je ne désespérais pas de retourner en sécurité vers mes amis.» Mackenzie n'a rien d'un homme séduisant, mais il est un chef respecté et déterminé, et ses hommes décident de le suivre.

Un groupe de Nuxalks les guident jusqu'à Grease Trail, qui doit son nom à l'huile de poisson que les Indiens de la côte ramènent à terre pour le troc. Il leur faut un mois pour atteindre le canal Dean, un bras de mer. Là, ils rencontrent les Bella Bellas, des Indiens hostiles, qui ont déjà fait des échanges malheureux avec des Blancs venus par bateau, probablement commandés par George Vancouver. Un des Indiens menace Mackenzie et lui fait signe de partir. Son guide terrifié traduit pour lui: «En racontant le danger que nous courions, son agitation était si violente qu'il écumait de la bouche. [...] Mes hommes furent pris de panique et quelques-uns demandèrent si j'avais l'intention de rester là pour être sacrifié.»

Malgré la menace imminente, Mackenzie installe ses instruments et détermine sa position à partir de celle du soleil. «Je connaissais ma position, écrit-il, et c'était la circonstance la plus heureuse de mon long, pénible et périlleux voyage, car quelques jours nuageux m'auraient empêché d'en établir la longitude finale.»

Lui aussi laissera sa marque. «J'ai mélangé du vermillon dans de la graisse fondue, et j'ai écrit en gros caractères cette brève inscription: Alexander Mackenzie du Canada, arrivé par voie de terre. Le 22 juillet mille sept cent quatre-vingt-treize.» Mackenzie a atteint les eaux salées de l'océan Pacifique — il se trouve à quelques heures de pagaie de la haute mer, mais il ne la verra en fait jamais. Il est le premier Européen à traverser tout le continent par l'intérieur.

À propos de ses voyages, Mackenzie écrit: «Leurs peines et leurs dangers, leurs sollicitudes et leurs souffrances n'ont pas été exagérés dans ma description. Au contraire, dans de nombreux cas, les mots m'ont manqué pour les décrire. J'ai reçu la récompense de mes peines, car elles ont été couronnées de succès.»

Mackenzie souhaite publier une version de son journal, mais il ne parvient pas à écrire. Lui qui ne s'est pas laissé effrayer par les espaces sauvages, qui a bravé les eaux démontées et les Autochtones hostiles, est obligé de capituler devant la page blanche. Il souffre d'une dépression et se plaint de ce que ses pensées sont éparpillées et informes chaque fois qu'il tente d'écrire. Son livre, *Voyages de Montréal*, est finalement rédigé par William Combe, un Anglais qui a écrit d'autres récits héroïques, du fond de la cellule où il était emprisonné pour dettes impayées. Le livre de Mackenzie est aride, mais il reçoit un accueil chaleureux. Napoléon le lira, de même que Thomas Jefferson, qui chargera Lewis et Clark de dresser une carte du territoire qui s'étend au-delà du Mississippi. Mackenzie est fait chevalier par le roi George III au palais St. James à Londres. Grâce à des placements judicieux, il fait fortune, cas unique parmi les explorateurs de son temps.

Mackenzie devient député à l'Assemblée du Bas-Canada. Apathique, il est absent la plupart du temps. Il trouve la politique statique et ennuyeuse, le contraire même de l'exploration. Il abandonne rapidement son siège et prend sa retraite en Écosse. À l'âge de 48 ans, il épouse Geddes Mackenzie, âgée de 14 ans, de qui il aura une fille et deux fils. Lorsque son second fils naît, Mackenzie est atteint de la maladie de Bright, qui affecte les reins, et il meurt subitement l'année suivante, en 1820.

Un contemporain de Mackenzie, David Thompson, est appelé par son biographe James Tyrell « le plus grand géomètre que le monde ait produit ». Thompson travaille à la fois pour la Compagnie de la Baie d'Hudson et pour la Compagnie du Nord-Ouest. Au cours de sa vie, il verra la traite des fourrures traverser des périodes de profits vertigineux et plonger ensuite dans le déclin. Il couvre plus de territoire que Mackenzie, mais il ne connaîtra jamais la richesse ni la gloire de celui-ci. Au cours de sa vie, Thompson restera fidèle à la description qu'il donne de sa personne : « un voyageur solitaire inconnu du monde ».

Fils de parents gallois, Thompson est né à Londres en 1770 et, dès l'âge de sept ans, il fréquente l'hôpital Grey Coat, une école pour les pauvres et les orphelins. Il a très tôt une véritable obsession pour les chiffres et résout des problèmes de mathématiques sur une ardoise. Il frissonne en lisant les aventures de *Robinson Crusoé* et *Les voyages de Gulliver*. La Compagnie de la Baie d'Hudson le recrute alors qu'il n'a que 14 ans.

« Au mois de mai 1784, dans le port de Londres », écrit Thompson dans son journal, « j'ai embarqué à bord du navire *Prince Rupert* qui appartient à la Compagnie de la Baie d'Hudson, en tant qu'apprenti et commis pour ladite compagnie, à destination de Churchill Factory ». Des rives de la baie d'Hudson, il regarde le *Prince Rupert* s'éloigner. « Je fis un long et triste adieu à mon pays noble et sacré, me sentant pour toujours exilé. »

À Churchill, il fait la connaissance de Samuel Hearne, qui a perdu Fort Prince of Wales en se rendant aux Français deux ans auparavant, et dont la réputation est en baisse. « Samuel Hearne était un bel homme mesurant six pieds, au teint rougeaud, en parfaite santé et remarquablement bien fait », note Thompson. « Dès que la Compagnie de la Baie d'Hudson a pu se passer de ses services, elle l'a renvoyé pour cause de lâcheté. C'est sous ses ordres que j'ai fait ma première année de service. »

La vision peu charitable que Thompson a de Hearne a peut-être plus à voir avec les croyances religieuses de ce dernier qu'avec ses défauts militaires réels ou imaginés. « Le dimanche, il était habituel, écrit Thomson, qu'on lise un sermon aux hommes, ce qui était fait dans la chambre [de Hearne],

Alexander Mackenzie. L'extraordinaire expédition d'Alexander Mackenzie vers le Pacifique le laisse déprimé et il écrit à son cousin Roderick qu'il veut quitter l'Ouest. « Je suis absolument disposé à partir. Je suis plus inquiet à présent que jamais. Car je crois qu'il est impardonnable pour tout homme de rester dans ce pays s'il peut se permettre de le quitter. Cet hiver, dans quelle jolie situation je me retrouve, mourant de faim, seul, incapable de me rendre à moi-même ou à quiconque aucun service. » Il éprouve également de la difficulté à écrire son journal. « L'automne dernier, je m'apprêtais à commencer à le copier, mais je passai la plus grande partie de mon temps en de vaines spéculations. Je suis souvent perdu dans mes pensées et j'ai le sentiment que je n'écrirai jamais, que je n'arrive pas à cerner mon sujet. » (*British Columbia Archives*)

la seule confortable de Churchill Factory ; un dimanche, après le service, il prit le dictionnaire de Voltaire et nous dit : "Voici ma croyance et je n'en aurai pas d'autre." Dans son *Dictionnaire philosophique*, Voltaire prétend que, de la limace à l'homme en passant par les anges, il n'existe pas de hiérarchie dans la création. Mais Thompson croit le contraire. Il a le sentiment que Dieu lui a donné "la force d'examiner ses œuvres sur notre globe et peut-être d'apprendre l'ordre dans lequel il les a placées". » Hearne est un libre penseur notoire et Thompson, un dévot.

À Churchill, Thompson s'attend à connaître le genre de vie exaltante qu'il avait découvert à Londres dans ses livres d'aventure, mais, à la place, il se retrouve commis, grelottant de froid dans l'hiver nordique. « Le froid est si intense que tout semble transi ; les pierres ne cessent de se fendre dans un bruit qui rappelle celui d'un coup de feu », écrit-il dans son journal. « Tous nos mouvements sont plus ou moins guidés par l'instinct de survie. Tout le bois que nous pouvons ramasser pour nous chauffer ne nous donne qu'un feu le matin et un feu le soir. Le reste de la journée, quand le temps est mauvais, nous devons marcher dans la salle de garde, vêtus de nos lourds manteaux de castor. » Son travail de commis consiste à faire l'inventaire des stocks de flanelle, de poudre à fusil, de biscuits et de hachettes, travail qu'il trouve abrutissant.

L'été n'apporte que peu de répit. « L'été arrive d'un coup. avec ses myriades de moustiques ; l'air en est si épais qu'ils nous font souffrir jour et nuit. » Les moustiques torturent la chair autant que l'imagination, mais la curiosité scientifique naturelle de Thompson lui fait oublier son tourment. Il observe les moustiques au microscope et consigne méticuleusement chaque détail de l'ingénieux système qui leur permet d'aspirer le sang. Ce même esprit inquisiteur lui sert à observer tout ce qu'il rencontre dans l'Ouest, faisant de lui une sorte d'émule de Lemuel Gulliver et de Charles Darwin.

Après une année de réclusion à Churchill Factory, Thompson connaît sa première aventure, lorsqu'il se rend à York Factory, situé à 240 kilomètres au sud. On l'a chargé de livrer le courrier, et il est accompagné de deux guides cris. « Nous voyons chaque jour sur notre passage de 12 à 15 ours polaires, écrit-il, étendus dans les marécages, à une courte distance de la rive. [...] La manière indienne consiste à les dépasser en marchant d'un pas régulier, sans avoir l'air de les remarquer. »

L'année suivante, la Compagnie charge Thompson de construire un poste de traite dans les plaines de l'Ouest. Il part donc en expédition à l'intérieur des terres, accompagné d'un groupe d'hommes de la Compagnie. Pendant plus de deux mois, les hommes pagaient, marchent, et Thompson aperçoit pour la première fois les vastes terres du continent où il passera les 25 prochaines années de sa vie. « Enfin, les montagnes Rocheuses apparurent, telles des nuages blancs brillant à l'horizon, écrit-il. Comme nous approchions, elles s'élevèrent, leurs immenses masses de neige apparurent au-dessus des nuages, formant une barrière infranchissable, même pour l'aigle. »

Dans les contreforts des Rocheuses, un autre spectacle grandiose les attend : des milliers de Pieds-Noirs forment avec leurs tentes une ville tentaculaire. Thompson passe l'hiver dans le tipi d'un vieux Pied-Noir du nom de Saukamapee. Il apprend leur langue, écoute leurs récits. Il a alors 17 ans.

« Presque chaque soir pendant quatre mois, je m'assis et écoutai, sans me lasser le moins du monde, le vieil homme me conter les mœurs et les coutumes, la politique et la religion, des anecdotes de chefs indiens et les tactiques qu'ils employaient pour gagner de l'influence en temps de guerre ou de paix, ce que j'ai toujours trouvé intéressant. »

Soir après soir, dans l'obscurité enfumée du tipi, Thompson écoute le ton hypnotique de Saukamapee, retrouvant enfin les histoires qu'il aimait, à Londres. Un des récits de Saukamapee décrit les premiers effets tragiques du contact avec les Européens. Les Pieds-Noirs s'approchaient furtivement du camp d'une tribu ennemie. Ils déchirèrent les tentes avec leurs couteaux et s'apprêtaient à attaquer les hommes endormis. « Mais notre cri de guerre cessa instantanément, dit Saukamapee. Nos yeux étaient remplis de terreur, car il n'y avait à combattre que des morts et des agonisants, un monticule de corps en putréfaction. »

Les membres du campement meurent de la variole, maladie introduite par les Européens, contre laquelle les Indiens ne sont pas immunisés. Les Pieds-Noirs s'emparent des biens contaminés de l'ennemi et retournent chez eux. « Le surlendemain, cette terrible maladie éclata dans notre camp, dit Saukamapee, et se répandit d'une tente à l'autre, comme portée par le Mauvais Esprit. Nous n'avions pas de croyance qu'un homme pouvait la transmettre à un autre, pas plus qu'un blessé ne pouvait donner sa blessure à un autre homme. [...] Nous croyions que le Bon Esprit nous avait abandonnés et qu'il avait permis au Mauvais Esprit de devenir notre maître. [...] Nos cœurs étaient faibles et abattus, et nous savions que notre peuple ne serait plus jamais le même. »

Ils ne seront plus jamais les mêmes, en effet, et les arpentages subséquents qu'effectue Thompson ne font que précipiter le changement. Il dresse des cartes du territoire en vue de le coloniser et de le développer, forçant les Pieds-Noirs à abandonner leurs terres ancestrales.

En 1778, Thompson se casse une jambe et passe sa convalescence à Cumberland House, où il fait la rencontre de Philip Turnor, l'arpenteur en chef de la Compagnie de la Baie d'Hudson. Il trouve sa vocation. « M. Turnor était versé dans les mathématiques. [...] Sous sa supervision, je pus reprendre mes études en mathématiques, et durant l'hiver je devins son seul assistant. J'appris l'astronomie pratique sous la férule d'un excellent maître de la science. » Thompson étudie de façon obsessionnelle. « À force de faire des calculs de nuit, et ne disposant pas d'autre éclairage que celui d'une petite chandelle, mon œil droit devint tellement enflammé que je perdis la vue de ce côté. » À la fin de son long apprentissage, Thompson est à moitié aveugle, mais toujours aussi passionné. Il écrit à la Compagnie de la Baie d'Hudson à Londres qu'au lieu de lui expédier les vêtements qu'elle envoie généralement aux employés qui ont terminé leur apprentissage, il préférerait des

Campement de Métis. (*Paul Kane, Royal Ontario Museum, 912.1.25*)

instruments d'arpenteur. La compagnie, qui reconnaît le talent de Thompson, lui envoie les deux.

Au cours des 20 années qui suivent, il mesure la latitude et la longitude de chaque lieu qu'il visite ; les Indiens le surnomment « l'homme qui regarde les étoiles ». « Les Canadiens et les Indiens me demandaient souvent pourquoi j'observais le soleil, et parfois la lune, en plein jour, et pourquoi je passais des nuits entières à observer la lune et les étoiles à l'aide de mes instruments. Je leur dit que c'était pour déterminer la distance et la direction d'autres lieux à partir de mon point d'observation, mais ni les Canadiens ni les Indiens ne me crurent, et ils répliquèrent que si ce que je disais était vrai, je devrais regarder le sol, et au-dessus du sol, et non les étoiles. »

La réputation de Thompson comme géomètre s'étend sur tout le territoire et il est courtisé par la concurrente de la Compagnie de la Baie d'Hudson, la Compagnie du Nord-Ouest. En 1797, il accepte son offre et quitte le poste de Reindeer Lake en pleine nuit, parcourant à pied 130 km en direction du sud pour rejoindre son nouvel employeur. « Le 23 mai, mardi. À 3 heures et demie du matin, départ [...] ce jour ai quitté le service de la Compagnie de la Baie d'Hudson et suis entré au service de la compagnie des marchands du Canada. Que Dieu tout-puissant m'apporte la fortune. » La compétition est alors féroce ; la Compagnie de la Baie d'Hudson possède plus de 200 postes de traite répartis dans l'Ouest, et la Compagnie du Nord-Ouest en a encore plus. Il arrive que les concurrents ouvrent boutique à quelques centaines de mètres les uns des autres. Les quantités de castors sont insuffisantes pour deux compagnies. Ces dernières repoussent sans cesse les limites de leurs territoires, cherchant à exploiter la terre à l'ouest des

Canot de maître de 1882.
(*J. Halkett, Archives de la
Compagnie de la Baie d'Hudson,
Archives provinciales du
Manitoba*)

Rocheuses, à la recherche d'une route vers le Pacifique qui serait plus directe et moins pénible que le chemin emprunté par Alexander Mackenzie.

En 1799, Thompson épouse une Métisse du nom de Charlotte Small ; il a 29 ans, elle en a 13. Elle l'accompagne souvent ainsi que ses enfants lors de ses longs voyages. Thompson devient arpenteur en chef de la Compagnie du Nord-Ouest. Avec sa famille, il parcourt les plaines qui ne figurent pas encore sur les cartes, il prend des notes et observe les étoiles malgré sa difficulté à bien évaluer les distances. Ses exploits sont remarquables. Il arpente le territoire à l'ouest du lac Supérieur ainsi que le 49ᵉ parallèle. Dans les 77 journaux qu'il écrit, il donne la description des coutumes et des croyances des différents Indiens, et analyse leurs langues. Il note aussi les habitudes et l'alimentation d'animaux comme l'orignal, le chevreuil, le renard et le mulot, et examine la nature des rivières, leur courant et leurs caractéristiques. Il dresse un portrait non seulement de la géographie du lieu, mais aussi de ce qui le remplit, traduisant la connaissance qu'il a acquise des grandes plaines d'une manière compréhensible pour les Européens.

La Compagnie du Nord-Ouest lui confie la double tâche de trouver une route pratique vers l'océan Pacifique, pour pouvoir commercer avec les Indiens de la côte, et de trouver une route vers la Chine. Le voyage s'avère problématique pour Thompson, qui espérait bien retourner à la civilisation pour la première fois en 25 ans. « Ces 20 derniers mois, je n'ai passé que deux mois à l'abri d'une hutte, tout le reste du temps je l'ai passé dans ma tente, et il est peu probable que je passe autrement les 12 prochains mois. »

Lorsqu'il s'aventure jusqu'aux contreforts des Rocheuses, territoire de ses vieux amis les Pieds-Noirs, Thompson rencontre de l'hostilité. La Compagnie du Nord-Ouest a fourni des fusils aux Flatheads qui sont les ennemis ancestraux des Pieds-Noirs. Par représailles, les Pieds-Noirs poursuivent Thompson à travers les forêts en longeant les contreforts pour lui bloquer le chemin. S'il veut poursuivre sa route, Thompson devra faire un long détour. « Nous devons maintenant changer de route et traverser les défilés de la rivière Athabasca, qui sont sûrs, mais qui présentent de nombreux inconvénients, de la fatigue, des souffrances et des privations ; mais nous n'avons pas d'autre choix. »

Le détour en question prend deux mois et l'oblige à franchir une zone d'avalanches. Il y a à certains endroits 2 m de neige et les chevaux, inutiles, doivent être abandonnés. Chaque soir, Thompson passe une heure à faire le point et à noter sa position en pleine nature, émerveillé. Ses hommes ne partagent pas ce sentiment ; ils désertent tous, à l'exception de trois.

Ils campent et doivent passer l'hiver dans les montagnes, incapables qu'ils sont d'avancer. La neige au bord des rivières gelées est trop profonde. Au printemps, Thompson, qui est plein de ressources, construit un canot en bois de cèdre et explore le fleuve Columbia en amont, et il est le premier Européen à le faire. Il établit des contacts avec les Simpoils, les Nespelims, les Methows et les Wenatchees, et tente de les convaincre de traiter avec la Compagnie du Nord-Ouest. « De très nombreux canots remplis de marchandises de toutes sortes arriveraient, et en échange, ils recevraient des vêtements et auraient tout ce qu'ils désireraient s'ils se montraient des chasseurs industrieux. »

Il atteint la côte en 1811 et y trouve des négociants américains de la Compagnie des fourrures du Pacifique qui l'ont devancé en bateau. C'est grâce à ses efforts que la Compagnie du Nord-Ouest peut revendiquer l'intérieur de l'actuelle Colombie-Britannique. Il a découvert une route utilisable vers la mer. « Ainsi j'ai complètement terminé d'arpenter cette partie de l'Amérique du Nord, d'une mer à l'autre, écrit-il, et par mes observations astronomiques quasi innombrables, j'ai déterminé les positions des montagnes, des lacs et des rivières et des autres lieux remarquables de la partie nordique de ce continent ; les cartes en ont toutes été dressées et dessinées géographiquement, ce qui représente le travail de 27 années. » C'est le dernier voyage héroïque de Thompson ; il a couvert presque toutes les régions inconnues de l'Ouest. « L'âge de la supputation est révolu », écrit-il.

En 1812, Thompson prend sa retraite à Montréal afin de donner une éducation à ses enfants. Il dispose d'un certain montant d'argent et se lance dans la production de la potasse. Il achète aussi deux magasins généraux, mais, à cause d'une série de mauvais placements, son argent s'envole rapidement. À ses pertes financières vient s'ajouter une tragédie personnelle. Son fils de cinq ans, John, meurt, suivi de sa fille de sept ans. Quant à son fils aîné, qui a travaillé avec lui, il se rebelle, puis s'en va et Thompson ne lui reparlera jamais. Ainsi cet homme aura marché et pagayé d'un bout à l'autre du continent, et tout ce qui lui reste, ce sont de vagues emplois d'arpentage ici et là.

Pendant des années, il continue à raffiner ses cartes. Son œuvre maîtresse est une série de cinq cartes de l'Ouest dont les dimensions atteignent un mètre sur trois. Pour la première fois, il existe une carte digne de ce nom de ce vaste territoire. « Sans une persévérance infatigable proche de l'enthousiasme, je n'aurais pu terminer ces cartes, écrit-il. Au début de ma vie, j'ai conçu l'idée de ce travail et la Providence m'a permis de le mener au cœur des dangers et de réaliser ainsi le rêve de tout homme. »

Mais le travail d'une vie ne trouve pas de marché. Arrowsmith, une compagnie londonienne spécialisée dans les cartes, fixe leur valeur à la somme ridicule de 150 livres et ne les publiera même pas. En effet, la compagnie préfère s'en servir pour corriger et mettre à jour les cartes existantes et ne reconnaît aucun crédit à Thompson pour son œuvre. La piste qu'il a tracée à travers les plaines est bientôt découpée en lots par les spéculateurs fonciers. C'est un homme qui a vécu en dehors du temps, qui a eu le sentiment d'avoir une mission divine à accomplir. Il a décrit et catalogué toute la création : la flore, la faune, le temps, la géographie, sans oublier la diversité des hommes. Thompson se retire presque dans la misère et accepte de faire l'humiliant travail d'arpenter l'ancienne propriété d'Alexander Mackenzie à Montréal. La pauvreté continue à l'accabler, il est forcé de mettre en gage son manteau le plus chaud, puis ses instruments d'arpenteur.

Il emménage avec sa fille et son gendre et commence à faire le récit de son exploration de l'Amérique du Nord, en essayant de transformer ses journaux en livres publiables et populaires. Mais en 1851, il devient aveugle. L'écrivain américain Washington Irving (l'auteur de *Rip Van Winkle*) offre à Thompson de lui acheter son manuscrit pour en faire une sorte de divertissement, mais Thompson refuse. Son manuscrit demeure inachevé et inédit quand il s'éteint, inconnu, en 1857. Il est enterré à Montréal et sa réputation ne se fera qu'au siècle suivant lorsque James Tyrell, examinant son œuvre, décidera de l'éditer et de le publier, et proclamera le génie de son auteur.

Le commerce et l'exploration progressent grâce aux efforts d'hommes tels que Thompson et Mackenzie, et, dans leur sillage, une société est en train de se développer lentement dans les Prairies. Les postes qui s'établissent attirent plus de négociants qui passent l'hiver avec les Indiens. Les hommes, en grande majorité des Canadiens français, épousent des femmes indiennes qui donnent naissance aux premiers Métis.

En 1799, Daniel Harmon, un négociant venu du Vermont, arrive à Montréal. Il a 21 ans et s'engage à travailler pour la Compagnie du Nord-Ouest comme commis. Harmon tient un journal pendant 19 ans dans lequel il rapporte les luttes quotidiennes qui ont cours dans la traite des fourrures. Ses écrits n'ont sans doute pas le souffle des journaux des explorateurs, mais ils dressent un bon portrait du monde que ces hommes ont contribué à créer.

La première expédition de Harmon avec des voyageurs s'avère difficile pour ce jeune Yankee cultivé. « Ce sont de grands parleurs mais qui, dans le sens le plus strict du mot, ne pensent pas, écrit-il. [...] Ils parlent de chevaux, de chiens, de canots, de femmes et d'hommes forts qui savent se battre. Les voyageurs font des compagnons très indifférents avec lesquels je ne peux m'associer. »

Harmon ne trouve guère plus de réconfort auprès des Indiennes. À Fort Alexandria, un chef cri lui offre sa fille en mariage, mais Harmon refuse, après avoir brièvement considéré les avantages physiques et commerciaux d'une telle union. « Que Dieu seul soit remercié, écrit-il en 1802, que je ne sois pas tombé dans un piège tendu sans nul doute par le diable lui-même. » Sans femme et sans compagnons, il passe son temps à lire des livres qu'il appelle ses « amis morts ».

Mais la solitude a raison de lui et il finit par accepter l'offre d'épouser une fille métisse âgée de 14 ans, Lizette Duval, que lui propose son père.

L'EXPÉDITION DE FRANKLIN ◆ La mystérieuse et malheureuse expédition de Franklin en 1845 dans l'Arctique hante l'imaginaire du XIXᵉ siècle. Trente expéditions sont envoyées à sa recherche après que ses navires eurent été pris dans les glaces au large de l'île King William. Il n'existe aucun journal qui explique ce qui s'est passé, mais Franklin a tenu un journal lors d'une expédition antérieure, en 1819, où neuf hommes ont trouvé la mort.

« Après notre souper habituel constitué de soupe de pelure flambée et d'os, le docteur Richardson me mit au courant des circonstances affligeantes entourant la mort de Messieurs Hood et Michel, et me donna les circonstances détaillées qui avaient suivi mon départ. [...] Hepburn partit à la chasse mais rentra bredouille comme d'habitude. [...] Dans l'après-midi, Peltier, épuisé et l'air pitoyable, eut de la difficulté à s'asseoir ; à la longue il glissa de son banc jusque dans son lit comme pour dormir et resta ainsi calme plus de deux heures sans que nous pressentions aucun danger. Nous nous inquiétâmes en entendant comme un râlement dans sa gorge. Lorsque le docteur l'examina, il s'aperçut que Peltier avait perdu l'usage de la parole. Il mourut au cours de la nuit. [...] Semandre resta debout la majeure partie de la journée et aida même à piler quelques os ; mais, en voyant l'état de mélancolie de Peltier, il devint très déprimé et commença à se plaindre du froid et de raideur aux jointures. Incapables d'entretenir un feu suffisant pour le réchauffer, nous l'allongeâmes et le couvrîmes de plusieurs couvertures. Mais son état ne s'améliorait pas et j'ajouterai à mon grand regret qu'il mourut avant le jour. Nous plaçâmes les corps des défunts dans la partie opposée de la maison, et même en unissant nos forces, nous ne réussîmes pas à les enterrer, ni même à les porter à la rivière...

« Nous évitions généralement de parler directement de nos souffrances présentes ou même de la possibilité d'un secours. J'observai que plus nos forces diminuaient, plus notre esprit montrait des symptômes de faiblesse, qui se manifestaient par une sorte de mesquinerie déraisonnable l'un envers l'autre. Chacun de nous pensait que l'autre était moins intelligent et qu'il avait plus besoin de conseil ou d'aide que lui. Un détail aussi insignifiant que changer de place pour avoir plus chaud ou être plus à l'aise était immédiatement refusé par l'autre de peur de bouger. Il s'ensuivait souvent des expressions de grogne qui, à peine dites, étaient aussitôt rachetées, mais qui se répétaient quelques minutes plus tard. La même chose se produisait souvent lorsque nous tentions de nous entraider pour porter du bois au feu ; aucun de nous ne voulait recevoir de l'aide, même si la tâche était disproportionnée par rapport à notre force. À tel point qu'un jour Hepburn, conscient du problème, s'écria : "Grand Dieu ! si nous sommes épargnés et si nous retournons en Angleterre, je me demande si nous allons recouvrer notre entendement." » (*L'expédition Franklin à travers le lac Prosperous dans les Territoires du Nord-Ouest, à laquelle participe une tribu d'Inuits du Cuivre, Archives nationales du Canada, C-0403*)

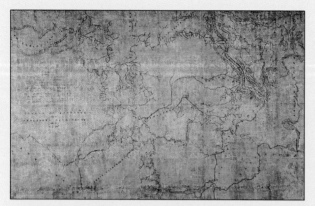

CARTE DE THOMPSON ◆ De tous les explorateurs occidentaux, David Thompson est sans conteste le plus curieux, s'intéressant à tout ce que Dieu a créé ainsi qu'à la plupart des réalisations humaines. Lorsqu'il arrive à Fort Churchill, il est encore adolescent et les moustiques constituent le fléau implacable de l'été. Alors que les autres maudissent les insectes au point de devenir fous et se recouvrent d'huile d'esturgeon pour les éloigner, Thompson analyse l'ennemi avec sa rigueur scientifique habituelle. « L'été comme nous le connaissons vient d'un coup et s'accompagne d'une myriade de moustiques qui nous torturent ; l'air en est si chargé qu'il n'y a pas de répit ni le jour ni la nuit. La fumée ne nous soulage pas, les moustiques peuvent supporter plus de fumée que nous et, en outre, nous ne pouvons transporter la fumée avec nous. [...] Le bec du moustique, lorsqu'on l'observe avec un bon microscope, est d'une forme curieuse et se compose de deux parties distinctes ; celle du haut a trois côtés, elle est de couleur noire et possède une pointe aiguë, sous laquelle se trouve un tube blanc et rond, comme du verre transparent. [...] Elle se retire, le tube transparent est appliqué sur la blessure et le sang est aspiré à travers le tube, jusqu'à ce que le corps du moustique en soit plein ; ainsi, leur piqûre s'effectue en deux temps, mais si rapidement qu'on a l'impression que les deux opérations n'en font qu'une. Tout le monde ne ressent pas la morsure de la même façon. Certains ont la peau qui enfle ou même qui gonfle et éprouvent des démangeaisons intolérables ; d'autres ne sentent que la piqûre au moment où elle se produit ; l'huile est le seul remède et il faut en appliquer souvent ; les Autochtones s'enduisent le corps d'huile d'esturgeon, qui s'avère être une huile beaucoup plus efficace que n'importe quelle autre. Les animaux souffrent tous et deviennent presque fous, même les oiseaux bien plumés qui se font piquer autour des yeux et dans le cou. [...] Un marin trouvant que les jurons étaient inutiles a décidé de se couvrir le visage de goudron, mais les moustiques s'y sont agglutinés en si grand nombre qu'ils l'ont aveuglé, et le chatouillement de leurs ailes était pire que leurs morsures. » Tiré du *Récit de David Thompson, 1784-1812.* (*Archives publiques de l'Ontario*)

Harmon calcule que c'est une pratique courante dans les postes de traite que de prendre une « femme de la campagne » qui est un antidote contre la solitude et le célibat, tout en se disant qu'un tel arrangement n'est que temporaire.

« À présent, mes intentions sont de la garder aussi longtemps que je resterai dans cette partie non civilisée du monde, puis, lorsque je retournerai dans mon pays natal, de la confier à un homme honnête et bon avec lequel elle pourra passer le restant de ses jours chez elle. »

Il a deux fils et neuf filles de Lizette, et la maisonnée parle un mélange de cri, de français et d'anglais. « Je passe maintenant un court moment chaque jour, avec beaucoup de plaisir, écrit-il, à enseigner à ma petite fille Polly comment lire et épeler des mots en anglais et, bien qu'elle ne connaisse pas la signification de ces mots, elle fait des progrès. En conversant avec mes enfants, je me sers seulement du cri, la langue indienne ; avec leur mère j'emploie fréquemment le français. »

Harmon parcourt les Prairies, fait de la traite avec les Indiens et consigne ses rencontres dans son journal. « Lorsque nous arrivâmes à un mille du camp des Autochtones, 10 ou 12 de leurs chefs et des hommes les plus respectés vinrent à notre rencontre à cheval, et nous conduisirent à leur village. [...] Un des chefs envoya son fils nous inviter, mon interprète et moi, dans sa hutte et, sitôt que nous fûmes assis, les vieillards firent disposer devant nous de la viande et des baies (bref, le meilleur de tout ce qu'ils avaient). [...]

Daniel Harmon est issu d'une famille de la haute société du Vermont, origine inhabituelle pour un négociant de fourrures. Il éprouve de la difficulté à s'adapter tant à la géographie qu'aux personnalités de ce nouveau commerce. « Soirée pluvieuse, je m'apprête à passer ma première nuit sous la tente. [...] [Les voyageurs], m'a-t-on dit, ont de nombreuses coutumes de marins, et voici l'une d'entre elles : de celui qui n'est pas passé à certains endroits, ils attendent qu'il paie une tournée ou quelque chose à boire, et si l'on refuse de satisfaire leurs caprices, on peut être assuré de prendre un bain forcé qu'ils appellent un baptême. Pour éviter une telle cérémonie, j'ai donné aux gens de mon canot quelques bouteilles d'alcool et de bière brune, et, en buvant, ils sont devenus si joyeux qu'ils en ont oublié leurs proches qu'ils avaient quittés le cœur gros et les yeux noyés de larmes, quelques jours auparavant. » (*Archives de la Compagnie de la Baie d'Hudson, Archives provinciales du Manitoba*)

Durant notre séjour qui dura plusieurs jours, nous restâmes avec des gens qui montraient plus de réelle politesse que n'en témoignent souvent aux étrangers les habitants de la partie civilisée du monde, et beaucoup plus en tout cas que je n'en attendais en rencontrant des Sauvages, comme les Indiens sont généralement appelés, à tort selon moi. »

Harmon rencontre David Thompson et entretient une correspondance avec lui. Comme Thompson, il trouve Dieu dans les plaines. Sa conversion survient alors qu'il se trouve seul au fort, et que tout le monde est parti faire la cueillette des baies. Dans cette immense solitude, il réfléchit à sa vie : « Je suis frappé d'étonnement et chagriné de m'apercevoir qu'elle a été si différente de celle d'un vrai chrétien ! [...] Jusqu'à ce jour, j'ai toujours douté de l'existence d'un sauveur et de sa venue sur terre, comme il est écrit dans les Saintes Écritures ! » Il prend la résolution d'être un homme meilleur, et de vivre sous l'œil de Dieu dans la plaine nue.

Harmon passe 19 hivers dans les postes de traite de l'Ouest, avant de revenir dans l'Est pour pouvoir donner à ses enfants « une éducation civilisée et chrétienne ». Harmon songe à laisser sa « femme de la campagne » selon son plan d'origine. La plupart des habitants du Nord-Ouest le font, mais Harmon sent qu'il en est incapable. « Nous avons pleuré ensemble le départ prématuré de plusieurs enfants, et spécialement la mort d'un fils bien-aimé. Nous avons des enfants encore vivants qui nous sont également chers. Comment pourrais-je passer mes jours dans le monde civilisé en laissant mes enfants bien-aimés dans la nature sauvage ? L'idée porte en elle l'amertume de la mort. Comment pourrais-je les arracher à l'amour de leur mère et la laisser pleurer leur absence jusqu'au jour de sa mort ? »

Harmon et sa famille se rendent à Montréal, puis dans le Vermont où il épouse Lizette à l'église et fait baptiser leurs enfants. Il reprend plus tard la traite des fourrures et dirige un poste situé à proximité de Fort Frances, sur le lac Rainy. Il occupe des emplois modestes tout au long de sa carrière de négociant, mais, après avoir atteint la cinquantaine, il tente de laisser sa marque en fondant une colonie à laquelle il donne son nom. Mais Harmonsville ne prospère pas. Harmon meurt en 1843, pauvre et méconnu.

Les tensions qui ont toujours prévalu entre la Compagnie de la Baie d'Hudson et la Compagnie du Nord-Ouest atteignent leur point culminant à Rivière-Rouge, la colonie fondée par Thomas Douglas, cinquième comte de Selkirk. Il est le septième enfant d'un aristocrate écossais. C'est un garçon fragile qui hérite de son titre après le décès inattendu de ses cinq frères aînés. C'est un homme instruit, intelligent, d'une ambition discrète, qui a hérité des idées progressistes de son père.

En 1792, Selkirk se rend dans les Highlands, en Écosse, où l'on est en train d'expulser des métayers pour faire de la place à l'élevage des moutons, jugé plus profitable. L'endroit est pauvre et les gens sont découragés. Selkirk décide de défendre leur cause, il apprend même le gaélique pour mieux les comprendre. En 1805, il écrit *Observations sur l'état présent des Highlands*

La descente des rapides, Québec, 1879. (*Frances Anne Hopkins, Archives nationales du Canada, C-2774*)

d'Écosse, avec une vision des causes et probablement des conséquences de l'émigration, ouvrage dans lequel il formule l'idée que, l'émigration étant inévitable, on pourrait la diriger de manière à ce qu'elle bénéficie à chacun.

Il parcourt l'Amérique du Nord à la recherche d'un site où installer sa colonie écossaise. « Je pensais que, dans le Nouveau Monde, l'esprit des habitants des Highlands aurait une chance d'être préservé », écrit-il. Ce ne sont pas ses voyages qui le conduisent à la rivière Rouge, sur les plaines désolées. Cette idée lui vient en lisant *Voyages de Montréal* d'Alexander Mackenzie, bien que ce dernier ait prétendu que cette région n'était pas faite pour constituer une colonie.

L'idée de fonder une colonie reflète bien la personnalité et l'ambition de Selkirk. Il s'intéresse aux nouvelles techniques agricoles qui pourraient être implantées dans le Nouveau Monde. Il satisfait ses élans humanitaires en offrant un nouveau départ aux habitants des Highlands. En outre, il juge qu'une colonie prospère lui donnera un certain poids politique, sans oublier l'espoir de réaliser d'importants profits, ce qui est toujours un incitatif puissant. Pour gagner le soutien du gouvernement, Selkirk fait valoir l'idée qu'une colonie britannique dans l'Ouest empêchera l'avancée américaine.

La terre que Selkirk a en vue est sous le contrôle de la Compagnie de la Baie d'Hudson. En 1808, Selkirk commence à acheter des actions de la compagnie et persuade des membres de sa famille d'en faire autant. Les guerres napoléoniennes ont interrompu le marché des fourrures et les actions de la Compagnie de la Baie d'Hudson ont chuté de 250 à 60 livres, ce qui est un prix abordable. Selkirk et ses proches prennent donc le contrôle d'à peu près le tiers des actions de la Compagnie, ce qui lui donne une influence considérable dont il se sert pour mener à bien son projet de colonie.

Son adversaire le plus farouche est Sir Alexander Mackenzie, qui s'est retiré de la traite des fourrures, mais qui défend toujours les intérêts de la Compagnie du Nord-Ouest. Il sait que les colons sont les ennemis naturels de la traite des fourrures. En voyant se réaliser le plan de Selkirk, Mackenzie adresse une lettre prophétique à un des actionnaires : « Il va coûter plus cher

LORD SELKIRK ◆ Au cours de ses voyages dans le Haut et le Bas-Canada, Thomas Douglas, cinquième comte de Selkirk, se fait observateur attentif de la politique. « Les Anglais à Québec et Montréal protestent dans le plus pur style de John Bull contre l'aversion obstinée [des Canadiens français] pour les institutions qu'ils n'ont jamais pris la peine de leur faire comprendre et sont surpris de l'antipathie naturelle et universelle que ressent un peuple conquis envers ses conquérants et envers chaque chose qui lui rappelle son assujettissement. [...] La seule chance de réconciliation qui existe serait soit de faire tous les efforts possibles pour changer entièrement leur langue et leurs institutions et leur faire oublier ainsi qu'ils ne sont pas Anglais, soit de les garder Français et de leur donner un gouvernement qui leur soit adapté et de conserver tout ce qui est anglais hors de leur vue ; mais aucun de ces plans n'a été suivi et la politique du gouvernement semble osciller entre les deux. » (*Raeburn, 2365*)

à la Compagnie du Nord-Ouest que vous ne semblez le voir et, si la compagnie avait sacrifié 20 000 livres, s'assurant par le fait même une majorité des actions de la Compagnie de la Baie d'Hudson, cela aurait été de l'argent bien dépensé. »

Mackenzie trouve saugrenue l'idée de la colonie. Il connaît bien la région, et selon lui elle n'est pas faite pour l'homme mais pour la nature à l'état brut. Même les amis de Selkirk se montrent sceptiques : « Nom d'un chien ! si vous avez un tel penchant pour la futilité », lui demande l'un d'eux, « pourquoi ne vous mettez-vous pas à labourer le désert du Sahara, qui se trouve bien plus près ? »

Selkirk rencontre aussi une opposition au sein de la Compagnie de la Baie d'Hudson et de la Compagnie du Nord-Ouest ; la colonie de Selkirk ne sera pas nécessairement dans l'intérêt des compagnies. En effet, une colonie installée sur la rivière Rouge pourrait bien être le commencement d'un mouvement civilisateur lent et inexorable qui mettrait un terme à la traite des fourrures dans l'Ouest. Malgré cette opposition farouche, Selkirk parvient à persuader la Compagnie de la Baie d'Hudson de lui vendre 300 000 km² — soit cinq fois la superficie de l'Écosse — pour 10 shillings.

À présent qu'il possède la terre, il ne lui manque que des colons. Selkirk écrit une « Annonce et prospectus » qui décrit la région de la rivière Rouge avec les termes flatteurs et attirants de quelqu'un qui n'y a jamais mis les pieds, et fait distribuer l'annonce dans toute l'Écosse.

John Strachan, évêque de York, considère cette annonce comme « un des abus les plus grossiers qui aient jamais été tentés auprès du public britannique, et qui doit entraîner les conséquences les plus funestes pour tous ces hommes infortunés qui, trompés par les fausses promesses qu'on leur a faites, quitteront leurs maisons pour une nature sauvage aussi désolée ». Strachan n'y est jamais allé non plus, mais chacun des deux hommes a en partie raison quant au territoire. Le pays de la rivière Rouge est hostile, fréquemment inondé, et improductif la majeure partie de l'année. Mais c'est aussi un canevas

INDIENS SAULTEUX ◆ Les Saulteux occupent la vallée de la rivière Rouge à l'époque où les colons de Selkirk arrivent. Lorsque les Métis commencent à brûler les maisons des colons, les Saulteux tentent de négocier en faveur de ces derniers. Ils n'y parviennent pas, mais ils les aident à aller se réfugier à Jack River où ils passent l'hiver. Après le réaménagement de la colonie, Selkirk paie aux Saulteux 100 livres (45 kg) de tabac par tribu chaque année pour que ces derniers renoncent à la terre qui s'étend sur 3 km de chaque côté de la rivière Rouge et 10 km autour de Fort Douglas. (*H. Jones, Archives de la Compagnie de la Baie d'Hudson, Archives provinciales du Manitoba*)

immense sur lequel les habitants opprimés des Highlands vont pouvoir créer une vie nouvelle ; le sol y est merveilleusement fertile, malgré une période de culture désespérément courte.

Malgré les terribles épreuves que connaissent les habitants des Highlands, le recrutement s'avère difficile. La Compagnie du Nord-Ouest fait publier des histoires dans les journaux écossais qui mettent en garde les lecteurs contre les attaques sauvages des Indiens locaux. Miles Macdonell, qui est engagé par le gouverneur d'Assiniboia, comme on appelle alors la colonie, tente de contrer leurs avertissements en voyageant dans le nord de l'Écosse pour dire aux habitants des Highlands que la Rivière-Rouge est la Terre promise et pour leur offrir des incitatifs. Il parvient à recruter un plein bateau de colons qui vont bientôt s'en prendre à lui et lui retirer leur confiance. Macdonell est un militaire arrogant au tempérament emporté qui voit dans son poste de gouverneur une façon de faire avancer sa carrière.

Le premier groupe arrive en 1812 et une seconde vague suit l'année d'après. Les Saulteux, qui sont les alliés de la Compagnie de la Baie

WANTED.

A FEW stout and active YOUNG MEN, for the service of the HUDSON's BAY COMPANY, at their Factories and Settlements in AMERICA. The Wages to be given, will depend on the qualifications of each individual: very good hands may expect from £12. to £15. a year, besides a sufficient allowance of oatmeal, or other food equally good and wholesome. Each person must engage by contract for a period of THREE YEARS, at the end of which, he shall be brought home to Scotland, free of expence, unless he chuses to remain at the Settlements of the Company, where THIRTY ACRES of GOOD LAND will be granted, in *perpetual feu*, to every man who has conducted himself to the satisfaction of his employers. Those who are thus allowed to remain as settlers after the expiration of their service, may have their Families brought over to them by the Company at a moderate freight. Every man who chuses to make an allowance to his relations at home, may have any part of his wages regularly paid to them, *without charge or deduction*. No one will be hired, unless he can bring a satisfactory character for general good conduct, and particularly for honesty and sobriety; and unless he is also capable of enduring fatigue and hardship. Expert Boatmen will receive particular encouragement. Those who are desirous of engaging in this service, will please to specify their names, ages, and places of abode, as also their present station and employments, and may apply to

Offre d'emploi de la Compagnie de la Baie d'Hudson. (*Archives nationales du Canada, C-125856*)

d'Hudson à la Rivière-Rouge, les accueillent. Mais la colonie a des débuts difficiles. Les récoltes sont mauvaises, et la famine est une menace constante. La fièvre et le scorbut laissent les nouveaux colons faibles et fragiles.

Il y a aussi des affrontements avec les Métis, qui forment une importante colonie à proximité. Ce sont eux qui fournissent la Compagnie du Nord-Ouest en viande de bison, et ils ne voient pas d'un bon œil l'arrivée des colons. La situation politique est délicate, et Macdonell, avec sa brusquerie, ne fait qu'empirer les choses. Au mois de janvier 1814, il fait publier un décret qui ordonne qu'« aucune personne faisant la traite de fourrures ou de provisions à l'intérieur du territoire ne devra en exporter des provisions, que ce soit de la viande, du gibier ou des légumes ». Il interdit l'exportation de nourriture de la Rivière-Rouge et menace du même coup la capacité de la Compagnie du Nord-Ouest d'approvisionner ses postes de traite. Ce décret est connu sous le nom de « proclamation du pemmican ».

John Duncan Cameron, un employé de la Compagnie du Nord-Ouest, prédit des événements violents. « Macdonell est maintenant déterminé non seulement à saisir notre pemmican, mais aussi à nous chasser du district d'Assiniboia et en conséquence, du Nord-Ouest. Les hostilités ne manqueront pas d'éclater au printemps. »

Les Métis se rallient à Cameron. « Vous devez m'aider à forcer la colonie à partir, leur dit-il. Sinon ils vous empêcheront de chasser. Ils affameront vos familles, puis ils obligeront tous ceux qui tenteront de leur résister à fuir. Vous pouvez voir facilement de quelle façon ils ont l'intention de terminer ce qu'ils ont déjà commencé. »

Cameron est un provocateur habile qui presse les Métis en louant leur nature et leurs exploits, et qui met l'accent sur le fait que c'est leur nation qu'ils défendent. Il leur dit qu'ils pourront garder tout ce qu'ils réussiront à piller des colons et leur suggère de s'enduire le corps de la peinture de guerre des Saulteux. Les Métis s'exécutent.

« Ils commencèrent par brûler nos maisons en plein jour et ils tirèrent sur nous pendant la nuit, en disant que le pays était à eux, écrit John Pritchard, un des colons, et que si nous ne quittions pas la colonie immédiatement, ils prendraient nos biens et brûleraient les maisons au-dessus de nos têtes. »

Les colons battent en retraite à Jack River, un poste de traite de la Compagnie de la Baie d'Hudson situé à l'extrémité nord du lac Winnipeg. Ils sont désillusionnés par le Nouveau Monde et en colère contre Selkirk, qui les y a entraînés. Macdonell souffre d'une dépression nerveuse. Plus tard, au cours de cette même année, les Écossais retournent à la Rivière-Rouge pour reconstruire la colonie, mais ils ne sont pas au bout de leurs peines.

Le 19 juin 1816, les échauffourées, les incendies criminels et les actes de terrorisme se terminent en massacre. À Seven Oaks, près du poste de traite de la Compagnie de la Baie d'Hudson de la Rivière-Rouge, 25 employés de la Compagnie et des colons — y compris le gouverneur Robert Semple — viennent à la rencontre de 61 Métis qui portent des peintures de guerre indiennes. Semple s'approche d'un Canadien français du nom de Boucher et

CHASSE AU BISON ◆ Au milieu du XIXᵉ siècle, l'Ouest se transforme rapidement. Au moment où les colons s'installent à la suite des explorateurs, les Autochtones, Métis et marchands de fourrures se trouvent envahis et chassés par la cohue. L'Ouest est à la mode et on se demande s'il s'agit d'un Eldorado ou d'une notion romantique décadente. La vision de l'artiste Paul Kane est résolument romantique, comme en témoignent ses peintures et ses écrits.

« À la tombée du jour, comme nous approchions de l'endroit où nous devions traverser la rivière, je vis quelques bisons qui paissaient négligemment dans une vallée, et je voulus donner une idée générale de la beauté du paysage qui s'étendait sur les rives de la Saskatchewan à partir d'où nous étions jusqu'à Edmonton. Je m'assis donc pour faire un croquis, le reste du groupe promettant de m'attendre au lieu de la traversée. C'était le début de l'été indien ; la soirée était très belle et projetait sur le paysage cette brume particulière, douce et chaude qui est censée provenir des immenses prairies auxquelles on met le feu. Les bisons assoupis qui broutaient sur fond de collines ondulantes ponctuées çà et là de bouquets de petits arbres, la tranquillité intacte et le soir qui approchait, tout dans ce paysage évoquait un repos enchanteur. » Tiré de *Wandering of an Artist Among the Indians of North America* (*Promenades d'un artiste chez les Indiens d'Amérique du Nord*).

Là où Kane idéalise les Prairies dans ses tableaux, Henry Youle Hind voit une culture qui se meurt. Hind est un professeur de chimie originaire de Toronto qui fait partie de l'expédition d'exploration du gouvernement canadien à la Rivière-Rouge en 1857. Son journal est l'antithèse des descriptions à l'eau de rose qu'a faites Kane. « Nous commençâmes à trouver des os frais de bison très nombreux sur le sol, et çà et là nous surprîmes une meute de loups dévorant une carcasse de bison dont seules la langue et la bosse avaient été arrachées par les Cris négligents et irrespectueux. [...] Ils étaient en train d'aménager une nouvelle fosse, ayant littéralement rempli celle-ci de bisons morts et étant obligés de l'abandonner à cause de l'odeur fétide qui émanait des carcasses en putréfaction. [...] À l'intérieur d'une clôture circulaire de 120 pieds de large construite avec des troncs d'arbres et fixée avec des branches d'osier attachées par des supports extérieurs, on pouvait voir, dans des positions inimaginables, plus de 200 bisons. Il y avait de vieux bisons et des jeunes de trois mois, des animaux de tout âge, entassés les uns sur les autres dans toutes les poses forcées d'une mort violente. [...] On avait arraché la chair de plusieurs bêtes qui séchait au soleil sur des échafaudages près des tentes. Il va sans dire que l'odeur qui s'en dégageait était suffocante, et les millions de grosses mouches bleues qui bourdonnaient autour des corps putrides n'étaient pas la partie la moins repoussante du spectacle qui s'offrait à nous. » (*Métis courant après les bisons, Paul Kane, Royal Ontario Museum*)

La colonie de Selkirk. (*Anonyme, Archives nationales du Canada, C-8714*)

ils échangent des mots, puis des coups de feu. On ne sait pas au juste qui a tiré le premier. « En quelques minutes, presque tous nos gens furent ou tués ou blessés », rapporte John Pritchard, un des rares colons survivants. « Le capitaine Rogers qui était tombé se redressa et vint vers moi. [...] Je lui criai : "Pour l'amour de Dieu, rendez-vous !" Il courut vers l'ennemi dans ce but, et je le suivis. Il leva les mains en demandant grâce. Un Métis lui tira dans la tête et un autre lui ouvrit le ventre avec un couteau. » Environ 20 hommes du groupe de Semple sont tués, et seulement un Métis.

Quelques colons sont épargnés grâce à l'intervention du chef des Métis, mais leurs maisons sont pillées et ils doivent à nouveau battre en retraite à Jack River. Chaque camp plaide la légitime défense, et plus tard, une commission canadienne jugera qu'il s'agissait d'une guerre entre deux compagnies rivales, et elle condamnera les deux camps. C'est la bataille la plus sanglante qui ait eu lieu entre les deux compagnies et aussi une des dernières. En 1821, épuisées par la compétition et la violence, la Compagnie du Nord-Ouest et la Compagnie de la Baie d'Hudson réalisent l'impensable en acceptant de joindre leurs forces.

Selon un recensement de 1822, la colonie de la Rivière-Rouge compte 234 hommes, 161 femmes, 886 enfants, 126 maisons et 160 jardins. Les colons de Selkirk ont souffert du scorbut, des engelures et des meurtres. Les hivers sont d'une rigueur effrayante, et l'été, la rivière Rouge déborde, les oiseaux mangent les semences dans les champs et les sauterelles dévorent ce qui pousse. Au début, les colons se nourrissent de navets sauvages et d'orties, et passent l'hiver avec leurs souliers anglais aux pieds. Mais ils finissent par connaître la prospérité. Alexander Ross, un colon, décrit la Rivière-Rouge comme étant « aussi lugubre que Thulé ». Trente ans plus tard, proclame-t-il, « aucun fermier au monde, aucune population ou colonie d'agriculteurs ne peuvent se dire aussi heureux, indépendant et à l'aise que ceux de la Rivière-Rouge. »

Les «voyageurs» à l'aube, 1871.
(*Frances Anne Hopkins, Archives nationales du Canada, C-2773*)

Cette réussite annonce la disparition de la traite des fourrures, comme beaucoup le craignaient, et a un effet dramatique sur les Indiens des Plaines. Ils ont fourni les fourrures et guidé les explorateurs dans un partenariat qui est devenu de plus en plus inégal. Les Saulteux ont aidé les premiers colons de la Rivière-Rouge et les ont sauvés de la famine, mais quand la colonie commence à mûrir, on les considère soudain comme des indésirables.

La colonie peu prometteuse de Selkirk devient donc prospère, même s'il ne vivra pas assez longtemps pour en être témoin. En 1818, sa santé décline, et il est harcelé par des poursuites en justice de la Compagnie du Nord-Ouest, qui prétend qu'il n'a aucun droit légal sur la terre. Selkirk se rend en France, dans les Pyrénées, où il fait une cure pour se soigner et y meurt en 1820 à l'âge de 48 ans.

Un an après la mort de Selkirk, on procède dans la méfiance à la fusion de la Compagnie de la Baie d'Hudson et de la Compagnie du Nord-Ouest, opération qui met fin aux hostilités et aux poursuites judiciaires. Mais la nouvelle compagnie, qui utilise le nom de Baie d'Hudson, est à présent accablée par les chevauchements et l'inefficacité. C'est à George Simpson qu'incombe la tâche de rendre la compagnie plus efficace. Simpson, un vétéran du commerce du sucre, est né dans les Highlands en Écosse. C'est un enfant illégitime qui est élevé par sa tante et envoyé à Londres pour se chercher un emploi. L'homme est despotique; mû par une énergie considérable, il a une passion naturelle pour l'efficacité dans toutes choses : voyages, affaires et amour.

Un de ses premiers gestes, lorsqu'il devient gouverneur, est de rassembler 73 employés de l'ancienne Compagnie du Nord-Ouest et de la Compagnie de la Baie d'Hudson au cours d'un banquet qui a lieu à la York Factory, pour tenter de se débarrasser de toute mauvaise volonté qui subsisterait. Deux de ses invités se sont battus récemment en duel. « Ils s'étaient tailladés l'un l'autre avec des épées quelques mois auparavant, note John Tod, un des invités. L'un d'eux portait encore des balafres au visage, l'autre, dit-on, sur une partie du corps moins visible. » Le dîner se déroula toutefois sans incident, ce qui constituait un bon commencement. Simpson quitte York Factory au mois d'août 1824, avec 12 voyageurs, une tabatière et un terrier nommé Boxer. « J'ai l'intention de consacrer cet hiver à faire un tour de la Colombie où je crois qu'un bon coup de balai et un élagage s'imposent. » Il a un penchant pour la vitesse et fait le voyage de la baie d'Hudson jusqu'à Fort George (Oregon) en 84 jours, battant ainsi de 20 jours le record établi. En chemin, Simpson prend des notes détaillées et cherche à faire des économies. « Les fournitures de table à travers le pays ont été jusqu'ici achetées à une échelle trop large, écrit-il, excédant de beaucoup la consommation des familles les plus respectables du monde civilisé, et je pense que vous pouvez réduire en toute sécurité les fournitures habituelles de 50 %. Des assiettes en fer-blanc [...] pas de nappes [...] pas de plats en terre cuite : quelques gobelets qui tiendront lieu de verres à vin. Couteaux et fourchettes devraient durer au moins six ans. »

Les postes de traite du territoire qui deviendra ultérieurement la Colombie-Britannique sont de véritables désastres au point de vue de la gestion. « Le département de Colombie depuis sa création jusqu'à maintenant a été négligé, honteusement mal géré, et offre un spectacle de l'extravagance la plus consternante et de la discorde la plus malheureuse », écrit-il. La nouvelle Compagnie de la Baie d'Hudson fait face à de nouveaux concurrents ; les Américains et les Russes font du commerce le long de la côte du Pacifique. La Compagnie a donc besoin de se préparer pour affronter cette menace.

Pendant huit ans, Simpson parcourt le pays en canot, il visite chaque poste de traite, analyse chaque chose qu'il voit, et particulièrement les gens. Dans ce qu'il appelle son « Livre des caractères », il prend des notes sur 157 employés de la Compagnie de la Baie d'Hudson, portraits spirituels et impitoyables de leur valeur pour la compagnie. Ainsi, Colin Robertson est « un homme vide, insignifiant et vaniteux, qui mourrait de faim dans tout autre pays et qui est totalement inutile ici ». John Clarke, quant à lui, est un « garçon vantard, ignorant et bas, qui dit rarement la vérité et que l'on soupçonne fortement de malhonnêteté. ». John Stuart est « excessivement vaniteux, c'est un grand égoïste, il avale les flatteries les plus grossières. ». Ce livre des caractères est une analyse de la psychologie des hommes qui font la traite des fourrures, et constitue une mosaïque divertissante et pénétrante.

Simpson visite chaque poste du territoire du Nord, il renvoie la moitié des employés, ferme 73 postes et fait cesser la pratique des échanges rituels de cadeaux avec les Autochtones, une tradition qui existe depuis presque 200 ans. « Dans le feu des conflits, il fut nécessaire dans certains districts de donner aux Indiens des cadeaux coûteux en vêtements, fusils, etc. [...] On a cessé cette pratique ruineuse et rien au-delà du tabac et des munitions dans certaines régions, et quelques bagatelles comme des feux d'artifice, des aiguilles, du vermillon etc., dans d'autres régions, n'a été donné l'année dernière, et à l'occasion une robe à un chef ou à un Indien très influent. »

La froide efficacité dont fait preuve Simpson en affaires s'étend à sa vie privée. Il impressionne ses supérieurs par ses réformes et est largement récompensé, devenant un homme riche. Lorsqu'il commence à évoluer dans la société montréalaise, il abandonne ses femmes autochtones et ses enfants avec le même détachement dont il a fait preuve pour la Compagnie. Sa femme indienne, Margaret Taylor, est enceinte de leur troisième enfant lorsque Simpson quitte la famille. Il écrit à un ami : « Je te prie de garder un œil sur la marchandise, si elle met au monde quoi que ce soit au bon moment et de la bonne couleur, veille à ce qu'on s'en occupe, mais si quoi que ce soit cloche, laisse-les se débrouiller avec leurs affaires. »

À l'âge de 43 ans, il part pour Londres à la recherche d'une Anglaise qui satisfera ses nouveaux besoins. Il épouse sa cousine âgée de 18 ans, Frances Ramsay, peut-être autant pour sa proximité que pour son rang. La vie de celle-ci avec George connaît des débuts hésitants. « Le 4 mars, écrit-elle dans son journal, je me lève à 5 heures (pour la première fois de ma vie) avec un cœur souffrant et un esprit agité de diverses émotions de chagrin, de peur et d'espoir. »

Fille gâtée d'un marchand de Londres, elle a mené une existence raffinée. À présent, elle se trouve dans un canot plein de passagers qui pagaient en direction de la Rivière-Rouge. « Le matin est si froid et désagréable après l'incessante pluie d'hier, écrit-elle, mais ni cela ni la fatigue de notre marche forcée ne réussirent à déprimer nos voyageurs qui pagayaient, chantaient et faisaient des blagues, comme s'il s'agissait d'une partie de plaisir, jusqu'à ce que l'un d'entre eux, qui ne semblait pas apprécier la blague que son voisin venait de faire à ses dépens, s'en prenne à lui encore plus fort en le frappant, ce qui dégénéra en bataille à bord du canot. M. Simpson dormait à ce moment, mais le bruit le réveilla et le mit dans un état presque aussi passionné que les combattants, sur lesquels il fit pleuvoir des coups avec un pagaie qui se trouvait à portée de sa main, ce qui mit fin immédiatement aux hostilités. »

Si la compagnie est dure, le paysage offre quelque compensation. Elle décrit la rivière Mattawa comme « l'endroit le plus sauvage et romantique que j'aie jamais vu : cela me rappela la description de paysages écossais que j'avais lue (dans quelque récit magnifique de Sir Walter Scott). [...] De chaque côté se dressent d'étonnantes montagnes aux formes les plus fantastiques : certaines ont l'apparence de châteaux gothiques, d'autres exhibent des rangs de colonnes corinthiennes sculptées le plus régulièrement et le plus magnifiquement ; de profondes cavernes se forment à l'intérieur de certaines d'entre elles, tandis que d'autres présentent une surface douce et plane couronnée de touffes de pins et de cèdres. »

Ils s'installent à la Rivière-Rouge où Frances se retrouve sans amis et souffre de diverses maladies. Sa première grossesse en 1831 est difficile. Sa constitution fragile et délicate n'est pas adaptée à la vie dans l'Ouest. « Vous serez désolé d'apprendre que ma pauvre femme est vraiment très malade,

Sir George Simpson. (*Archives de la Compagnie de la Baie d'Hudson, Archives provinciales du Manitoba*)

FRANCES SIMPSON ♦ La femme de l'indomptable George Simpson est une fille de bonne famille ; son père est un marchand londonien. Elle tient un journal joyeux de son voyage en canot vers l'Ouest. « Notre canot, une embarcation des plus magnifiques, léger et élégant au-delà de toute description, mesure 35 pieds de long. [...] Le soleil est intensément chaud aujourd'hui et l'eau de la Grande Rivière, ou rivière Uttowa, est aussi lisse que du verre ; le pays de chaque côté est une épaisse forêt ; les arbres près du bord de l'eau sont bas et étendent leurs branches ; ce sont surtout des trembles, alors que ceux qui sont derrière sont des pins qui s'élèvent droits comme des flèches et qui atteignent des hauteurs vertigineuses ; tout est calme et tranquille, on n'entend pas un son à part le bruit de la pagaye dans l'eau, et la voix claire et douce de notre chanteur principal, Tomma Felix, qui chante "La Belle Rosier" et d'autres airs tendres de voyageurs. L'établissement où nous avons installé notre campement hier soir peut être considéré comme la frontière entre le monde civilisé et le monde sauvage, car aucun Blanc n'habite au-delà de ce point, à l'exception d'un poste de traite occasionnel de l'honorable Compagnie de la Baie d'Hudson. »
La vie dans le bois s'avère trop dure pour Frances et elle retourne en Angleterre. Elle meurt à l'âge de 41 ans.
(*Archives de la Compagnie de la Baie d'Hudson, Archives provinciales du Manitoba*)

écrit Simpson à un ami, « presque complètement confinée à sa chambre et, bien qu'elle ne soit pas en danger, elle se trouve dans un état bien pire que la normale. » Les habitants restent pour la plupart indifférents à ses maux. Ils n'aiment pas la femme de Simpson. En effet, ce dernier a eu l'indélicatesse impardonnable, dans la société naissante des Prairies, de ne pas laisser de provisions pour ses femmes indiennes, et Frances en fait les frais.

En 1833, elle retourne en Angleterre et reste seule pendant cinq ans. George passe plus de temps qu'avant à Montréal, il est devenu un homme riche qui doit s'occuper de ses investissements. Il fait l'acquisition d'une partie de la propriété d'Alexander Mackenzie, celle-là même où l'infortuné David Thompson, qui vit à proximité, occupait la charge d'arpenteur.

Simpson mène la vie d'un gentleman anglais, possédant un manoir et des domestiques. Mais son désir de voyager ne le quittera jamais. Périodiquement, il entreprend de longs et périlleux voyages et parcourt le vaste empire de la Compagnie de la Baie d'Hudson. « C'est étrange comme tous mes maux disparaissent dès que je monte à bord d'un canot », dit-il. En 1842, à l'âge de 56 ans, Simpson a fait le tour du monde : il a traversé l'Amérique du Nord, est parti pour les îles Sandwich (aujourd'hui Hawaii), a traversé la Sibérie jusqu'en Europe, pour finalement rentrer en Angleterre. Son voyage autour du monde prend 19 mois et 19 jours, une cadence effrénée, surtout si l'on considère qu'il s'arrête parfois pour ses affaires et qu'il rebrousse chemin à l'occasion.

En 1860, la traite des fourrures est en baisse. La mode n'est plus au chapeau de castor, mais au chapeau de soie qui fait son apparition en 1824, et dont l'apparence luisante prend presque 20 ans à percer le marché. Simpson prolonge la durée de vie naturelle de la traite des fourrures en la rationalisant, mais il ne peut repousser la civilisation. Il essaie pourtant, allant jusqu'à témoigner lors d'une enquête que la région de la rivière Rouge n'est absolument pas faite pour la colonisation européenne. Mais la carte de l'Ouest a été dressée par Thompson, Hearne et Mackenzie. Le capitaine John Palliser est en train d'arpenter les terres pour la colonie. Une ligne de chemin de fer relie bientôt la Rivière-Rouge à Saint-Paul. Tout un réseau se met en place, et il devient de plus en plus facile et rapide de se rendre à destination.

En 1860, le prince de Galles se rend au Canada lors d'une visite royale. Simpson le reçoit dans son domaine de l'île de Dorval, et recrée un dîner dans le style du Nord-Ouest, avec des canots et des gardes d'honneur indiens aux costumes éclatants. Cette reproduction sophistiquée et aseptisée de la traite des fourrures marque de façon théâtrale la fin de l'industrie. Neuf jours plus tard, Simpson meurt d'une crise d'apoplexie. Il est le dernier négociant de fourrures à avoir voyagé avec l'ardeur et la détermination d'un explorateur, mais il est aussi le précurseur inquiétant de l'expert efficace, de cette froide armée d'hommes qui façonneront au couteau le siècle suivant, guidés par leur seul profit.

DES RÉBELLIONS
AUX RÉFORMES

CHAPITRE 7

Au début du XIXᵉ siècle, les échos de la Révolution française et de l'indépendance américaine résonnent encore à travers le monde. Des soulèvements éclatent un peu partout sur la planète. Les idées de justice et de liberté fermentent également dans les six colonies de l'Amérique du Nord britannique. La population atteint à peine un million d'habitants, mais déjà une large partie d'entre eux acceptent mal que les décisions locales les plus insignifiantes requièrent l'accord de Londres.

Dans les années 1830, et ce depuis des décennies, la population de cinq des six colonies britanniques de l'Amérique du Nord exerce le droit d'élire des représentants à sa Chambre d'assemblée locale. (L'exception est Terre-Neuve à qui Londres n'accordera le privilège d'élire une Chambre d'assemblée qu'en 1832.) Ces assemblées adoptent des lois mais le vrai pouvoir leur échappe. C'est un gouverneur nommé par Londres et les conseillers nommés par lui qui régentent presque tout. Résultat : un affrontement constant entre les représentants du peuple et un gouvernement non élu.

Des journaux de combat font leur apparition un peu partout en Amérique du Nord britannique. À York, capitale du Haut-Canada et future Toronto, William Lyon Mackenzie, immigrant originaire de Dundee en Écosse, lance un journal, *The Colonial Advocate*, dans lequel il se plaint que « le pays est depuis trop longtemps aux mains d'une clique d'hommes rusés,

Québec vue depuis le Château Saint-Louis, 1840. Le parlement du Bas-Canada siège à Québec jusqu'en 1837. La ville ne retrouve son statut de capitale qu'en 1852 lorsqu'elle accueille pour la première fois le parlement du Canada-Uni. (*J. R. Coke Smyth, Archives nationales du Canada, C-1038*)

retors et avides. Pour dénoncer la poignée de familles privilégiées qui forment un cercle influent autour du gouverneur, Mackenzie invente le terme *family compact* qui passe dans le langage courant.

Le procureur général du Haut-Canada, John Beverley Robinson, accepte mal les critiques de Mackenzie qu'il décrit comme « un reptile, un être prétentieux aux cheveux roux portant le tablier ». Mais Mackenzie n'en poursuit pas moins ses attaques virulentes, affirmant le 26 septembre 1833 dans son journal : « La totalité des revenus du Haut-Canada est en réalité entre leurs mains. Ils sont trésoriers, receveurs, vérificateurs, roi, seigneurs et députés. Des moins que rien, payés à ne rien faire. » Exaspérés, une bande de jeunes hommes issus des meilleures familles de York détruisent les presses du *Colonial Advocate*. Mackenzie poursuit les vandales en justice, gagne sa cause et obtient assez d'argent pour remplacer ses presses. Fort de cet appui judiciaire, le bouillant journaliste, qui a maintenant 33 ans, décide de continuer son combat dans l'arène politique.

À Halifax, porte d'entrée des colonies de l'Atlantique et centre militaire de toute la région, Joseph Howe affirme, en 1835, dans son journal le *Novascotian* qu'il soutiendra « fermement et courageusement tout ce qui étendra ou protégera les avantages qui de droit reviennent au peuple ». Ce réformiste autodidacte, fils d'un loyaliste américain, parle fort et cru, mais il reste très attaché à la Grande-Bretagne. Les dirigeants de la colonie traînent Joseph Howe devant les tribunaux et l'accusent d'avoir publié des articles séditieux. Howe assure luimême sa défense et est acquitté par le jury. Sa popularité atteint un point culminant et, comme Mackenzie avant lui, il se lance en politique. « Nous voulons un changement, dit-il, non pas pour nous séparer de nos frères en Angleterre, mais pour jouir des mêmes avantages qu'eux. Messieurs, nous ne demandons rien de plus qu'un gouvernement responsable devant le peuple. »

Du côté de Québec, capitale du Bas-Canada, deux journalistes montréalais, Ludger Duvernay et Daniel Tracey, ont osé s'attaquer au puissant Conseil législatif nommé par le gouverneur et qui rejette fréquemment les résolutions de l'Assemblée : « Le Conseil législatif actuel étant peut-être la plus grande nuisance que nous ayons, nous devons prendre les moyens de nous en débarrasser et en demander l'abolition. » Ils sont emprisonnés pendant 40 jours pour avoir publié leurs critiques respectivement dans *La Minerve* et le *Vindicator*. Ces deux journaux sont les organes du Parti patriote qui regroupe les adversaires du gouvernement colonial.

À la fois seigneur et avocat, mais surtout député et président de la Chambre d'assemblée, Louis-Joseph Papineau est le chef incontesté du camp des Patriotes. Grand et vigoureux, il allie, dans des envolées oratoires qui font frémir les foules, la noblesse à l'ironie, la bonté à la virulence. Comme Howe et Mackenzie, Papineau lutte pour l'instauration d'un gouvernement responsable devant les électeurs, mais il doit se battre en même temps pour la survie des Canadiens français. « C'est une haine passionnée contre les Canadiens », écrit-il le 8 mars 1831 dans une lettre à sa femme Julie, « et un amour effréné

WILLIAM LYON MACKENZIE ◆ William Lyon Mackenzie naît en 1795 à Dundee, en Écosse. Son père, un tisserand, meurt peu de temps après sa naissance. Mackenzie étudie à l'école paroissiale grâce à une bourse et entreprend sa carrière de journaliste à 15 ans. Il ouvre avec sa mère un magasin général, mais la crise économique qui suit les guerres napoléoniennes le mettra en faillite. Par la suite, Mackenzie mène une vie de bohème : il voyage en France et en Angleterre avant de s'embarquer pour le Canada en 1820. (*Heritage Toronto*)

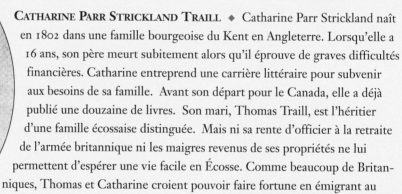

JOSEPH HOWE ◆ En 1827, Joseph Howe prend les rênes du *Novascotian* qui devient, sous sa gouverne, le journal le plus influent de la Nouvelle-Écosse. Pendant les premières années de sa carrière de journaliste, Howe visite les moindres recoins de la province qu'il décrit dans une série d'articles publiés à partir de 1828. Il écrit également plus de 150 chroniques dans lesquelles il dénonce la mainmise d'un petit groupe d'hommes sur toutes les affaires publiques de la Nouvelle-Écosse. (*Archives of Nova Scotia*)

CATHARINE PARR STRICKLAND TRAILL ◆ Catharine Parr Strickland naît en 1802 dans une famille bourgeoise du Kent en Angleterre. Lorsqu'elle a 16 ans, son père meurt subitement alors qu'il éprouve de graves difficultés financières. Catharine entreprend une carrière littéraire pour subvenir aux besoins de sa famille. Avant son départ pour le Canada, elle a déjà publié une douzaine de livres. Son mari, Thomas Traill, est l'héritier d'une famille écossaise distinguée. Mais ni sa rente d'officier à la retraite de l'armée britannique ni les maigres revenus de ses propriétés ne lui permettent d'espérer une vie facile en Écosse. Comme beaucoup de Britanniques, Thomas et Catharine croient pouvoir faire fortune en émigrant au Canada. (*Thomas Cheeseman – Letters of a Lifetime, University of Toronto Press, 1985*)

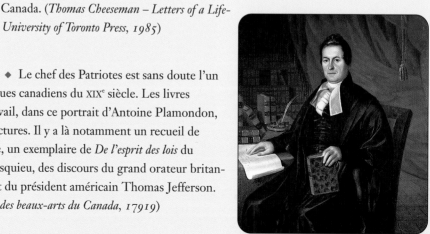

LOUIS-JOSEPH PAPINEAU ◆ Le chef des Patriotes est sans doute l'un des plus fins esprits politiques canadiens du XIXe siècle. Les livres disposés sur sa table de travail, dans ce portrait d'Antoine Plamondon, donnent une idée de ses lectures. Il y a là notamment un recueil de l'orateur grec Démosthène, un exemplaire de *De l'esprit des lois* du philosophe français Montesquieu, des discours du grand orateur britannique Charles James Fox et du président américain Thomas Jefferson. (*Antoine Plamondon, Musée des beaux-arts du Canada, 17919*)

de l'argent, le plus odieux égoïsme, qui expliquent les votes et les démarches de chaque jour adoptés par les conseillers (législatifs). »

Au début de sa carrière, Papineau est un admirateur de la constitution et des institutions parlementaires britanniques. Il croit qu'elles lui permettront d'obtenir justice pour son peuple. Mais 15 ans de luttes politiques ont fait de lui un partisan de la démocratie à l'américaine. Dans une autre lettre à sa femme Julie, Louis-Joseph Papineau affirme qu'il ne croit pas possible que son peuple vive « heureux et bien traité sous le régime colonial ». Et il écrit, dans *La Minerve* du 18 février 1834, qu'avant un temps éloigné toute l'Amérique devra être républicaine.

Louis-Joseph Papineau, William Lyon Mackenzie et Joseph Howe sont inspirés par les grandes idées libérales et ils seront des alliés sur le plan théorique, mais très peu dans la pratique, parce qu'ils mènent des carrières politiques dans des sociétés fort éloignées les unes des autres.

Au début du XIXe siècle, Napoléon impose à toute l'Europe un blocus contre l'Angleterre, qui se trouve ainsi privée du bois d'œuvre de la Scandinavie. Pour construire les centaines de vaisseaux qui lui permettront de poursuivre la guerre contre l'empire de Bonaparte, Londres se tourne vers les forêts du Canada qui deviennent le nouveau moteur économique de l'Amérique du Nord britannique. Les ressources naturelles du Nouveau Monde paraissent inépuisables. Du Bas-Canada au Nouveau-Brunswick, des forêts entières sont rasées. De la rivière des Outaouais à la rivière Miramichi, du fleuve Saint-Laurent au fleuve Saint-Jean, le bois commence à supplanter la fourrure. Ce qui entraîne la création de grandes fortunes, comme celle du marchand William Price.

Québec devient un des principaux chantiers navals de l'Empire. La Compagnie de navigation à vapeur Québec et Halifax y construit le *Royal William*, le premier vapeur à traverser l'Atlantique. Mais la plus grande partie du bois est destinée aux chantiers de construction de la Grande-Bretagne. Chaque année, depuis la fin des guerres napoléoniennes, des centaines de navires remplis de billes de pin, d'orme et de chêne quittent Québec et Saint-Jean au Nouveau-Brunswick. Et les mêmes navires ramènent des îles Britanniques une toute autre cargaison : des milliers d'hommes, de femmes et d'enfants. Une vague d'immigration sans précédent débute alors.

La plupart des nouveaux venus débarquent à Québec, porte d'entrée des Canada. Chaque année, entre avril et octobre, environ 30 000 immigrants passent par cette ville qui ne compte alors que 28 000 âmes. Beaucoup d'immigrants fuient la crise économique qui a suivi les guerres napoléoniennes en Europe et espèrent refaire leur vie. Un certain nombre d'immigrants s'installent dans le Bas-Canada. Mais la majorité d'entre eux poursuivent leur route vers la frontière à l'ouest du pays, jusque dans le Haut-Canada. Forte déjà d'une population de 260 000 personnes, cette colonie est celle qui connaît la plus forte croissance de l'Empire britannique. Des loyalistes américains qui ont fui la révolution et des immigrants venus des îles Britanniques forment le gros d'une armée de pionniers qui repoussent petit à petit les

Une ferme dans les bois près de Chatham dans le Haut-Canada, en 1838. La cabane du colon est construite en bois rond et le toit, recouvert de terre ou d'écorce. Cette habitation rudimentaire ne compte qu'une seule pièce. Après une dure journée passée à bûcher, le colon se réchauffe devant un poêle en fonte ou une cheminée faite de bois et de terre. (*P. J. Bainbrigge, Archives nationales du Canada, C-011811*)

Autochtones de leurs anciens territoires de chasse et bouleversent à jamais leur vie.

Catharine Parr Traill et son mari Thomas se joignent aux milliers de colons qui arrivent chaque année pour défricher les terres fertiles de la jeune colonie, conscients des dures conditions d'existence que cela suppose. « La route que nous avons empruntée aujourd'hui dépassait tout ce que j'avais vu et entendu au sujet du piètre état des chemins au Canada », écrit-elle dans son journal *The Backwoods of Canada*, alors qu'elle chemine vers son nouveau foyer. « En vérité, elle méritait à peine le nom de route. Je riais parfois, pour ne pas pleurer ».

Des pionniers réclament en vain des routes et des écoles au gouvernement. Plusieurs d'entre eux, comme Robert Davis, un fermier d'origine irlandaise, commencent à déchanter. Il raconte qu'il a dû construire presque toutes ses routes et ses ponts, défricher ses terres, et assurer son instruction et celle de ses enfants. Il a eu les os cassés par une chute d'arbre, les pieds lacérés par la hache, et a subi presque toutes les misères, sauf la mort. Au fil des ans, il a attendu des jours meilleurs, espérant en vain que le gouvernement se sensibiliserait aux réclamations du peuple.

Même si le Haut-Canada connaît une forte croissance, le Bas-Canada reste la colonie la plus peuplée de l'Amérique du Nord britannique. Sa population, qui vit sur les rives du Saint-Laurent depuis deux siècles, atteint maintenant plus de 400 000 habitants. Anglais et Français habitent dans des quartiers distincts, divisés par la langue, la religion et le niveau économique. Malgré les tensions et la méfiance, les représentants des deux peuples cohabitent habituellement sans violence et peuvent même fraterniser, surtout quand ils appartiennent à la même classe sociale.

La croissance démographique favorise la création d'un réseau de villages prospères. Le comté de Deux-Montagnes, au nord de Montréal, et la vallée du Richelieu, au sud-est, en sont de bons exemples. L'arpenteur général du Bas-Canada, Joseph Bouchette, qui a parcouru une bonne partie du continent,

PLACE D'ARMES, 1828 ◆ La construction de la cathédrale Notre-Dame, qui se trouve à l'arrière-plan de cette aquarelle de Robert Auchmaty Sproule, a débuté en 1824. L'église qui apparaît à l'avant-plan est la vieille cathédrale qui sera détruite. Durant la première moitié du XIXe siècle, il y a une baisse notable de la pratique religieuse au Bas-Canada. Le tiers des paroissiens de Montréal ne font pas leurs Pâques et l'autorité de l'Église est contestée. L'Assemblée législative doit intervenir pour interdire l'alcool et le chahut durant les offices religieux. (*R. A. Sproule, Archives nationales du Canada, C-002639*)

décrit ainsi la rivière Richelieu: «C'est un des plus beaux endroits que j'aie jamais vus. Ses bords sont variés de chaque côté par des fermes et de vastes établissements en très bonne culture, par des villages propres, bien peuplés et florissants, par de belles églises, de nombreux moulins de différentes espèces, de bonnes routes dans toutes les directions, par tous les autres indices d'un pays habité par une population industrieuse.»

La paroisse de Saint-Denis-sur-le-Richelieu compte 3000 habitants. Le village bourdonne d'activités. La chapellerie de Charles Saint-Germain est la plus importante de la colonie. François Gadbois vend ses voitures à chevaux à Québec, Montréal et même dans le Haut-Canada. Dans les campagnes qui entourent Saint-Denis, les paysans cultivent une terre dont ils ne possèdent pas la propriété entière et qui demeure grevée de droits dus à un seigneur. Comme la majorité des Canadiens français, ils vivent sous le régime seigneurial, qui remonte à la Nouvelle-France.

Le choléra fait d'abord des ravages en Asie et en Afrique avant d'atteindre le continent européen. En 1832, les autorités du Bas-Canada établissent une station de quarantaine à Grosse-Île, en aval de Québec, pour tenter d'empêcher le choléra de gagner la colonie. Malgré ces précautions, un immigrant irlandais qui loge dans une maison de pension de Québec est foudroyé par la maladie. L'épidémie s'étend ensuite sur tout le territoire. *(Joseph Légaré, Musée des beaux-arts du Canada, 7157)*

En ce milieu des années 1830, la plupart des terres fertiles des vieilles seigneuries sont maintenant occupées et les seigneurs — français et anglais confondus — exigent des rentes de plus en plus élevées. Cette pratique provoque le désespoir et la colère des habitants. Dans une pétition du comté de Deux-Montagnes, le 23 novembre 1832, on affirme qu'«un grand nombre de seigneurs ont usé de ces terres comme leur propriété absolue et les ont vendues et transportées à des prix exorbitants, et au moyen de contrats illicites, sans que les Sujets Canadiens de Sa Majesté aient jusqu'à présent été protégés contre cet abus.» Ces exactions et le manque de terre forcent les jeunes habitants à défricher ailleurs dans des régions de plus en plus éloignées, et même à quitter l'agriculture pour aller travailler en ville. Le mécontentement gronde dans les campagnes du Bas-Canada.

Montréal au printemps de 1832 compte 27 000 habitants, qui se répartissent entre la haute et la basse-ville, entre les maisons de pierres grises, protégées contre les occasionnels tisons incendiaires par de scintillantes couvertures de tôle, et les maisons de bois, plus modestes. On vient de raser la citadelle qui obstruait la rue Notre-Dame au nord-est et on achève la construction de la nouvelle cathédrale, sur la place d'Armes. La ville occupe un endroit stratégique sur le plan commercial, près de la confluence de plusieurs rivières avec le Saint-Laurent. On lui promet un bel avenir économique, mais Anglais et Français ne profitent pas également de cette richesse. La cité se divise entre riches et pauvres. Mais aussi selon une frontière invisible, celle de la langue, qui la sépare en deux camps. Lors de son passage à Montréal, en 1832, le grand écrivain Alexis de Tocqueville remarque: «Les journaux français que j'ai lus font contre les Anglais une opposition constante et animée.»

Le centre économique des deux Canada est contrôlé par une poignée de marchands et d'industriels, comme Peter McGill et la famille Molson. McGill a 48 ans et il représente tout ce qu'il y a de modéré, de raffiné et de respecté à Montréal. Héritier de la fortune bâtie sur le commerce de la fourrure par le fondateur de l'Université McGill, il est directeur général de la Banque de Montréal et président du premier chemin de fer canadien. Les militants patriotes le traitent d'ultra ou de tory fanatique, mais il est universellement aimé du Parti anglais.

En avril 1832, sur la place d'Armes, à l'occasion d'une élection complémentaire turbulente, deux partis s'affrontent violemment : le Parti anglais et le Parti patriote. Le Parti anglais est principalement appuyé par les Canadiens d'origine écossaise, anglaise ou américaine. Les militants du Parti patriote sont surtout des Canadiens français et des immigrants venus d'Irlande, qui ont en commun leur méfiance envers le pouvoir britannique.

Les partis ont souvent recours à des fiers-à-bras pour intimider les électeurs du camp adverse et contrôler l'accès aux bureaux de scrutin. Ces manœuvres provoquent parfois la fermeture de certains bureaux. Par ailleurs, le 21 mai 1832, lorsqu'un bureau de vote ferme pour la journée, le candidat du Parti patriote mène par seulement quelques voix. Ses partisans sont convaincus que la victoire leur est acquise. Un groupe de partisans du Parti anglais les injurient. Une bousculade s'ensuit. Les autorités font appel à une compagnie du 15ᵉ Régiment pour rétablir l'ordre. Dans la confusion, les soldats font feu sur les Patriotes. Trois Canadiens français tombent sous les balles : Casimir Chauvin, Pierre Billet et François Languedoc. Le lendemain de la fusillade, le Parti patriote remporte la victoire par quatre voix de majorité.

Louis-Joseph Papineau, bouleversé par la mort de ses compatriotes, écrit au gouverneur, Lord Aylmer : « J'ai le cœur navré de douleur et ma lettre vous trouvera dans la même situation, puisque vous aurez appris avant ce temps les désastreux événements qui hier ont ensanglanté nos rues. Les troupes envoyées pour protéger les sujets de Sa Majesté les ont fusillés. De pareils malheurs n'avaient pas avant ce jour affligé le Canada. » Le climat politique se détériore rapidement.

Au début du mois de juin, une nouvelle tragédie s'abat sur la colonie. Le *Carrick*, un navire en provenance d'Irlande, arrive à Québec avec à son bord quelques immigrants fiévreux. Trois jours plus tard, le choléra fait une première victime. La maladie se répand comme une traînée de poudre jusqu'à Montréal et dans le Haut-Canada.

Bientôt, l'épidémie est incontrôlable. Des centaines de malheureux meurent chaque jour, surtout dans les faubourgs pauvres de Montréal et de Québec. Les conditions de vie y sont propices à la contagion des épidémies. Il n'y a pas d'égout ni de cueillette des ordures, ce qui favorise la contamination de l'eau. Sans doute pour éviter une panique générale, *La Minerve* se veut rassurante : « Dès que la maladie se déclare, affirme-t-on dans son édition du 14 juin 1832, il faut s'empresser de voir un médecin et de suivre ses directions. Tous les apothicaires sont munis des remèdes nécessaires, et leur prix est à la portée de toutes les fortunes. » Il s'agit d'un pieux mensonge, car les médecins sont

débordés et impuissants. Ils croient que le choléra se transmet par des émanations qui remplissent l'atmosphère. Pour purifier l'air, des officiers anglais font tirer des salves de canon tandis que le Bureau sanitaire fait brûler du goudron.

À la fin de 1832, le choléra a fait quelque 9000 morts, dont plus de la moitié dans le Bas-Canada. Une partie de la population tient l'Angleterre responsable de ces malheurs, accusant la politique d'émigration britannique de négligence, voire de malveillance. Ce climat de mort, de peur et de méfiance attise le conflit politique dans le Bas-Canada.

À Québec, capitale du Bas-Canada, les députés du Parti patriote détiennent la majorité à la Chambre d'assemblée depuis 15 ans, mais ils ne parviennent pas à se faire entendre. Leurs demandes sont refusées par le gouverneur et par les conseillers qu'il nomme personnellement au Conseil exécutif et au Conseil législatif. En 1834, les Patriotes s'adressent directement à Londres. Ils rédigent une longue liste de griefs et de revendications : les 92 Résolutions. Dans celles-ci, ils exigent essentiellement que le Conseil législatif soit élu plutôt que nommé par le gouverneur et que le budget soit contrôlé par l'Assemblée, qui devrait détenir les mêmes pouvoirs, privilèges et immunités que le parlement britannique. « Cette Chambre n'est nullement disposée à admettre l'excellence du système actuel de constitution du Canada et juge que c'est mal à propos et erronément que le secrétaire d'État de Sa Majesté pour le département colonial allègue qu'il a conféré aux deux Canada les institutions de la Grande-Bretagne. » En outre, les Résolutions contiennent des

Toronto, 1835. En 1834, York devient Toronto. Les rues de la ville sont maintenant bordées de trottoirs et l'éclairage au gaz fait son apparition. Les citoyens les plus fortunés se font construire des résidences en briques, moins sujettes aux incendies que les maisons en bois. (*Thomas Young, Royal Ontario Museum, 960.280.9*)

Le traversier à vapeur *Ogle*, qui occupe l'arrière-plan de cette aquarelle de William Eager, est l'un des signes de la prospérité de Halifax vers 1835. (*William Eager, Royal Ontario Museum, 955.218.4*)

menaces voilées d'indépendance du Bas-Canada et d'annexion aux États-Unis. Papineau reste prudent, affirmant qu'il espère que le gouvernement britannique rendra enfin justice. « Dans cet espoir, affirme-t-il, nous ne ferons rien pour hâter notre séparation de la mère patrie, si ce n'est préparer et avancer le peuple pour cette époque, qui ne sera ni monarchique ni aristocratique. »

Le ton radical des 92 Résolutions et la victoire écrasante des Patriotes aux élections de 1834, ébranlent le Parti anglais. Lors d'une assemblée publique, en décembre de la même année, John Molson, un des hommes d'affaires les plus puissants de Montréal, lance un avertissement aux Patriotes : « Les événements récents nous font prendre conscience d'un danger imminent. Il faut montrer au Parti français que la majorité sur laquelle il compte se révélera, à l'heure de vérité, une bien faible défense contre le réveil d'un peuple offensé et opprimé. » Molson critique violemment le système seigneurial, une institution selon lui dépassée et qui devrait être jetée aux oubliettes de l'histoire.

La femme de Louis-Joseph Papineau, Julie, passe de longs mois seule avec ses cinq enfants à Montréal pendant que son mari participe aux travaux parlementaires à Québec. Pour rompre leur solitude, Louis-Joseph et Julie entretiennent une riche correspondance, dans laquelle Julie s'inquiète de la tension qui règne à Montréal. « Je n'ai point de vaines frayeurs, écrit-elle le 26 décembre 1835, mais je sais apprécier à leur juste valeur la rage et la haine que ce parti (les tories) nous porte et que l'état dans lequel nous sommes est bien déplorable, qu'ils veulent tout de bon dominer ou nous écraser et si nous n'avons pas l'énergie de nous soustraire à leur pouvoir, ils trouveront bien des moyens, eux, de nous faire du mal. »

En 1834, la ville de York prend le nom de Toronto. Avec l'afflux d'immigrants, la population a presque doublé depuis deux ans et elle dépasse maintenant les 9000 habitants. La popularité de Mackenzie n'a jamais été aussi grande. En plus d'être directeur d'un journal influent, il est maintenant maire de la nouvelle municipalité et député à la Chambre d'assemblée du Haut-Canada. Mais, certains de ses alliés politiques se méfient de lui parce qu'ils le trouvent trop impétueux.

Comme Papineau, Mackenzie participe à la rédaction d'une liste de revendications qu'il envoie à Londres. Le *Septième Rapport sur les Griefs*, un document de 500 pages, condamne sans appel le gouvernement du Haut-Canada : « Les limites que la Constitution anglaise impose aux volontés d'un roi en exigeant qu'elles soient appliquées par des hommes responsables constituent l'un de ses points forts. Une telle responsabilité ne peut exister dans le Haut-Canada. Le lieutenant gouverneur et les ministres anglais détiennent tout le pouvoir dans la province ; ils gouvernent seuls le pays, laissant la Chambre d'assemblée impuissante et dépendante. »

Au même moment, Joseph Howe, dans le *Novascotian*, fait écho à ces propos : « Un défaut évident dans notre gouvernement local est à l'origine de tous nos malheurs. Comparée au Parlement britannique, cette Chambre n'a aucun pouvoir », écrit-il le 23 février 1837. Joseph Howe est à présent député à la Chambre d'assemblée. Il rédige lui aussi une liste de résolutions pour obtenir des changements politiques. Mais il reste un réformiste modéré et ses racines loyalistes l'empêchent d'aller aussi loin que Papineau et Mackenzie. « Je sais que j'entendrai des cris de républicanisme et de danger pour la constitution, écrit-il. Mais l'idée de républicanisme, d'indépendance, de rupture avec la mère patrie ne m'a jamais effleuré l'esprit. C'est en sujet britannique que je veux vivre et mourir. »

À Londres, le bureau du secrétaire aux Colonies croule sous les demandes des réformistes de l'Amérique du Nord britannique. Les dirigeants de l'Empire s'apprêtent à faire un geste qui aura des conséquences profondes.

L'année 1837 s'annonce particulièrement mauvaise. Au Bas-Canada, l'extrême indigence et le désespoir se retrouvent surtout chez les francophones, ainsi que l'a déjà dit Alexis de Tocqueville : « Il est facile de voir que les Français sont le peuple vaincu. Les classes riches appartiennent pour la plupart à la race anglaise. Bien que le français soit la langue presque universellement parlée, la plupart des journaux, les affiches, et jusqu'aux enseignes des marchands français sont en anglais. »

Depuis plusieurs années, les récoltes sont mauvaises dans les deux Canada. Et dans la région de Québec, la situation est dramatique. Un correspondant du journal *Le Canadien* en témoigne, le 9 janvier 1837 : « La misère est telle que plusieurs habitants mangent leurs chevaux. Les récoltes ont manqué

VICTORIA ET SON CONSEIL ◆ La reine Victoria accède au trône de Grande-Bretagne et d'Irlande au moment où le mouvement de contestation atteint son apogée au Bas-Canada. La jeune souveraine de 17 ans est la cible des quolibets des Patriotes. Un Patriote de Contrecœur n'hésite pas à traiter publiquement la reine de « prostituée ». (*Sir David Wilkie, Royal Collection Enterprises, Windsor Castle*)

depuis quatre ans et beaucoup d'habitants n'ont pas une patate. [...] Il est certain que la plupart d'entre eux mourront de faim, si l'on ne vient promptement à leur secours. »

À cette misère vient s'ajouter une crise politique. Après trois ans de réflexion, Londres rejette les 92 Résolutions. Le gouvernement britannique est convaincu que le Canada cesserait d'être une colonie s'il approuvait les demandes des Patriotes. Dans le Bas-Canada, les autorités civiles et militaires renforcent la garnison par mesure de précaution. Les Patriotes voient dans la réponse de Londres une insulte et font directement appel au peuple lors d'une série de manifestations à l'échelle de la colonie.

Les villages de la vallée du Richelieu commencent à exprimer leur révolte à travers la coutume du charivari, ce tapage nocturne qui vise le plus souvent les nouveaux couples mal assortis : par exemple, l'union d'une veuve âgée et d'un jeune homme. Durant l'été de 1837, un charivari plus politique fait son apparition. Il stigmatise ceux qui refusent de se joindre aux Patriotes, en particulier les juges de paix et les autres représentants de la Couronne. Ce rituel généralement pacifique que les colons français avaient apporté avec eux en Nouvelle-France se transforme en une manifestation violente pendant la

Rébellion. D'autres coutumes populaires prennent également une connotation politique.

Le « mai » est un mât (en fait, un arbre grossièrement équarri) que les miliciens plantent devant la maison de leur capitaine pour montrer qu'ils acceptent son commandement. Pendant les mois d'agitation qui précèdent la Rébellion, les miliciens patriotes abattent les mais des capitaines qui refusent de remettre leur brevet d'officier à Québec. Les Patriotes pensent qu'il faut remplacer les officiers de milice et les juges de paix qui, selon eux, ont perdu la confiance du peuple ou du gouvernement. À partir d'octobre 1837, ils organisent des assemblées populaires au cours desquelles on élit ses propres officiers et juges de paix. La région de Deux-Montagnes est à la tête de ce mouvement qui vise la mise en place d'un gouvernement parallèle par la création d'un nouveau pouvoir judiciaire et militaire.

Poursuivant leur campagne contre le rejet par Londres des 92 Résolutions, les Patriotes font directement appel au peuple. Le 23 octobre 1837, lors de l'assemblée des Six-Comtés, 5000 personnes sont réunies à Saint-Charles, dans la vallée du Richelieu, sous l'étendard vert, blanc et rouge du Parti patriote. Ils viennent écouter le plus grand orateur de la colonie : Louis-Joseph Papineau. Lui seul sait trouver les mots pour exprimer leur déception et leur mécontentement. Le président de l'assemblée, le Dr Wolfred Nelson, se lève. Il a pour mission de réchauffer la foule. Âgé de 45 ans, ce médecin appartient à une famille anglaise et protestante de Sorel. Comme beaucoup d'autres Anglais, il a épousé une Canadienne française et fait élever ses enfants en français, dans la religion catholique ; à présent, il se bat avec fougue pour la cause des Patriotes : parcours surprenant pour un Britannique apparenté à l'amiral Nelson, vainqueur de Trafalgar.

À Saint-Charles, en ce jour d'octobre, Papineau se lève et s'avance au bord de la tribune. À la vue du grand homme, la foule réagit et la milice salue par une salve d'honneur. « Concitoyens ! Confrères d'une affliction commune !, lance l'orateur d'une voix qui domine aisément le tumulte. Vous tous, de quelque origine, langue ou religion que vous soyez, à qui des lois égales et les droits de l'homme sont chers, nous vous sollicitons de prendre, au moyen d'une organisation systématique dans vos paroisses et vos cantons respectifs, cette attitude qui peut seule vous attirer le respect pour vous-mêmes, et le succès de vos demandes. »

Papineau sait que, du fond de ce petit village de la vallée du Richelieu, il s'apprête à défier le plus puissant empire du moment. Ses auditeurs ont beau lui hurler des encouragements, tous ses écrits personnels de l'époque démontrent qu'il n'entretient aucune illusion : sans une aide extérieure, celle de la république américaine ou des progressistes de Londres, il marche à la catastrophe, et son peuple avec lui. Pourtant, il se laisse emporter par le vent révolutionnaire et appuie l'idée d'une grande convention inspirée de la révolution américaine et de la Révolution française. Il invite tous les Patriotes à élire leurs propres juges et officiers de milice, pour remplacer ceux qui sont restés loyaux à la Couronne et qui tentent d'empêcher les assemblées, sachant

Le général John Colborne est le fils unique d'un ministre anglican. Profondément religieux, il se rend chaque dimanche à pied à l'église et insiste pour que ses domestiques fassent de même. Il est difficile d'imaginer un homme plus discipliné. Il se lève à 4 h tous les matins pour étudier les langues étrangères avant de commencer sa journée de travail. (*Toronto Public Library*, MTL 2730)

qu'il accomplit ainsi un acte révolutionnaire, première étape vers la création d'un gouvernement provisoire. «Assemblez-vous, tonne-t-il de sa voix de stentor, et élisez des magistrats pacificateurs, à l'exemple de vos frères réformistes du comté de Deux-Montagnes, afin de protéger le peuple contre la vengeance de ses ennemis.»

La foule explose d'enthousiasme. Jamais Papineau n'a été si loin. Mais ce n'est pas encore assez pour les Patriotes les plus radicaux. Le Dr Nelson prend la parole : «Je prétends que le temps est arrivé de fondre nos plats et nos cuillers d'étain pour en faire des balles!» La foule en délire scande le nom de Papineau.

Le même jour, à Montréal, 4000 manifestants s'assemblent à la place d'Armes pour écouter Peter McGill, le président de la Banque de Montréal. «Il faut admettre, dit d'abord le banquier d'un ton conciliant, le droit constitutionnel à se rassembler et à discuter, à présenter des pétitions et à protester. Mais ceux qui outrepassent les limites prescrites par la loi, et qui, par des actions frôlant la rébellion bafouent les sentiments des citoyens loyaux, bien disposés et pacifiques, doivent comprendre qu'une telle conduite ne pourra plus être tolérée impunément.»

Dans le conflit qui s'amorce, inéluctable et tragique, chacun va devoir choisir son camp. De quel côté va pencher l'Église? Dans un mandement du 24 octobre 1837, l'évêque de Montréal, Mgr Jean-Jacques Lartigue, met les Patriotes en garde : «Avez-vous jamais pensé sérieusement aux horreurs d'une guerre civile? Vous êtes-vous représenté les ruisseaux de sang inondant vos rues ou vos campagnes, et l'innocent enveloppé avec le coupable dans la même série de malheurs? Avez-vous réfléchi que, presque sans exception, toute révolution populaire est une œuvre sanguinaire?» Avec Lartigue, les Patriotes rencontrent un adversaire implacable, car cet homme très conservateur les croit capables de tous les excès de la Révolution française.

Dans le Haut-Canada, William Lyon Mackenzie apporte son soutien aux Patriotes. «Peuple du Haut-Canada! écrit-il dans le *Colonial Advocate*, Canadiens! Cher compatriotes! Voici les oppresseurs! Regardez leurs soldats se déployer dans le pays (le Bas-Canada) pour asservir un peuple libre! [...] Si le royaume britannique peut taxer les habitants du Bas-Canada contre leur gré, il fera de même avec vous lorsque vous oserez vous libérer. Vous connaîtrez un sort semblable, identique!»

Pendant des semaines, Mackenzie parcourt la campagne au nord de Toronto, poussé par sa soif de justice. Il tente de recueillir des appuis auprès des mécontents qui réclament des écoles, des routes ou des ponts depuis des années sans jamais obtenir satisfaction. «Habitants du Haut-Canada, voulez-vous assassiner un peuple libre?», lance-t-il à ses partisans en apprenant que le lieutenant-gouverneur Head a dépêché ses troupes contre les Patriotes au Bas-Canada. «Ensuite, il voudra vous envoyer attaquer vos compatriotes. Réfléchissez avant de le faire; le monde a les yeux fixés sur vous, l'Histoire vous jugera. Prenez garde qu'elle ne vous condamne. Qui ne voudrait que l'on dise de lui, qu'en tant que Haut-Canadien il est mort pour la cause de la liberté ? Mourir en luttant pour la liberté est vraiment glorieux. Voulez-vous vivre et mourir en esclaves ? Jamais ! Jamais ! Jamais ! »

Et la foule de crier : « Never ! Never ! Never ! »

Mackenzie est infatigable. Il organise une quinzaine de rencontres publiques pour prouver au gouvernement et au *family compact* que le peuple souhaite des réformes. Et il s'avère persuasif. Il est agressé à quelques reprises et est même menacé de mort. Malgré ces incidents, le mouvement de protestation prend de l'ampleur. À partir d'octobre, les partisans de Mackenzie commencent à faire leur entraînement militaire.

Ces entraînements militaires ne passent pas inaperçus. L'arpenteur général du Haut-Canada, John Macaulay, écrit à sa mère : « À l'arrière de la ville, les rebelles s'entraînent en groupes armés et je suis convaincu qu'ils sont en liaison avec les mécontents du Bas-Canada — l'heure où l'on fera appel à nos fusils est peut-être proche — pas pour une guerre étrangère mais pour une guerre civile. La faction de Papineau et de Mackenzie semble presque enragée et je ne vois pas comment la situation pourrait se régler sans un recours aux armes. »

Dans le Haut-Canada, le lieutenant-gouverneur, Sir Francis Bond Head, veut montrer qu'il a la situation bien en main et prend une décision fatidique : il dépêche toutes ses forces militaires dans le Bas-Canada où les troubles semblent beaucoup plus sérieux. Au début novembre 1837, il ne reste plus un seul soldat des troupes régulières à Toronto. En novembre 1837, une flambée de violence embrase les campagnes du Bas-Canada. Dans le comté de Deux-Montagnes et dans la vallée du Richelieu au sud de Montréal, des Patriotes menacent les juges et les officiers de milice qui refusent de se joindre à eux.

Les Patriotes doivent maintenant affronter un redoutable adversaire. Ancien combattant des guerres contre Napoléon, le général John Colborne a participé à la terrible expédition d'Espagne, sous Wellington. À Waterloo, avec son régiment, le 52ᵉ, il a pris la Vieille-Garde de Napoléon de flanc et l'a mise en déroute. De l'avis de plusieurs, en Grande-Bretagne, Colborne démontre des talents de stratège surpassés seulement par ceux de Wellington. À la suite de différends avec le ministre des Colonies, il démissionne de son poste de lieutenant-gouverneur du Haut-Canada et se prépare à partir en Angleterre. Brusquement, des dépêches lui ordonnent d'assurer le commandement des forces militaires des deux Canada. Le destin joue un mauvais tour aux Patriotes en leur donnant à affronter un adversaire de cette trempe, plutôt qu'un médiocre officier de l'armée impériale.

Colborne ne perd pas de temps à flairer la tempête qui approche au Bas-Canada. « Des révolutionnaires armés parcourent une grande partie du pays, écrit-il au gouverneur Gosford, le 12 novembre 1837, menaçant tous ceux qui hésitent à se joindre à eux. Si nous négligeons les offres du Haut-Canada et des citoyens de Montréal, qui proposent de lever des troupes, et que nous laissons les révolutionnaires s'armer en toute tranquillité, nous perdrons la province. »

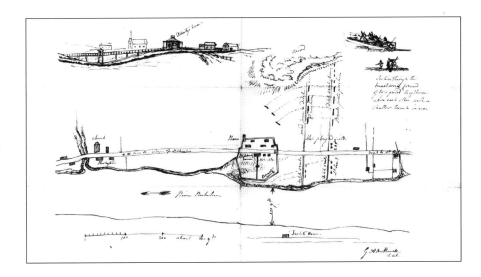

Cette carte de la bataille de Saint-Charles a été dessinée par le lieutenant-colonel George Augustus Wetherall le jour même de la victoire des troupes britanniques. (*Archives nationales du Canada*, NMC-43316)

En fait, les Patriotes songent à organiser une convention pour le 4 décembre et à déclarer l'indépendance du Bas-Canada à cette occasion. À Montréal, la présence des soldats venus des autres colonies accentue la tension. À la mi-novembre, les chefs contre lesquels des mandats d'arrestation sont imminents et dont les têtes seront mises à prix se réfugient dans leurs châteaux-forts de la vallée du Richelieu et du comté de Deux-Montagnes.

Le gouverneur général du Canada, Lord Archibald Acheson, comte de Gosford, doit faire face à une insurrection qu'il aurait voulu éviter à tout prix. Ce protestant de 60 ans n'a rien du sectaire ni du fanatique. Il s'est mis en vedette, en Irlande, par ses luttes contre les membres des loges d'Orange. Il entretient même de bonnes relations avec le chef irlandais Daniel O'Connell, l'ami des Canadiens. Homme de compromis, il a semblé à ses maîtres de Londres qu'on pouvait lui confier la commission d'études des 92 Résolutions des Patriotes. Mais ses éternels atermoiements ont fini par excéder tout le monde. Il se résigne, en particulier sous la pression des milieux loyaux de Montréal, à recourir à l'armée contre les Patriotes. Le général ordonne à ses troupes d'entreprendre une action policière contre les chefs patriotes réfugiés dans la vallée du Richelieu. Il veut frapper le premier pour disperser les insurgés. Cinq compagnies quittent Chambly à destination de Saint-Charles. Cinq autres compagnies partent de Sorel pour se rendre à Saint-Denis. Ces dernières ont reçu l'ordre de s'emparer rapidement du village et de poursuivre leur route vers le camp armé des Patriotes à Saint-Charles.

Après avoir marché toute la nuit dans la boue et sous la pluie glaciale, une partie des troupes se trouvent à l'aube à quelques kilomètres de Saint-Denis. Daniel Lysons est lieutenant dans le Premier Régiment d'infanterie, le « Royal Scot ». « Nous avons bientôt compris que les rebelles étaient en état d'alerte ; au loin, les cloches de l'église sonnaient l'alarme, et des combattants sont apparus sur notre flanc gauche. »

Le Dr Wolfred Nelson dirige la défense du village. Papineau et les autres chefs patriotes comptent sur son leadership pour repousser les troupes britanniques. Il commande 800 hommes. Une centaine d'entre eux ont pris

BATAILLE DE SAINT-CHARLES ◆ Le 25 novembre 1837, l'armée britannique affronte les Patriotes à Saint-Charles, dans la vallée du Richelieu. Ce dessin a été réalisé par le lieutenant Charles Beauclerk, l'un des officiers anglais qui ont participé à la bataille. Beauclerk a publié une série de lithographies, ainsi que ses impressions sur la Rébellion de 1837, après son retour en Angleterre. (*Archives nationales du Canada*, c-000393)

position à l'intérieur et autour de la maison Saint-Germain. Parmi eux se trouvent de simples citoyens, comme le marchand Louis Pagé, l'arpenteur David Bourdages et le cultivateur Antoine Lusignan. Nelson encourage ses hommes et leur dit qu'on en veut à leur vie, qu'ils doivent la vendre aussi chèrement que possible, qu'ils doivent se montrer fermes, viser juste, économiser la poudre et accomplir leur mission sans courir de risques inutiles.

Le chef des troupes britanniques, le colonel Charles Gore, a divisé ses 300 soldats en trois colonnes et positionne son canon à quelques centaines de mètres de la maison fortifiée. Mais l'obusier ne fait guère de dommages.

Six longues heures de combat font peu de victimes. Au milieu de l'après-midi, les défenseurs de Saint-Denis reçoivent des renforts des villages voisins. Malgré leur détermination, les soldats anglais sentent de plus en plus la fatigue de leur longue et difficile marche vers Saint-Denis. Ils ne s'attendaient pas à rencontrer autant de résistance et commencent à manquer de munitions. Le colonel Gore doit prendre une décision et finalement, il ordonne la retraite. Les officiers et les soldats obéissent à contrecœur à l'ordre de leur commandant. Douze soldats et 13 Patriotes sont morts.

Les Patriotes se rendent compte qu'ils ont vaincu les Anglais et sont fous de joie. Ils célèbrent leur victoire. Louis-Joseph Papineau n'est pas à Saint-Denis pour fêter en leur compagnie. Plus tard, certains jureront que c'est à l'instigation de Nelson lui-même qu'il avait quitté les lieux du combat — on n'aurait pas voulu risquer la vie du chef, dont on avait besoin pour la suite des événements. D'autres l'accuseront d'avoir fui le champ de bataille.

Pendant que ses hommes fêtent, Nelson réfléchit aux conséquences de cet affrontement. Le chef militaire des Patriotes ne se berce pas d'illusions : il vient de remporter une escarmouche contre la plus puissante armée du monde. La guerre n'a fait que commencer.

Après la victoire surprise des Patriotes à Saint-Denis, à l'automne de 1837, le général John Colborne perd son sang-froid pour une des rares fois de sa carrière. « C'est maintenant la guerre civile dans cette province », écrit-il au lieutenant-gouverneur du Haut-Canada, Sir Francis Bond Head. « Je vous conjure donc de faire appel à la milice du Haut-Canada et d'essayer d'envoyer à Montréal toutes les troupes disposées à offrir leurs services pendant cette période critique. »

Troupes régulières et milices loyales sont mises sur un pied de guerre dans la grande région de Montréal. Le 25 novembre, le lieutenant-colonel George Wetherall lance une attaque contre Saint-Charles avec 425 hommes venus de Fort Chambly. Il est déterminé à écraser la résistance des Patriotes dans la vallée du Richelieu.

Le sort de la Rébellion se joue à Saint-Charles. Deux cent cinquante Patriotes se retranchent derrière une barricade qu'ils ont érigée autour du manoir seigneurial. L'un d'eux, le journaliste et enseignant de 37 ans Jean-Philippe Boucher-Belleville, raconte dans *Journal d'un Patriote* : « Nous étions parfaitement sur la défensive, et la question pour nous se réduisait à celle-ci : devions-nous livrer sans défense nos propriétés, nos femmes et nos enfants à des barbares qui venaient, non pour faire respecter les lois, mais porter le fer et le feu chez nous, et s'enrichir par le pillage ? Comme à Saint-Denis, la plupart de nos braves bonnets bleus montrèrent un zèle et une intrépidité qui n'auraient pas manqué de faire décider la victoire en notre faveur. Les femmes mêmes avaient coulé des balles et fait des cartouches ; des vieillards et des enfants voulurent partager les dangers du combat. »

Le lieutenant britannique Charles Beauclerk, peintre amateur de 24 ans, participe lui aussi à la bataille. « Le colonel Wetherall espérait qu'une démonstration de force convaincrait quelques insurgés à déposer les armes, écrit-il ; mais, malheureusement, il en fut tout autrement. De l'arrière de la barricade, un feu nourri était dirigé vers le centre de la ligne, qui dut par conséquent se coucher ; malgré cela, elle subit des pertes matérielles en raison de sa position à découvert. L'ordre fut donc donné aux trois compagnies du centre, dirigées par le colonel Wetherall en personne, de fixer les baïonnettes et de charger. »

Appuyé par le tir des autres soldats, le Royal, un des régiments les plus redoutables de l'armée anglaise, avance en rangs serrés vers la barricade.

Malgré le feu meurtrier des Patriotes, les militaires poursuivent implacablement leur marche. La lutte est inégale : d'une part, des civils mal équipés et peu expérimentés au maniement de leurs armes de fortune, de l'autre, l'élite des soldats de métier.

La plus grande confusion règne sur le champ de bataille. Les insurgés sont repoussés vers les eaux froides de la rivière Richelieu par le Royal qui approche d'un pas déterminé. Un groupe de Patriotes attend les soldats britanniques à genoux, leurs fusils renversés, comme s'ils voulaient se rendre, puis au dernier moment, ouvrent le feu. Les soldats poussent leur cri de guerre et chargent les Patriotes. C'est le massacre.

À la tombée du jour, les corps de 150 Patriotes et de trois soldats britanniques gisent sur le champ de bataille. Louis-Joseph Papineau, Wolfred Nelson, Jean-Philippe Boucher-Belleville et des centaines de Patriotes fuient la vallée du Richelieu pour se réfugier aux États-Unis. Plusieurs sont capturés et se retrouvent alors à la prison de Montréal, au Pied-du-Courant, dans des conditions difficiles.

La nouvelle des affrontements dans la vallée du Richelieu atteint le Haut-Canada. Une semaine après la bataille de Saint-Charles, William Lyon Mackenzie est convaincu que le temps est venu d'attaquer Toronto. Ses discours et ceux de ses lieutenants, comme Samuel Lount, soulèvent de plus en plus le peuple et lui amènent chaque jour de nouveaux partisans. Mackenzie

Le 14 décembre 1837, l'église de Saint-Eustache subit pendant plus de deux heures le feu bien nourri de quatre canons de six livres et de deux obusiers de 12 livres. Le Dr Jean-Olivier Chénier et une poignée de Patriotes irréductibles résistent aux assauts de l'armée britannique jusqu'à ce que l'église soit incendiée. (*Charles Beauclerk, Archives nationales du Canada, C-000392*)

Ce dessin de Charles Beauclerk illustre les derniers moments de la bataille de Saint-Eustache. Les Patriotes en fuite sont encerclés par le *St. Eustache Loyal Volunteers* du capitaine Maximilien Globensky, le *Royal Montreal Rifles* du capitaine Pierre-Édouard Leclère et l'arrière-garde du 83ᵉ Régiment d'infanterie de l'armée britannique. (*Charles Beauclerk, Archives nationales du Canada, C-000396*)

recrute surtout des fermiers mécontents. Il leur fixe rendez-vous à la taverne Montgomery, au nord de Toronto, qui a été transformée en quartier général. Mackenzie veut profiter de l'absence de troupes britanniques à Toronto pour s'emparer du pouvoir et former un gouvernement provisoire.

Durant la nuit du 4 décembre, 150 hommes venus de Holland Landing, de Sharon, de Lloydtown et d'ailleurs se rassemblent à la taverne Montgomery. Ils sont fatigués, affamés et complètement désorganisés : Mackenzie, Lount et les autres chefs rebelles ne s'entendent pas sur le meilleur moment pour marcher sur Toronto. Finalement, ils décident de laisser la nuit leur porter conseil. D'autres rebelles continuent d'arriver. Le lendemain à la tombée du jour, Mackenzie et Lount descendent la rue Yonge à la tête de centaines d'insurgés. Une vingtaine de miliciens fidèles à la Couronne britannique les attendent. S'ensuit une escarmouche qui n'offre rien de bien glorieux, ni pour les uns ni pour les autres. « Le Colonel Lount et les hommes au premier rang ont fait feu puis se sont jetés à plat ventre pour permettre à ceux à l'arrière de mieux tirer, écrit Mackenzie. La rangée suivante a fait la même chose. En voyant tomber ces hommes, les paysans ont imaginé qu'ils avaient été abattus par les coups de feu de l'ennemi et ont fui. C'en était trop pour la patience d'un homme. Nous aurions pu prendre la ville en une heure, sans même tirer un coup de feu. Mais 800 hommes ont couru, et, malheureusement, dans la mauvaise direction. »

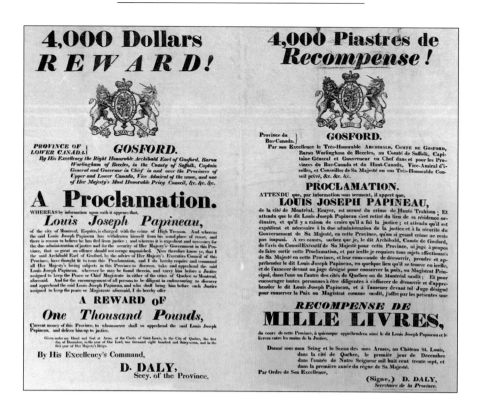

Récompense pour l'arrestation de Louis-Joseph Papineau. Le 1er décembre 1837, le gouverneur Lord Gosford offre une récompense de mille livres ou 4000 $ à quiconque contribuera à l'arrestation de Louis-Joseph Papineau, accusé de haute trahison. (*Archives nationales du Québec, Québec*)

Deux jours plus tard, un millier de miliciens et de volontaires loyaux au gouvernement reçoivent des armes et des munitions. Ils ont reçu l'ordre de chasser les rebelles de la taverne Montgomery. Cette fois, ce sont les hommes de Mackenzie qui attendent le long de la rue Yonge. Il ne reste plus que 400 insurgés, et la moitié seulement d'entre eux sont armés, les autres ne disposant que de piques ou des bâtons. Les miliciens apparaissent et Lount ordonne à ses hommes de tirer. L'affrontement ne dure que quelques minutes. Surpris par le tonnerre du canon, les rebelles jettent leurs armes et prennent la fuite. Pris de panique, ils évacuent la taverne Montgomery. Les miliciens fouillent puis incendient la taverne. Les autres repaires des rebelles sont aussi brûlés. Une forte récompense est offerte pour la capture de Mackenzie et de Lount. La rébellion du Haut-Canada est écrasée. Le rêve de Mackenzie s'écroule.

La loi martiale est proclamée dans le district de Montréal. Il reste un foyer de rébellion : le comté des Deux-Montagnes. Le 14 décembre, le général John Colborne dirige lui-même une expédition militaire vers le village de Saint-Eustache. Une jeune femme de 21 ans, Émélie Berthelot, raconte dans son journal l'arrivée des troupes britanniques. « Vers les dix heures du matin, c'était un jeudi, par un beau temps clair et très froid, les troupes anglaises passèrent par le Chemin du Roy au nombre de 1500, l'infanterie, l'artillerie, la cavalerie, l'état-major en grand costume, commandés par Sir John Colborne ; puis des machines de guerre, des mortiers et des grandes voitures rouges à huit places pour transporter les blessés. Tout cela défila modérément, et avec une espèce de défiance. »

Devant cette démonstration de force, la plupart des Patriotes comprennent qu'il est impossible de résister et prennent la fuite. Il ne reste plus que 250 insurgés. Pendant que l'armée se déploie, un des chefs patriotes, le Dr Jean-Olivier Chénier, s'enferme dans l'église du village avec une poignée d'hommes. Au lieu de retraiter devant l'armée anglaise supérieure en nombre, il préfère résister dans l'église, accompagné de quelques fidèles. Quand on lui conseille de fuir, il rétorque : «Faites ce que vous voudrez, quant à moi, je me bats, et si je suis tué, j'en tuerai plusieurs avant de mourir». Et quand certains de ses hommes s'inquiètent de la rareté des armes, il rétorque : «Soyez tranquilles, il y en aura de tués, et vous prendrez leurs fusils.»

Le général Colborne ordonne à son artillerie de bombarder le refuge des hommes de Chénier. C'est le début du siège. Le curé, le père Jacques Paquin, hostile à la rébellion, assiste à la canonnade. «Tous les canons ensemble commencèrent à foudroyer l'église avec une étonnante rapidité, raconte-t-il dans son journal. L'ouvrage de maçonnerie était extrêmement solide et résista à un immense nombre de boulets qui furent tirés sans interruption.» Deux heures durant, l'édifice religieux tient bon malgré les tirs d'artillerie. À la tombée du jour, le général Colborne ordonne qu'on chasse les Patriotes de leur repaire. Un détachement du Royal entre à l'intérieur de l'église et doit s'arrêter près de l'autel sous le tir des Patriotes. «À l'arrière de l'église, raconte Daniel Lysons dans ses mémoires, nous avons enfoncé une petite porte menant à la sacristie. Nous avons ensuite tourné à gauche et nous sommes entrés dans l'église ; là, les rebelles ont commencé à nous tirer dessus. Les escaliers étaient défoncés et nous ne pouvions pas les atteindre.» Avant de sortir de l'église, les soldats mettent feu à la nappe de l'autel. Menacés de rôtir vifs, les insurgés commencent à abandonner les lieux.

Le curé Paquin assiste aux derniers moments de la bataille : «Le Dr Chénier, voyant que tout espoir était perdu et qu'il ne pouvait plus songer à se défendre dans l'église, qui était devenue entièrement la proie des flammes, réunit quelques-uns de ses gens et sauta avec eux par les fenêtres du côté du couvent. Il voulait essayer de s'enfuir, mais il ne put sortir du cimetière, et bientôt atteint d'un coup de feu, il tomba et expira presque immédiatement.» Soixante-dix Patriotes et trois soldats sont tués.

Dans les jours qui suivent, les soldats et les volontaires sèment la terreur dans le comté de Deux-Montagnes. Saint-Eustache et Saint-Benoît sont pillées et incendiées. À Saint-Joachim, Sainte-Scholastique et Sainte-Thérèse, l'armée brûle les maisons des chefs de la rébellion. Des centaines de Patriotes de Deux-Montagnes et de la vallée du Richelieu sont faits prisonniers avant de pouvoir traverser la frontière américaine. Le Dr Wolfred Nelson et le journaliste Jean-Philippe Boucher-Belleville sont de ceux-là.

De son exil aux États-Unis, Louis-Joseph Papineau écrit à sa femme Julie qui s'est réfugiée à Saint-Hyacinthe avec ses enfants. «Chère et très chère amie — Dans ma fuite hasardeuse j'ai échappé à tant et de si prochains dangers, éprouvé des angoisses si déchirantes à la vue des malheurs de mon pays, de ma famille, de mes amis [...]. Je crois quelquefois, malgré d'immenses désastres déjà soufferts, que la Providence fera luire le jour où elle nous emploiera à libérer notre infortuné pays, où elle nous réunira en famille. »

Julie répond à son époux : « Quand ta lettre est venue nous apprendre que notre avenir est aussi incertain que notre situation présente, cela m'a tout à fait découragée. Le renouvellement de la loi martiale, l'arrivée des troupes que l'on va disséminer dans les campagnes, je crains fort que nous n'ayons notre bonne part de vexations, comme nous en avons eu, une partie de l'hiver. »

En 1838, dans le Haut-Canada, les rebelles sont traqués. Ils tentent de gagner la frontière américaine. Leur chef, William Lyon Mackenzie, a fait son chemin jusqu'à Buffalo dans l'État de New York. Mais des centaines d'autres sont moins chanceux et ils sont capturés avant de pouvoir trouver refuge aux États-Unis. La plupart d'entre eux sont libérés ou amnistiés après quelques mois en prison. Mais Samuel Lount et un autre rebelle, Peter Matthews, servent d'exemple. Au printemps, ils sont pendus devant la prison de Toronto.

Le gouvernement britannique est maintenant résolu à trouver une solution à la crise dans les deux Canada. En mai 1838, le nouveau gouverneur général de toutes les colonies de l'Amérique du Nord britannique arrive à Québec, à la tête d'une commission royale d'enquête. John George Lambton, premier comte de Durham, est un aristocrate, un libéral et un réformiste. En Angleterre, ses adversaires le surnomment « Radical Jack ». Il est aussi à l'aise avec la royauté qu'avec les ouvriers qui travaillent dans les mines de charbon qui appartiennent à son père. À 45 ans, Lord Durham est déjà un politicien aguerri et un fin diplomate. À Londres, plusieurs cercles politiques le considèrent comme un César sans emploi, à qui ne manque qu'un champ assez large pour faire valoir ses grandes capacités de gouvernant. On peut donc supposer que son beau-père, Sir George Grey, alors ministre-adjoint des Colonies, l'a affecté au Canada pour lui permettre de déployer ses talents. L'homme sera investi de pouvoirs extraordinaires, presque dictatoriaux, et on lui offre aussi l'occasion d'afficher son caractère tyrannique. Pour traverser l'Atlantique, il obtient un vaisseau de guerre et il se fait attribuer d'énormes frais de représentation qui lui servent à entretenir une suite de secrétaires, d'aides de camps, de musiciens et d'amis.

Au début de sa mission, il se présente comme un pacificateur et un conciliateur. « Je vous supplie de me considérer comme un ami et un arbitre », dit-il dans sa proclamation du 29 mai 1838, « à l'écoute, en tout temps, de vos souhaits et de vos doléances, résolu à agir avec la plus stricte impartialité. » Son premier geste est d'amnistier les Patriotes qui croupissent en prison, dans l'espoir de ramener le calme dans la colonie. Le jour du couronnement de la reine Victoria, 150 prisonniers sont libérés, à l'exception de huit chefs qui ont admis leur culpabilité en échange de la libération de leurs camarades.

Le Dr Wolfred Nelson et ses sept compagnons d'infortune sont exilés aux Bermudes. « Nous appartenons à notre pays et nous nous sacrifions volontiers sur l'autel de ses libertés », écrit-il à Durham le 18 juin 1838. « Nous ne nous sommes révoltés ni contre la personne de Sa Majesté ni contre son

Jane Ellice est la femme d'Edward Ellice Jr., secrétaire particulier de Lord Durham. Le 10 juillet 1838, les Ellice s'installent dans le manoir seigneurial de Beauharnois où ils comptent habiter jusqu'à leur départ pour l'Angleterre. Mal leur en prend. Ils sont faits prisonniers lorsque la deuxième rébellion éclate. (*William Charles Ross, Archives nationales du Canada, C-131638*)

Rébellion des Patriotes en novembre 1838. Cette aquarelle est l'œuvre de Jane Ellice, qui a été tenue en captivité par quelques Patriotes durant six jours. (*Archives nationales du Canada, C-13392*)

gouvernement, mais contre une vicieuse administration coloniale. » Papineau et les autres chefs patriotes qui ont trouvé refuge aux États-Unis ne peuvent pas revenir dans le Bas-Canada sous peine de mort.

Durham est satisfait de son travail. « Pas une seule goutte de sang ne fut versée, écrit-il à la reine Victoria, le 28 juin 1838. On traita les coupables selon la justice, et ceux qui avaient été mal conseillés, avec miséricorde. Les loyaux sujets de cette province jusqu'ici égarée retrouvèrent la sécurité. »

Pendant que Durham mène son enquête, un groupe de Patriotes prépare une nouvelle insurrection. Ils ont formé une société secrète, les Frères chasseurs. L'organisation recrute des membres dans le Bas-Canada et aux États-Unis parmi les Patriotes en exil. Elle est dirigée par les Patriotes les plus

Julie Papineau et sa fille Ézilda en 1836. Julie et Louis-Joseph Papineau ont eu six garçons et trois filles. Quatre d'entre eux sont morts en bas âge. La famille Papineau est tout à fait représentative des familles canadiennes du XIXe siècle, souvent décimées par la mortalité infantile. (*Antoine Plamondon, Musée des beaux-arts du Canada, 17920*)

radicaux, dont Robert Nelson, frère de Wolfred et chirurgien très respecté de Montréal. Ce révolutionnaire de 43 ans, qui a été emprisonné en 1837, se retrouve aux côtés de Chevalier de Lorimier, notaire idéaliste de 35 ans qui brûle de reprendre le combat. Les Frères chasseurs espèrent pouvoir encore compter sur l'appui d'une bonne partie de la population. Quant à Papineau, il s'est dissocié du groupe. Après les proclamations de neutralité des gouverneurs du Vermont et de l'État de New York, il croit fermement que le gouvernement des États-Unis refusera d'appuyer un nouveau soulèvement et qu'un coup de force conduirait à l'échec.

À la fin de l'été 1838, Lord Durham est désavoué à Londres. Le gouvernement britannique lui reproche d'avoir outrepassé la loi en condamnant sans procès les chefs patriotes à l'exil aux Bermudes, qui ne sont pas une colonie pénitentiaire. Excédé, Lord Durham donne sa démission et est aussitôt remplacé par Sir John Colborne. Avant de quitter, le 1er novembre 1838, il avait pris le temps d'étudier l'état des relations entre les Anglais et les « Canadiens » du Bas-Canada. Il fera ses recommandations dans un rapport, publié à Londres en 1839, qui sèmera la controverse dans les deux collectivités.

PATRIOTES EXÉCUTÉS EN 1838 ◆ Ce dessin d'Henri Julien représente la pendaison de Chevalier de Lorimier, Charles Hindelang, Pierre-Rémi Narbonne, Amable Daunais et François Nicolas. Un camarade qui a échappé à l'échafaud, François-Xavier Prieur, décrit ainsi leur fin tragique : « De Lorimier monta sur l'échafaud d'un pas ferme et ne donna jusqu'au dernier moment aucun signe de faiblesse. Lorsque Hindelang prononça le discours qu'il termina par le cri de « Vive la liberté ! », De Lorimier sourit plusieurs fois et approuva de la tête les paroles enthousiastes de son compagnon d'infortune. Hindelang avait à peine fini de parler que le signal était donné, et la trappe tombait. » (*La Presse, 24 juin 1893, Archives nationales du Canada*, C-013493)

Durham à peine parti, les Frère chasseurs attaquent le manoir seigneurial de Beauharnois, qui appartient à Edward Ellice Sr., un des plus riches propriétaires terriens du Bas-Canada et membre influent du parti whig de Grande-Bretagne. À l'intérieur de l'imposante demeure se trouvent Edward, son fils et ex-secrétaire de Durham, et sa bru, Jane Ellice. En moins d'une heure, les 300 Frères chasseurs s'emparent du manoir. Une soixantaine de villageois fidèles à la Couronne britannique sont faits prisonniers. Dans son journal, Jane Ellice dépeint ses ravisseurs comme elle les voit, en révolutionnaires français : « On nous laissa, ma sœur et moi, assises en chemise de nuit et en robe de chambre, au milieu d'hommes ressemblant à des brutes (telles que j'imaginais Robespierre dans mes pires cauchemars), sans personne pour nous donner conseil ou assistance. » Après six jours de captivité, Jane Ellice et sa famille sont libres à nouveau.

La tâche des Frères chasseurs s'avère plus difficile que prévu. Les armes et les munitions que des amis américains leur envoient sont saisies à la frontière. Les Frères chasseurs vont de défaite en défaite. Et l'histoire se répète : les Frères chasseurs tentent de gagner la frontière pour trouver asile aux États-Unis. Le soulèvement n'a duré tout au plus qu'une semaine. Et la répression ne fait que commencer.

Julie Papineau a maintenant rejoint son mari Louis-Joseph à Albany, dans l'État de New York. Elle écrit à son fils Amédée : « Vous dites que vous ne comprenez pas comment le pays ne s'est pas soulevé en masse ? On leur avait dit qu'on apporterait des armes et de l'argent et qu'ils viendraient avec une grande armée des États : on leur a fait mille contes. »

Dans les jours qui suivent, un millier de Glengarry Highlanders et des miliciens venus du Haut-Canada pillent et incendient toute la région de Beauharnois. Mais ils ne sont pas seuls dans cette entreprise de destruction. Avec l'approbation des autorités civiles et militaires, l'armée et les volontaires sèment la terreur dans les campagnes au sud de Montréal. Un journaliste du *Montreal Herald* décrit la répression : « Quel horrible spectacle ! Toute la campagne derrière Laprairie était en flammes. Il est triste de penser aux terribles conséquences de la révolte, à tous ces êtres humains, innocents ou coupables, irrémédiablement perdus. Il faut néanmoins que la suprématie de la Loi demeure inviolée, que l'intégrité de l'Empire soit respectée, et que la paix et la prospérité soient assurées aux Anglais, même si tout le peuple canadien doit en payer le prix. »

Une des victimes de ces destructions, le commerçant François-Xavier Prieur, vient d'ouvrir un magasin général. « Il était à peu près onze heures du soir, écrit-il, quand je me trouvai en face des ruines, fumantes encore, de mon nouvel établissement détruit, et cela après avoir rencontré sur ma route d'autres ruines faites par les soldats qui avaient mis le feu à plusieurs maisons habitées et à des granges remplies de grain. [...] La plupart des victimes de cette malheureuse époque ont vu réduire en cendres leurs propriétés avant le jour de leur exécution ou de leur départ pour l'exil. Ce sont ces inutiles et barbares brûlades de centaines d'habitations qui avaient fait surnommer Sir John Colborne "Le Vieux Brûlot". »

Comme Louis-Joseph Papineau, William Lyon Mackenzie s'est exilé aux États-Unis. Dans le Haut-Canada, ce sont surtout des aventuriers américains qui mènent encore le combat. Tout au long de l'année 1838, ces combattants se livrent à des raids frontaliers sans l'approbation du gouvernement des États-Unis. La cause du peuple canadien touche une corde sensible chez ces Américains qui rêvent de libérer le Haut-Canada de la domination britannique. Mais la détermination des rebelles est brisée une fois pour toutes lors d'une cinglante défaite subie à Windsor, en décembre 1838, alors qu'ils sont presque tous capturés par la milice canadienne.

En 1838 et 1839, des centaines d'insurgés sont condamnés pour haute trahison. Dans le Haut-Canada, 17 hommes sont exécutés. Dans le Bas-Canada, ils sont 12 à être pendus haut et court. Près de 130 prisonniers du Haut et du Bas-Canada sont condamnés à l'exil. À l'automne 1839, ils quittent Québec pour une colonie pénitentiaire en Australie. En 1839, les deux Canada sont plongés dans un climat de désespoir et d'amertume. Les projets des rebelles sont anéantis. Leurs adversaires, les tories, triomphent. Dans le Bas-Canada, la constitution est suspendue et l'Assemblée est dissoute. Un conseil spécial nommé par le gouverneur général dirige la colonie d'une main de fer.

À Londres, Lord Durham dépose son rapport. « Ce n'est pas en affaiblissant, y soutient-il, mais en affermissant l'influence du peuple sur son gouvernement qu'il sera possible, je crois, de rétablir la concorde là où si longtemps la discorde a régné et d'introduire une régularité et une vigueur jusqu'ici inconnues dans l'administration des provinces. »

Sur ce plan, Durham semble donner raison à Papineau, Mackenzie et Howe. Il propose que le gouverneur choisisse ses conseillers, ceux qui dirigent en fait le gouvernement de la colonie, parmi les hommes qui ont la confiance de l'Assemblée. Durham constate aussi qu'il existe un autre problème, plus grave, dans le cas du Bas-Canada : « Je m'attendais à trouver un conflit entre le gouvernement et le peuple ; je trouvai deux nations en guerre au sein d'un même État ; je trouvai une lutte, non de principes, mais de races. Et je

La vie de Robert Baldwin est marquée par un événement tragique. Le 11 janvier 1836, sa femme Elizabeth meurt après une longue maladie. Baldwin ne se remettra jamais complètement de la disparition prématurée de l'amour de sa vie. « Je devrai à présent poursuivre seul mon pèlerinage, écrivait-il peu de temps après la mort de sa femme, et dans le vide qui s'étend devant moi, je ne peux espérer trouver de joie que dans ce que le bonheur de nos chers enfants me rappellera du nôtre, et attendre dans l'humilité cette heure bénie où, si Dieu le veut, je me trouverai de nouveau, et pour toujours, aux côtés de mon Eliza. » (*Théophile Hamel, Musée du Château Ramezay*)

m'aperçus qu'il serait vain d'essayer d'améliorer les lois ou les institutions avant que d'avoir réussi à exterminer la haine mortelle qui, maintenant, sépare les habitants du Bas-Canada en deux groupes hostiles : Français et Anglais. »

Répondant à une revendication de longue date du Parti anglais du Bas-Canada, et fort du fait que déjà les Britanniques constituent une majorité si on réunit le Bas-Canada et le Haut-Canada, Durham propose d'unir les deux Canada. Dans son esprit, il ne fait pas de doute que les Canadiens français, ceux qu'il décrit comme « un peuple sans histoire et sans littérature », y gagneraient individuellement. Il est convaincu qu'une fois placés en minorité, ils en viendraient naturellement et progressivement à abandonner leur nationalité. « La langue, les lois et le caractère du continent nord-américain sont anglais ; et toute autre race que la race anglaise y apparaît dans un état d'infériorité. C'est pour les tirer de cette infériorité que je désire donner aux Canadiens notre caractère anglais. »

Mais à Londres, le gouvernement refuse de réformer le système parlementaire des colonies, comme le suggère Durham. Les ministres anglais sont convaincus que l'autonomie coloniale entraînerait inévitablement la désintégration de l'Empire. Toutefois ils retiennent l'idée d'unir les deux Canada.

L'homme dont les conseils vont bouleverser l'avenir des colonies de l'Amérique du Nord britannique n'assistera jamais à la mise en œuvre complète de ses recommandations. Un an et demi après la publication de son rapport, Lord Durham meurt de tuberculose à l'âge de 48 ans.

À Halifax, en 1840, Joseph Howe, député depuis quatre ans, recommande au ministre des Colonies à Londres d'appuyer les recommandations du Rapport Durham. Il est profondément déçu lorsqu'il apprend que le gouvernement britannique refuse de réformer le système politique des colonies. « Il faut sans délai offrir à toutes les colonies le principe d'un gouvernement répondant devant le peuple. C'est le seul remède sûr et simple capable de guérir un mal tenace et très répandu. »

Au même moment, plus loin à l'ouest, deux autres hommes cherchent également à emprunter les voies de la tolérance et de la prudence. À Toronto, un avocat de 36 ans s'impose comme le chef des réformistes. Robert Baldwin est l'héritier d'une des familles les plus riches de la colonie. Intègre et modéré, Baldwin consacre une partie de ses loisirs à la poésie. Pendant la Rébellion de 1837 dans le Haut-Canada, il a tenté de jouer les médiateurs entre William Lyon Mackenzie et le lieutenant-gouverneur, Sir Francis Bond Head. Sans succès. En outre, il sait que, sans l'appui des Canadiens français, les réformistes ne pourront pas détenir la majorité dans la nouvelle Assemblée du Canada-Uni. « Il n'y a pas, et il ne doit pas y avoir, de question raciale », écrit-il à Louis-Hyppolyte La Fontaine, qui depuis l'exil de la plupart des chefs patriotes, est devenu un des hommes politiques les plus influents du Bas-Canada. « Cette aberration relève d'un profond sentiment de culpabilité, des deux côtés. Les réformistes du Haut-Canada sont prêts à tenir compte de cela dans cette situation déplorable, et je les crois résolus à s'unir amicalement à leurs frères du Bas-Canada et à leur fournir toute l'assistance nécessaire pour obtenir justice. »

LOUIS-HIPPOLYTE LA FONTAINE ◆ Au début de sa carrière politique, Louis-Hippolyte La Fontaine est l'un des plus ardents admirateurs de Louis-Joseph Papineau. Mais peu de temps avant que la Rébellion n'éclate, il quitte les rangs du Parti patriote. La Fontaine craint un recours aux armes et, à la toute dernière minute, il fait appel au gouverneur Lord Gosford. Le 19 novembre 1837, il écrit : « Je crois humblement que le seul moyen efficace de ramener la paix dans le pays consiste dans la convocation du parlement. Car il vaut cent fois mieux régner par la confiance et l'amour des peuples que par la force. » Après l'échec de cette démarche, La Fontaine se rend à Londres dans l'espoir de trouver un compromis. Mais il est déjà trop tard, les premiers coups de feu de la Rébellion ont été tirés. (*Théophile Hamel, Musée du Château Ramezay*)

Ce à quoi La Fontaine répond : « Il est de l'intérêt des réformistes des deux provinces de se rencontrer sur le terrain législatif, dans un esprit de paix, d'union, d'amitié et de fraternité. L'unité d'action est nécessaire plus que jamais. »

La Fontaine se fait remarquer par sa ressemblance frappante avec Napoléon, qu'il cultive dans sa façon de se coiffer. Lors d'une visite à la tombe de Napoléon à Paris, il a provoqué un attroupement d'anciens soldats de l'Empereur, bouleversés par cette ressemblance. Né d'une famille modeste de Boucherville, il étudie le droit et devient rapidement un homme politique respecté. En 1837, il a tenté de réconcilier les Patriotes et les autorités coloniales. Mais en vain. Comme la plupart de ses compatriotes, La Fontaine voit dans l'Union un acte d'injustice et de despotisme, mais la lettre de Baldwin lui redonne espoir.

« Je n'ai aucun doute que, comme nous, les réformistes du Haut-Canada sentent le besoin de s'unir », déclare-t-il dans une lettre ouverte aux électeurs de Terrebonne, le 28 août 1840, « et que, durant la première session législative, ils nous en donneront des preuves non équivoques, ce qui je l'espère, sera le gage d'une confiance réciproque et durable. »

En février 1841, la nouvelle constitution du Canada-Uni entre en vigueur. Kingston est choisie comme capitale. Mais dans la nouvelle Chambre d'assemblée, les deux anciennes provinces ont le même nombre de députés : ce système de représentation vise à réduire le poids politique des Canadiens français. Même si les réformistes de La Fontaine remportaient tous les sièges correspondant aux circonscriptions électorales majoritairement francophones du Bas-Canada, ils ne pourraient pas contrôler la Chambre d'assemblée sans l'aide de Baldwin. De leur côté, les réformistes de Baldwin font face à une solide opposition de la part des conservateurs du Haut-Canada, qui détiennent une position prédominante depuis l'échec de la Rébellion. Et ils ne peuvent former une majorité sans l'appui de La Fontaine. Les deux groupes ont besoin l'un de l'autre.

En 1844, Montréal devient la capitale du Canada-Uni. L'édifice du marché Sainte-Anne est rénové pour abriter le parlement. L'Assemblée s'y réunit pour la première fois le 28 novembre 1844. *(James Duncan, Musée des beaux-arts du Canada, 28066)*

L'alliance des réformistes du Haut et du Bas-Canada subit son baptême du feu lors de la première élection depuis les Rébellions. Dans le Bas-Canada, le gouverneur général Lord Sydenham utilise tout l'arsenal à sa disposition pour assurer la victoire des conservateurs : il modifie les circonscriptions électorales et fait installer les bureaux de scrutin le plus loin possible des villages à majorité canadienne française. Pendant l'élection, la violence éclate un peu partout et il y a des morts. L'armée n'intervient que pour défendre les candidats du Parti anglais.

Dans Terrebonne, où La Fontaine tente de se faire réélire, Sydenham place le seul bureau de scrutin de la circonscription à l'entrée de New Glasgow, village majoritairement anglophone. Lorsque La Fontaine et ses partisans se présentent pour voter, ils sont violemment pris à partie. La Fontaine s'interpose et annonce au scrutateur que, pour éviter une effusion de sang, il se retire de la lutte. Sans la présence de La Fontaine à la Chambre d'assemblée, l'alliance des réformistes est compromise. L'élection est un désastre pour les réformistes de La Fontaine qui ne font élire que 24 de leurs 44 candidats.

Robert Baldwin s'adresse donc à son père William, qui est candidat dans un comté de Toronto, et lui demande de se retirer pour céder sa place à La Fontaine. Celui-ci accepte l'offre de Baldwin et, à la surprise générale, l'ex-candidat francophone de Terrebonne remporte l'élection dans le comté de North York. Cependant, les conservateurs remportent 29 des 44 sièges. Plus tard, il rend la faveur à Baldwin, qui se fait élire dans la circonscription de

QUAIS DE LA REINE ET DE NAPOLÉON, QUÉBEC ◆ Au début du XIXᵉ siècle, le commerce du bois est une véritable manne pour le port de Québec. Entre 1812 et 1834, le nombre de navires qui y jettent l'ancre chaque année passe de 362 à 1213. (*Mary Millicent Chaplin, Archives nationales du Canada, C-000860*)

Rimouski, après avoir perdu une élection dans le comté de York, en 1849. Ces gestes de bonne volonté scellent l'alliance entre les réformistes des deux Canada et l'amitié entre les deux hommes.

Au cours des quelques années qui suivent, Baldwin et La Fontaine combattent ensemble pour obtenir un gouvernement dirigé par les représentants du peuple, mais ils sont rapidement déçus des lenteurs de Londres qui refuse toujours d'accorder l'autonomie gouvernementale à ses colonies d'Amérique du Nord.

Le malaise au plan politique s'accompagne d'une plaie dévastatrice. Au printemps 1847, le *Syria* jette l'ancre devant Grosse-Île, une île de mise en quarantaine en aval de Québec. Le navire transporte 241 immigrants misérables qui fuient la Grande Famine en Irlande. Ils apportent avec eux une épidémie qui frappera tout le Canada.

Dans un récit publié sous le pseudonyme de Robert Whyte, un immigrant raconte son arrivée à Grosse-Île à bord d'un de ces navires. «Vue de cette distance, écrit-il dans son journal en 1847, l'île offrait un magnifique spectacle de beauté naturelle. Hélas! déformé par un étalage de misère humaine. Sur les rochers, des marins transportaient vers l'hôpital des êtres sans défense, des bateaux arrivaient avec des patients dont certains avaient succombé pendant le voyage. Une autre vision, plus affligeante encore, était cette file continuelle de bateaux transportant au cimetière leurs cargaisons de cadavres et formant un interminable cortège funèbre. »

Pendant l'été torride de 1847, une cinquantaine de personnes meurent chaque jour à Grosse-Île. Six hommes travaillent à temps plein à creuser des tombes. À la fin de l'année, le bilan est tragique : 20 000 immigrants irlandais ont perdu la vie.

La Grande Famine en Irlande contribue à pousser Londres à abandonner les tarifs préférentiels qui protègent les matières premières de ses colonies. Le secours aux victimes repose d'abord sur les produits alimentaires, et les céréales — particulièrement le blé — en constituent l'essentiel. Le maintien des tarifs préférentiels concernant ces produits est contre-indiqué. La Grande-Bretagne se convertit graduellement au libre-échange, à la satisfaction des industriels anglais qui réclament cette mesure depuis le début du siècle.

Puisque l'Empire ne favorise plus le commerce colonial sur ses marchés, il n'a plus de raison évidente de contrôler la politique interne de ses colonies les plus développées. Londres accorde enfin aux réformistes de l'Amérique du Nord britannique ce qu'ils demandent depuis des décennies : le pouvoir de se gouverner eux-mêmes. « Il n'est ni possible ni souhaitable », déclare, en novembre 1847, Lord Grey, secrétaire d'État aux colonies, à John Harvey, lieutenant-gouverneur de la Nouvelle-Écosse, « de gouverner aucune des provinces britanniques de l'Amérique du Nord en s'opposant à l'opinion de ses habitants. »

Le moment que Joseph Howe attend depuis longtemps est enfin arrivé. Au début de l'année 1848, son parti remporte les élections en Nouvelle-Écosse et forme ainsi — à l'intérieur de l'Empire britannique — le premier gouvernement colonial élu librement par le peuple. Dorénavant, le gouvernement est formé par le parti qui a recueilli le plus grand nombre de votes. « Nous serons fiers de faire de la Nouvelle-Écosse un modèle pour les autres colonies, écrit Joseph Howe en février 1848, de leur montrer comment peuvent fonctionner les institutions représentatives de façon à assurer la tranquillité interne et le progrès tout en se soumettant à l'intérêt suprême et à l'autorité de l'Empire. »

Au même moment, le Canada-Uni est en élection. Les réformistes, menés par Robert Baldwin et Louis-Hippolyte La Fontaine, remportent eux aussi la victoire. « L'union des deux provinces avait pour but l'anéantissement des Canadiens français, proclame La Fontaine. La chose cependant a bien changé depuis. L'auteur de cette mesure s'est trompé. Il a voulu éliminer une origine de citoyens. Mais les faits démontrent aujourd'hui que toutes les origines sont sur le même pied. »

En s'adressant aux électeurs de York, en décembre 1847, Robert Baldwin fait écho aux propos de son allié : « La province a été témoin d'une longue et pénible lutte afin d'établir un système de gouvernement fondé sur les principes fondamentaux de la constitution britannique. Votre soutien ainsi que la confiance que m'ont accordée une grande partie des gens de mon pays m'ont amené à jouer un rôle important dans la grande bataille de la constitution. Le combat est terminé. La victoire a été remportée. »

Pour Baldwin et La Fontaine, c'est un triomphe éclatant après une lutte politique qui a duré des décennies.

Amnistié en 1845 et de retour au Canada, Louis-Joseph Papineau se fait élire dans le comté de Saint-Maurice aux élections de 1848. Il réclame l'abrogation de l'Union. Mais les temps ont changé. L'ancien leader patriote trouve bien peu d'appuis à part ceux des jeunes radicaux du journal *L'Avenir*. Ses anciens alliés se sont rangés du côté de La Fontaine. Wolfred Nelson, le héros de Saint-Denis, accuse son ancien chef d'avoir lâchement fui le champ de bataille en 1837. Les journaux font circuler des rumeurs pour discréditer le grand homme. Un an après son retour aux affaires publiques, Papineau est un homme politique brisé. Il abandonne bientôt la vie publique et se retire dans son manoir de Montebello. Presque tous les Patriotes et les rebelles ont été amnistiés. Mackenzie est le dernier à demander et à obtenir son amnistie en 1849.

En 1849, plus de deux millions de personnes vivent dans les six colonies de l'Amérique du Nord britannique. Mais sur la rue King à Toronto, sur la rue Saint-Paul à Montréal et sur la rue Water à Halifax, les hommes d'affaires se préparent à affronter un avenir incertain. De Toronto à Saint-Jean, les marchandises destinées à l'exportation s'empilent sur les quais. Les emplois sont rares et les marchands montrent du doigt la nouvelle politique de libre-échange de la Grande-Bretagne. Et à ce jeu, les colonies de l'Amérique du Nord britannique sont souvent perdantes devant la concurrence étrangère. Une nouvelle crise politique est sur le point d'éclater.

Au Parlement du Canada-Uni, qui siège maintenant à Montréal, le gouvernement Baldwin-La Fontaine présente un projet de loi : une première épreuve à franchir pour le gouvernement responsable. Louis-Hippolyte La Fontaine propose de dédommager les Bas-Canadiens qui ont perdu des biens pendant les Rébellions. Ils pourront toucher une indemnité à condition qu'ils n'aient pas été reconnus coupables de sédition et qu'ils puissent faire la preuve de leurs pertes. Or, on sait pertinemment que plusieurs Patriotes qui ont pris part à la Rébellion n'ont jamais été condamnés. Le projet de loi fait face à une résistance farouche de la part des conservateurs qui siègent à la Chambre d'assemblée et qui le considèrent comme une façon de récompenser des traîtres. L'opposition se fait aussi sentir à l'extérieur du Parlement. Des hommes puissants se regroupent pour faire échec au plan du gouvernement Baldwin-La Fontaine.

Au printemps, le nouveau gouverneur général, Lord Elgin, un habile diplomate issu d'une grande famille écossaise habituée aux affaires de l'État, a une décision difficile à prendre. Par un de ces hasards dont l'histoire a le secret, il a épousé la fille du défunt Durham, et il lui appartient donc de veiller à l'application des recommandations de son beau-père. S'il ne sanctionne pas

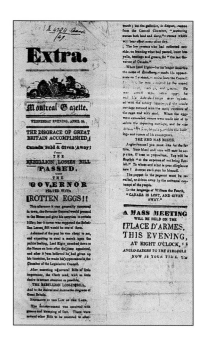

Édition spéciale du *Montreal Gazette*, le 29 avril 1849. Le journal invite les citoyens anglais de Montréal à protester contre l'adoption de la loi d'indemnisation des dommages subis pendant les insurrections de 1837 et 1838. (*Public Records Office of the United Kingdom, Londres*)

MARCHÉ BONSECOURS, MONTRÉAL ◆ Entre 1815 et 1851, la population de Montréal fait plus que tripler, passant de 15 000 à 57 000. Le marché Bonsecours est l'un des principaux lieux d'échange de la ville. Les habitants y vendent le surplus de leurs récoltes : blé, pois, chanvre, lin, maïs, carottes, choux, oignons, courges, fraises, pommes, poires, etc. (*William Raphael, Derrière le marché Bonsecours, Musée des beaux-arts du Canada, 6673*)

la loi d'indemnisation pour les dommages subis pendant les Rébellions, il sape les fondements du gouvernement responsable. S'il sanctionne la loi, il se met à dos une bonne partie de la population anglaise de Montréal. Il la sanctionnera à la satisfaction des uns et au grand mécontentement des autres, en se réclamant du nouvel esprit, celui du gouvernement responsable.

Elgin donne la sanction royale à la loi d'indemnisation. Ensuite, quand il sort de l'édifice de l'Assemblée, une foule en colère bombarde sa voiture d'œufs pourris. Les Anglais de Montréal se sentent trahis par le gouverneur et par l'Angleterre. Le 25 avril 1849, le journal *The Gazette* lance un appel aux armes : « La disgrâce de la Grande-Bretagne consommée ! Le Canada vendu et abandonné ! "Le bill d'indemnisation" sanctionné. Le gouverneur bombardé d'œufs pourris ! [...] Une assemblée publique se tiendra sur la place d'Armes ce soir à 8 heures. Anglo-Saxons, au combat ! c'est le moment ! »

En soirée, une foule en colère, menée par le chef des pompiers, Alfred Perry, se dirige vers le Parlement. Les émeutiers défoncent les portes et mettent le feu à l'édifice qui abrite aussi la bibliothèque du Canada-Uni. Près de 30 000 livres et manuscrits inestimables vont disparaître en fumée, dans un autodafé qui détruit une partie de l'histoire du pays.

INCENDIE DU PARLEMENT DE MONTRÉAL ◆ L'incendie du parlement de Montréal, après l'adoption de la loi d'indemnisation pour les dommages subis pendant les insurrections de 1837 et 1838 provoque l'indignation du journal *La Minerve:* «Sous prétexte de refuser une indemnité de 90 000 livres sterling, ils font souffrir au pays une perte irréparable et, par conséquent, incomparablement plus grande. Des pompiers rebelles voyaient de cœur joie cette horrible conflagration. Ils laissaient faire les ravages du feu dont ils ont coutume d'être si grands ennemis. » *(Joseph Légaré, Musée McCord d'histoire canadienne, M 11588)*

«Hier soir, vers les 8 heures, alors que le Parlement siégeait, écrit William Rufus Seaver, pasteur congrégationaliste de la rue Saint-Antoine à Montréal, une populace (on ne peut l'appeler autrement, même si elle était composée de certains de nos meilleurs citoyens) a cerné l'édifice et a commencé à le saccager en brisant les fenêtres, etc. Bientôt les portes furent enfoncées et un gaillard s'élança vers le fauteuil du Président en s'écriant: "Je dissous le Parlement!" C'était le signal, et immédiatement devant les députés et de nombreux spectateurs, on mit le feu aux conduites de gaz à une douzaine d'endroits et l'édifice devint la proie des flammes. La foule furieuse s'empara de la masse en or, symbole sacré de la Royauté, pour l'emporter dans la rue en poussant des cris de dérision et de dédain. Les députés échappèrent de justesse à la mort et le splendide édifice qui contenait des peintures rares, toutes les archives de la province depuis les débuts de la colonie, toutes les lois du Parlement, cette bibliothèque qui valait à elle seule 100 000 livres sterling, fut totalement détruite. Le magnifique portrait de la reine [...] fut jeté dans la rue et mis en pièces. Tout est perdu, rien n'a pu être sauvé, ce qui reste n'est qu'un tas de ruines fumantes. [...] La querelle est une guerre de races. Les Britanniques n'acceptent pas d'être dirigés par un gouvernement *canadien* et personne n'entrevoit la fin de ces hostilités. Est-ce que ce sera l'extermination de la race *canadienne* ? Dieu seul peut le dire. Nous vivons une période troublée et le sang coulera plus encore que lors de la rébellion de 1837. »

Cet incident convainc un groupe de marchands anglais de la colonie, déjà aux prises avec les conséquences de la politique métropolitaine de libre-échange, de réclamer l'annexion aux États-Unis. Ils font signer des pétitions et forment une étrange alliance avec les radicaux du journal *L'Avenir*. Ces jeunes intellectuels, qui se nomment eux-mêmes les «Rouges», croient que les Canadiens français seraient mieux traités à l'intérieur de l'Union américaine, le Bas-Canada pouvant constituer un État distinct. Mais la campagne en faveur de l'annexion sera sans lendemain. Les tories de Montréal n'arrivent pas à obtenir l'appui des autres sujets anglais du Canada-Uni et les Rouges ne sont pas de taille à affronter la formidable machine de La Fontaine qui dirige maintenant un parti uni et qui peut compter sur l'appui de l'Église.

Joseph Howe sursaute lorsqu'il apprend tout ce qui s'est passé à Montréal. Dans une lettre ouverte, il condamne les émeutiers qui ont attaqué le gouverneur général et incendié le Parlement. «Nous entendons beaucoup parler de l'anglicisation des Canadiens français, et l'on recommande parfois d'unir les provinces afin de submerger et de contrôler cette partie de la population qui, étant d'origine française, conserve toujours sa religion, ses coutumes et sa langue. Si l'anglicisation doit mener à des injustices envers l'important groupe de sujets britanniques qui forment déjà la moitié de la population du Canada-Uni, peu importe sous quelle forme ou par qui elle sera présentée, nous n'en feront pas partie. »

L'incendie du parlement marque la fin d'une époque et le début d'une autre. La colère de la communauté anglaise de Montréal s'apaise avec le retour de la prospérité.

En 1851, Robert Baldwin se retire de la vie publique. Il n'a que 47 ans, mais les luttes parlementaires qu'il a menées depuis une décennie l'ont complètement épuisé. Il passe beaucoup de temps à jardiner dans son domaine de Spadina au nord de Toronto avant de mourir huit ans plus tard.

Louis-Hippolyte La Fontaine quitte la politique quelques mois seulement après son ami Baldwin. Il est lui aussi fatigué et malade. À 43 ans, La Fontaine retourne à la pratique du droit et voyage en Europe. Il meurt à Montréal en 1864.

Après son retour d'exil, William Lyon Mackenzie est élu député au parlement du Canada-Uni. Il reprend la plume pour dénoncer la corruption dans les mœurs politiques du pays. Mais Mackenzie n'est plus écouté. Amer, il se retire de la vie politique en 1859 et meurt deux ans plus tard à Toronto, à l'âge de 66 ans.

Retiré avec sa femme Julie dans sa seigneurie de la Petite-Nation, dans l'Outaouais, Papineau s'éteint en 1871, quelques jours avant d'avoir 85 ans. «Vous me croirez, je l'espère, si je vous dis : j'aime mon pays, avait-il déclaré dans une conférence à l'Institut Canadien, en 1867. L'ai-je aimé sagement, l'ai-je aimé follement ? Au dehors, les opinions peuvent être partagées. Néanmoins, mon cœur puis ma tête consciencieusement consultés, je crois pouvoir décider que je l'ai aimé comme il doit être aimé. »

Joseph Howe est le seul de ces grands hommes à poursuivre sa carrière politique bien au-delà de 1850. Après l'obtention par la Nouvelle-Écosse du premier gouvernement responsable des colonies de l'Empire britannique, Howe se tourne vers une nouvelle cause. Il devient l'ardent promoteur du chemin de fer, le symbole de la Révolution industrielle et de l'édification d'un nouveau pays.

«Je ne suis ni prophète ni fils de prophète, disait-il déjà en 1851, mais je vais me risquer à prédire que d'ici cinq ou six ans, nous pourrons nous rendre en train à Québec et à Montréal et revenir en passant par Portland et Saint-Jean. Et je crois que plusieurs d'entre nous entendront siffler la locomotive dans les cols des Rocheuses, et feront en cinq ou six jours le voyage depuis Halifax jusqu'à la côte du Pacifique. »

LA CONFÉDÉRATION

CHAPITRE 8

Dans les années 1860, les colonies britanniques de l'Amérique du Nord subissent des contraintes de tous côtés. La Grande-Bretagne commence à se lasser de payer pour assurer la défense de ses colonies qui en général se montrent plutôt ingrates. Au Sud, le déclenchement de la guerre civile donne naissance à une nouvelle puissance militaire et à une menace renouvelée d'annexion au Nord. Il n'est pas facile de défendre ni même de définir ces colonies. Elles ont un faible peuplement et présentent une grande diversité géographique. De plus, la majeure partie du vaste territoire de l'Ouest est encore vaguement sous le contrôle de la Compagnie de la Baie d'Hudson. Les plaines, immenses, dont la population clairsemée se compose d'Indiens, de Métis et de marchands de fourrures, sont déjà convoitées par les États-Unis. La Colombie-Britannique est plongée dans la fièvre d'une ruée vers l'or qui attire les Américains par milliers. À l'Est, il y a Terre-Neuve dans son isolement superbe et les colonies séparées de l'Île-du-Prince-Édouard, du Nouveau-Brunswick et de la Nouvelle-Écosse, et au centre, le turbulent Canada-Uni. Et l'ensemble n'augure rien de bon pour faire du pays une nation.

Mais, en l'espace d'une décennie, la moitié nord du continent subit une véritable transformation. Les colonies éparpillées, qui possèdent le plus vaste réservoir de terres et de ressources non développées du monde, s'allient en une

Les Pères de la Confédération à Charlottetown, Î.-P.-É. le 11 septembre 1864. (*Archives nationales du Canada*, C-733)

nation transcontinentale distincte des États-Unis et échappent pratiquement au contrôle direct de Londres.

Les hommes qui façonnent la Confédération forment une alliance improbable. À l'instar des colonies qu'ils représentent, ils sont divisés par des haines religieuses, politiques et régionales. John A. Macdonald est un Écossais qui ne fait pas confiance aux Anglais; George-Étienne Cartier est un Canadien français conservateur qui s'est battu contre les Britanniques lors de la rébellion de 1837; George Brown est un presbytérien écossais libéral qui souhaite éliminer les privilèges de l'aristocratie, et D'Arcy McGee est un Irlandais qui a déjà fièrement signé une lettre: « Thomas D'Arcy McGee, traître au gouvernement anglais. » Ensemble, ils sont censés faire advenir une confédération.

Certains citoyens ne sont guère impressionnés par leurs chefs. «John A. Macdonald et quelques autres sont en ville », écrit en 1860 Amelia Harris lorsque le cirque politique arrive à London, au Canada-Ouest. Harris est une loyaliste et son journal offre un rappel intéressant des événements sociaux et politiques. «Ils sont en train de faire un tour de la province avant de se rencontrer au parlement. Le dîner public prévu en leur honneur doit avoir lieu demain. » Deux jours plus tard, elle écrit: «Le dîner a été une réussite, beaucoup de gens y étaient. Les gens du ministère sont restés, titubants, jusqu'aux petites heures du matin; il y avait entre autres, John A. Macdonald, M. Van Koughnet, M. Morrison et M. Sidney Smith. Ils se sont chamaillés, ont fait tomber leurs chapeaux, ont déchiré leurs manteaux et fait plusieurs autres choses tout aussi intelligentes. »

Macdonald reste trois jours de plus. «Lorsqu'il est parti, rapporte Harris, M. Jackson avait un air mystérieux, alors je suppose que J. A. a fait la noce. On lui organise un banquet public ce soir à Hamilton. Quelle honte de voir de tels hommes diriger les affaires du Canada. »

En revanche, le vicomte Charles Monck, le nouveau gouverneur général, est impressionné par les hommes politiques de la colonie. «Dans l'ensemble, je trouve ici plus de connaissance, de talent, et à mon avis tout autant, sinon plus, de délicatesse d'âme que chez les membres de la même classe en Angleterre. »

John Alexander Macdonald est le politicien le plus en vue du Haut-Canada; c'est un homme plein de défauts mais aussi plein d'esprit qui a un don pour l'organisation et une énergie enviable. Il a une intelligence impressionnante de la loi constitutionnelle et un penchant connu pour l'alcool. Né en 1815, à Glasgow, de parents originaires des Highlands, Macdonald arrive à Kingston à l'âge de cinq ans, mais conservera une méfiance toute celtique envers ces «Anglais guindés, totalement ignorants de ce pays et pleins d'excentricités comme le sont tous les Anglais ». Il devient un avocat réputé et occupe un siège au conseil municipal de la ville avant de passer à la politique provinciale. C'est un homme grand et agile, avec des cheveux bruns hirsutes et un nez qu'affectionnent les caricaturistes. Cela ne l'empêche pas d'être un homme courtois, d'aimer flirter et d'avoir des admiratrices.

JOHN A. MACDONALD ◆ «La question de l'union coloniale est d'une telle importance qu'elle éclipse toute autre question sur cette partie du continent. Elle absorbe toute autre idée en ce qui me concerne. Pendant vingt longues années, je me suis traîné dans le désert lugubre de la politique coloniale. Je pensais que cela ne finirait jamais — je ne voyais rien qui soit digne d'ambition, mais à présent, je vois quelque chose qui fait le poids contre tout ce que j'ai souffert pour défendre la cause de mon petit pays. Certains feront peut-être obstruction, des différences locales naîtront, des disputes et des jalousies locales surviendront, mais cela importe peu — la roue tourne et sa course est inéluctable. L'union des colonies de l'Amérique britannique qui relèvent d'un souverain unique est un fait inébranlable.» Tiré d'un discours prononcé par Macdonald après la Conférence de Charlottetown, alors qu'il est à Halifax et se rend à la Conférence de Québec, en 1864. (*Archives nationales du Canada*, C-004154)

LA PREMIÈRE ÉPOUSE DE JOHN A. MACDONALD, ISABELLA CLARK ◆ «Isabella a été souffrante — très malade — et elle a connu une de ses plus graves attaques. Elle récupère à présent et j'espère qu'elle est débarrassée pour le moment de sa terrible maladie. [...] Elle est plus faible qu'elle ne l'a jamais été et ses symptômes, un engourdissement apparent d'un membre et une irrégularité du rythme cardiaque, m'ont fait appeler le Dr. Samson.» John A. Macdonald décrit la maladie de sa femme dans cette lettre de 1845 qu'il adresse à sa sœur. Isabella a été malade treize ans sur quatorze ans de mariage. Bien que la cause officielle de sa mort soit la pneumonie, la nature exacte de sa maladie reste obscure. Ses symptômes étaient nombreux: évanouissements, fatigue, hystérie, tics, douleurs diverses, et ce que Macdonald qualifie de «névralgie utérine». Au cours de son long traitement, elle développe une dépendance à l'opium. (*Archives nationales du Canada*, C-98673)

GEORGE-ÉTIENNE CARTIER ◆ Après la Confédération, la reine fait John A. Macdonald chevalier, mais conférera aux autres, incluant Cartier, le titre moindre de «Compagnon du Bain». Cartier refuse le titre dans une lettre qu'il adresse au gouverneur général, Lord Monck: «Je vous prie d'être assez bon pour me permettre d'exprimer à Votre Excellence mes sentiments les plus sincères de gratitude, pour l'honneur que m'a si gracieusement conféré Sa Majesté, en choisissant ma personne comme un des Compagnons du Bain, en relation avec l'union fédérale des provinces de l'Amérique du Nord britannique, qui forment désormais le Dominion du Canada, ainsi que l'expression de mes sincères remerciements. [...] J'ai eu, plus que tout homme public, à lutter pour apaiser la susceptibilité d'une grande partie des sujets de Sa Majesté au Bas-Canada. En ce qui a trait à la question de la Confédération, en fait j'ai mis en péril [...] ma situation politique, et au Canada autant qu'en Angleterre, je n'ai pas épargné le labeur ni les ennuis pour que le projet de la Confédération connaisse le succès. En tant que chef politique et cotravailleur, ma position n'est inférieure à celle d'aucun autre. [...] Je me vois dans l'obligation de prier Sa Majesté de daigner me permettre de décliner l'honneur qui m'est conféré.» (*Musée McCord, Archives photographiques Notman*)

Deux des frères et sœurs de Macdonald meurent jeunes et sa propre enfance prend fin rapidement puisqu'il gagne sa vie à l'âge de quinze ans. Macdonald épouse sa cousine germaine, Isabella Clark, qui est de cinq ans son aînée. Elle devient vite invalide, clouée au lit par une maladie dont on ignore tout. Pour soulager ses douleurs, elle prend de l'opium mélangé à du vin et devient dépendante. Elle parvient, malgré cela, à donner naissance à leur premier fils, John, en 1847. «Je lui suis attachée de toute mon âme», dit-elle. Mais à l'âge de treize mois, le bébé meurt, sans que l'on connaisse la cause du décès. Macdonald ne se remettra jamais de la mort de son fils, et conservera jusqu'à sa mort, soit quelque cinquante ans plus tard, le coffre à jouets de l'enfant. Un autre fils, Hugh, survivra, mais le 28 décembre 1857, Isabella s'éteint et la nouvelle, quoique attendue, est accablante.

Macdonald parvient à dominer la politique du Haut-Canada grâce à un mélange de charisme, de volonté et de négociation. «Bon ou mauvais, capable ou incapable, faible ou fort, il les enroule comme un fil autour de son doigt» remarque Joseph Rymal, un rival *grit* qui a du cran.

Dans le Bas-Canada, George-Étienne Cartier représente la principale figure politique, il est «le champion de la nationalité canadienne-française». Il grandit dans un domaine au bord de la rivière Richelieu et, à dix ans, fréquente le Collège de Montréal, un établissement très strict. Cartier exerce la profession d'avocat, et dans la vingtaine, se retrouve pris dans la rébellion de 1837. Il se joint aux Patriotes dans leur combat contre l'arbitraire du gouvernement colonial et participe à la bataille de Saint-Denis. Lorsque les Patriotes sont défaits, Cartier, accusé de trahison, s'enfuit aux États-Unis où il reste six mois, puis il revient à Montréal après que les accusations ont été levées.

Cartier entre en politique en 1848. À l'âge de 34 ans, il est élu député de l'Assemblée législative du Canada-Uni. Ses dons d'orateur sont tels qu'un jour il parle pendant treize heures au parlement, se livrant à une critique passionnée du gouvernement. Il a épousé Hortense Cuvillier, femme austère, plus par intérêt que par amour. Cartier s'engage bientôt dans une liaison qui durera jusqu'à sa mort avec la cousine de sa femme, Luce Cuvillier, qui a onze ans de plus qu'Hortense. Luce aime la politique et elle conseille souvent Cartier. Elle porte un pantalon, fume des petits cigares et lit Byron et George Sand.

Cartier porte à son cou un médaillon de Napoléon, il aime le champagne et a la mauvaise habitude de chanter en public. «M. Cartier a chanté, ou plutôt croassé, après dîner, rapporte Feo Monck, une commère de la haute société, il a fait lever tous ceux qu'il trouvait, et les a obligés à se tenir par la main et à chanter en chœur.»

Cartier et Macdonald partagent un même drame : les deux hommes ont perdu chacun un enfant âgé de treize mois, Cartier une fille, Macdonald un fils. Ils partagent aussi une même vision conservatrice, impliquant une foi vigoureuse dans la croissance économique et le désir de trouver un compromis à l'hostilité religieuse, fléau du Canada-Uni.

En 1841, les anciennes colonies du Bas et du Haut-Canada sont contraintes à une union politique malheureuse. Bien que le Bas-Canada ait une population beaucoup plus importante, les deux provinces ont droit à un nombre équivalent de représentants élus, et les Canadiens français s'en trouvent lésés. En 1850, l'immigration vient modifier l'équilibre : le Haut-Canada (ou Canada-Ouest, comme on l'appelle) voit sa population augmenter et dépasser celle du Bas-Canada.

Il est difficile de séparer l'hostilité politique des différences religieuses. Majoritaires au Canada-Est, les catholiques croient qu'ils sont membres de la seule Église universelle, que les écoles doivent être dirigées par le clergé et que les ordres religieux doivent occuper une place privilégiée dans la société. Le débat entre catholiques et protestants dégénère souvent et l'on s'accuse de complots papistes ou d'athéisme. La situation politique se transforme régulièrement en impasse, et Macdonald et Cartier, devenus tous deux dépendants des voix de l'autre camp, décident de former une alliance.

Leur entente est esquintée par George Brown, fondateur du *Globe*, le quotidien le plus influent au Canada-Ouest. Homme imposant de six pieds et quatre pouces, Brown est un libéral qui se sert du *Globe* pour critiquer ses ennemis politiques. Il est furieux que l'Ouest avec sa population plus importante ait le même nombre de représentants que sa contrepartie française. Il plaide en faveur de la représentation proportionnelle, question qu'il a pourtant scrupuleusement évitée lorsque le Canada-Est détenait la majorité de la population.

Personnifiant la vertu protestante du Haut-Canada, Brown dénonce les ministres qu'il traite de « vénaux » et décrit Cartier comme « ce damné petit Français canadien ». Brown estime que les conservateurs sont débauchés et que Macdonald n'est qu'un habile stratège. À propos d'une cérémonie où ce dernier porte l'habit d'apparat britannique pour rencontrer un membre de la famille royale, Brown écrit : « On a perdu beaucoup de temps à apprendre à marcher à John A. Macdonald, car l'épée suspendue à sa taille a le don de se mettre entre ses jambes, particulièrement après le dîner. » Macdonald rétorque que les électeurs « préfèrent avoir un John A. Macdonald soûl plutôt qu'un George Brown sobre ». Les électeurs auront finalement les deux : Brown est élu en 1851, alors qu'il se présente dans le comté sud-ouest de Kent en tant que membre du parti réformiste, dont la base est constituée d'électeurs au protestantisme militant.

D'Arcy McGee est un Irlandais catholique, journaliste et ex-révolutionnaire, qui arrive en Amérique en 1842. Par la suite, il retourne en Irlande où il exerce son métier de journaliste et participe activement aux activités d'un groupe de nationalistes appelé « Young Ireland », qui prône la rébellion. Dans un avis de recherche offrant une récompense de 1500 $ pour sa capture, McGee est ainsi décrit : « Cinq pieds trois pouces — cheveux noirs, visage foncé — homme mince et délicat — généralement vêtu d'un manteau de chasse noir, d'un pantalon en tissu écossais et d'une veste légère. » L'archevêque de New York, l'évêque Hughes, le décrit comme doté du « plus grand esprit, et sans conteste l'homme le plus intelligent et le plus grand orateur que l'Irlande ait produit à notre époque ».

GEORGE BROWN ◆ Anne Nelson Brown envoie à son mari des lettres offrant des conseils pratiques judicieux sur les affaires politiques. Brown répond par des lettres d'amour. «Ne dis pas un mot, ma très chère Anne, sur le fait de m'avoir laissé seul! Comme j'aurais voulu que tu sois avec moi ces quinze derniers jours — quel réconfort cela aurait été de te consulter d'heure en heure et d'être guidé par ton sens commun si sûr et par ton instinct infaillible sur ce qu'il était juste et honorable de faire. [...] Ô chère Anne! Je souhaite que tu saches combien ma vie dépend de ton amour — je crois vraiment que je mourrais si le fait de douter ne serait-ce qu'un peu de ton amour s'emparait de mon esprit. Si tu devais désapprouver mes actes — si j'apprenais que tu me soupçonnes d'avoir commis un acte vil ou déshonorant, cela me serait insupportable. Si un homme a jamais respecté totalement sa femme, s'il l'a admirée tendrement et l'a aimée avec dévotion, c'est moi, Anne. Lorsque mes amis parlent de toi, j'ai souvent la plus grande difficulté à m'empêcher de déclarer combien tu es bonne et combien je te suis redevable.»

Le 25 mars 1880, un ancien employé du *Globe* nommé George Bennett, qui a été renvoyé pour intempérance, pénètre dans le bureau de George Brown. Les deux hommes se disputent, Bennett sort un revolver et tire sur Brown qu'il atteint à la jambe. La blessure est légère mais elle s'infecte rapidement. En mai, Brown est fiévreux et tombe dans le coma. Il meurt le 9 mai à l'âge de 61 ans. Il est le troisième membre de l'équipe de la Confédération à s'éteindre. (*John Colin Forbes, Government of Ontario Art Collection*)

THOMAS D'ARCY MCGEE ◆ McGee arrive en Amérique du Nord en 1842, parmi les quelque 93 000 Irlandais qui ont émigré cette année-là. Sa grande énergie trouve un exutoire dans la poésie, la littérature et la politique. En 1867, il brigue un siège à la fois à la législature provinciale et au parlement fédéral. Il publie des poèmes sous le pseudonyme de «Amergin» dont plus de 300 paraissent dans un recueil après sa mort. Il écrit également une nouvelle et plus d'une dizaine d'histoires populaires, dont *A popular history of Ireland* (*Une histoire populaire de l'Irlande*) qui, publiée en 1863, connaît beaucoup de succès. Perpétuellement endetté, le plus éloquent des pères de la Confédération est aussi un gros buveur à ses heures. McGee revendique «l'impudence, la volubilité et la combativité, la vie, l'âme et la fortune de dix mille avocats». En fait, il est surtout poète.

J'ai rêvé que les bois étaient verts
Et mon cœur d'avril a fait un spectacle d'avril
Dans le pays lointain, si loin
Que, même moi, je pourrais agir
Pour garder ma mémoire pour le vrai,
Et empêcher mon nom de tomber sous la main de la Mort.

(*Ellison and Co., Archives nationales du Canada, C-021541*)

McGee épouse Mary Theresa Caffrey en 1847 et le couple déménage à Boston. Leur premier enfant, Dorcas, meurt à l'âge de trois ans et un autre enfant, Rose, meurt en bas âge de la scarlatine. De leurs six enfants, seuls deux survivront à leur père. Après dix années passées aux États-Unis, McGee a toujours le sentiment d'être un exilé, et il est accablé par la pauvreté et la mort de ses enfants. Il décide alors de partir au Canada, pays dont «le caractère est mis à rude épreuve». Lors d'un précédent séjour, McGee avait discuté de solutions pour soulager les Irlandais des horreurs de la famine, dont l'immigration massive au Canada. L'idée est critiquée par le journaliste George Brown dans le *Globe* comme «une machination de la prêtrise romaine pour peupler le Haut-Canada de papistes [...] mouvement qui a pour but de submerger le protestantisme du Canada en faisant venir dans la province 800 000 romanistes bigots et rétrogrades».

McGee arrive à Montréal en 1857 et est élu à l'Assemblée législative la même année. «Tout ce que doit faire le Canada, c'est aplanir les difficultés et se débarrasser de ces aspérités qui divisent notre peuple sur des questions qui touchent l'origine et la religion.» Il ajoute : «L'homme qui prétend que cela est impossible est un imbécile.»

En 1834, Amelia Harris emménage à London. En 1857, devenue veuve à l'âge de 52 ans, elle commence à tenir son journal. Elle demeure à Eldon House, une maison élégante de deux étages située sur un lot de onze acres qui donne sur la rivière Thames. Elle critique certains hommes politiques et prend le pouls de la vie quotidienne au Canada-Ouest (l'actuel Ontario).

Sa fille Amelia est mariée à Gilbert Griffin, l'inspecteur des postes de London, et c'est en 1862, au cours d'un dîner, qu'elle fait la connaissance de John A. Macdonald. «J. A. Macdonald a invité Amelia à souper et lui a témoigné beaucoup d'attention», rapporte sa mère. «Amelia ne l'avait vu qu'une fois auparavant et seulement quelques minutes. C'est un homme intelligent dont je méprise la moralité.» Bien qu'elle estime que la politique rend grossier, Mme Harris n'est pas sans faire preuve d'opportunisme. «Cependant, étant donné le rang qu'il a tenu et qu'il tiendra probablement encore dans le pays, il serait inconvenant pour Amelia, dont le mari occupe un poste public, de lui manquer d'égard.» Macdonald entretient la jeune Harris du mariage et du charme louche de la société canadienne-française. «Tels sont les propos de J. A. Macdonald quand il est *sobre*», écrit Harris, indignée. «Il condamne et méprise les choses auxquelles il s'adonne lui-même dans l'ivrognerie et la débauche. Comme il est attristant que des hommes sensés et talentueux, qui connaissent le bien, optent néanmoins pour le mal.»

En 1861, alors que les États américains sont dans la première année de leur lutte fratricide, Harris suit l'action de près. En novembre, deux agents confédérés, Mason et Slidell, se rendent en Grande-Bretagne à bord du *Trent*, un cargo de courrier royal, pour y chercher du soutien à leur cause. Le commandant d'un vaisseau américain, le *San Jacinto*, s'empare du cargo et capture les deux agents. Perpétré à la pointe du fusil sur un vaisseau britannique, cet acte équivaut presque à une déclaration de guerre. «Le gouvernement britannique exige des excuses du gouvernement américain, écrit Harris, et que Mason et Slidell soient rendus au pavillon britannique. Des troupes sont envoyées au Canada, et on conseille aux miliciens de se préparer au combat.»

Le duc de Newcastle, secrétaire aux Colonies, écrit au gouverneur général Monck : «Vous devez avoir entendu parler de l'affaire du *Trent* et des graves implications qu'elle a eues. Je suis tenu de vous avertir que la guerre

LA GUERRE CIVILE AMÉRICAINE ◆ On estime que la guerre civile américaine a fait 618 000 victimes (258 000 chez les Confédérés, 360 000 chez les Unionistes), soit plus que le nombre d'Américains morts dans les deux guerres mondiales et la guerre du Viêt-nam combinées. Plus d'hommes succombent à la maladie qu'aux balles. Une chansonnette, publiée dans le magazine *Punch*, résume bien la position de la Grande-Bretagne sur cette guerre :

> *Bien que nous sympathisions avec le Nord*
> *Il ne faut pas oublier*
> *Que nous avons des liens plus forts*
> *Avec le sud et son coton [...]*

(Dead near Dunker Church, Library of Congress)

n'en sera que trop vraisemblablement le résultat. [...] Aucun préparatif ne doit être négligé pour protéger le Canada d'une invasion. »

Quelques Américains accueillent favorablement l'idée d'un combat. « Au cas où l'Angleterre, dans sa folie, en viendrait à déclarer la guerre aux États-Unis », peut-on lire dans un article du *New York Herald*, « l'annexion des possessions de l'Amérique du Nord britannique [...] suivrait immanquablement. Nous pourrions envoyer 150 000 soldats au Canada en une semaine et, avec trois semaines de plus, occuper la province. Lors de cette invasion, nous devrions pouvoir compter sur une grande partie de la population, dont les deux-tiers sont en faveur de l'annexion aux États-Unis. »

L'invasion américaine est déjà en cours, sauf qu'à la place de soldats, ce sont des immigrants et des réfugiés qui s'installent. « Le sujet chaud est la conscription américaine, écrit Amelia Harris. Pour s'y soustraire, les Américains arrivent au pays par centaines. » Des 776 000 conscrits dans l'armée de l'Union, 161 000 manquent à l'appel, un grand nombre d'entre eux s'étant enfuis au Canada. Ils se joignent aux quelque 30 000 esclaves échappés qui sont arrivés au Canada grâce à un réseau clandestin du nom d'*Underground Railroad*, qui n'a ni train ni voie ferrée mais plutôt des sentiers le long des rivières et à travers les marécages. Dans le Sud, les esclavagistes tentent de décourager la fuite vers le Canada en leur disant que la rivière Détroit fait 3000 milles de largeur et que les abolitionnistes sont des cannibales : « Vous, les nègres, ils vous prendront, ils vous engraisseront et vous feront bouillir. »

Parmi ceux qui viennent au Canada se trouve Mary Ann Shadd, étonnante femme noire originaire du Delaware. Née libre, elle s'installe à Chatham, ville de 3585 habitants, où la moitié des citoyens sont noirs. Finalement, la plupart des membres de sa famille la suivent au Canada, et son père Abraham est élu au conseil municipal du canton de Raleigh, ce qui fait de lui le premier Noir à occuper une fonction publique au Canada.

Shadd riposte à la propagande des propriétaires de plantation par un livret de 44 pages intitulé *Plaidoyer pour l'émigration ou notes du Canada-Ouest sur son aspect moral, social et politique*, destiné aux Noirs américains. « Au Canada, comme dans les pays récemment colonisés, il y a beaucoup à faire, et comparativement peu d'hommes pour le travail [...] Si un homme de couleur comprend son affaire, il reçoit le patronage public de la même façon qu'un homme blanc. »

Les chasseurs d'esclaves américains se mettent à la poursuite des fugitifs pour les ramener. Ils commencent leurs recherches dans les églises, car ils savent de source sûre que c'est un lieu où les esclaves libérés viennent se réunir. La Première Église baptiste de Chatham possède, près de la chaire, une porte dérobée qui mène au sous-sol et où, en passant par une fenêtre, les fugitifs peuvent aller se cacher dans les bois.

Lorsqu'ils ne peuvent trouver les esclaves qu'ils sont venus chercher, il est fréquent que les chasseurs emmènent quelqu'un d'autre. En septembre 1858, un garçon de dix ans du nom de Venus est renvoyé à l'esclavage à bord d'un train qui doit traverser Chatham. Le frère de Mary Shadd, Isaac, rassemble une centaine de personnes qui prennent d'assaut le convoi. Venus est né libre et son ravisseur, vendeur de produits pharmaceutiques, a l'intention de le vendre comme esclave. Cette incursion soulève l'indignation de certains Canadiens.

À 70 milles de Chatham, le London où vit Amelia Harris est un autre monde. Malgré ses convictions abolitionnistes, Amelia Harris prend le parti des sudistes. « Un grand crime a été commis à bord du *Great Western* à Chatham, écrit-elle. Un homme du Sud traversait avec un esclave de dix ans. Certains nègres s'en aperçurent ici et télégraphièrent aux gens de couleur de Chatham qui se rassemblèrent en foule et, quand le train s'arrêta à la gare, ils prirent le garçon de force des mains de son maître, malgré les protestations du garçon qui ne voulait pas partir [...] À cause de cela les Américains ne viendront plus au Canada. » Pour Harris, c'est une question de classe ; le Sud, avec ses bonnes manières et son aristocratie du Vieux Monde, est plus gentil envers les Noirs que le Nord industriel. Elle prend donc le parti du « gentleman du sud » et s'inquiète du coup que cela portera au tourisme.

Isaac Shadd et six autres sont trouvés coupables de participation à une émeute et doivent payer de lourdes amendes. Incapables de payer, plusieurs d'entre eux se retrouvent en prison. La tante d'Isaac, E. J. Williams, écrit de chez elle au Delaware : « J'ai très peur que le Canada ne soit pas ce qu'il se vantait d'être. [...] L'or américain l'achètera bientôt et le Canada [...] deviendra le terrain de chasse des limiers américains. »

Pendant plus d'une décennie, l'opinion publique britannique penche en faveur de la réduction, voire de l'élimination des dépenses du gouvernement concernant les colonies nord-américaines, et particulièrement en ce qui a trait à la défense. À présent, l'histoire du *Trent* soulève la possibilité d'une guerre coûteuse à grande échelle en Amérique du Nord. Londres est déterminé à ce que les colonies soient équipées pour assurer leur propre défense, et à en absorber les coûts considérables. En 1862, on présente à la législature canadienne un projet de loi sur la milice, proposé par le gouverneur général Monck et soutenu par l'alliance Macdonald-Cartier. Le projet de loi prévoit la créa-

Mary Shadd a lutté en faveur d'un système scolaire intégré. Au Canada-Ouest, il existe des écoles séparées pour les protestants et les catholiques, pour les Noirs et les Blancs. À Windsor, dans un immeuble désaffecté de l'armée, elle ouvre une école pour les enfants qui veulent y venir. Le soir, elle enseigne aux adultes et le dimanche, elle enseigne la Bible. Elle devient la première femme noire en Amérique du Nord à fonder et à publier un journal, le *Provincial Freeman*, dont le slogan est « Compter sur soi est le vrai chemin qui mène à l'Indépendance. » En 1883, elle reçoit un diplôme en droit de l'Université Howard. (*Archives nationales du Canada*, C-29977)

tion d'une milice canadienne de 100 000 hommes, ce qui constitue une entreprise impopulaire dans une colonie qui, encore récemment, était défendue par les troupes britanniques. Macdonald sait qu'il aura peu de soutien et le projet de loi est plusieurs fois remis. Il finit par en faire une présentation décousue et son absence le lendemain retarde la seconde lecture.

«M. J. A. Macdonald, observe Monck très frustré, a été absent en Chambre toute la semaine dernière, pour cause de maladie, mais en réalité, comme chacun sait, pour cause d'ébriété.»

À la Chambre, le projet de loi sur la milice est attaqué de tous les côtés. Il est aussi critiqué par George Brown dans les pages du *Globe*. Une fois défait, le gouvernement Macdonald-Cartier est forcé de donner sa démission. Le projet de loi n'est plus une priorité politique, ce qui provoque l'indignation de Londres. «Il est peut-être de notre devoir de défendre l'Empire contre le danger, peut-on lire dans un éditorial du *Spectator*, pas celui de défendre des hommes qui ne se défendent pas eux-mêmes.»

Les troupes britanniques arrivent au Canada dans le sillage de la crise du *Trent* et les villes de garnison deviennent de véritables champs de bataille pour les soldats qui s'ennuient et pour les habitants pleins de ressentiment. L'ébriété est répandue, et une bagarre entre soldats et civils éclate à Halifax après une dispute pour savoir qui a gagné à un concours de «mât de cocagne». La ville devient la capitale de la prostitution en Amérique du Nord.

Dans le Canada-Ouest, les riches envoient leur argent en Angleterre au cas où il y aurait une invasion. «Les miliciens sont avisés de se préparer au combat, note Amelia Harris. M. Scott tente de lever quelques compagnies de volontaires. [...] Il semble qu'il y ait beaucoup de jalousie entre les volontaires. Tous les hommes veulent être officiers. [...] On dit que 2000 soldats doivent être en garnison à London, que tous les édifices publics ont été réquisitionnés pour en faire des casernes et que les loyers ont doublé.»

En 1864, la crise s'apaise et on renvoie certaines troupes anglaises dans leur pays. «Les troupes ont reçu leur feuille de route aujourd'hui, écrit Harris. Nous sommes tous tellement désolés de les voir partir. London va être très ennuyeux sans les habits-rouges. Il est peu probable qu'il y ait d'autres soldats britanniques en garnison à London étant donné que le gouvernement dit qu'il ne défendra pas les colonies.»

Le sinistre dénouement de la guerre civile américaine ravive au Canada la peur que le Nord victorieux n'envoie son armée dans les territoires britanniques mal défendus. Pour se protéger, l'Amérique du Nord britannique doit d'abord être consolidée. Seule, chaque colonie est susceptible d'être envahie, ou de se laisser séduire par l'idée d'intégrer la république américaine.

«Je ne crois pas que ce soit notre destinée d'être engloutis dans une union républicaine, écrit D'Arcy McGee. Nous pouvons à peine nous joindre aux Américains selon nos propres conditions, et nous ne devrions jamais nous joindre à eux à leurs conditions. Une nationalité canadienne, ni canadienne française, ni canadienne britannique, ni canadienne irlandaise — le patriotisme rejetant la double identité — devrait, à mon avis, être notre objectif —

et nous devrions travailler à l'atteindre, nous devrions être prêts à la défendre jusqu'à la mort. »

En 1862, George Brown voyage en Angleterre. Célibataire de 43 ans, cet homme morne et honnête a perdu le siège qu'il a occupé au parlement pendant dix ans. Brown a été la voix politique dominante au Canada-Ouest, spécialement dans la ville en pleine expansion de Toronto, ainsi que dans les communautés de fermiers qui s'étendent à l'ouest du lac Huron. Le *Globe* fait souvent état de sa défense énergique de la représentation proportionnelle, de sa méfiance et de sa colère envers ce qu'il considère comme une machination catholique, et de l'intérêt qu'il porte à l'annexion des terres de la Compagnie de la Baie d'Hudson. Il apparaît comme le chef des réformateurs. Mais à présent, il fait face à de graves problèmes financiers, et sa santé se détériore. Pendant deux mois il est alité à cause d'une dépression et il part en Grande-Bretagne pour reprendre des forces.

En Écosse, Brown fait la connaissance d'Anne Nelson, la fille d'un éditeur en vue. Séduit par la distinction de la jeune femme, il lui demande sa main dans les semaines qui suivent. « Comme je me souviens bien de chaque événement de cette journée, lui écrit-il plus tard, la marche jusqu'à la gare pour te rencontrer [...] l'espoir et la peur, le désespoir et la joie, qui changent à chaque heure jusqu'à ce que tout s'arrange dans cette promenade délicieuse le long du rivage. J'étais très amoureux. »

Ils se marient en novembre 1862, et il conduit sa jeune épouse à Toronto juste après Noël. Cinq mille personnes les accueillent à la gare, un orchestre leur donne la sérénade et ils sont escortés par une procession aux flambeaux à travers la ville. Il déclare qu'il est revenu « avec une meilleure connaissance des affaires publiques et avec un désir plus ardent de servir ».

Brown est maintenant prêt à considérer l'impensable — joindre ses forces à celles de ses ennemis naturels, les « débauchés », et travailler en vue d'une union de l'Amérique du Nord britannique. Malgré son antipathie pour le « canadianisme français » et son dégoût pour les conservateurs, il s'allie avec Cartier et Macdonald pour former un nouveau gouvernement de coalition dont la cause est de promouvoir l'union. Pour Brown, c'est la seule façon d'obtenir la représentation proportionnelle et l'annexion de l'Ouest. « J'ai confiance que [...] lorsque les grands intérêts du Canada sont en jeu, écrit-il, nous oublierons nos querelles de partisans politiques, et que nous nous rallierons à la cause de notre pays. »

McGee applaudit : « Brown a donné là la plus grande marque de courage moral que j'aie jamais vue, écrit-il. À côté de lui, l'homme qui a pris le plus grand risque politique pour sa carrière politique, c'est Cartier. »

Au Bas-Canada, on reproche à Cartier de s'être allié avec Brown, dont les idées antifrançaises sont bien connues. Mais Cartier estime que l'union des colonies a plusieurs avantages pour le Québec. Selon lui, une fédération mettrait fin à l'impasse politique qui paralyse l'Union. Le nouveau gouvernement fédéral aura la responsabilité de la défense, de la monnaie et du commerce extérieur, mais les provinces conserveront le contrôle de l'enseignement et de leurs institutions sociales, ce qui mettra fin aux conflits et au ressentiment religieux. Les protestants de l'Ontario et les catholiques du Québec ne se mêleront plus que de leur système d'enseignement respectif. Cartier s'aperçoit aussi que la représentation proportionnelle est inévitable et il juge préférable d'en limiter l'application au niveau supérieur du gouvernement.

Cartier est étroitement lié à la fois aux chemins de fer et aux banques. Une fédération élargie permettra, selon lui, une meilleure croissance économique. Tandis que les Canadiens français continuent à quitter leur patrie par dizaines de milliers pour les usines de la Nouvelle-Angleterre, la perspective de nouveaux marchés dans l'Ouest et la création de nouveaux emplois dans les ateliers du chemin de fer de Montréal demeurent des arguments persuasifs en faveur de la Confédération.

Le gouverneur général, le vicomte Monck, voit une occasion de promouvoir la Confédération dans les provinces maritimes qui, depuis plusieurs années, discutent vaguement d'une union entre elles. À titre de représentant de la Grande-Bretagne, Arthur Gordon, le gouverneur du Nouveau-Brunswick, cherche à promouvoir l'union des Maritimes chaque fois que l'occasion se présente. Une conférence est organisée, et Monck demande que les Canadiens soient invités à participer aux discussions pour voir si l'union proposée ne pourrait pas être conçue de façon à englober la totalité des provinces de l'Amérique du Nord britannique. La conférence est prévue pour le 1er septembre 1864, et doit se dérouler à Charlottetown, dans l'Île-du-Prince-Édouard.

Brown, Macdonald, McGee et Alexander Galt — homme d'affaires, ministre des Finances et représentant des chemins de fer — se rendent à la conférence à bord du *Queen Victoria*, un vapeur de 191 tonnes. « Nous nous sommes beaucoup amusés en descendant le Saint-Laurent, écrit Brown, nous avons eu beau temps, un grand auvent sous lequel nous étendre, d'excellentes boutiques de toutes sortes, un cuisinier irréprochable, des tas de livres, des jeux d'échecs, de jacquet, etc. » Ils examinent la façon d'appliquer l'union proposée, anticipant la résistance, raffinant leurs arguments. Il y a à bord du navire pour quelque 13 000 $ de champagne.

Ils arrivent à Charlottetown en même temps que le cirque olympique de Slaymaker et Nichol, premier cirque à visiter l'île en vingt ans. Le port est désert, la majorité de la population se trouve sous la tente, en train de regarder les contorsionnistes et les clowns. Les délégués de la conférence forment quant à eux un cirque différent, politique, avec son marathon de discours, de protestations, de déjeuners au homard, de résolutions, de pique-niques, d'alliances, de flirts et de soirées arrosées au champagne.

Lors de l'inauguration de la conférence, Macdonald parle longuement des bénéfices qu'apporterait une union de tous les habitants de l'Amérique du Nord britannique. Le lendemain, Galt présente une description fouillée des rouages financiers d'une telle union. Le troisième jour, Brown discute de l'infrastructure légale, et le quatrième, McGee fait l'éloge de l'identité nationale qu'il dit soutenue par une littérature canadienne pleine de vie. Le sujet de la grande union engloutit celui d'une union maritime, et le réduit à une question sous-jacente. À la fin des discussions, les délégués s'engagent unanimement à créer une nouvelle fédération « si les termes de l'union peuvent être rendus satisfaisants ».

« Cartier et moi avons fait des discours éloquents, bien entendu, écrit Brown à sa femme, et grâce à notre éloquence ou à la qualité de notre champagne, nous avons complètement rompu la glace, et les langues des délégués se sont déliées. Les liens du mariage entre toutes les provinces de l'Amérique du Nord britannique ayant été formellement annoncés, et toutes sortes de gens dûment avertis sur-le-champ de parler ou de garder à jamais le silence — aucun homme n'est apparu pour interdire la publication des bans et, sur ce, l'union a été complétée et proclamée. » La célébration se poursuit à Halifax, Saint-Jean et Fredericton. Mais il reste encore à rendre les dispositions satisfaisantes pour tous, ce qui s'avère une tâche politique décourageante. Ils s'entendent pour se rencontrer à nouveau à Québec le mois suivant.

Les 33 délégués arrivent en octobre 1864 et doivent affronter de dures tempêtes qui commencent par de la neige puis tournent en pluie. La plupart d'entre eux descendent à l'hôtel Saint-Louis, rempli d'industriels des chemins de fer qui prennent un vif intérêt aux négociations. Parmi eux se trouve C. J. Brydges, directeur général du Grand Tronc, qui a d'ambitieux plans d'expansion vers l'Ouest jusqu'au Pacifique. Les chemins de fer ont déjà bénéficié de circonstances politiques favorables même s'ils ont aussi contribué à l'endettement du Canada, du Nouveau-Brunswick et de la Nouvelle-Écosse. Il existe aussi une culture bien implantée de pots-de-vin et de corruption entre les promoteurs ferroviaires et les politiciens. La locomotive symbolise un puissant avenir axé sur l'énergie à vapeur, perspective qui comble les politiciens de bonheur.

Macdonald espère qu'un système ferroviaire bien financé et consolidé aidera à la fois le commerce et la cause de l'unité. Cartier bénéficie matériellement et politiquement du fait que les trains sont fabriqués à Montréal, ce qui garantit des emplois. Il est également l'avocat du Grand Tronc, ce qui représente une pratique lucrative. Ce lien intime est très représentatif d'une époque où les conflits d'intérêt ne sont prohibés par aucune loi.

Les réunions de Québec sont menées dans un secret quasi maçonnique ; les journalistes ne sont pas admis mais les délégués prennent des notes. Le 10 octobre, une proposition est élaborée : « Les meilleurs intérêts et la prospérité présente et à venir de l'Amérique du Nord britannique seront promus par une Union fédérale sous la Couronne de Grande-Bretagne, à condition qu'une telle union puisse être effectuée sur des principes justes envers les diverses provinces. » Le concept fondamental du fédéralisme — l'idée que le gouvernement central est investi de certains pouvoirs, et que les provinces en conservent d'autres — est envisagé puis mis au point.

LOCOMOTIVE DE LA GREAT WESTERN RAILWAY, HAMILTON, JUIN 1864 ◆ Au XIXe siècle, le chemin de fer est un des symboles les plus puissants du progrès. C'est une victoire sur un rude climat et un territoire au relief intimidant ; la glace de l'hiver et les routes de boue ne pourront plus désormais arrêter le commerce. C'est une bénédiction pour les hommes d'affaires et pour les politiciens, mais c'est aussi un cadeau qui s'avère extrêmement coûteux. La population éparpillée et les distances immenses rendent tout profit impossible pour une compagnie privée, ce qui amène rapidement les gouvernements à intervenir. En Nouvelle-Écosse et au Nouveau-Brunswick, le gouvernement est propriétaire du chemin de fer. Dans le Canada-Uni (l'Ontario et le Québec), les compagnies sont généreusement (et indéfiniment) subventionnées. Séduits par la promesse de progrès et de croissance illimités que représente le chemin de fer, les gouvernements coloniaux construisent des centaines de milles de voie. L'opération la plus vaste est celle du Grand Tronc du Canada, qui s'étend des rives du lac Huron jusqu'à l'océan Atlantique. Mais les coûts sont exorbitants et les revenus décevants ; les gouvernements accumulent des dettes énormes.

Pour de nombreux partisans du chemin de fer, le salut est dans la Confédération. Si la Confédération est créée, le gouvernement britannique promet de consentir un prêt important à taux réduit qui permettra à la nouvelle nation de relier la Nouvelle-Écosse, le Nouveau-Brunswick et le Canada. On caresse l'espoir de réaliser un projet plus ambitieux encore : un chemin de fer transcontinental qui se rendra jusqu'à l'océan Pacifique. Il n'est donc pas surprenant que les entrepreneurs de chemin de fer, les investisseurs et les banquiers soient des observateurs très attentifs lorsque la Confédération est élaborée à Québec en 1864. (*Chemins de fer nationaux canadiens, Archives nationales du Canada, C-028860*)

Le mercredi soir, on donne un dîner à la Government House. Mercy Coles, la fille de l'un des délégués de l'Île-du-Prince-Édouard décrit la soirée : « D'Arcy McGee m'a invitée à dîner et s'est assis entre Lady McDonnell et moi. Au milieu du repas, il était tellement soûl qu'il a été forcé de quitter la table. [...] Nous n'avons pas eu deux heures de soleil depuis notre arrivée. C'est la première fois que je me trouve dans un endroit comme celui-ci. »

Le 14 octobre, on débat de l'idée d'un Sénat. Il est déjà établi que la représentation proportionnelle prévaudra à la Chambre des communes. Le Sénat constitue une façon d'équilibrer le pouvoir entre le Canada et les provinces maritimes, plus petites. Il est proposé que le Sénat soit divisé en trois ensembles, pour le Québec, l'Ontario et les quatre provinces maritimes réunies, et que chacun ait droit à un nombre égal de sièges.

Ce soir-là, on donne un bal pour 1400 personnes dans l'Hôtel du Parlement, où l'on danse au son d'un orchestre à cordes de 25 musiciens ; de la perdrix, de la salade de homard et d'autres mets délicieux sont servis aux invités. Frances Elizabeth Owen Monck (Feo pour sa famille) est une femme vive et condescendante, parente par alliance du gouverneur général. Dans son journal, elle donne un compte rendu sarcastique de cet événement mondain. Convaincue d'être un médium, elle porte un œil de verre et a une peur

morbide du tonnerre. Pour Feo, le bal des délégués signifie des conversations polies et un enchaînement incessant de danses obligées avec des politiciens âgés. La soirée commence par un tableau de « grâce, joliesse et politesse ». Vers les quatre heures du matin, les valses et les quadrilles élégants font place au désordre le plus total.

Le lendemain, il est proposé que le Sénat se compose de trente sièges pour le Haut-Canada, trente pour le Bas-Canada, dix pour la Nouvelle-Écosse et le Nouveau-Brunswick respectivement, cinq pour Terre-Neuve et cinq pour l'Île-du-Prince-Édouard. Les délégués de l'Est argumentent que chaque province maritime devrait avoir un nombre égal de sénateurs. Mais Brown rétorque que le Haut-Canada devrait alors avoir plus de sénateurs. Hector Langevin conteste toute inégalité entre le Bas et le Haut-Canada.

Dans la soirée du 19, un bal est donné chez Mme Tessier, l'épouse du président de la Chambre. On danse et on boit jusqu'à une heure avancée et Feo Monck rapporte en jubilant le comportement déconcertant de Macdonald. « J'ai le regret de dire qu'il est toujours soûl, et quand quelqu'un est entré dans sa chambre l'autre soir, on l'a trouvé en chemise de nuit, drapé dans une couverture de chemin de fer, récitant Hamlet devant un miroir. Dans le salon de réception, il a déclaré à Mme G. qu'il aimerait faire sauter la cervelle de Sir R. M. [Sir Richard Graves Macdonnell, lieutenant-gouverneur de Nouvelle-Écosse] avec de la poudre à fusil. »

Malgré ses activités mondaines intenses et éclectiques, Macdonald accomplit le gros du travail sur la Constitution, rédigeant la version préliminaire de 50 des 62 résolutions où se reflète son désir d'un gouvernement fédéral fort. Macdonald croit que la tradition américaine des « droits de l'État » est une doctrine dangereuse qui a conduit à la tentative de sécession et à la guerre civile. Il est donc déterminé à ce que le Canada ait un gouvernement central prééminent.

Il est le seul à avoir une formation en loi constitutionnelle. « En l'état actuel, je n'ai aucune aide, dit-il à son ami Sir James Gowan. Pas un homme de la conférence (à l'exception de Galt en finance) n'a la moindre idée de ce que représente la création d'une constitution. Tout ce que la Constitution a de bon ou mauvais est de moi. »

Brown obtient la clause de représentation proportionnelle qu'il chérit, et qui constitue une arme nécessaire pour lutter contre le danger de la domination française. Cartier se réjouit que le Bas-Canada connaisse une prospérité économique et que le contrôle français du gouvernement provincial permette de conserver son caractère unique. Les provinces maritimes sont moins enthousiastes. « Je m'objecte au système proposé », déclare Edward Chandler, qui fait partie de la délégation du Nouveau-Brunswick, « vous êtes en train de détruire les constitutions des gouvernements locaux ». Il argumente que dans un système de représentation proportionnelle, les provinces plus petites seront écrasées par le reste du pays. Elles perdront le contrôle de leurs finances et de leur politique commerciale, et se retrouveront en partie responsables de la dette canadienne qui est assez considérable.

Les semaines de négociation, les séances de bras de fer et les fêtes sapent les forces de la plupart des délégués. « Les festivités interfèrent quelque peu avec le déroulement des affaires » peut-on lire dans le *Montreal Gazette*. Edward Whelan confirme : « Que les bonnes prières de tous nos amis à la maison nous soient copieusement offertes, afin que nous puissions nous soustraire aux plaisirs de cette ville si charmante, abominable, et exténuante. »

Dans l'atmosphère hargneuse des réunions, les délégués trouvent que l'une des façons les plus sûres de définir le nouveau pays est d'attaquer le modèle adopté par les Américains. « Le grand mal aux États-Unis est que le président est un despote pendant quatre ans, dit Macdonald. Dans la constitution britannique, avec le peuple qui a toujours le pouvoir entre ses mains, et la responsabilité ministérielle devant les Communes, nous sommes libérés d'un tel despotisme. »

La question de la défense est aussi préoccupante. « Séparés comme nous le sommes, dit Cartier, nous nous trouvons dans l'incapacité d'assurer notre défense. [...] Une fois l'union du pays réalisée, tous nos moyens seront unis pour repousser un éventuel ennemi. »

Brown soutient que les Américains menacent le territoire canadien. « Notre position présente, où nous sommes isolés et sans défense, est sans doute une source d'embarras pour l'Angleterre, note Macdonald. Pour le bien du maintien de la paix, nous devons nous rendre puissants. »

À Québec, un télégramme arrive qui rend très actuelle la nécessité de se défendre contre les Américains. Le 9 octobre, un groupe de soldats confédérés, qui se cachaient au Canada, se font passer pour des Canadiens en vacances de pêche et dévalisent plusieurs banques dans la ville de St. Albans au Vermont. Ils retournent au Canada avec 200 000 $, pourchassés par un détachement d'Américains furieux. Le vicomte Monck lance la milice, qui capture quatorze des voleurs. Ils seront plus tard jugés à Montréal, puis relâchés à cause d'un détail de procédure. On leur remet l'argent volé, ce qui soulève l'indignation aux États-Unis. La tension monte des deux côtés. Cartier et Macdonald se rencontrent chez Lord Monck. « L'apparence de John A. était grotesque, rapporte joyeusement Feo Monck, avec ses cheveux volant dans toutes les directions qui le font ressembler à une caricature espagnole. » Charles Monck envoie 2000 soldats pour maintenir l'ordre à la frontière américaine.

Le général américain John Dix ordonne que « tous les commandants militaires reçoivent l'ordre de traverser la frontière et de passer au Canada pour poursuivre les rebelles là où ils se réfugieront ». Le président Lincoln reconnaît le potentiel incendiaire de l'ordre de Dix et l'annule, mais il déclare que les Canadiens devront produire des passeports s'ils veulent entrer aux États-Unis. Tel qu'attendu, le Traité de réciprocité est révoqué. Au Canada, l'incident crée un climat d'hostilité et donne un regain d'énergie au projet d'union. Les Résolutions de Québec sont adoptées et on n'y trouve plus la rhétorique révolutionnaire que la France et l'Amérique avaient utilisée un siècle auparavant. Les Résolutions sont rédigées dans un langage de conciliation, empreint de prudence, de promesses de paix, d'ordre et de bon gouvernement.

Brown écrit à sa femme : « La conférence a pris fin cet après-midi à six heures — la Constitution est adoptée — document des plus honorables. [...] Une réforme complète de tous les abus et de l'injustice dont nous nous plaignions ! N'est-ce pas merveilleux ? La vieille domination française n'est plus. [...] Certains diront que notre Constitution est terriblement conservatrice — et c'est le cas — mais nous avons entre nos mains le pouvoir (si c'est adopté) de la modifier selon nos désirs. Hourra ! »

Il reste la tâche de convaincre les citoyens du bien-fondé de la Confédération. En Nouvelle-Écosse, Charles Tupper fait face à une résistance farouche en la personne de Joseph Howe, politicien défait mais estimé. « A-t-on jamais proposé d'unir l'Écosse à la Pologne ou à la Hongrie ? » écrit Howe dans le *Chronicle* de Halifax. À l'époque, la Nouvelle-Écosse, avec ses 330 000 habitants, est la colonie la plus prospère et Howe croit qu'elle peut se suffire à elle-même. C'est la première colonie à introduire la notion de gouvernement responsable. « Si la Nouvelle-Écosse doit se joindre à un quelconque corps politique, déclare Howe, alors ce sera au parlement impérial à Westminster, et non à une Chambre qui n'est pas encore constituée à Ottawa, ville de l'arrière-pays habitée par des bûcherons. »

Au Nouveau-Brunswick, Leonard Tilley est un partisan de l'union et du chemin de fer qui pourrait en résulter, et il croit au soutien de son électorat. Malavisé, il tient des élections et est battu à plates coutures. Son gouvernement doit céder la place à une administration opposée à la Confédération. Ailleurs à l'Est, tant l'Île-du-Prince-Édouard que Terre-Neuve rejettent les Résolutions de Québec.

Dans les deux Canada, la question demeure fragile. Macdonald et Cartier annoncent qu'ils ne tiendront pas d'élections sur les Résolutions de Québec, ce qui suscite de vives réactions. Antoine-Aimé Dorion, le chef de l'opposition du Parti Rouge déclare : « S'il arrivait que la Confédération fût adoptée sans la sanction par le peuple de cette province, le pays aura plus d'une occasion de le regretter. » Là où Cartier met l'accent sur les pouvoirs qui appartiendront à la nouvelle province de Québec, Antoine-Aimé Dorion insiste sur le fait que les Canadiens français seront réduits à une petite minorité de sièges au parlement fédéral, en dessous des cinquante pour cent actuels. Il prédit des dettes et de nouvelles taxes pour la construction des chemins de fer et l'acquisition du territoire de la Compagnie de la Baie d'Hudson, qui sera largement peuplé de protestants intolérants originaires de l'Ontario.

L'Église catholique a un rôle influent. De leur chaire, et à l'occasion au confessionnal, les prêtres encouragent leurs paroissiens à donner leur appui à Cartier et à la Confédération. L'Acte de l'Amérique du Nord britannique est finalement voté au parlement avec quatre-vingt-onze députés pour, et trente-trois contre. Dans les circonscriptions électorales du Canada-Est, où les francophones sont majoritaires, les votes se répartissent presque moitié-moitié.

Le vote des Maritimes est influencé par les événements qui surviennent au Canada mais aussi aux États-Unis, où la guerre civile prend fin en avril 1865. Un groupe d'Irlandais catholiques, les Fenians, espère libérer l'Irlande en attaquant les colonies britanniques en Amérique du Nord. Le groupe est surtout composé d'Américains irlandais qui se sont battus pour le Nord lors de la guerre civile américaine et qui à présent forment de petites unités préparées à faire des incursions au Canada. Au Nouveau-Brunswick, la rumeur veut que les Fenians tentent d'occuper l'île Campobello, située à l'embouchure de la baie de Passamaquoddy. L'invasion échoue, mais elle insuffle la peur de la guerre chez les habitants des Maritimes. On procède à d'autres élections, Tilley et les partisans de la Confédération se retrouvent au pouvoir, en partie à cause de la menace d'une invasion des Fenians, et aussi grâce aux pots-de-vin versés à l'électorat.

Les Fenians représentent une menace plus palpable dans le Haut-Canada. « Ce matin, les Fenians ont envahi le Canada », écrit Amelia Harris, le 1er juin 1866. « Ils ont traversé la rivière de Buffalo en aval de Black Rock. Un télégramme nous apprend qu'ils sont environ 1500. Mille volontaires et quelques compagnies du 16e sont partis les repousser. Nous pensons être en mesure de donner un bon compte rendu de la situation demain. [...] La garnison a organisé un pique-nique [...] mais à cause des Fenians, personne n'est autorisé à quitter la caserne, de sorte que le pique-nique s'est transformé en danse dans le mess. »

Deux jours plus tard, la nouvelle que des milliers de Fenians ont traversé à Windsor parvient à Harris qui est à l'église avec les soldats. Ceux-ci doivent partir pendant les litanies. « C'était très excitant », écrit-elle. Mais le 5 juin, la peur diminue, du moins à London. « L'excitation causée par les Fenians continue mais n'est plus aussi prenante, rapporte Harris, il y a un grand sentiment de colère envers le général Napier et le colonel Peacock. [...] On dit que Napier était soûl et que Peacock a tellement tardé que les volontaires à [la bataille de] Ridgeway ont été sacrifiés. »

CHARLES TUPPER (1821-1915) ◆ «J'ai toujours supposé que le but ultime d'un pays était d'attirer le plus grand nombre possible de capitalistes», écrit Charles Tupper. Tupper est le premier président de l'Association canadienne des médecins, père de la Confédération et membre du premier cabinet formé par Macdonald. Fils d'un pasteur baptiste, il est surnommé «le bélier de Cumberland» à cause de sa réputation de coureur de jupons. En 1891, une dactylo américaine du nom de Josephine Bailey intente une poursuite contre Tupper, prétendant qu'il l'a mise enceinte et qu'on lui a conseillé d'avorter. La poursuite est abandonnée. Ambitieux, sans scrupule et sans humour, Tupper se fait facilement des ennemis. Il a à son actif, entre autres, l'adoption de la première loi en faveur d'un système d'écoles subventionnées. Il fut le dernier survivant des pères de la Confédération. (*Archives nationales du Canada*, PA 26317)

JOSEPH HOWE (1804-1873) ◆ «Je ne suis pas un de ceux qui remercient Dieu d'être seulement un Néo-Écossais, je suis aussi un Canadien. [...] J'ai regardé dans le vaste continent le grand territoire que le Tout-Puissant nous a donné en héritage. [...] Quel pays où vivre ! Et pourquoi ne ferions-nous pas l'union ? Est-ce parce que nous souhaitons vivre et mourir dans notre insignifiance, que nous préférerions faire de l'argent plutôt que faire grandir notre pays ? Dieu nous en garde !»

Howe prononce ce discours lors d'un dîner à Halifax en 1864. Peu de temps après, il change son fusil d'épaule et devient un des opposants les plus importants de la Confédération. Dans le *Morning Chronicle*, il publie une série intitulée les *Botheration Letters* qui aident à influencer l'opinion publique de Nouvelle-Écosse contre le projet. (*Archives nationales du Canada*, C-007158)

LEONARD TILLEY (1818-1896) ◆ Propriétaire d'une pharmacie, membre du clergé anglican et premier ministre du Nouveau-Brunswick, Tilley devient un partisan de la tempérance après avoir appris qu'une femme avait été assassinée par son mari ivrogne. Leur fille de onze ans court chercher de l'aide et rencontre Tilley. «La mère baignait dans son sang, écrit Tilley, ses petits enfants pleuraient autour d'elle, le mari et père fut arrêté pour meurtre. Le rhum était la cause de tout cela.» Tilley fait partie du comité de la Portland Total Abstinence Society et en 1854, les Fils de la Tempérance l'élisent au poste le plus élevé.

Lors de la conférence de Londres de 1867, la question du nom que l'on va donner au nouveau pays se pose. Ce n'est ni un

royaume ni une république. Tilley, qui lit chaque jour la Bible, cite le psaume 72, verset 8 : «Son dominion sera toujours d'une mer à l'autre.» Il est donc décidé d'appeler le nouveau pays le Dominion du Canada. (*Archives nationales du Canada*, C-10115)

ANTOINE-AIMÉ DORION (1818-1891) ◆ Antoine-Aimé Dorion est avocat, propriétaire de journal et chef du Parti Rouge. En 1849, il aide à fonder le Club national démocratique dont les membres se disent «démocrates de conscience et Canadiens français d'origine. [...] Nous [exigeons] le droit puissant de la souveraineté [...], l'éducation des masses, le commerce et le suffrage universel.» Il meurt en mai 1891, quelques jours avant son ennemi politique, John A. Macdonald. (*Ellison and Co., Archives nationales du Canada*, PA 74105)

Bataille de Ridgeway, Ontario, 2 juin 1866. (*Archives nationales du Canada, C-18737*)

Au printemps, la menace des Fenians refait son apparition. Macdonald suspend l'*habeas corpus* pour quiconque sera soupçonné d'être impliqué dans ce groupe. McGee condamne les Fenians avec une véhémence toute spéciale. Mais ceux-ci demeurent un groupe très peu efficace ; leur plus grand talent est de susciter la peur. Une chanson résume bien cette attitude :

> *On a livré bien des combats*
> *Aux côtés des gars en bleu*
> *Nous conquerrons le Canada*
> *Faute d'avoir mieux faire.*

Bien qu'ils aient échoué dans leur tentative de mettre sur pied une action militaire décisive, les Fenians ont l'effet d'un croque-mitaine qui fournit aux provinces une raison de plus de s'unir.

Terre-Neuve et l'Île-du-Prince-Édouard déclinent l'offre de se joindre à la Confédération, mais le projet de Macdonald et de ses collègues de bâtir un pays tient toujours. Il n'y a plus qu'à faire adopter le projet de loi de l'Amérique du Nord britannique à Londres. L'équipe de la Confédération, qui compte parmi ses membres Macdonald, Cartier, Galt et Brown, se rend à Londres et descend à l'hôtel Westminster Palace. Joseph Howe est lui aussi à Londres où il tente d'obtenir que la Nouvelle-Écosse ne fasse pas partie du nouveau pacte. Il traîne avec lui une pétition anticonfédération de 30 000 signatures.

Lors de leur séjour à Londres, Macdonald, Cartier et les autres peaufinent le document et, à Noël, une version préliminaire est prête à être envoyée à Sir Frederic Rogers, sous-secrétaire permanent au ministère des Colonies. «Macdonald est le génie et le porte-parole, observe Rogers, je suis grandement frappé par sa puissance de gestion et son habileté. Les délégués français surveillent attentivement tout ce qui peut affaiblir leur sécurité; quant aux délégués de la Nouvelle-Écosse et du Nouveau-Brunswick, ils sont au contraire très jaloux des concessions faites à la province française. Macdonald a dû débattre avec le *Home Gov* d'un point sur lequel on guette le moindre écart de l'étroite ligne sur laquelle on s'est déjà entendu au Canada, ici par les Français, là par les Anglais — tels des chiens avides qui guettent une proie; une brusquerie d'un côté risque de provoquer une brusquerie d'un autre, et de mettre fin à la concorde. Il déclare et argumente le cas avec une facilité et un calme déconcertants, mais en même temps, on peut voir qu'il pèse chacun de ses mots [...].»

Quand elle ne travaille pas au projet de Confédération, l'équipe fait des sorties. Macdonald rencontre Susan Agnes Bernard, une femme qu'il a courtisée sans succès au Canada, et tente à nouveau sa chance. Une nuit, il évite de peu une catastrophe : il se réveille et s'aperçoit que son lit est en feu. Il se dirige vers la porte de la chambre de Cartier pour demander de l'aide. «Nous n'avons alerté personne, écrit Macdonald à sa sœur, et seuls Cartier, Galt et moi-même étions au courant de l'incident. [...] Si je n'avais pas porté une chemise de flanelle épaisse sous ma chemise de nuit, je serais mort brûlé. On peut dire que ma survie tient du miracle.» Ses cheveux et ses mains sont roussies et il a, à l'épaule, des brûlures graves qui nécessitent des soins médicaux.

L'Acte de l'Amérique du Nord britannique doit encore se frayer un chemin à travers la machine laborieuse et hésitante des Communes et de la Chambre des Lords. Il connaît plusieurs retards, ce qui jette la consternation parmi les délégués canadiens. Entre la première et la seconde lecture de l'Acte, Macdonald épouse Agnes Bernard à l'église St. George, à Hanover Square, et c'est l'évêque de Montréal qui officie.

L'Acte est finalement signé par la reine Victoria le 29 mars 1867, et Macdonald et ses collègues retournent chez eux. Le 1er juillet, à midi, le Nouveau-Brunswick, la Nouvelle-Écosse et le Canada-Uni sont proclamés Dominion du Canada. On tire au canon sur les plaines d'Abraham pour marquer ce jour. À Toronto, on distribue à la marmaille des drapeaux anglais. On fait rôtir un bœuf devant St. Lawrence Hall, puis on distribue de la viande aux pauvres. À Ottawa, sur la colline du Parlement, on tire une salve d'honneur et les baïonnettes que les soldats avaient oublié d'enlever de leur fusil volent dans les airs, au-dessus de la rue Sparks.

À Halifax, le *British Colonist* proclame : «Les jours d'isolement et d'écrasement sont désormais chose du passé; à partir d'aujourd'hui, nous

Construction des édifices du Parlement, Ottawa, 1863. En 1857, le ministère Macdonald-Cartier demande à la reine Victoria de choisir le site d'une capitale. Québec, Montréal, Toronto, Kingston et Ottawa sont en lice ; la reine choisit Ottawa. L'Assemblée législative vote sur la question et décide que « selon l'opinion de cette chambre, la ville d'Ottawa ne devrait pas être le siège permanent du gouvernement de cette province ». Le ministère Macdonald-Cartier donne sa démission et est remplacé par celui de George Brown et d'Antoine-Aimé Dorion, qui restera deux jours au pouvoir. Macdonald et Cartier reviennent au pouvoir ; Macdonald ne manquera pas de se moquer de « l'administration la plus éphémère de Son Excellence ». (*Samuel McLaughlin, Archives nationales du Canada, c-000773*)

sommes un peuple uni, et la grandeur de chacun contribuera à la grandeur de tous. » Le *Morning Chronicle* offre une vision différente : « La province de Nouvelle-Écosse, libre et éclairée, morte hier après-midi. » Sur les quais, une effigie de Charles Tupper est brûlée à côté d'un rat vivant.

Le gouverneur général rend hommage aux hommes qui ont accompli un travail exténuant et qui ont eu le génie politique nécessaire pour la création du Canada. Cartier, Galt, Tupper, Tilley et quelques autres sont nommés Compagnons du Bain. Macdonald, que Monck considère comme le grand architecte de la Confédération, est fait chevalier, et cette distinction blesse Cartier et Galt, qui déclinent respectueusement les honneurs qui leur sont offerts et se plaignent à Monck de cet affront royal. Cartier reçoit finalement un titre équivalent à celui de baron, et Galt est fait chevalier, comme il le souhaitait.

D'Arcy McGee célèbre avec ses nouveaux compatriotes, mais il donne déjà un avertissement d'une noirceur toute celtique : « Aussi longtemps que nous respecterons au Canada les droits des minorités, soit de langue, soit de croyance, nous sommes saufs. Il nous sera possible d'être unis. Mais si nous cessons de respecter ces droits, nous nous retrouverons entraînés dans cette folie qui selon les anciens était envoyée par les dieux à ceux qu'ils voulaient détruire. »

McGee a 42 ans, il est en mauvaise santé et a régulièrement des problèmes d'argent. « Il n'y a que deux choses que je redoute sur terre, écrit-il à un ami qui vit à New York, la mort et les dettes. » Au cours de l'hiver 1867-1868, il fait campagne pour amasser des fonds en faveur des pêcheurs sans ressources de la Nouvelle-Écosse. Il possède un diplôme en droit de McGill et a écrit 20 livres, dont plusieurs recueils de poésie. McGee aura servi à convaincre les Irlandais d'apporter leur soutien à la Confédération, qu'ils voyaient au départ comme semblable au régime britannique de leur pays. Mais il a toujours été un critique éloquent et sévère des Fenians, ce qui le rend impopulaire parmi certains catholiques irlandais. En Irlande, il a connu la sauvagerie des sociétés secrètes. « Les sociétés secrètes sont comme ce que les fermiers en Irlande disent de la mauvaise herbe, écrit-il dans le *Montreal Gazettte*. La seule façon de la détruire est de la couper en arrachant les racines, en la brûlant et en la réduisant en poudre. »

McGee est considéré comme le plus grand orateur du pays. Son dernier discours prononcé à la Chambre commence le 6 avril 1868 à minuit. Il y défend Charles Tupper, qui a été critiqué par le Dr. Parker, un député de la Nouvelle-Écosse.

« La personne du Dr. Tupper a été assaillie de critiques, déclare McGee à la Chambre, et c'est montrer un esprit bien bas que de critiquer, en son absence, un homme qui s'est sacrifié pour la Confédération. [...] Ce dont nous avons besoin par-dessus tout, c'est de l'effet bienfaisant du temps. Ce n'est pas seulement la chaux, le sable et le liant du mortier qui comptent, mais le temps qu'il a fallu pour le tremper. Et si le temps s'avère si nécessaire au cours d'un procédé aussi rudimentaire que le mélange du mortier, combien plus important est le travail qui consiste à consolider la Confédération de ces provinces. » Ainsi, ce qui a commencé comme une défense de Tupper devient un argument puissant en faveur de la Confédération. « Et moi, Sir, qui ai été et qui suis encore son avocat chaleureux et sincère, je parle ici non pas en tant que représentant d'une quelconque race ou province, mais énergiquement en tant que Canadien. » Un Irlandais du nom de Patrick James Whelan l'observe de la galerie des visiteurs.

Peu après une heure du matin, McGee quitte la Chambre, allume un cigare et marche vers la pension de famille de Mme Trotter située rue Sparks. Son anniversaire est dans six jours, et il a hâte de retourner à Montréal pour le célébrer avec sa femme et sa famille. Comme il tourne sa clé dans la serrure, il est abattu d'une balle à la tête et meurt sur le coup. Une autopsie effectuée dans la maison de Mme Trotter conclut que McGee avait « un grand cerveau d'intellectuel ». Patrick James Whelan est arrêté dans les vingt-quatre heures. Il est jugé et trouvé coupable bien qu'il clame son innocence, et on ne prouvera jamais qu'il est un Fenian. Il est pendu devant une foule de 5000 personnes, ce qui est la dernière pendaison publique au Canada. Les funérailles de McGee ont lieu le jour de ce qui aurait été son quarante-troisième anniversaire, et ce sont les plus importantes que Montréal ait connues.

En 1868, Montréal est une ville de plus de 100 000 habitants qui offre un contraste saisissant entre les citoyens les plus riches et les plus démunis du Canada. Le Square Mile, enclave située sur la pente sud du mont Royal, abrite l'élite commerciale anglophone. Cette élite, qui contrôle les deux tiers des richesses du pays, a fait fortune dans la bière (John Molson), les fourrures (James McGill), le sucre (John Redpath) et la farine (les Ogilvy). Le plus fortuné d'entre eux a pour nom Hugh Allan, c'est un richissime armateur flibustier qui préfère le travail et le curling au tabac et à l'alcool. Ravenscrag, son hôtel particulier de 34 pièces, domine la ville à partir de la pente du mont Royal. De son clocher, il observe à l'aide d'un télescope en cuivre le déchargement de ses bateaux dans le port. William Cornelius Van Horne, industriel des chemins de fer qui vit également dans le Square Mile, personnifie l'esprit commerçant. « Je mange tout ce que je peux, dit-il, je bois tout ce que je peux, je fume tout ce que je peux et je me fiche de tout le reste. »

Beaucoup de ceux qui habitent le Square Mile sont des presbytériens écossais rebelles qui sont venus au Canada avec peu d'argent et d'éducation. Ils ont accumulé des fortunes et créé un royaume à leur image. Les maisons des princes marchands incorporent ainsi au hasard les détails des châteaux nés dans leur imagination enfantine. Une dizaine de styles architecturaux attirent l'attention — italianisant, néo-gothique, victorien parfois tous réunis dans une seule maison aux gigantesques proportions. Ces hommes constituent l'aristocratie du pays et sont impatients de s'associer à la royauté britannique.

En 1860, l'événement mondain le plus en vue est la visite du prince de Galles. Un bal de 3000 personnes est donné en son honneur, dans une salle qui mesure 100 m de long. Le menu du dîner est imprimé sur de la soie rose et offre 60 plats, incluant de la mayonnaise de homard, des huîtres en aspic, du pâté de foie gras, du bœuf, du mouton, du saumon et du canard. Des fontaines gargouillent remplies de champagne ou d'eau de Cologne. « Le prince romanesque », comme il est surnommé avant de devenir le solidement débauché Édouard VII, reste jusqu'à quatre heures du matin, et danse une vingtaine de fois.

Parmi les obligations royales du prince figure l'inauguration officielle du pont qui porte le nom de sa mère. Le pont Victoria enjambe le fleuve Saint-Laurent et réunit Montréal aux États-Unis via la voie ferrée du Grand Tronc. C'est la structure la plus audacieuse du temps, une merveille d'ingénierie qui a nécessité le travail de 3000 hommes pendant sept ans. Au moment où Édouard étend d'une main délicate et inexpérimentée le mortier sur le dernier des blocs de pierre de six tonnes qui va être mis en place, 500 personnes brandissent leur drapeau de l'Union Jack. Le pont est essentiellement un tunnel, et quand Édouard place le dernier rivet, il est pratiquement asphyxié par la fumée d'une locomotive. Ensuite, les invités se rendent dans les usines du Grand Tronc à Pointe-Saint-Charles pour déjeuner avec les hommes qui ont construit le pont, dans une juxtaposition de classes sociales rarement vue.

Le prince s'adresse aux travailleurs, et leur dit qu'il est fier que l'ingénieur du pont soit issu de la classe ouvrière. « Permettez-moi de vous rappeler que l'Angleterre offre à tous ses fils la même chance de succès, à ceux qui combinent le génie au travail honnête. Tous ne peuvent revendiquer cette récompense mais tous peuvent s'évertuer à l'obtenir. »

Située au cœur du quartier ouvrier, l'usine du Grand Tronc emploie 3000 hommes, dont la plupart vivent à proximité dans des maisons surpeuplées, quatre-vingt dix pour cent d'entre elles n'ayant pas de toilettes intérieures. Il y a un seul parc d'un demi-hectare, Richmond Square. Le quartier ne possède presque pas l'eau courante. Entre 1845 et 1848, 100 000 immi-

LA CONSTRUCTION DU PONT VICTORIA, MONTRÉAL, 1859 ♦
Le pont Victoria de Montréal fait plus de 2 km de longueur et sa construction dure sept ans; c'est le pont le plus grand du monde à l'époque de l'achèvement des travaux. Le projet est supervisé par James Hodges, un Anglais qui a travaillé à la construction de ponts suspendus et de voies ferrées avant de venir à Montréal. Les 3 000 hommes qui travaillent sur le pont se mettent en grève régulièrement. Vingt-six d'entre eux périssent, pour la plupart de noyade. D'autres deviennent aveugles à cause de la réverbération du soleil sur la glace. Le choléra frappe aussi les travailleurs qui vivent sur les rives du Saint-Laurent dans un baraquement qui compte une école, une chapelle et une bibliothèque. Le 25 août 1860, le prince de Galles inaugure la structure qui porte le nom de sa mère devant 500 personnes qui brandissent des drapeaux de l'Union Jack. (*William Notman, Musée McCord, Archives photographiques Notman*)

grants irlandais sont arrivés au Canada pour échapper à la famine et bon nombre d'entre eux se sont installés à Montréal. Au même moment, les Canadiens français entreprenaient leur long exode des régions rurales vers la ville à la recherche de travail dans les nouvelles usines. Malgré l'immigration irlandaise, Montréal passe dans les années 1860 d'une majorité anglophone (52 % en 1861) à une majorité francophone (53 % en 1871).

Montréal possède un des taux les plus élevés de mortalité infantile en Amérique du Nord; un enfant sur trois meurt avant d'atteindre l'âge de cinq ans. Le nombre d'enfants abandonnés brise le cœur, ils sont laissés au bon vouloir des sœurs grises (Sœurs de la Charité de l'Hôpital Général de Montréal). En 1867, la première année du nouveau pays, les sœurs recueillent 662 nouveau-nés. En l'espace d'un mois, 369 meurent; à la fin de l'année, seuls 39 ont survécu. Au fil des ans, les allocations du gouvernement provincial pour le soin des enfants trouvés sont réduites; elles passent de 33 $ par enfant en 1845 à moins de 5 $ en 1868.

Jane Slocombe est une des sœurs qui s'occupent des nouveau-nés. Orpheline elle-même, née protestante, elle se convertit au catholicisme à l'adolescence. Blonde, grande, mélancolique, elle soigne les pauvres pendant l'épidémie de choléra de 1847 et contracte la maladie. Elle se remet, passe rapidement dans les rangs des sœurs grises et devient mère supérieure à l'âge de 43 ans. Le couvent des sœurs grises est le lieu de refuge des enfants illégitimes; les quelques survivants sont placés dans des familles rurales. On trouve des bébés près de la rivière, dans des paniers déposés aux portes de l'orphelinat, ou enveloppés dans des journaux. Un rapport décourageant compilé par l'Association sanitaire de Montréal se lit ainsi: «Le triste état de négligence dans lequel les parents non naturels trouvent ces enfants non désirés [...]. Nus: 31; blessés par des instruments: 32; infectés par la syphilis: 120; malades: 210; pas lavés: 104; souffrant d'une hémorragie pulmonaire:

Ignace Bourget, deuxième évêque catholique de Montréal (1799-1885). Le diocèse couvre un territoire qui s'étend de la frontière américaine à la baie James. Avec Bourget, le clergé joue un rôle de plus en plus important dans les écoles, les collèges, les hôpitaux et les organismes de charité à Montréal. Il croit que l'Église devrait être l'influence dominante en politique et dans la société catholique française. Ses adversaires libéraux au sein du Parti Rouge et à l'Institut canadien veulent que le clergé se retire complètement de la politique. Bourget gagne cette bataille, mais il perd la guerre sur le sexe. En 1871, une brochure sur la sexualité et la reproduction est distribuée à Montréal, et Bourget la condamne comme «nuisible au caractère sacré de la virginité et du célibat». Cinq années plus tard, l'ouvrage en est à sa 90ᵉ édition. (*Archives nationales du Canada, PA 138830*)

33; 147 avec les pieds gelés. Un enfant endormi pendant trois jours sous les effets de l'opium.»

L'année suivante, le nombre des enfants trouvés augmente. «Pouvez-vous croire que nous en avons recueilli 729 l'année dernière [1865]? écrit sœur Slocombe. Incroyable, n'est-ce pas? Tout augmente, sauf nos revenus.»

Cette même année, le prince Arthur, le plus jeune fils de la reine, se trouve à Montréal comme subalterne dans la Rifle Brigade. Il devient le centre d'intérêt d'une brillante saison mondaine. La magie que son frère Édouard a insufflée dans la société locale dix ans plus tôt se répète dans des dimensions moins grandioses. Au cours de l'été étouffant, Hugh Allan invite Arthur dans sa maison d'été, Belmere, qui est située au bord du lac Memphrémagog, et l'emmène sur son yacht, l'*Ormond*. Pendant l'hiver 1870, on organise pour Arthur un carnaval de patinage à la patinoire Victoria. L'évêque Oxendon décrit l'événement comme «un des plus beaux spectacles que j'ai jamais vus. L'endroit est décoré des drapeaux les plus gais et disposés avec beaucoup de goût. C'est effectivement une scène féerique, le patinage est merveilleux et les robes sont superbes.» Sous son bonnet de fourrure, le prince contemple avec morgue les patineurs qui se pressent timidement autour de lui. Les Montréalais s'habillent comme des Indiens, des habitants des Highlands et des cavaliers.

Ce printemps-là, il y a une inondation qui recouvre une grande partie du quartier ouvrier et qui cause des épidémies successives de typhoïde et de choléra. Jane Slocombe présente déjà des symptômes de fièvre typhoïde. Les deux années qui suivent, elle est de plus en plus faible et ses séjours à l'hôpital s'allongent. En 1871, elle raconte qu'une autre religieuse est décédée, et la description qu'elle en donne pourrait être la sienne: «Elle a souffert bien longtemps ou du moins cela lui a paru bien long, mais maintenant que c'est passé, ce n'est plus qu'un petit point dans l'espace. Oui, que le temps est court et que l'éternité est longue!» Elle s'éteint en 1872, juste avant que le magnifique couvent des sœurs grises ne soit achevé.

Au Collège de Montréal, une des charges qui incombaient à sœur Slocombe était de s'occuper de Louis Riel. À Saint-Boniface, dans la Terre de Rupert, l'évêque Alexandre-Antonin Taché cherchait des candidats métis à la prêtrise et Riel est un des quatre sur lesquels il a arrêté son choix. Bien qu'il soit introverti et maussade, c'est un bon élève, et sa tête est pleine d'histoires exotiques sur l'Ouest. «Il connaît le pemmican et le tomahawk, déclare son compagnon de classe Eustache Prud'homme, il raconte des scènes horribles de feux de prairie dans l'Ouest, d'enfants écrasés par les chevaux sauvages, de chasseurs sans peur qui peuvent sauter d'un seul bond par-dessus une large rivière.»

La sœur de Riel, Sara, est au collège au Manitoba, et s'apprête à devenir religieuse. Riel quitte le collège de Montréal en mars quelques mois avant d'obtenir son diplôme. Il est l'aîné d'une famille de onze enfants et son père

est parti sans laisser d'argent. Riel reste à Montréal où il travaille comme commis dans un cabinet d'avocats, et il envoie de l'argent chez lui.

En 1864, Riel apprend que son père Jean-Louis est mort. Jean-Louis est en fait le porte-parole de presque 6000 Métis français qui vivent dans la prairie. Après la mort de son père, Riel ne sent plus d'intérêt pour la prêtrise et devient plus introspectif. Son humeur est encore plus sombre lorsque les parents de la jeune fille qu'il aime interdisent à leur fille d'épouser un Métis. «Louis est encore à Montréal, écrit sœur Slocombe, et on ne sait quand il partira ; il avait annoncé son départ pour le cinq courant mais nos hommes l'ont vu encore ces jours-ci. Ce jeune homme est incompréhensible et il a une conduite fort suspecte. Je crois que le pauvre enfant n'a guère de tête, il aurait besoin de quelqu'un qui le conduise et qui le suive et, ici, il est livré à lui-même et personne de ses amis d'autrefois n'a confiance en lui ; je crains qu'il n'aille à sa perte. »

Riel quitte Montréal en 1866 et reste à Chicago et St. Paul pendant presque deux ans, pour revenir à la Rivière-Rouge au mois de juillet 1868. La même année s'abat sur la région une des sept plaies d'Égypte, les sauterelles. «Elles pénètrent dans les parloirs, les cuisines, les chambres à coucher, la literie, les pots, les plats, les bouilloires, les fours, les bottes et les poches des manteaux, rapporte le *Globe*, on ose à peine ouvrir la bouche. Elles flottent sur la rivière, comme de l'écume, ou s'empilent sur la berge sur deux pieds de hauteur, où elles pourrissent et puent comme de la charogne. » Elles s'attaquent aussi aux récoltes qu'elles mangent bruyamment, laissant la colonie au bord de la famine.

Le territoire va connaître une profonde transformation. La Compagnie de la Baie d'Hudson vend à regret la Terre de Rupert; presque trois millions de milles carrés qui comprennent certaines parties du nord du Québec,

Montage photographique d'une fête de patinage prise par William Notman, un Écossais qui arrive à Montréal et devient le photographe en vogue. Avec la technique ambrotype à plaque humide qu'il utilise, ses sujets doivent demeurer immobiles pendant quarante secondes, ce qui rend impossibles les photographies d'action. Notman crée l'illusion en faisant poser ses sujets séparément dans son studio puis en plaçant le résultat obtenu sur un fond peint. (*William Notman, Musée McCord, Archives photographiques Notman*)

Alexandre-Antonin Taché. En sa qualité d'évêque catholique à Saint-Boniface, Taché remarque les talents de Louis Riel et l'envoie à Montréal étudier pour devenir prêtre. Taché joue un rôle important dans l'établissement de la religion catholique et de la culture canadienne-française dans l'Ouest. (*Archives nationales du Canada, PA 74103*)

du nord de l'Ontario, la plupart des prairies, ainsi que des parties de ce qui constitue aujourd'hui les Territoires du Nord-Ouest. Le secrétaire d'État américain, William Seward, vient juste de verser à la Russie la somme de 7,2 millions de dollars pour l'acquisition de l'Alaska en 1867, et il est à la recherche d'autres propriétés à annexer. « Je sais, annonce-t-il, que la nature a pour plan de faire entrer tôt ou tard ce continent, et non seulement ces trente-six États, à l'intérieur du cercle magique de l'union américaine. »

Les Canadiens sont animés d'un même esprit de propriété. George Brown voit l'Ouest comme « le territoire vaste et fertile qui nous revient de droit à notre naissance — et qu'aucune puissance sur terre ne nous empêchera d'occuper ». Brown est aussi au courant du fait qu'on manque de bonnes terres dans le Canada-Ouest. McGee voit l'Ouest avec son romantisme habituel. « Du côté du coucher du soleil se trouve le nouveau Canada-Ouest, le champ d'une autre grande province. »

Le premier ministre John A. Macdonald ne partage pas la vision romantique de McGee. Toujours guidé par le pragmatisme, il déclare : « J'accepterais volontiers de laisser tout ce pays à l'état sauvage pour les cinquante prochaines années, mais je crains que, si les Anglais n'y vont pas, les Yankees iront. »

La Compagnie de la Baie d'Hudson est prête à vendre aux Américains qui pourraient payer le prix fort, mais le gouvernement britannique s'y oppose. L'avenir de l'Ouest reste donc en suspens, en attendant qu'un vrai marché se présente. C'est à l'hôtel Davis de Winnipeg que les partisans américains de l'annexion ont installé leurs quartiers généraux. Oscar Malmros est le consul américain chargé de veiller aux intérêts de ses compatriotes. Pour lui, Riel représente une menace, car il considère que le territoire est la terre natale des Métis. Malmros rapporte que Riel est « ambitieux, rapide à percevoir les choses, malgré son manque de profondeur, doté d'une énergie indomptable, téméraire, extrêmement méfiant, et s'exprime d'une manière plaisante et avec une certaine dignité ». En bas de la rue de l'hôtel Davis, le drugstore de John Christian Schultz est le point de ralliement de ceux qui veulent l'union avec le Canada. Les Métis se trouvent au milieu, à peu près sans voix, faisant simplement partie du marché. Le 20 mars 1869, sous la pression de la Grande-Bretagne, la Compagnie de la Baie d'Hudson vend à contrecœur la Terre de Rupert au gouvernement du Canada pour 1,5 million de dollars. Cela représente en gros un quart du continent, une stupéfiante étendue de terre. Cependant, cette vente ne tient pas compte des résidants qui s'y trouvent. « Aucune explication, semble-t-il, n'a été donnée du marché qui a été conclu, déclare Macdonald à Cartier. Tout ce que savent ces pauvres gens, c'est que le Canada a acheté le pays de la Compagnie de la Baie d'Hudson et qu'on les a remis au nouveau propriétaire comme un troupeau de moutons. »

En 1869, Macdonald envoie une groupe d'arpenteurs-géomètres à Rivière-Rouge pour dresser un quadrillage de cantons, ce qui représente la première étape de la vision imposée par les nouveaux propriétaires. La terre est ensuite divisée à la manière du Québec : de longues bandes étroites qui s'étendent à partir de la rivière. Le 11 octobre, un groupe d'arpenteurs, dirigé

Louis Riel et son Conseil,
1869-1870. (*Archives nationales
du Canada*, C-6692)

par le capitaine Adam Clark Webb, se rend sur la propriété d'André Nault,
un fermier métis. Nault proteste contre cette intrusion, puis appelle son
cousin, Louis Riel, qui arrive sur les lieux et exige l'arrêt des travaux.

« L'arpentage été arrêté par une bande de quelque 18 Métis français qui
ont à leur tête un homme du nom de Louis Riel, rapporte un des hommes du
groupe de Webb. Le chef a donné l'ordre à M. Webb de cesser immédiatement. » Les arpenteurs se retirent.

C'est le premier acte de la rébellion de la Rivière-Rouge. Riel devient
rapidement pour les Métis l'homme qui a tenu tête au gouvernement canadien, et il consolide son leadership en visitant les paroisses. Les 6000 Métis de
langue française se rallient à lui, mais les 4000 Métis de langue anglaise « nés
dans le comté » sont plus prudents. Certains partagent le point de vue de Riel
mais le trouvent trop militant et refusent de le suivre. « Allez, leur dit-il,
retournez paisiblement à vos fermes. Restez dans les bras de vos femmes.
Donnez cet exemple à vos enfants. Mais regardez-nous agir. Nous travaillons
pour obtenir la garantie de nos droits et des vôtres. Vous viendrez les partager
à la fin. »

Riel met bientôt le leadership de Macdonald à l'épreuve. « Cette émeute
a gâté ces Métis impulsifs, dit Macdonald, et ils doivent être maîtrisés avec une
main de fer, jusqu'à ce qu'ils soient noyés sous l'afflux des colons. »
Il envoie William McDougall, premier lieutenant-gouverneur canadien des
Territoires du Nord-Ouest. « McDougall affronte un groupe important, déclare
Macdonald à George Brown. Je prévois qu'il va s'attirer de gros ennuis et qu'il
faudra une gestion considérable pour garder ces sauvages tranquilles. »

Macdonald sait que les droits du Canada sur la région sont encore
fragiles. Riel le sait également et, au nom du Comité national des Métis récemment formé, il envoie, le 2 novembre 1869, un groupe d'hommes à la frontière
pour repousser McDougall. Celui-ci campe sous la tente dans le Dakota

du Nord, furieux de son impuissance politique. Pendant la nuit du 30 novembre il traverse la frontière seul et, dans le vent d'hiver, hurle la proclamation qu'il a écrite. Tandis que les Métis chassent McDougall, Riel se rend à cheval à Fort Garry, qui est le centre administratif de la région, accompagné d'un groupe de 120 hommes. Ils s'emparent du fort qui était aux mains du gouverneur de la Terre de Rupert, William Mactavish, homme âgé et malade. Riel déclare avec autorité : « Nous sommes pour la plupart des Métis. Nous avons des droits. Nous ne réclamons pas la moitié de nos droits [...] mais tous les droits qui sont les nôtres. Nos représentants feront valoir ces droits et, qui plus est, nous les obtiendrons. » Riel dresse une liste de ces droits en quatorze points. Ainsi, les Métis accepteraient d'être annexés au Canada à condition qu'on ne les dépouille pas de leurs propriétés et qu'on ne leur dénie pas leurs droits religieux catholiques, ou leurs droits à la langue française.

Les sœurs grises, qui ont une mission à la Rivière-Rouge, sont sympathiques à la cause de Riel. « La guerre, ni plus ni moins, nous menace. [...] Les Métis voulant défendre leurs droits et surtout conserver leur religion ont pris les armes et sont allés barricader tous les chemins par où ces Messieurs pouvaient passer, résolus à verser leur sang plutôt que de les laisser pénétrer le pays [...] C'est vraiment admirable de voir les positions qui animent nos bons Métis. »

Des bruits courent selon lesquels John Christian Schultz aurait mis à prix la tête de Riel qui, le 7 décembre 1869, capture quarante-cinq partisans de Schultz qu'il garde prisonniers dans la salle de police de la Compagnie de la Baie d'Hudson. Le lendemain, Riel forme un gouvernement provisoire.

Macdonald tente de calmer Riel, et envoie comme émissaire Donald Alexander Smith (qui enfoncera plus tard le dernier clou du chemin de fer du Canadien Pacifique). Smith offre l'amnistie, de l'argent et des emplois aux chefs métis, tout en leur donnant l'assurance que les titres de propriété seront respectés par le gouvernement canadien. Riel accepte d'envoyer une délégation à Ottawa pour négocier les conditions d'entrée de la Rivière-Rouge dans la Confédération, et il relâche les hommes qu'il gardait prisonniers à Fort Garry.

Certains hommes de Schultz projettent de renverser le gouvernement provisoire de Riel, mais sont de nouveau faits prisonniers par celui-ci. Parmi eux se trouve Thomas Scott, un orangiste de l'Ontario qui insulte ses gardes et menace de tuer Riel s'il retrouve un jour sa liberté. Riel a toujours agi avec modération, mais cette fois-ci il s'emporte et convoque un tribunal militaire où Scott est jugé pour trahison. L'orangiste est trouvé coupable, condamné à mort et fusillé par un peloton d'exécution dans la cour de Fort Garry. Riel a mal évalué les conséquences d'un tel geste. L'exécution de Scott déclenche la colère de l'Ontario protestant qui en fait un martyr inespéré.

Tandis que Macdonald négocie avec la délégation du Manitoba, 1200 soldats britanniques commandés par le colonel Garnet Wolseley sont envoyés à la Rivière-Rouge. Wolseley est un jeune officier qui aime la vie trépidante de Montréal, et ce voyage dans l'Ouest offre un contraste saisissant. Le voyage exténuant dure 96 jours et compte 47 portages ; il faut tirer les bateaux dans les tourbières tout en se faisant dévorer par les moustiques. Quand,

Tragédie à Fort Garry, le 4 mars 1870. Thomas Scott, un Irlandais protestant, membre de la Loge d'Orange, est exécuté par ordre de Louis Riel. Bien que Scott soit un personnage peu sympathique, il gagne rapidement en Ontario le statut de martyr et devient le sujet d'un roman et d'un poème épique. (*Page couverture du journal* Illustrated Canadian News, *23 avril 1870, Collection Glenbow*)

finalement, Wolseley et ses hommes pénètrent dans Fort Garry, ils trouvent la place vide, le petit déjeuner de Riel encore sur la table. Riel, à cheval, observe la scène à quelque 300 m de là.

Les troupes de Wolseley se défoulent sur les habitants. C'est le chaos à Winnipeg, si l'on en croit un observateur qui rapporte que la ville est «jonchée de corps de soldats ivres, d'Indiens, avec en plus un ours apprivoisé laissé en liberté». Les troupes britanniques partent à la poursuite d'Elzéar Goulet, un des jurés au procès de Scott, et ils le tuent. Aucune arrestation n'est faite.

Alexandre Taché, évêque de Saint-Boniface qui, des années auparavant, avait recommandé Riel au Collège de Montréal, écrit à son vieil ami George-Étienne Cartier pour dénoncer le meurtre de Goulet. «Vous savez de connaissance certaine que deux soldats ont contribué à noyer le pauvre Goulet! Ces hommes sont dans les rangs, ils sont connus et rien [n'a été fait] pour ce crime. La liste serait longue, si je voulais énumérer tout ce qui s'est fait de répréhensible et d'impuni depuis. [...] Pourquoi ainsi deux poids, deux mesures?»

Cartier se retrouve pris entre la politique impitoyable de Macdonald et la question des droits des Français à l'Ouest, maintenant personnifiée par Riel. Au parlement, Cartier manifeste son indignation: «Je n'approuve pas ce qu'ont fait les habitants du Nord-Ouest, pas plus que je n'aime à les entendre être qualifiés sans cesse de rebelles et d'insurgés. Quoi! Rebelles? Mais quand donc ont-ils voulu se soustraire à la souveraineté de la Reine? Je ne doute pas que leur résistance ait été préméditée, mais l'autorité canadienne n'existant pas encore là-bas, la résistance a pas eu d'autre effet que de nous empêcher d'exercer le pouvoir créé par l'Acte que voilà. Je ne m'arrêterai pas sur les troubles qui ont eu lieu dans le Territoire.»

Les Canadiens français croient que l'Ouest s'ouvrira autant à eux qu'aux protestants anglais ; les questions de langue et de religion au Manitoba sont importantes, car c'est leur destin qui s'y joue.

Dans les coulisses, Ottawa accepte assez facilement la plupart des conditions que Riel avait posées. Le 12 mai 1870, l'Acte du Manitoba est voté. Pourtant, alors que le Manitoba fait partie du Canada, on refuse d'accorder l'amnistie à Riel qui devient de ce fait un fugitif. Après avoir obtenu de la nourriture d'un sympathisant, Riel remet à ce dernier un message qui se lit comme suit : « Dites au peuple que celui qui hier encore dirigeait Fort Garry est maintenant un aventurier sans foyer qui n'a rien d'autre à manger que deux poissons séchés. » Riel se dirige vers les États-Unis où il passe quelque temps en exil. De retour au Canada en 1873, il est élu dans la circonscription de Provencher au Manitoba ; il se rend à Ottawa mais, comme il est encore recherché pour le meurtre de Scott, il se fait expulser de la Chambre. Il est réélu puis à nouveau expulsé ; il retourne alors en exil. Sa sœur Sara lui écrit, lui demandant de ses nouvelles. « Parle-moi des terres des enfants métis [...] que le ciel nous apporte son aide ; nous sommes en nombre insuffisant, les missions souffrent, nous avons cinq écoliers, soixante orphelins. [...] J'aimerais te révéler les secrets et les consolations que je trouve dans l'isolement et dans le sacrifice. »

Alors que le Manitoba fait désormais partie du Canada, la Colombie-Britannique est encore isolée sur la côte. L'acquisition de l'Alaska par les États-Unis en mars 1867 laisse la Colombie-Britannique bordée par les Américains au nord et au sud, avec les montagnes Rocheuses à l'est. Le secrétaire d'État américain a en fait proposé que la Colombie-Britannique leur soit cédée comme règlement des revendications envers la Grande-Bretagne, à la suite de la guerre civile. Cette idée obtient un certain appui parmi les marchands de la Colombie-Britannique, mais l'Angleterre refuse. La Colombie-Britannique se sent vulnérable et isolée, avec moins de 40 000 habitants (dont 30 000 sont des Autochtones, qui ont perdu 10 000 des leurs lors de l'épidémie de variole de 1862).

Les mérites de la Confédération font l'objet de discussions, entre autres de la part d'un homme au nom exquis d'Amor de Cosmos. Originaire de Nouvelle-Écosse, il se rend à Victoria en 1858 en passant par la Californie. De Cosmos, dont le vrai nom est William Smith, est le fondateur du journal le *British Colonist*. En 1863, il est élu à l'assemblée de l'île de Vancouver (l'île et la partie continentale de la Colombie-Britannique sont des colonies distinctes jusqu'en 1863) et devient le chef de l'opposition. C'est un homme bruyant, souvent ivre, qui se bat à l'occasion en se servant de sa canne comme d'une arme.

De Cosmos fait pression sur le gouverneur de l'île de Vancouver pour que l'île se joigne au Canada. Il rencontre John A. Macdonald, sans grand résultat. Macdonald choisit plutôt de travailler avec un membre du conseil, le Dr. W. Carrall. Il existe un appui pour l'inclusion de la Colombie-Britannique tant au sein de la colonie qu'à Ottawa et, en 1869, le gouvernement britannique incite activement la colonie à entrer dans l'union ; on nomme un

nouveau gouverneur, Sir Anthony Musgrave, en lui donnant les instructions pour que l'intégration à la Confédération se réalise.

En 1870, des délégués de la Colombie-Britannique se rendent à Ottawa pour négocier les conditions de leur adhésion et faire une demande totalement irréalisable : qu'une route carrossable soit construite du lac Supérieur jusqu'au Pacifique. Une telle route serait impraticable en hiver, et une corvée à entretenir en été. Le négociateur d'Ottawa est Cartier (Macdonald souffre d'une de ses indispositions dues à l'alcool). Cartier surprend le groupe de la Colombie-Britannique en lui offrant non pas la route qu'ils désirent, mais un chemin de fer. Les travaux commenceraient d'ici deux ans et dureraient environ dix ans. Le Canada prendrait à sa charge une dette considérable de presque 1,5 million de dollars et verserait une subvention annuelle de 216 000 $. En 1876, la Colombie-Britannique entre dans la Confédération et, l'année suivante, Amor de Cosmos en devient le premier ministre.

En 1869, Agnes Macdonald donne naissance à une enfant hydrocéphale, Mary Margaret. John A. espère que sa fille guérisse, mais il finit par se résigner à son handicap. Sa situation financière est désespérée. Son salaire en politique ne suffit pas à ses dépenses, et la pratique du droit l'a endetté. En 1872, la vie personnelle de Macdonald est de plus en plus difficile, et sa vie politique, périlleuse. L'élection pointe à l'horizon, et son projet de chemin de fer transcontinental est coûteux et impopulaire parmi les Ontariens. Mais la crise du Manitoba a démontré combien la communication et le transport sont vitaux pour assurer la sécurité des intérêts du Canada dans l'Ouest. Le gouvernement central ne peut pas contrôler un territoire s'il faut 96 jours à son armée pour s'y rendre. Macdonald a besoin d'argent pour convaincre l'électorat de voter conservateur en lui offrant, selon la coutume, des promenades en carrioles de louage pour se rendre au bureau de vote, et du whisky en cours de route.

L'argent proviendra en grande partie de Hugh Allan, président du Canadien Pacifique, qui veut obtenir le monopole du chemin de fer vers l'Ouest et se déclare prêt à payer tous les coûts indirects que cela implique.

Winnipeg représente la frontière de la civilisation. L'artiste Henri Julien, qui visite le pays en 1870, écrit : « Cette étroite langue de planches [la plate-forme de la station] est la ligne de démarcation entre la civilisation et le monde sauvage. Derrière nous reposent les œuvres de l'homme, avec leurs bruits, devant nous s'étend l'œuvre de Dieu, avec ses éternelles solitudes. » (« Civilisation et barbarie », *artiste anonyme, Archives nationales du Manitoba*)

Amor de Cosmos.
(*Archives de la Colombie-Britannique*)

Cartier envoie une lettre à Allan : «Cher Sir Hugh, les amis du gouvernement s'attendront à recevoir des fonds au cours de ces élections. Vous et votre compagnie récupérerez tout montant qui nous sera avancé dans ce but. Vous trouverez ci-dessous une liste des demandes les plus pressantes. Sir John A. Macdonald : 25 000 $; l'Hon. M. Langevin : 15 000 $; Sir G. E. C. [Cartier] : 20 000 $. » Le total s'élève à plus de 350 000 $.

Macdonald est réélu premier ministre et Allan obtient le contrat de construction du chemin de fer. Macdonald et Cartier supposent que le conseil de direction d'Allan, qui compte plusieurs Américains, sera dorénavant entièrement canadien. «Jamais une maudite compagnie américaine n'aura le contrôle du Pacifique », proclame Cartier. Ce que Macdonald et lui ignorent, c'est que l'argent qu'ils ont reçu d'Allan vient en fait des Américains.

La veille du premier de l'an 1872, George McMullen, propriétaire du *Post* de Chicago, rend visite à Macdonald dans son bureau d'Ottawa. Il est un des investisseurs américains qui a versé de l'argent à Hugh Allan en échange d'une promesse de participation au consortium du chemin de fer Canadien Pacifique. Mais Allan manque à sa promesse et les Américains sont furieux. McMullen produit les documents qui prouvent la provenance de l'argent versé au parti conservateur par Allan et menace de les rendre publics.

Macdonald est en colère contre Allan, et confie à un ami : «Entre nous, Allan semble avoir perdu la tête et il a fait une série de gaffes effroyables. [...] C'est le pire négociateur que j'aie jamais vu. »

L'affaire devient effectivement publique. Les libéraux versent un pot-de-vin à un commis qui travaille dans le bureau de l'avocat de Hugh Allan, pour qu'il vole les documents incriminants. Au mois d'avril, le libéral Seth Huntington se lève en Chambre et révèle que ce sont des fonds américains qui ont financé le Canadien Pacifique et que les membres les plus influents du gouvernement conservateur ont reçu de l'argent d'Allan.

Cartier se trouve à Londres, loin de la tempête politique. Il est souffrant depuis quelque temps, il se sent constamment fatigué, ses chevilles sont enflées et ses mouvements affectés par une légère paralysie. Il souffre de néphrite, condition rénale dégénérative aussi appelée mal de Bright. C'est dans le but de consulter un spécialiste qu'il s'est rendu en Angleterre, en 1872. Avant son départ, son confesseur le presse de rompre avec Luce, sa maîtresse. Il n'en fait rien et Luce le suit en Europe. La femme de Cartier, Hortense, s'y trouve déjà ; elle vit en Europe par intermittences avec leurs filles. Avec le temps, la maîtresse et la femme de Cartier en viennent à se ressembler : toutes deux portent des robes sombres et ont une allure austère.

Cartier rencontre sa famille à l'hôtel Westminster Palace, là même où Macdonald et lui sont descendus lorsqu'ils travaillaient à rédiger l'Acte de la Confédération. Son état empire, et le 20 mai il s'éteint en prononçant ces mots : «Je meurs. » Il aura été un chef conservateur méfiant face au progrès, un homme logique et un capitaliste talentueux. Sa mort a des répercussions politiques tant au Canada qu'au Manitoba, où il s'était fait le champion des droits des catholiques français.

Victoria, Colombie-Britannique, 1850. (*Archives nationales du Canada, C-11347*)

Le même jour, la nouvelle de la mort de Cartier parvient au Canada par le câble transatlantique. Lorsque Macdonald lit le télégramme à la Chambre, il se rassoit, des sanglots dans la voix, incapable de parler. Onze jours plus tard, le *Druid* remonte le fleuve Saint-Laurent avec à son bord la dépouille de Cartier, qui repose en chapelle ardente ; on sonne le glas et un orchestre joue la marche funèbre. Le long de la rive, les cloches des églises sonnent au passage du navire. « Cartier avait la hardiesse d'un lion, déclare Macdonald. Sans lui, la Confédération n'aurait pas vu le jour. »

Les funérailles de Cartier sont les plus grandioses de l'histoire du pays et tout Montréal y assiste, à l'exception de sa femme Hortense. Macdonald est en deuil et boit avec fermeté. Dans son testament, Cartier implore Luce de faire dire des messes pour le repos de son âme et de conseiller ses filles comme elle l'avait conseillé lui-même. Hortense et ses filles déménagent en France et ne retourneront jamais au Canada.

Le 18 juillet 1873, le *Globe* publie un télégramme de Macdonald adressé à Hugh Allan : « Immédiat. Privé. Je dois avoir encore dix mille. Dernière fois que je demande. Je compte sur vous. Répondez aujourd'hui. » Cet été-là, le « scandale du Pacifique » fait les manchettes mais le gouvernement tient bon jusqu'à l'automne. Pendant plusieurs jours, Macdonald est introuvable. L'opposition fait courir le bruit qu'il s'est suicidé en sautant du quai de Rivière-du-Loup, rumeur que publie le *Globe* avec un certain optimisme.

Au plus bas de sa carrière politique et plongé dans une sombre humeur d'alcoolique, Macdonald trouve pourtant la force d'écrire à sa fille Mary :

Chameaux de Cariboo.
Pendant la ruée vers l'or, en Colombie-Britannique, les difficultés du terrain gênent la progression des prospecteurs. Pour répondre à la demande d'animaux de trait, on a l'idée saugrenue d'importer des chameaux du Moyent-Orient. Ces créatures du désert s'avérant mal adaptées aux expéditions dans les montagnes, on les abandonne, ce qui engendre en peu de temps une population de chameaux sauvages dans les terres. (*Frank Laumeister, Archives de la Colombie-Britannique*)

« Le jardin est très beau en ce moment. Il est plein de fleurs magnifiques et j'espère que tu les verras avant qu'elles ne fanent. [...] Tu te souviens que, quand Maman m'a coupé les cheveux, j'avais l'air d'un âne tondu. Ils ont repoussé depuis et sont à nouveau très longs. Lorsque tu viendras à la maison, ne les tire pas trop fort. [...] Au revoir mon chou, et reviens bientôt à la maison voir ton papa qui t'aime. »

Macdonald réapparaît au parlement le 3 novembre, l'air hagard. Il écoute un long débat sur le « scandale du Pacifique » et se lève finalement pour prendre la parole. Enflammé par le gin et ayant l'air plus vieux que ses 58 ans, il s'adresse à la galerie pleine à craquer. « Nous avons fidèlement accompli notre devoir, dit-il, nous avons connu des querelles intestines qui ont opposé les provinces les unes aux autres. [...] J'ai été la victime de cette conduite dans une grande mesure ; mais j'ai mené le combat de la Confédération, le combat de l'union, le combat du Dominion du Canada. Je m'en remets à cette Chambre ; je m'en remets à ce pays ; je m'en remets moi-même à la postérité, et je crois, et je sais, que malgré les nombreuses failles de ma vie, j'aurai la voix de ce pays, et de cette Chambre, lesquelles se rallieront à moi. Et, Monsieur le Président, si je fais erreur, je peux faire appel en toute confiance à un tribunal plus haut encore, celui de ma propre conscience, et celui de la postérité. [...] Il n'existe pas dans ce pays un homme qui ait donné plus de son temps, plus de son cœur, plus de sa fortune, et plus de son intelligence et de son pouvoir, quels qu'ils soient, pour le bien de ce Dominion du Canada. »

Deux jours plus tard, Macdonald omet de se présenter à la réunion du Conseil et on envoie le ministre de l'Agriculture le chercher. Il trouve Macdonald au lit, en train de lire un roman. Macdonald se rend finalement à la réunion avec deux heures de retard et déclare : « Je crains de devoir me rendre à Rideau Hall pour présenter votre démission. » Lui et son gouvernement démissionnent le 5 novembre 1873.

BIBLIOGRAPHIE

OUVRAGES GÉNÉRAUX

BARMAN, Jean, *The West Beyond the West: A History of British Columbia*, Toronto, University of Toronto Press, 1991.

BROWN, Craig et Paul-André LINTEAU, *Histoire générale du Canada*, Montréal, Boréal, 1988; Boréal compact, 1990.

BUCKNER, Phillip A. et John G. REID (directeurs), *The Atlantic Region to Confederation: A History*, Toronto, Buffalo, London et Fredericton, University of Toronto Press / Acadiensis Press, 1994.

COOK, Ramsay (dir.) et Jean HAMELIN (dir. adj.), *Dictionnaire biographique du Canada*, 14 vol., Québec, Presses de l'Université Laval, 1966-1998.

FORBES, E. R. et D. A. MUISE (directeurs), *The Atlantic Provinces in Confederation*, Toronto, Buffalo, London et Fredericton, University of Toronto Press / Acadiensis Press, 1993.

FRIESEN, Gerald, *The Canadian Prairies: A History*, Toronto, University of Toronto Press, 1984.

HARRIS, R. Cole (dir.), Geoffrey MATTHEWS (cartogr.), Louise DECHÊNE et coll. (éd. fr.), *Atlas historique du Canada*, 3 vol., Montréal, Presses de l'Université de Montréal, 1987-1993.

LACOURSIÈRE, Jacques, *Histoire populaire du Québec. Des origines à 1960*, Sillery, Septentrion, 1995-1997.

LAMONDE, Yvan et Claude CORBO, *Le rouge et le bleu. Une anthologie de la pensée politique au Québec de la Conquête à la Révolution tranquille*, Montréal, Presses de l'Université de Montréal, 1999.

MAGOCSI, Paul R. (dir.), *Encyclopedia of Canada's Peoples*, Toronto, University of Toronto Press (pour la Multicultural History Society of Ontario), 1999.

MATHIEU, Jacques, *La Nouvelle-France: Les Français en Amérique du Nord (XVIᵉ-XVIIIᵉ siècle)*, Québec, Presses de l'Université Laval, 1991.

MORTON, Desmond, *Histoire militaire du Canada*, Sillery, Septentrion, 1992.

PALMER, Bryan D., *Working-Class Experience: Rethinking the History of Canadian Labour (1800-1991)*, Toronto, McClelland & Stewart, 1992.

PRENTICE, Alison et coll., *Canadian Women: A History*, Toronto, Harcourt Brace Jovanovich, 1988.

ROBERT, Jean-Claude, *L'atlas historique de Montréal*, Montréal, Libre Expression, 1994.

ROUILLARD, Jacques (dir.), *Guide d'histoire du Québec, du Régime français à nos jours. Bibliographie commentée*, Québec, Éditions du Méridien, 2ᵉ éd., 1993.

VEYRON, Michel, *Dictionnaire canadien des noms propres*, Montréal, Larousse Canada, 1989.

YOUNG, Brian et John A. DICKINSON, *Brève histoire socio-économique du Québec*, Sillery, Septentrion, 1992.

CHAPITRE 1

ARIMA, Eugene Y. (dir.), *The Whaling Indians: West Coast Legends and Stories*, Ottawa, National Historic Parks and Sites, Department of Canadian Heritage, 1997.

BEAULIEU, Alain, *Les Autochtones du Québec*, Montréal, Fides, 2000.

CLARK, Ella E., *Indian Legends of Canada*, Toronto, McClelland & Stewart, 1981.

COOK, Ramsay, *The Voyages of Jacques Cartier*, Toronto, University of Toronto Press, 1993.

DICKASON, Olive Patricia, *Les premières Nations du Canada. Histoire des peuples fondateurs depuis les temps les plus lointains*, Sillery, Septentrion, 1996.

DUBÉ, Jean-Claude, *Les intendants de la Nouvelle-France*, Montréal, Fides, 1984.

HOWLEY, James, *The Beothuks or Red Indians: The Aboriginal Inhabitants of Newfoundland*, Toronto, Coles Publishing Company, 1974.

LACHANCE, André (dir.), *Les marginaux, les exclus et l'autre au Canada aux XVIIIᵉ et XVIIIᵉ siècles*, Montréal, Fides, 1996.

WRIGHT, J. V., *Visages de la préhistoire du Canada*, Montréal, Fides, 1981.

CHAPITRE 2

CHAMPLAIN, Samuel de, *Des Sauvages*, Montréal, L'Hexagone, coll. Typo, 1993.

CHARBONNEAU, Hubert, et coll., *Naissance d'une population. Les Français établis au Canada au XVIIᵉ siècle*, Paris et Montréal, Institut national d'études démographiques, PUF et PUM, 1987.

DECHÊNE, Louise, *Habitants et marchands de Montréal au XVIIᵉ siècle*, Montréal, Boréal, 1988.

DELÂGE, Denys, *Le pays renversé*, Montréal, Boréal, 1990.

HÉBERT, Jean-Claude, *Le siège de Québec en 1759 par trois témoins*, Québec, Ministère des Affaires culturelles, 1972.

LITALIEN, Raymonde, *Les explorateurs de l'Amérique du Nord (1492-1795)*, Sillery, Septentrion, 1993.

MITCHELL, Estelle, *Messire Pierre Boucher*, Montréal, Vac Offset, 1980.

QUINN, David B. (dir.), *New American World: A Documentary History of North America to 1612*, 5 vol., New York, Arno Press, 1979.

SAGARD, Gabriel, *Le grand voyage du pays des Hurons*, Montréal, Bibliothèque québécoise, 1990.

TRIGGER, Bruce, *Enfants d'Aataentsic*, Montréal, Libre Expression, 1991.

TRIGGER, Bruce, *Indiens, fourrure et Blancs*, Montréal, Boréal compact, 1992.

VERNAY, Jack, *The Good Regiment: The Carignan-Salières Regiment in Canada*, Toronto et Montréal, McGill-Queen's University Press, 1991.

CHAPITRE 3

ARSENAULT, Bona, *Histoire des Acadiens*, Montréal, Fides 1994.

BÉGON, Élisabeth, *Lettres au cher fils. Correspondance d'Élisabeth Bégon avec son gendre*, Montreal, Boréal, 1994.

CHARLEVOIX, Pierre-François-Xavier de, *Histoire et description générale de la Nouvelle-France*, Montréal, Éditions Élysée, 1976.

DECHÊNE, Louise, *Habitants et marchands de Montréal au XVIIᵉ siècle*, Montréal, Boréal, 1988.

DOLLIER DE CASSON, François, *Histoire du Montréal*, Montréal, HMH, 1992.

ECCLES, W. J., *Essays on New France*, Oxford, Oxford University Press, 1987.

FRÉGAULT, Guy, *Iberville le Conquérant*, Société des Éditions Pascal, Montréal, 1944.

GRIFFITHS, Naomi, *The Contexts of Acadian History (1686-1784)*, Montréal, McGill-Queen's University Press, 1992.

HAVARD, Gilles, *La Grande Paix de Montréal de 1701*, Montréal, Recherches amérindiennes au Québec, 1992.

LANDRY, Yves, *Les filles du roi au XVIIᵉ siècle*, Montréal, Leméac Éditeur, 1992.

LE ROY, Claude-Charles, dit Bacqueville de la Potherie, *Histoire de l'Amérique septentrionale*, Monaco, Éditions du Rocher, 1997.

LESCARBOT, Marc, *Muses de la Nouvelle-France*, Montréal, Les Herbes Rouges, 1998.

McLENNAN, J. S., *Louisbourg, from its foundation to its fall*, Halifax, The Book Room, 1979.

PERROT, Nicolas, *Mémoires pittoresques de la Nouvelle-France*, Montréal, Éditions Élysée, 1973.

ROUSSEAU, Jacques et Guy BETHUNE (traducteurs), *Voyage de Pehr Kalm au Canada en 1749*, Montréal, Éditions Pierre Tisseyre, 1977.

TRUDEL, Marcel, *Histoire de la Nouvelle-France*, 4 vol. parus, Montréal, Fides, 1980-1997.

CHAPITRE 4

BOUGAINVILLE, Louis Antoine, *Voyage autour du monde*, Paris, Desclée de Brouwer, 1981.

BRUNET, Michel, *Les Canadiens après la Conquête*, Montréal, Fides, 1969.

FRÉGAULT, Guy, *La guerre de la Conquête (1754-1760)*, Montréal, Fides, 1975.

HOULE, Georges-É. *Wolfred Nelson et son temps*, Montréal, Éditions du Flambeau, 1947.

STACEY, C. P., *Quebec 1759: The Siege and the Battle*, Toronto, Macmillan, 1984.

CHAPITRE 5

BERTON, Pierre, *L'invasion du Canada (1812-13)*, Montréal, Éditions de l'Homme, 1981.

LANCTÔT, Gustave, *Le Canada et la révolution américaine*, Montréal, Beauchemin, 1965.

STANLEY, George F. G., *The War of 1812 : Land Operations*, Toronto, Macmillan, 1983.

SUGDEN, John, *Tecumseh : A Life*, New York, Henry Holt & Co., 1998.

WALKER, James W. St. G., *The Black Loyalists : The Search for a Promised Land in Nova Scotia and Sierra Leone*, Toronto, University of Toronto Press, 1992.

CHAPITRE 6

GOUGH, Barry, *First Across the Continent : Sir Alexander Mackenzie*, Toronto, McClelland & Stewart, 1997.

INNIS, Harold, *The Fur Trade in Canada*, Toronto, University of Toronto Press, 1999.

NISBET, Jack, *Sources of the River*, Seattle, Sasquatch Books, 1994.

RADISSON, Pierre-Esprit, *Journal, 1682-1683 : les débuts de la Nouvelle-France*, Montréal, Stanké, 1979.

SELKIRK, Thomas Douglas, Earl of, *The Collected Writings of Lord Selkirk (1799-1809)*, 2 vol., Winnipeg, Manitoba Record Society, 1984.

WARKENTIN, Germaine (dir.), *Canadian Exploration Literature*, Oxford, Oxford University Press, 1993.

CHAPITRE 7

BECK, Murray (dir.), *Joseph Howe : Voice of Nova Scotia*, Toronto, McClelland & Stewart, 1964.

BERNARD, Jean-Paul, *Les rébellions de 1837-1838*, Montréal, Boréal Express, 1983.

BUCKNER, Phillip, *The Transition to Responsible Government in British North America (1815-1850)*, Westport, Greenwood Press, 1985.

CRAIG, Gerald, *Lord Durham's Report : An Abridgement of the Report on the Affairs of British North America*, Ottawa, Carleton University Press, 1982.

GREER, Allan, *Habitants et patriotes*, Montréal, Boréal, 1997.

LAMONDE, Yvan et Claude LARIN, *Louis-Joseph Papineau. Un demi-siècle de combats*, Montréal, Fides, 1998.

MEUNIER, Pierre, *L'insurrection de 1837 à Saint-Charles et le seigneur Debartzch*, Montréal, Fides, 1986.

NELSON, Wolfred, *Écrits d'un patriote (1812-1842)*, Montréal, Comeau et Nadeau, 1998.

OUELLET, Fernand, *Histoire économique et sociale du Québec (1760-1850)*, Montréal, Fides, 1971.

OUELLET, Fernand, *Papineau, textes choisis*, Québec, Presses de l'Université Laval, 1967.

PAPINEAU, Julie, *Une femme patriote. Correspondance (1823-1862)*, Sillery, Septentrion, 1997.

PAPINEAU, Louis-Joseph, *Histoire de l'insurrection du Canada*, Montréal, Leméac, 1968.

READ, Colin et Ronald STAGG, *The Rebellion of 1837 in Upper Canada : A Collection of Documents*, Toronto, Champlain Society, 1985.

RUMILLY, Robert, *Papineau et son temps*, Montréal, Fides, 1977.

SENIOR, Elinor Kyte, *Redcoats and Patriotes : The Rebellions in Lower Canada (1837-38)*, Stittsville, Ontario, National Museums of Canada, 1985.

STEWART, Yolande (dir.), *My Dear Friend : Letters of Louis-Hippolyte La Fontaine & Robert Baldwin*, Whitby, Ontario, Plum Hollow Books, 1978.

TRAILL, Catharine Parr, *The Backwoods of Canada*, Ottawa, Carleton University Press, 1997.

CHAPITRE 8

CREIGHTON, Donald, *Canada : les débuts héroïques*, Montréal, Éditions Quinze, 1980.

HILL, Daniel G., *The Freedom Seekers : Blacks in Early Canada*, Agincourt, Ont., Book Society of Canada, 1981.

MACKAY, Donald, *The Square Mile : Merchant Princes of Montreal*, Vancouver, Douglas & McIntyre, 1987.

MORTON, William L., *The Critical Years : The Union of British North America (1857-1873)*, Toronto, McClelland & Stewart, 1964.

RUMILLY, Robert, *Histoire de la Province de Québec*, t.1, *George-Étienne Cartier*, Montréal, Fides, 1971.

SIGGINS, Maggie et Suzanne BOLDUC, *Riel : une vie de révolution*, Montréal, Québec Amérique, 1998.

SWAINSON, Donald, *Sir John A. Macdonald : The Man and the Politician*, Kingston, Ontario, Quarry Press, 1989.

YOUNG, Brian, *George-Étienne Cartier, bourgeois montréalais*, Montréal, Boréal, 1982.

INDEX

Imprimé au Canada